2016
广东“十二五”低碳发展报告

广东省发展和改革委员会　南方日报社◎编

南方日报出版社
NANFANG DAILY PRESS
中国·广州

图书在版编目（CIP）数据

广东“十二五”低碳发展报告. 2016 / 广东省发展和改革委员会，南方日报社编. — 广州 ：南方日报出版社，2017.5

ISBN 978-7-5491-1620-1

Ⅰ. ①广… Ⅱ. ①广… ②南… Ⅲ. ①低碳经济—经济发展战略—研究报告—广东—2011-2015 Ⅳ. ①F127.65

中国版本图书馆 CIP 数据核字（2017）第 153127 号

GUANGDONG SHIERWU DITANFAZHANBAOGAO

广东“十二五”低碳发展报告（2016）

编　　者：广东省发展和改革委员会　南方日报社
出版发行：南方日报出版社
地　　址：广州市广州大道中 289 号
出 版 人：周洪威
出版统筹：周山丹
责任编辑：李佳航
装帧设计：劳华义
责任技编：王　兰
责任校对：阮昌汉
经　　销：全国新华书店
印　　刷：广东信源彩色印务有限公司
开　　本：787mm×1092mm　1/16
印　　张：25.25
字　　数：350 千字
版　　次：2017 年 5 月第 1 版
印　　次：2017 年 5 月第 1 次印刷
定　　价：58.00 元

投稿热线：（020）87373998-8503　读者热线：（020）87373998-8502

网址：http://www.nanfangdaily.com.cn/press　http://www.southcn.com/ebook

编委会名单

过去几十年来，中国经济快速发展，人民生活发生了深刻变化，但也承担了资源环境方面的代价。鉴往知来，中国正在大力推进生态文明建设，推动绿色循环低碳发展。中国把应对气候变化融入国家经济社会发展中长期规划，坚持减缓和适应气候变化并重，通过法律、行政、技术、市场等多种手段，全力推进各项工作。

——中共中央总书记、国家主席习近平 2015 年 11 月 30 日在气候变化巴黎大会开幕式上讲话

要坚持绿色发展理念，推进生态文明建设，加大环境治理力度，深入推进节能减排降耗，坚持绿色低碳发展，建设美丽广东。

——中共中央政治局委员、广东省委书记胡春华在2015年11月省委十一届五次全会上讲话

2015年12月，中共中央政治局委员、广东省委书记胡春华在华南理工大学呈报的《发展绿色金融，推动广东绿色发展》咨询报告等材料商批示：“意义重大，请云贤同志阅研。”时任副省长、现任省政府党组成员陈云贤批示：“全力支持此事，且符合‘十三五’规划发展方向。”

2015年11月，广东省委常委、时任常务副省长徐少华在华南理工大学《绿色金融的发展与创新——基于广东的实地调研》上批示：“已阅，此份研究理论性、实践性都很强，具有较好的决策参考作用。”

目　　录

第一章 总报告

广东"十二五"及2016年低碳发展工作报告

广东省根据国家要求部署，2010年8月正式启动国家低碳省试点工作，于"十二五"新形势下积极控制温室气体排放、探索绿色低碳发展模式，促进经济社会的可持续发展。

一、统筹推进，积极探索，低碳发展工作有序开展

广东省委、省政府高度重视国家低碳省试点工作，积极完善统筹协调机制，对低碳发展工作做总体部署。同时，广东省各级政府、各部门积极探索和创新，扎实地推动落实各项低碳发展措施。

（一）建立低碳工作机制

强化组织领导，2011年广东省建立省开展国家低碳省试点工作联系会议制度（粤办函〔2011〕240号），常务副省长为第一召集人，省发展改革委作为牵头单位。强化队伍建设，在省发展改革委增设应对气候变化处，专门负责应对气候变化和低碳试点工作；省发展改革委与中山大学共同组建广东省应对气候变化研究中心，承接技术支撑工作和部分管理工作；成立广东省低碳发展专家委员会，为试点工作提供智库支撑。强化资金支持，2011年省财政设立省级低碳发展专项资金，每年安排3000万元重点支持低碳发展基础性和示范性工作，目前已累计投入1.8亿元、安排超过160个低碳研究课题与试点示范项目。

（二）构建政策法规体系

"十二五"期间，广东省印发《广东省应对气候变化方案》（粤府〔2011〕5号）、《广东省应对气候变化"十二五"规划》（粤发改资环〔2014〕54号），从控制温室气体排放、适应气候变化、创新体制机制、加强基础能力建设等方面提出"十二五"应对气候变化的规划目标、主要任务和政策措施。并印发《广东省"十二五"控制温室气体排放工作实施方案》（粤府〔2012〕96号）、《关于广东省主体功能区规划配套应对气候变化政策的意见》（粤发改气候函〔2014〕

3951 号)、《广东省碳排放权交易试点工作实施方案》（粤府函〔2012〕264 号）等配套文件，形成较为系统完整的低碳政策体系，确保完成低碳发展的各项目标任务。

（三）稳步推动创新体制

探索建立碳排放权交易市场，广东省于 2013 年正式启动碳交易市场，纳入电力、钢铁、水泥、石化四大行业，初步形成系统完备、公开透明、运行有效的碳排放管理制度体系和市场交易体系，市场运行平稳，减碳效果显著。探索推广碳普惠制，2015 年广东省启动碳普惠制试点，印发《广东省碳普惠制试点工作实施方案》（粤发改气候〔2015〕408 号），选取广州、东莞、中山、韶关、河源、惠州六市作为试点，探索对城市居民节能、节水、节电、低碳出行和山区群众生态造林等减碳行为进行激励。

（四）积极推进试点示范

“十二五”期间，广东省积极选取试点，探索不同发展阶段、不同区域、不同领域的低碳发展模式，目前基本形成城市—城镇—园区—社区—产品的多层次试点示范体系。在省内选取四市八县开展低碳城市建设，以点带面推动全省低碳发展工作的开展；选取 3 个园区进行低碳园区改造试点示范，推动探索工业园区和产业集聚区的低碳发展模式；积极开展低碳社区示范建设，选取 5 个社区开展低碳示范社区评价指标体系研究；制定铝合金建筑型材等多种低碳产品的评价方法，组织省内企业申报国家低碳产品认证证书，并探索建立粤港碳标签互认制度。

（五）不断夯实基础工作

加强清单编制，广东省已编制 2005 年、2010 年温室气体清单并通过国家验收，2012 年和 2014 年省级清单编制已立项，并逐步推动若干市县开展清单编制工作，从省—市—县三级逐步摸清碳排放的家底。完善统计核算制度，发布《关于加强应对气候变化统计工作的实施意见》，开展多期统计能力建设培训。建立温报制度，建立省级温室气体综合性数据库信息化平台，按国家要求组织重点排放单位填报数据。强化目标责任制，“十二五”将碳强度考核目标分解到各地级市，并制定碳强度评价考核方法开展试考核工作。

（六）逐步加强能力建设

对外交流合作，广东省积极同欧盟、英国、加拿大、美国加州等发达国家和地区建立应对气候变化及低碳发展合作机制，并成立了粤港应对气候变化联络协调小组。加强宣传教育，自2013年开始广东省已连续举办4届低碳日主题活动，普及应对气候变化和低碳知识，市民积极参与，反响热烈。专业技能培训，依托省内研究机构和相关行业协会，就低碳发展、碳排放权交易等低碳相关主题举办了超过50场的培训会。

二、凝聚合力，攻坚克难，低碳发展工作成效显著

随着低碳省试点工作的逐步推进，低碳发展效果也逐步显现，广东省“十二五”单位国内生产总值二氧化碳排放累计下降23.9%，超额完成“十二五”下降19.5%的目标。

（一）产业低碳化趋势明显

广东省加快淘汰落后产能，“十二五”累计淘汰钢铁产能379.7万吨、水泥4026.5万吨、玻璃1781.5万重量箱、印染52406万米；积极促进产业向中高端化发展，至2015年广东省服务业增加值占生产总值比重达50.8%，先进制造业增加值和高技术制造业增加值占规模以上工业增加值比重分别达48.5%和27.0%。

（二）能源结构不断优化

广东省以保障能源供应安全和加快能源结构调整为主线，积极转变能源发展方式，促进能源结构的清洁低碳：至2015年底，广东省淘汰小火电机组23.7万千瓦，天然气、核电、西电、可再生能源等清洁能源占一次能源消费比重达33.3%，非化石能源占能源消费总量比例达20%。

（三）能效水平进一步提升

推动重点行业开展企业电机能效提升、注塑机节能改造、清洁生产和发展循环经济等专项节能技改项目，促进广东省能源利用效率进一步提升：“十二五”单位国内生产总值能源消耗累计下降20.98%，超额完成“十二五”下降18%的任务；全省单位工业增加值能耗累计下降34.94%，超额完成下降21%的目标。

（四）碳汇建设力度加大

推动新一轮绿化广东大行动中，着力推动生态景观林带、森林碳汇、森林进城围城和乡村绿化美化四大重点生态工程建设，取得阶段性显著成效：2015 年全省森林覆盖率提升至 58.8%，森林蓄积量达 5.61 亿立方米，建成生态公益林 7214 万亩、碳汇林 1503 万亩，增加自然保护区、森林公园、湿地公园 210 个，建成绿道 1.2 万公里。

三、加大力度，重点推进，深化“十三五”低碳发展

“十三五”广东省将围绕“三个定位，两个率先”的总体发展目标，着力加强制度创新、管理创新和技术创新，加大力度重点推进以下几项工作：

（一）重要政策落实

1. 实施“双控”制度。对能源消费实施总量和强度双控制度，建立目标责任制，合理分解落实。研究制定碳排放峰值及其路线图，探索碳排放总量控制、强度目标考核与碳排放权交易市场的衔接机制。

2. 推行“碳规”制度。基于粤东西北 12 新区、珠三角 9 个区域重大平台“碳规”编制经验，促进省内地级市编制低碳发展规划，增强“碳规”的引领作用，将低碳发展理念切实落实到城市规划、建设和管理等各具体环节中。

（二）重大平台建设

1. 全国碳排放权交易平台。完善广东省的碳排放管理和交易机制，配合国家做好全国碳排放权交易市场的企业碳排放核查、配额初始分配等工作。积极研究创新碳市场交易产品，鼓励投资机构和控排企业参与市场交易，争取在广东省设立全国性碳交易平台。

2. 绿色低碳投融资平台。依托“广碳绿金”绿色低碳金融服务平台，加快碳金融平台的建设和推广，逐步构建多层次、多功能和流动性强的碳金融市场体系。进一步促进省低碳发展基金做强做大，以“PPP”模式吸引社会资本投入，为广东省企业提供全方位的绿色低碳投融资服务。

（三）重点行动实施

1. 有效控制温室气体排放。实施节能工程，推动重点用能企业的节能技改和能源管理，推动实施低碳产品认证制度，促进降低单位产品生产的碳排放量。

调整产业结构，优先发展现代服务业，促进传统产业低碳转型升级，大力推进战略性新兴产业发展，构建以低碳为特征的现代产业体系。持续优化能源结构，推动传统能源清洁低碳高效利用，加强煤炭消费总量控制，大力发展清洁能源、可再生能源，不断提高非化石能源消费占比。强化森林资源保护管理，促进森林生态系统扩容、提质、增效，积极发展林业碳汇。大力发展绿色建筑，促进太阳能等可再生能源的建筑广泛应用；实施新能源汽车推广计划，优先发展公共交通，有效控制建筑和交通领域的碳排放。

2. 深化低碳发展试点示范。深入推进全方位低碳试点示范，基于“十二五”期间“四市八县”低碳城市试点、3 个低碳工业园区、5 个低碳社区等探索构建各层次试点评价指标体系和试点考核惩奖机制，探索出台深化试点工作的指引文件，并逐步总结试点经验进行推广。深度开展碳普惠制试点工作，加快促进试点城市碳普惠制平台正式上线运行。扩大低碳产品认证制度的覆盖范围，加快形成粤港碳标签互认机制。合理选取试点，逐步开展近零碳排放区示范工程建设。

3. 加大技术研发、应用力度。研究和制定广东省适用的节能低碳技术推广目录、低碳技术成果转化清单。加快建设政产学研用有效结合机制，引导研究机构建立低碳技术创新联盟，研发工业、能源、交通等重点领域的低碳技术；鼓励采取“PPP”模式引导市场资金投入，建立低碳技术孵化器，加快推动低碳技术的产业化，逐步形成低碳技术研发、示范应用和产业化的联动机制。

（省发展改革委供稿）

第二章 实践篇

第一节　综合篇

【提要】

“十二五”期间，广东省各地各部门围绕“三个定位、两个率先”的总目标，坚持绿色发展理念，低碳节能减排工作取得明显成效，各项指标均超额完成“十二五”目标任务：单位国内生产总值二氧化碳排放累计下降23.9%；单位GDP能耗、单位工业增加值能耗分别累计下降20.98%和34.94%；化学需氧量、氨氮、二氧化硫和氮氧化物排放量分别比2010年下降了16.87%、15.11%、19.15%和24.65%。广东还大力构建生态安全屏障，组织开展林业碳汇项目交易。

城市是碳排放的主要来源，广东建设低碳试点省和经济社会的绿色转型，离不开21个地级以上市乃至城镇的低碳发展。

在低碳城市建设上，截至“十二五”末，广州、深圳市被列入国家级低碳试点城市，本省低碳城市、县（区）试点工作亦有序开展，首批选取了广州、珠海、河源、江门四市和珠海横琴、佛山禅城、佛山顺德、韶关乳源、河源和平、梅州兴宁、梅州大埔、云浮云安为低碳试点市县，以点带面推动低碳省试点工作。其余不少市县亦陆续涌现出各具特色的低碳发展模式。

在低碳城镇方面，珠海横琴新区、深圳国际低碳城纳入国家首批低碳城（镇）试点，佛山南海西樵镇入选国家第一批绿色低碳示范重点小城镇。

省经济和信息化委：推动节能降耗　发展循环经济

【提要】

“十二五”期间，广东省围绕“三个定位、两个率先”的总目标，以科学发展观为指导，认真贯彻落实党中央、国务院关于节能工作的一系列重要部署，通过构建绿色保障体系、推广绿色产品、建设绿色工厂、打造绿色园区、创建绿色城市等措施，节能循环经济工作取得显著成效。

“十二五”期间广东省单位 GDP 能耗、单位工业增加值能耗分别累计下降 20.98%和 34.94%，超过“十二五”总目标 2.98 和 13.94 个百分点。2014—2015 年地区能源消费总量较 2013 年增加 1665.79 万吨标准煤，在国家下达广东省的能源消费总量增量控制目标 1800 万吨标准煤以内。广东省积极开展节能循环经济试点城市创建，深圳、东莞、韶关、梅州等 4 个市创建国家节能减排财政政策综合示范城市，广州、湛江、罗定、广宁等 4 个市（县）创建国家循环经济示范城市（县），广州、深圳、东莞、佛山等 4 个市创建餐厨废弃物资源化利用和无害化处理试点城市。

【低碳亮点】

20.98%：单位 GDP 能耗累计下降 20.98%，超过“十二五”总目标 2.98 个百分点。

34.94%：单位工业增加值能耗累计下降 34.94%，超过“十二五”总目标 13.94 个百分点。

2718：2718 家清洁生产企业实施清洁生产方案 87569 个，节约标煤 287.33 万吨/年，节水 20.74 亿吨/年，COD 减排 27178 吨/年，SO_2 减排 30636.5 吨/年，固废减排 54.08 万吨/年。

1662.1 万：2011—2015 年广东省国家万家企业累计实现节能量 1662.1 万吨

标准煤，超额完成国家下达“十二五”期间1530万吨节能量目标。

一、“十二五”工作情况

“十二五”期间，广东省围绕“三个定位、两个率先”的总目标，以科学发展观为指导，认真贯彻落实党中央、国务院关于节能工作的一系列重要部署，通过构建绿色保障体系、推广绿色产品、建设绿色工厂、打造绿色园区、创建绿色城市等措施，节能循环经济工作取得显著成效。“十二五”期间广东省单位GDP能耗、单位工业增加值能耗分别累计下降20.98%和34.94%，超过“十二五”总目标2.98和13.94个百分点。2014—2015年地区能源消费总量较2013年增加1665.79万吨标准煤，在国家下达广东省的能源消费总量增量控制目标1800万吨标准煤以内。

（一）积极构建绿色保障体系

1. 健全组织领导体系。成立了由朱小丹省长任组长的省应对气候变化及节能减排工作领导小组，统筹推进全省节能减排低碳工作。健全节能管理、统计、监察、考核体系，全省21个地级以上市均成立了节能管理和能源统计机构，95%的地级以上市设立了节能监察机构，50.4%的县设立了节能监察机构。每年组织对各地级以上市政府和国家万家企业节能目标责任考核，严格落实节能奖惩制度。

2. 完善法规政策标准体系。修订了《广东省节约能源条例》，制定颁布《广东省实施〈中华人民共和国循环经济促进法〉办法》《“十二五”节能减排综合性工作方案》《“十二五”节能规划》《“十二五”节能环保产业发展规划》等一系列政策法规，全面指导“十二五”节能与循环经济工作。批准发布74项节能减排地方标准、2个行业能耗限额，节能标准体系进一步完善。

3. 建立能耗监测体系。省及21个地级以上市区域能源管理中心全面开展建设，其中，12个市平台已与省平台互联互通，目前已有166家企业实现能耗在线监测。持续完善省重点用能单位能源管理信息平台，实现全省2840家重点用能单位能源利用状况季度报送，其中纳入国家万家企业节能低碳行动的企业911家。

（二）大力推广绿色产品

1. 推动电机能效提升及注塑机节能改造。制定印发《广东省电机能效提升(2013—2015年）及注塑机节能改造工作实施方案》，省财政安排9.458亿元支持电机能效提升项目，广州等13个市还安排本级财政配套支持，省市县三级财政安排资金超过18亿元。先后开展各类电机能效提升培训260余期，培训人数近3万人。截至2015年底，全省累计完成电机能效提升1214万千瓦、注塑机节能改造13689台（40万千瓦），可实现年节电约60亿千瓦时，超额完成预期目标。

2. 定期发布节能技术装备推荐目录。制定印发《省重点节能低碳技术推广实施方案》，先后向社会发布省重点节能技术、设备（产品）推荐目录五批74项，并将目录内节能技术示范应用项目纳入省节能降耗专项资金支持范围。

3. 实施国家节能产品惠民工程。向国家推荐15批203家企业11495个型号节能家电及工业产品纳入国家惠民工程目录，累计推广节能家电、机电产品3500多万台。

（三）加快建设绿色工厂

1. 推动绿色清洁生产。通过取消清洁生产服务单位备案管理，全面放开服务市场，强化目标责任考核，扶持清洁生产技术改造项目，持续推进“粤港清洁生产伙伴”标志计划，“十二五”期间，全省共认定2718家清洁生产企业（包括省级1110家、市级1608家），粤港双方共认定五批644家次“粤港清洁生产伙伴”标志企业。经初步统计，2718家清洁生产企业实施清洁生产方案87569个，节约标煤287.33万吨/年，节水20.74亿吨/年，COD减排27178吨/年，SO_2减排30636.5吨/年，固废减排54.08万吨/年。

2. 开展重点行业能效对标。在水泥、玻璃、造纸、钢铁、纺织、石化、有色金属等7个重点行业开展能效对标，公布能效领跑者企业和行业能效对标标杆值，引导企业追逐能效“领跑者”。

3. 加强专项资金引导。“十二五”期间共安排省节能降耗专项资金13亿元，重点支持工业锅炉（窑炉）技术改造、煤炭清洁高效利用、淘汰落后产能等项目，支持节能技术改造项目355个，实现节能量71.5万吨标准煤。

4. 加大淘汰落后产能力度。累计淘汰炼铁0.8万吨、炼钢378.9万吨、焦炭

24万吨、铜冶炼1.5万吨、铅冶炼0.8万吨、水泥4026.5万吨、平板玻璃1781.5万重量箱、造纸176.14万吨、制革200万标张、印染52406万米、铅蓄电池105.6万千伏安时、小火电机组23.7万千瓦，提前一年完成国家下达的“十二五”各工业行业淘汰落后和过剩产能目标任务。

通过一系列政策措施，2011—2015年广东省国家万家企业累计实现节能量1662.1万吨标准煤，超额完成国家下达“十二五”期间1530万吨节能量目标。

（四）着力打造绿色园区

1. 开展园区循环化改造试点工作。印发《广东省推进园区循环化改造工作实施方案》，启动省级园区循环化改造试点创建工作。安排专项资金支持，组织园区循环化改造专项培训，开展试点园区专家挂点对接指导。截至2015年底，公布2批33家省级园区循环化改造试点，4个园区获得国家循环化改造试点园区。

2. 推进产业园区分布式光伏发电应用。经省政府同意，出台《加快省产业转移工业园分布式光伏发电推广应用工作实施方案》，鼓励省产业转移工业园推广分布式光伏发电规模化应用。2015年29.6兆瓦分布式光伏发电项目已给予财政奖励。

3. 推动省循环经济工业园（产业基地）建设。印发《省循环经济工业园认定管理办法》和《省市共建循环经济产业基地认定管理办法》，“十二五”期间，共公布三批广东省循环经济工业园21家，四批省市共建循环经济产业基地28家。

（五）推动创建绿色城市

“十二五”期间，广东省积极开展节能循环经济试点城市创建，深圳、东莞、韶关、梅州等4个市创建国家节能减排财政政策综合示范城市，广州、湛江、罗定、广宁等4个市（县）创建国家循环经济示范城市（县），广州、深圳、东莞、佛山等4个市创建餐厨废弃物资源化利用和无害化处理试点城市。

二、“十三五”及2016年工作思路

深入贯彻党的十八届五中全会和习近平总书记系列重要讲话精神，全面落实《中共中央国务院关于加快推进生态文明建设的意见》，以中共中央和中共广东

省委“十三五”规划纲要有关内容为引领，推行绿色发展理念，统筹推动节能循环经济各项工作，提高发展质量，促进绿色循环发展。确保单位 GDP 能耗下降率完成国家下达的目标任务。

（一）做好“十三五”统筹谋划

加快“十三五”规划编制，完成广东省节能减排“十三五”规划编制。实施能源总量和强度双控，组织开展对各市政府及省万家企业 2015 年度节能目标责任考核，落实节能奖惩制度，做好“十三五”能源总量和强度控制目标分解下达，继续落实全省节能形势季度分析制度。

（二）实施能效提升计划

1. 开展能效“领跑者”引领行动。持续在水泥、玻璃、造纸、纺织、钢铁、石化、有色金属等 7 个行业开展能效对标，将水泥行业能效对标扩展至全行业所有企业，扩大能效对标行业范围，每年公布能效“领跑者”企业和能效标杆值。

2. 推动传统制造业绿色改造。持续开展电机及注塑机节能改造，2016—2017 年完成电机能效提升 370 万千瓦，其中 2016 年完成 200 万千瓦。重点支持锅炉（窑炉）、配电变压器、煤炭清洁高效利用等节能技术改造项目，每年发布一批省节能技术、设备（产品）推荐目录。

3. 加快节能信息化建设。持续推动省市企业三级能源管理中心建设，力争 2016 年实现 21 个地市区域能源管理中心全覆盖并与省能管中心平台互联互通，企业能耗在线监测持续增加。

4. 严格节能监察执法。2016 年以水泥企业为重点，开展能耗限额（标准）专项监察，为 2017 年水泥企业执行阶梯电价打好基础。以电机、配电变压器为重点，开展淘汰落后机电设备（产品）专项监察，推动国家电机、配电变压器能效提升计划落实。每年对 1000 家企业（单位）开展节能监察。

5. 加强宣传培训。以国家和省节能减排“十三五”规划为重点，开展重点用能企业能源管理员节能法规政策培训，以及节能监察机构监察能力提升培训。以国家阶梯电价政策和能效对标为重点，开展水泥行业能效对标专项培训。组织省节能宣传月系列活动。

（三）实施循环发展引领计划

1. 启动“万企”清洁生产审核行动，“十三五”期间，力争推动 10000 家企业开展清洁生产审核。推动省政府出台《广东省关于全面推进绿色清洁生产工作的意见》，继续落实《广东省大气污染防治重点行业清洁生产推行方案》，深入推进粤港清洁生产伙伴计划。2016 年力争推动千家企业开展清洁生产审核。

2. 启动“百园”循环化改造行动。“十三五”期间，力争推动 100 个园区开展循环化改造。重点围绕园区公共服务类项目、产业链关键补链项目开展园区循环化改造。继续组织专家深入园区开展挂点指导。2016 年新增 30 家园区开展循环化改造，择优推荐申报国家项目扶持。

3. 加快产业园分布式光伏发电推广应用。落实《加快省产业转移工业园分布式光伏发电推广应用工作实施方案》，加大政策宣贯力度。重点推进投资方与园区开展项目对接，对并网发电项目屋顶资源提供方给予一次性财政奖励。

4. 培育节能环保龙头企业和产业基地。重点推进金发科技（清远）循环经济产业园、广东天保废旧塑料综合利用产业基地、贵屿循环经济产业园区、南海绿电国家餐厨废弃物资源化应用和无害化处理项目等一批节能环保龙头企业及产业基地建设。

5. 建设节能环保产业服务平台和项目对接平台。一是建设省节能环保产业服务平台，开展节能环保网上培训，强化技术咨询服务，加快专利转化和技术交易。二是研究搭建集节能环保技术装备发布展示、咨询服务、第三方合同能源管理服务、企业需求发布等为一体的项目对接平台，本年度重点开展可行性调研分析。

（广东省经济和信息化委供稿）

省环境保护厅：
强化污染减排　提升环境质量

【提要】

在国务院和环保部的正确领导和关心指导下，广东省全面贯彻落实党中央、国务院关于加强生态文明建设和环境保护的各项决策部署，主动适应经济和环保新常态，全面实施绿色发展战略，切实把污染减排作为生态文明建设的重要抓手和突破口，取得了显著成效。

2010 年以来，在 GDP 年均增长 8.5% 的情况下，广东省四项主要污染物大幅下降。同时，全省环境质量总体呈现稳中向好态势。全省城市空气质量指数（AQI）达标率为 90.6%，同比 2014 年也提高 5.9 个百分点。

2016 年是推进“十三五”污染减排约束性指标的开局年，广东省将继续把污染减排和环境保护作为促进绿色发展的重要抓手，以环境保护优化经济发展，坚定不移地推进广东省污染减排工作，为“两个率先”目标的实现作出贡献。

【低碳亮点】

2010 年以来，在 GDP 年均增长 8.5% 的情况下，广东省四项主要污染物大幅下降。截止到 2015 年底，全省化学需氧量、氨氮、二氧化硫和氮氧化物排放量分别累计减少 32.63 万吨、3.55 万吨、16.07 万吨和 32.61 万吨，比 2010 年下降了 16.87%、15.11%、19.15% 和 24.65%，均超额完成国家下达广东省的“十二五”减排目标，均超额完成国家下达广东省的“十二五”减排目标。

同时，全省环境质量总体呈现稳中向好态势。2015 年省控断面水环境功能区水质达标率为 83.1%，水质优良率为 78.2%，分别比 2010 年提高 13 和 7.3 个百分点，劣 V 类水质断面比例下降了 0.5 个百分点，总体水质明显好转。

全省城市空气质量指数（AQI）达标率为 90.6%，同比 2014 年提高 5.9 个百分点；城市二氧化硫、氮氧化物、可吸入颗粒物和细微颗粒物平均浓度为 13

微克/立方米、27 微克/立方米、51 微克/立方米和 34 微克/立方米，比 2014 年分别下降了 27.8%、10.0%、15%和 17.1%。

一、“十二五”发展情况

（一）污染减排有效促进了环境质量的改善

污染减排在改善水环境方面取得了实实在在的效果，污水处理厂的建设和有效运行对改善水环境质量功不可没。2010—2015 年，化学需氧量排放总量和地表水国控断面高锰酸盐指数平均浓度均呈下降趋势。污染减排和大气污染防治计划推动了空气质量的提升。以污染减排和大气污染防治为契机，各地积极推动燃煤锅炉污染治理、清洁能源改造，鼓励发展热电联产、集中供热，各大电厂、钢铁厂、水泥厂、石化厂安装了脱硫脱硝设施。与 2010 年相比，广东省城市空气质量总体向好，2015 年空气环境质量达到近 10 年最好水平。二氧化硫、二氧化氮和可吸入颗粒物平均浓度均有较大幅度下降。珠海、惠州、江门等城市空气质量长期居于全国 74 个城市前 10 位。

（二）污染减排促进了污染治理水平的大幅提升

工程减排是污染减排的核心措施之一。“十二五”以来，广东省重点推进了污水处理设施建设和电力行业脱硫脱硝、水泥脱硝、钢铁烧结机脱硫、石化催化裂化脱硫、平板玻璃脱硫脱硝等重点行业治污设施建设，这些领域治污水平显著提升。全省污水日处理能力从 2010 年的 1738.5 万吨增加到 2015 年的 2423 万吨，增加了 40%，连续多年居全国首位。火电行业脱硝机组装机容量从 2010 年的 453 万千瓦增加到 2015 年的 4180 万千瓦，增加了 8 倍多。8000 多家规模化畜禽养殖场实施污染减排。水泥熟料生产线、钢铁烧结机全部按要求建成脱硝或脱硫设施。

（三）污染减排推进了环境管理能力的提高

从政府层面看，联防联控的环保工作格局进一步强化，政府领导、环保牵头、部门联动的环境保护长效机制日趋完善。佛山、肇庆、清远等多个地市设立环境保护委员会，环境保护参与综合决策能力日益增强。环保部门的环境监管能力也显著提升。监测站标准化建设通过环保部整体验收，现代化环境监控网络逐步形成，建成111个大气环境自动监测站和80个水质自动监测站，可实时发布环境质量数据。通过核查核算，环保管理人员的业务水平也大为提升。从企业层面看，排污企业环境保护和节能减排的意识逐步提高，环境成本内化面临的阻力越来越小，企业逐步树立“主动治污、主动减排”的环保意识，整个社会逐步达成保护环境和节能减排的共识。

二、主要做法

（一）各级党政领导高度重视，减排目标责任制持续强化

一是省委省政府高度重视污染减排工作。中央政治局委员、省委书记胡春华、省长朱小丹等领导同志多次作出批示。胡春华书记明确指出：要实施绿色发展战略，走生态立省之路，要将绿色发展的理念贯穿到社会经济发展的全过程。朱小丹省长多次强调，节能减排是硬指标，必须不折不扣地完成；连续4年每年主持召开省节能减排工作会议，研究部署全省节能减排重点工作，2012年专门召开全省减排工作会议，会上提出“六个狠抓”，对重点减排工作进行高度部署；2013年5月份，朱小丹省长还带队调研电力行业减排，并亲自部署开展“十二五”中期评估工作，提出“十二五”后半期减排行动计划。许瑞生副省长多次主持召开专题会议，协调解决减排工作中遇到的突出问题，并经常深入减排重点工程现场督办指导。

二是精心谋划、全面部署“十二五”减排。省政府印发实施《广东省“十二五”节能减排综合性工作方案》和《广东省“十二五”主要污染物总量减排实施方案》，并批准实施了火电厂降氮脱硝、污水处理设施建设、农业源减排、水泥行业脱硝、黄标车淘汰、工业锅炉整治等6个减排子方案，8个方案构成了广东省“十二五”减排工作的总体框架，明确了目标和任务，提出了措施和要求，成为指导全省各地推进“十二五”减排工作的行动指南。2013年，根据朱小丹省长的部署，开展广东省“十二五”污染减排中期评估工作，并在此基础上印发实施“十二五”后半期污染减排行动计划，找准工作差距，明确下一步重点减排措施和目标任务，对“十二五”减排工作进行再部署。

三是分解减排任务，严格责任考核。省政府与各地级以上市和顺德区政府签订总量控制责任书，将国家下达给广东省的减排目标分解落实，各市政府又将减排目标和减排项目分解落实到县区和重点排污单位。加强对污染减排工作的考核

力度，按照省减排考核办法及其实施细则，对各地市年度任务完成情况进行考核，并通过新闻媒体向社会公布考核结果。同时，对污染减排工作进展情况不理想的市实行预警约谈，进一步增强市政府对污染减排工作的紧迫感，有力地推动了工作。广东省还将污染减排考核纳入了环保责任考核和市厅级领导班子和领导干部落实科学发展观评价指标体系中，进一步从组织上保障减排责任的落实。

（二）严格环保准入，全力控制污染物增量

一是全面落实环保规划和主体功能区划要求。严格执行“严格控制区内不得进行与环境保护和生态建设无关开发活动”“珠三角地区原则上不再新扩建燃煤燃油电厂”的规定。在不同主体功能区实施差别化的环保政策。珠三角地区对火电、锅炉、造纸、制革等重污染行业实施特别排放限值。禁止在东江、北江、西江、韩江等重要河流水源保护敏感区建设化学制浆、印染等水污染项目。二是强化总量前置审核。严格执行建设项目环境影响评价和主要污染物排放总量前置审核制度，对电力、钢铁、水泥、造纸、印染等行业实施主要污染物排放总量控制制度，在火电行业实施大气主要污染物“倍量替代”。三是积极开展能源消费总量控制工作。开展能源发展战略研究，加强能源消费预测预警工作，研究提出《广东省合理控制能源消费总量实施方案》。在珠三角开展煤炭消费总量控制，广州等 8 市已完成高污染燃料禁燃区的划定。省政府已批复同意《珠三角地区煤炭消费减量替代管理工作方案》，进一步推进珠三角地区煤炭消费总量控制。四是严格建设项目环评管理。“十二五”以来，全省共受理建设项目环评文件 25. 33 万个，否决项目 1. 19 万个，否决率 4. 7%，促进了全省经济又好又快发展。五是加快淘汰落后产能。“十二五”以来，广东省共淘汰落后钢铁产能 379. 7 万吨、水泥产能 4026. 5 万吨、造纸产能 176. 14 万吨、制革产能 200 万标张、平板玻璃产能 1781. 5 万重量箱、印染产能 52406 万米、铅酸蓄电池产能 105. 6 万千伏安时，提前一年完成国家下达广东省的“十二五”期间各工业行业淘汰落后产能目标任务，有效促进了产业的转型升级。

（三）全力推进重点领域和重点工程减排

一是实施“南粤水更清行动计划”，大力推进污水处理设施及配套管网建设。开展重点流域和市内河涌综合整治，全面推行“河长制”，组织开展第三方评估，淡水河、石马河、茅洲河、小东江综合污染指数均有不同程度下降。“十

二五”以来全省新增生活污水处理能力685万吨/日，日处理能力累计达2423万吨。已建成的污泥集中处理处置项目21个，处理规模达262万吨/年，污泥无害化处理率超过81%。

二是实施“清洁空气行动计划”，加快推进火电、水泥、钢铁、工业锅炉等脱硫脱硝工程建设。火电厂方面，“十二五”新增取消脱硫烟气旁路机组4559万千瓦、脱硝设施机组3723万千瓦，全省121台12.5万千瓦以上燃煤火电机组已全部取消或不设置脱硫设施烟气旁路并完成降氮脱硝改造，13台共计569万千瓦燃煤机组完成“超低排放”改造。其他行业方面，全省56条日产熟料2000吨以上水泥生产线降氮脱硝工程全部完成降氮脱硝改造，8台钢铁烧结机全部完成脱硫改造，全面启动平板玻璃行业脱硫脱硝改造。大力推进工业园区和产业聚集区集中供热，广州新塘和东莞麻涌集中供热项目已全面完成。全省所有城市建成区均划定为高污染燃料禁燃区，禁止使用高污染燃料锅炉。“十二五”，全省累计完成燃煤锅炉整治项目13277个。

三是实施农村综合环境整治，大力推进农业源减排。针对农业源减排基础薄弱问题，省农业厅、省环保厅联合制定规模化畜禽养殖场减排技术指南，分级开展培训，指导各地开展农业源减排。科学优化畜禽养殖业布局，完成畜禽禁养区、限养区和适养区的划定，大力清理禁养区内养殖场（户）。全面开展规模化畜禽养殖场全过程综合治理，累计完成治理工程8000多家。同时，大力开展农村环境综合整治和生态创建。完成295个农村环境综合整治项目，共整治村庄1102个；共建成国家生态乡镇81个，省级生态村镇638个。

四是大力推进机动车减排。积极推进“黄标车”淘汰工作，淘汰黄标车及老旧车174.5万辆，超额完成国家下达的淘汰任务。继续提升车用成品油品质，比国家要求提前一年多在全省范围全面供应国Ⅳ车用柴油和国Ⅴ车用汽油。各地均划定了黄标车限行区域，限行区域面积累计占城市建成区面积的75.4%，深圳、佛山、中山和顺德区实施了全区域黄标车限行。珠三角以及韶关市共11个地市（区）实施黄标车闯限行区电子执法。广州、深圳实施中小客车总量调控管理措施，有效控制了机动车增量。

（四）不断完善污染减排“三大体系”建设

一是加强减排监测体系建设。大力推进国家重点监控企业在线监控系统建设和运行管理，进一步完善监督性监测数据和企业自行监测数据信息公开。按照国发软件统计结果，广东省全年国控企业（统计可控企业）自动监测数据有效性审核全年平均数据传输有效率95.14%，自行监测信息公开率97.52%，监督性监测信息公开率99.83%，超过国家监测体系考核要求的75%、80%和95%。二是强化环境统计。组织开展全省环统数据集中会审，积极推进国家重点监控企业环境统计数据直报，提升环境统计服务支撑能力。三是严格环境执法，强化监管减排。持续开展整治违法排污企业保障群众健康环保专项行动，严厉查处执法过程中发现的环境违法行为。据不完全统计，“十二五”以来，全省共出动环境执法人员347万人次，检查排污企业139万家，立案6.1万宗，限期整改或治理企业5.2万家，关停企业9014家，罚没金额16.5亿元，严厉打击了各类环境违法行为，解决了一批影响较大、群众反映强烈的环境污染问题。

（五）积极完善减排经济政策

一是加大政府投入。大力实施减排“以奖代补”“以奖促减”。“十二五”以来，省财政下达的减排奖励资金超过30亿元，主要用于城镇生活污水处理设施建设、规模化畜禽养殖场污染治理、工业锅炉整治和营运“黄标车”淘汰，对完成建设任务并发挥减排效益的项目给予资金奖励，有效推动了减排工程建设。省财政共下达1.66亿元对淘汰落后产能给予补助，鼓励落后产能提前退出。

二是深化减排价格管理机制。加强燃煤火电机组脱硫脱硝电价管理，强化电厂治污设施运行审核，对不按要求运行的机组扣减或没收环保电价补贴。全省共计115台燃煤火电机组取得脱硫电价补贴，121台燃煤火电机组取得脱硝电价补贴，117台燃煤火电机组取得除尘电价补贴，共扣减环保电价补贴约4600多万元。同时，对钢铁、水泥等19个行业淘汰类、限制类企业实施差别电价政策，对四项主要污染物实行差别排污费政策。

三是积极推动排污许可证立法及排污权有偿使用和交易试点工作。进一步强化排污许可证管理，以政府令形式印发《广东省排污许可证管理办法》，全省持证企业数超过4万多家，国控重点污染源基本做到持证排污。积极推进排污权有偿使用和交易试点工作，建立健全政策体系，前后开展三批交易，合计出让二氧化硫排污指标11956.36吨，交易金额达6522万元，在环境资源的市场化配置方面进行了有效探索。

2015年是“十二五”污染减排的收官年和决战年。广东省坚持问题导向，深入分析薄弱环节，以“国家减排责任书项目建设”为中心任务，强化督查督办，确保完成“十二五”减排任务。重点推进了以下工作：

1. 以空前力度强化责任书项目督办。

广东省国家减排责任书项目建设扎实推进。2015 年，广东省加强减排责任书项目调度，对进展滞后地区及时预警督办。4 月，省政府向汕头、肇庆、潮州、揭阳四市政府主要负责同志分别发出督查通知书。7 月，许瑞生副省长给汕头、潮州、揭阳市委、市政府主要负责人写了督办信。8 月，许瑞生副省长又在汕头召开粤东三市“十二五”污染减排目标责任书项目建设推进会，强调对未能按时完成任务的地区负责人将进行严格问责。省政府督查室每半月对减排责任书项目进展情况进行调度。省环保厅和省住建厅联合对责任书项目进行挂牌督办，并向主要媒体公布责任书进展情况。广东省 2015 年应完成的 27 个责任书项目，除 9 个项目因各种原因滞后外，其他项目基本完成。

2. 积极推进重点行业污染治理，进一步挖掘减排潜力。

一是开展燃煤发电机组低负荷运行改造，突出解决低负荷状态脱硝设施退出问题，确保脱硝设施稳定达标运行。截至目前，各有关机组全部完成低负荷脱硝改造，脱硝设施运转正常。

二是大力推进平板玻璃脱硫脱硝设施建设。3 月份召集所有平板玻璃企业部署脱硫脱硝设施建设任务，9 月份又组织企业召开座谈会，听取推进过程中存在的问题，进一步强化部署。截至目前，全省 27 条平板玻璃生产线中，13 条已经完成脱硫脱硝改造，其余各条均已开工建设。

三是会同农业部门积极推进畜禽养殖业污染治理。今年新增 4000 多家畜禽养殖场完成治污设施。全省各地市均完成禁养区划定和畜禽养殖场（户）清理工作。

3. 重拳打击环境违法违规行为。

一是认真开展环保大检查。按照国务院统一部署，积极开展环保大检查，全面排查整治环境突出问题。各地、各部门周密部署、通力配合，建立了上下联动、部门联合的大检查工作格局。10 月下旬，省环保厅会同省发展改革委、经信委、公安厅等 17 个部门，组成 7 个省级联合督查组，对各地环保大检查开展情况进行了全面督查，反映良好。

二是实施智能化环境执法模式。省环保厅和部分地市利用无人机、无人船对大气防治、重点流域及重点企业开展日常巡查，提高精准打击能力。省厅、佛山等地正着手筹建环境监管大数据和云计算平台，用于指导环境执法。

三是强化“两法衔接”。与公检法机关联合印发《关于查处涉嫌环境污染犯罪案件的指导意见》，与公安厅联合制定《环境污染刑事案件办理指南》，建立联动执法机制，明确了45类移送涉嫌环境污染犯罪案件的标准。探索“公安+环保”行政执法和刑事打击相结合的执法新模式。佛山、江门等8市区先后设立“环保警察”。2015年1月4日，广州市环保、公安部门联合查封了两家恶意排污企业的排污设施，打响依法实施查封、扣押“第一枪”。

三、“十三五”行动

“十二五”以来，广东省不断加大工作力度，污染减排取得了明显成效。但是，我们也认识到，广东省污染减排工作仍存在一些突出问题。主要表现在：一是减排空间进一步缩减。经过“十一五”“十二五”两个五年的努力，广东省已完成大部分污染治理设施建设，并基本完成了落后产能淘汰任务，减排空间十分有限，短期内继续大幅减排难度很大。二是环境监管压力大。广东省环境执法力度不断强化，但由于企业众多，即使是违法企业比例很小，但企业数量依然较多，环境监管不足始终存在，将在一定程度上影响减排效果的发挥。三是粤东西北等欠发达地区经济基础薄弱，财力不足，环保设施建设运行困难，污染减排进度迟缓。

2016年是推进“十三五”污染减排约束性指标的开局年，广东省将继续把污染减排和环境保护作为促进绿色发展的重要抓手，以环境保护优化经济发展，坚定不移地推进广东省污染减排工作，为“两个率先”目标的实现作出贡献。为此，将重点推进以下几方面工作：

（一）制定“十三五”减排规划和工作方案

“十三五”期间，国家将增加重点行业挥发性有机物（VOCs）排放量作为约束性指标，减排领域将进一步扩展，城乡结合部和乡镇生活源、养殖专业户、船舶等非道路移动源排放量将纳入减排领域，污染减排工作将面临更大的压力和挑战。广东省将通过全面分析“十二五”总量减排措施的实施与减排目标完成情况，评估总量减排的环境、经济和社会效益，总结“十二五”总量减排的经验和存在的问题，分析现有总量进一步削减的潜力，提出后续总量减排的重点方向和主要途径，从而制定科学的“十三五”总量控制规划和具体的实施方案，全面部署“十三五”污染减排工作。

（二）突出抓好新领域的减排工作

要摸清新领域排污情况，积极探索减排新措施和新途径。要继续完善污水处理设施及配套管网建设，推进污泥无害化处理处置，推进养殖专业户废弃物集中处理和综合利用。实施石化、化工、工业涂装、印刷等工业企业挥发性有机物综合治理，深入推进油品储运销油气回收治理。以机动车、工程机械、农业机械、船舶为重点，提高环保准入，加速黄标车、老旧机动车、船舶和高排放工程机械、农业机械等淘汰，加快油品升级，强化资源环保管理。继续开展重点行业污染整治，综合采取清洁生产改造、污染深度治理、停业关闭等措施，确保污染源稳定达标排放。

（三）深化减排改革创新

深入评估广东省排污权交易试点工作情况，协调理顺总量减排制度和排污权交易制度的关系，紧紧围绕“实现环境资源市场化配置”这一试点目的和初衷，提出下一步广东省排污权交易试点工作的思路和方案。探索推进污染源点源管理制度改革。进一步强化排污许可证的管理，推进排污许可证制度与环评审批、三同时验收、限期治理等环境管理制度有效衔接，建立健全污染源全过程动态监管机制。在制度衔接的基础上，加强减排与相关环保数据的衔接和整合，以“互联网＋”和大数据的思想为指导，形成一套完整、统一、精准的污染源管理基础数据。

（四）拓展完善减排工作机制

污染减排是一项系统工程。通过“十一五”“十二五”的减排工作，广东省已基本建立“上下”“左右”联动的工作机制，形成了各级政府、各个部门合力推进的工作格局。随着“十三五”减排工作的扩展和深化，涉及部门和工作深度都大大增加。顺应新的工作形势和要求，要进一步加强综合协调，理顺工作机制，将污染减排制度化、常态化，融入到环保业务中，深入参与政府经济社会管理的相关方面。

（省环境与保护厅供稿）

省林业厅：试点碳汇交易　建设林业生态体系

【提要】

2011年以来，林业厅认真按照《广东省国民经济和社会发展第十二个五年规划纲要》《广东省林业发展“十二五”规划》《中共广东省委广东省人民政府关于全面推进新一轮绿化广东大行动的决定》（粤发〔2013〕11号）确定的林业生态建设任务，大力构建生态安全屏障，重点构建林业碳汇交易基础政策体系，组织开展林业碳汇项目交易工作，促进绿色低碳发展，取得了明显成效。

“十二五”期间，全省完成了以消灭宜林荒山，改造残次林、纯松林和布局不合理桉树林，提高森林质量为重点的森林碳汇造林1503万亩，建设生态景观林带1.03万公里，新建森林公园404个，绿化美化村庄5534个。2015年，广东长隆碳汇造林项目首期减排量获得签发，成为全国首个获得国家发展改革委减排量签发的中国林业温室气体自愿减排项目（林业CCER项目）；广东翠峰园林绿化有限公司（项目业主）与广东粤电环保有限公司签订了交易协议，实现国内购买林业CCER的第一笔交易。

【低碳亮点】

1503万：全省完成了以消灭宜林荒山，改造残次林、纯松林和布局不合理桉树林，提高森林质量为重点的森林碳汇造林1503万亩。

2019.75万：林业重点生态工程的带动下，全省共完成造林2019.75万亩，其中：人工造林929.7万亩，封山育林607.35万亩，人工更新482.7万亩。

第一：2015年6月2日，广东翠峰园林绿化有限公司（项目业主）与广东粤电环保有限公司签订了交易协议，实现国内购买林业CCER的第一笔交易。

10个：根据中国绿色碳汇基金会农户森林经营方法学，在韶关始兴开发了10个农户的森林经营碳汇项目，该项目已完成项目设计文件，近期在中国绿色碳汇基金会注册后就可进入资源市场进行交易。

一、"十二五"时期工作开展情况

（一）林业生态建设方面

2011 年以来，省林业厅认真按照《广东省国民经济和社会发展第十二个五年规划纲要》《广东省林业发展"十二五"规划》《中共广东省委广东省人民政府关于全面推进新一轮绿化广东大行动的决定》（粤发〔2013〕11 号）确定的林业生态建设任务，大力构建生态安全屏障，促进绿色低碳发展，取得了明显成效。"十二五"期间，全省完成了以消灭宜林荒山，改造残次林、纯松林和布局不合理桉树林，提高森林质量为重点的森林碳汇造林 1503 万亩，建设生态景观林带 1.03 万公里，新建森林公园 404 个，绿化美化村庄 5534 个。此外，全省还完成森林抚育 2789.33 万亩，石漠化地区人工造林 6.38 万亩，封山育林 47.92 万亩。在林业重点生态工程的带动下，全省共完成造林 2019.75 万亩，其中人工造林 929.7 万亩，封山育林 607.35 万亩，人工更新 482.7 万亩。

（二）林业碳汇交易方面

2010 年广东省被国务院批准为国家低碳试点省后，省林业厅联合有关部门开展了专题调研，并着手开展林业碳汇交易政策、理论、技术等方面的研究工作。2012 年，省林业厅成立了省林业碳汇项目工作领导小组，重点构建林业碳汇交易基础政策体系，组织开展林业碳汇项目交易工作，取得了一定的成效：

1. 完成广东长隆碳汇项目的实质交易。自 2013 年开始，省林业厅积极组织广东长隆碳汇造林项目申报国家核证自愿减排量项目；2014 年 6 月 27 日，项目通过国家发展改革委组织的温室气体自愿减排项目备案审核会审核，7 月 21 日获得国家发展改革委的项目备案批复；2015 年 4 月 29 日，项目通过国家发展改革委组织的温室气体自愿减排项目减排量备案审核会第四次会议的审议；5 月 25 日，国家发展与改革委员会气候司主办的中国自愿减排交易信息平台发布了本期通过审核签发的 26 个中国核证减排量（CCER）项目。广东长隆碳汇造林项目首期减排量获得签发，成为全国首个获得国家发展改革委减排量签发的中国林业温室气体自愿减排项目（林业 CCER 项目）。6 月 2 日，广东翠峰园林绿化有限公司（项目业主）与广东粤电环保有限公司签订了交易协议，实现国内购买林业CCER的第一笔交易。

2. 扩大林业碳汇交易项目的储备量。今年，省林业厅组织开发了广东省西江林业局碳汇造林项目和森林经营碳汇项目，碳汇造林项目已经获得国家发展改革委审定；森林经营项目已完成项目设计文件的编写，近期可报国家发展改革委公示。根据中国绿色碳汇基金会农户森林经营方法学，在韶关始兴开发了10个农户的森林经营碳汇项目，该项目已完成项目设计文件，近期在中国绿色碳汇基金会注册后就可进入资源市场进行交易。

二、“十三五”及2017年工作思路

（一）继续加强林业生态建设

继续以新一轮绿化广东大行动为抓手，提高全省森林生态质量，规划续建500万亩碳汇林，开展森林抚育3750亩，为广东森林资源的提质增效、增加森林碳汇打下良好的基础。按照《广东省森林碳汇重点生态工程二期建设规划》（2016—2020年）和《雷州半岛生态修复规划》（2016—2035年）等规划，认真开展森林碳汇重点生态工程和雷州半岛生态修复等工作，提高全省森林资源总量和质量。

（二）加快推进生态和碳汇计量监测工作

开展广东省土地利用、土地利用变化和林业碳汇计量监测工作，以各类土地资源调查和生态监测成果为基础，运用遥感和地理信息技术，结合地面调查，准确查清各类土地及土地利用变化的碳库现状、变化和空间分布，为广东省林业碳汇项目计量监测体系的完善提供支撑。

（三）规范开展林业碳汇项目建设和申报交易工作

目前，广东省已经初步建立了林业碳汇抵减碳排放的政策、机制体系，省林业厅将出台推进广东省林业碳汇交易工作的指导意见，明确推进林业碳汇交易工作的指导思想、基本原则和政策要求等，指导全省各地规范开发林业碳汇项目，坚持高起点、高标准、高效率。

（四）加强林业碳汇交易机制研究

按照国家发展改革委自愿减排项目的程序，从项目申请备案、专家技术评

估、审批到上市交易，每个项目在资料齐全、手续齐备的情况下，顺利走完各个程序至少需要半年时间。今后将加强林业碳汇交易机制研究，简化交易申报程序，扩大交易项目的范围，加强交易项目的后续管理，推动林业碳汇的可持续发展。

（五）加大宣传力度，鼓励、支持社会开展碳汇造林

根据《温室气体自愿减排交易管理暂行办法》要求，社会企业和个人可以开展林业项目的建设和交易工作，今后应加强宣传林业碳汇相关政策法规、技术规范等林业碳汇相关知识及最新资讯，研究出台扶持政策，鼓励、支持社会企业和个人开展林业项目交易的申报工作。

（省林业厅供稿）

广州市“十二五”低碳发展报告

【提要】

“十二五”以来，广州市围绕提高能源利用效率、控制温室气体排放的总目标，以低碳发展为战略导向，积极与国家低碳发展方向和工作要求对接，大力推动国家低碳城市试点建设工作，产业结构和城市建设低碳化水平不断提高，低碳发展取得良好成效。

“十二五”期间，广州市地区生产总值年均增长10.1%，单位GDP能耗年均下降4.6%，“十二五”累计下降21.01%，超额完成省下达给广州市的“十二五”万元GDP能耗下降19.5%的目标。推动制造业低碳化升级改造，大力推进“退二进三”工作，关闭搬迁市区314家高耗能高污染工业企业，推动600多家规模以上工业企业新一轮技术改造；大力发展先进制造业，制定工业转型升级攻坚战三年行动方案，实施新一轮技术改造行动、制造业高端化行动、制造业智能化行动、工业创新行动、绿色发展行动、“四百”强企行动等6大攻坚行动。

一、广州市低碳发展情况

2015年，广州市地区生产总值1.81万亿，同比增长8.4%，人均生产总值突破2万美元，三次产业比重为1.26：31.97：66.77。全市能源消费总量为5688.89万吨标准煤，万元GDP能耗为0.333吨标准煤，能源消费二氧化碳排放量约为1.16亿吨，万元GDP二氧化碳排放量约为0.67吨。“十二五”期间，广州市地区生产总值年均增长10.1%，单位GDP能耗年均下降4.6%，“十二五”累计下降21.01%，超额完成省下达给广州市的“十二五”万元GDP能耗下降19.5%的目标。

（一）建立完善低碳发展工作体系

一是建立低碳发展组织领导机制。为全面统筹全市节能低碳工作，2010年市政府成立广州市低碳经济发展领导小组（后更名为节能减排及低碳经济发展工作领导小组），领导小组由市长亲任组长，副市长任副组长，各市直部门和各区、县级市政府主要领导作为成员，办公室设在市发展改革委，共同推进全市低碳发展工作。

二是出台一系列指导文件。广州市先后印发了《广州市人民政府关于大力发展低碳经济的指导意见》《中共广州市委广州市人民政府关于推进低碳发展建设生态城市的实施意见》《广州市低碳城市试点工作实施方案》等纲领性文件和工作方案，明确低碳发展方向和重点任务，落实工作职责。

三是深入课题研究。委托中科院广州能源所开展广州市国家低碳试点项目，对广州低碳发展路径和模式进行深入研究。具体包括《广州市温室气体排放清单及研究广州市能源消费、二氧化碳排放总量峰值控制途径》《广州市建设低碳产业体系方案研究》《广州市重点低碳示范园区（社区）实施方案》《广州市低碳建筑发展方案》《广州市发展城市低碳交通体系方案》《建设社会参与型的碳排放交易体系和生态碳汇系统》等课题。

四是积极开展对外交流合作。广州市积极开展低碳对外交流合作，将低碳打造为广州走向国际化的重要品牌，树立广州市负责任的国际大城市形象。在中国国家主席习近平和瑞士联邦主席施耐德·阿曼的见证下，广州市市长温国辉与瑞士驻华大使戴尚贤共同签署了《广州市人民政府与瑞士发展与合作署关于中国—瑞士低碳城市项目合作备忘录》，拟通过搭建平台、技术交流、项目建设等方式，提供城市绿色低碳发展的解决方案；组团参加首届中美应对气候变化峰会，向国际社会展示广州在低碳城市发展的经验和思路，并向国际承诺力争在2020年底前达到碳排放峰值，得到了国际和国家发展改革委的充分认可；2015年9月广州市成功加入C40（城市气候领导联盟），并参加在丹麦哥本哈根和武汉召开的C40研讨会议。

（二）调整优化产业结构

一是大力发展现代服务业。广州市大力发展服务业，第三产业比例由2010年末的61.01%增长到2015年末66.77%。同时，深化国家服务业综合改革试点，大力推动产业结构内部优化，出台加快生产线服务业发展三年行动方案等政策措施，大力发展总部经济、现代金融、现代物流，积极培育卫星导航、科技服务、工业设计、文化创意等服务业新业态，2015年现代服务业增加值占服务业比重达63.5%。

二是推动制造业低碳化升级改造。成立广州市淘汰落后产能工作联席会议办公室，推动落后产能淘汰，“十二五”期间共计淘汰落后火电产能11.7万千瓦；焦炭24万吨、造纸0.5万吨、水泥30万吨、平板玻璃1075.5万重量箱、印染12281万米、制革109万标张、铅蓄电池69120千伏安时；大力推进“退二进三”工作，关闭搬迁市区314家高耗能高污染工业企业，推动600多家规模以上工业企业新一轮技术改造；六大高耗能行业产值占规模以上工业总产值比例由2010年的31.9%下降为2015年的26.7%；大力发展先进制造业，制定工业转型升级攻坚战三年行动方案，实施新一轮技术改造行动、制造业高端化行动、制造业智能化行动、工业创新行动、绿色发展行动、“四百”强企行动等6大攻坚行动。

三是培育壮大战略性新兴产业。设立每年20亿的战略性新兴产业专项资金，培育扶持新能源和节能环保产业、新能源汽车等6个战略性新兴产业发展，建设35个战略性新兴产业基地，设立新兴产业创投引导资金参股孵化基金，支持创新型企业发展，2015年战略性新兴产业增加值占GDP比重超过10%，高新技术产品产值占工业比重达45%。

四是推动农业低碳可持续发展。持续完善农业科技推广体系，推广主导品种和新优品种，农业科技进步贡献率达到63.5%；推进农业面源污染防治，累计推广测土配方施肥技术应用面积22万亩；制定《广州市土壤环境保护和综合治理方案》，开展土壤重金属污染治理；清理“散小乱”畜禽养殖场，推进养殖场排泄物综合利用，全市规模化畜禽养殖场粪便等排泄物无害化处理率达到80%。

（三）大力推动能源低碳化

一是推动煤炭消费减量化。出台《广州市人民政府关于整治高污染燃料锅炉的通告》，要求20蒸吨/小时以下和2004年以前（含2004年）启用的20蒸吨/小时以上（含20蒸吨/小时）的高污染燃料锅炉，于2015年底前完成拆除或改用清洁能源，20蒸吨/小时以上的高污染燃料锅炉，应采用节能环保燃烧方式，建设高效脱硫、降氮脱硝、除尘设施，安装烟气排放在线连续监测仪器并与环保部门联网，或改用清洁能源，目前已淘汰高污染燃料锅炉1298台。越秀区、海珠区、荔湾区、天河区4个区建成无燃煤区，广州市煤炭消费量占能源消费总量比重从2010年的32.4%下降到2015年的19.8%。

二是实施燃煤电厂改造。加大煤电自身结构的优化调整，2014 年 3 月广州市率先制定出台《广州市燃煤电厂“超洁净排放”改造工作方案》，按照国家、省对重点地区“燃气轮机大气污染物特别排放限值”标准对广州市燃煤电厂进行改造，截至 2015 年底，全市已有 8 家企业、总装机容量约 463 万千瓦的 21 台机组完成改造。

三是大力推广天然气。发布实施《广州市管道燃气 2014—2016 年发展专项规划和实施计划》和《广州市推进管道燃气三年发展计划实施办法》，建成天然气管网 7943.76 公里，全市主干管网年接收能力达 60 亿立方米，建成 LNG 加气站 18 座，天然气电厂 2 座，全市燃气用户超过 461.2 万户，燃气气化率达到 99.7%，全市天然气消费总量超过 20 亿立方米。

四是鼓励支持太阳能光伏应用。制定印发广州市分布式光伏发电发展规划（2013—2020 年），通过市财政鼓励补贴光伏发电项目建设，力争到 2020 年，全市太阳能发电机组达到 200 万千瓦。2015 年，全市新建成分布式光伏发电项目约 60 兆瓦，累计建成分布式光伏发电项目总规模已达 150 兆瓦，太阳能集热板安装面积超过 40 万平方米。

（四）着力推动能源使用效率提升

一是加强建设项目节能评审。严格贯彻固定资产节能评估和审查办法，创新建立节能评估文件和节能评审机构评分机制，有力促进节能评估文件编制和评审质量的提高。2013—2015 年，市本级共对 139 个固定资产投资项目节能评估报告书（表）进行审查、超过 400 个项目进行登记备案。通过节能评审，项目用能方案得到优化，项目评审后能源消费量普遍减少 5% 以上。

二是加强重点用能企业管理。全面推进万家企业节能低碳行动，深化节能考核、用能跟踪、督导监察等工作，为用能单位提供能源计量、水平衡测试、用能审计等节能技术服务，开展能源管理体系建设和能效对标，对重点行业、企业节能改造、低碳发展、循环经济、资源综合利用和清洁生产重大项目等进行扶持。广州市 165 家国家万企 2011—2015 年累计节能量达 272.72 万吨标准煤，完成“十二五”节能量目标 120%。

三是推动主要用能设备淘汰更新。制定《广州市电机能效提升（2014—2015 年）工作实施方案》，市财政安排 6300 万元按 1∶1 比例配套省电机能效提升补贴资金（省市补贴资金合计 1.26 亿元），2014—2015 年全市共完成 197 万千瓦电机及电机系统节能改造，通过财政补贴鼓励淘汰高耗能落后变压器37台共36340千伏安；全面开展在用锅炉能效测试和能效评价工作，2015年共完成工业锅炉简单测试1156台、工业锅炉详细测试151台、电站锅炉测试35台；积极推动节能节水产品认证，目前广州市获得节能认证的企业45家、证书763张，节水认证企业4家、证书22张。

四是大力发展循环经济。广州市积极创建国家循环经济示范城市，制定出台了《广州市创建国家循环经济示范城市实施方案》《广州市创建国家循环经济示范城市三年行动计划》《广州市推进工业园区（产业积聚区）循环化改造的实施方案》等工作方案，推动22个工业园区完成循环化改造方案编制，一批重点改造项目进入实施阶段，完成28家省循环经济试点单位的现场验收；广州经济技术开发区成功申报为国家园区循环化改造试点单位，获得中央循环化改造专项资金2.33亿元，带动投资超32亿元；组织实施珠江啤酒等5个国家级循环经济示范项目建设，推动越堡水泥等10家企业建设生产过程协同资源化处理废弃物示范工程；万绿达循环经济产业基地列入创建省“城市矿产”示范基地创建名单、金发科技股份有限公司列入省循环经济教育示范基地创建名单、跨越汽车零部件工贸有限公司和花都全球自动变速箱有限公司列入省再制造试点创建名单。

（五）大力发展低碳绿色建筑

一是强化新建建筑节能标准。新建建筑全面执行节能强制性标准，设计阶段执行率达到100%，施工阶段执行率达到100%；以政府令出台《广州市绿色建筑和建筑节能管理规定》，从立项、规划、施工和验收全过程进行闭合管理，保障了建筑节能和绿色建筑各项政策规定、技术标准的贯彻落实。

二是大力发展绿色建筑。市政府出台《广州市绿色建筑行动实施方案》，重点在财政资金项目、旧城改造项目、城市发展新区、大型公共建筑推广绿色建筑标准，“十二五”期间，广州市累计获得绿色建筑评价标识项目176个，建筑面积约1746万平方米，其中30个项目获得国家三星级绿色建筑评价标识，5个项目获全国绿色建筑创新奖。率先在保障性住房建设中实施绿色建筑行动，自2012年2月10日以后取得建设工程规划许可证的保障性住房按照绿色建筑标准进行建设，芳村花园二期等多个保障性住房项目（建筑面积超过139.74万平方米）获得绿色建筑评价标识，芳村花园住宅二期工程被住房和城乡建设部授予“国家绿色建筑示范项目”；中新广州知识城、广州教育城一期等区域已按照国家绿色生态城区标准完成总体规划和市政、能源、绿色建筑等各项专项规划并向国家申报绿色生态城区示范，其中部分项目已获得绿色建筑设计标识。

三是推动既有建筑绿色化改造。以节能设计备案为抓手，对纳入施工许可范围涉及围护结构、空调和照明系统改造的装修项目强制实施节能改造，实现既有居住建筑节能改造制度化。据不完全统计，“十二五”期间实施既有建筑节能改造示范面积约 499 万平方米，推进既有建筑绿色化改造，广州发展中心大厦获得二星级绿色建筑运行标识。“十二五”期间共组织实施 101 栋公共建筑的能源审计，对 101 栋公共建筑的能耗数据实时监测。

四是推广可再生能源建筑规模化应用。对十二层以下（含十二层）居住建筑以及具备稳定热水需求的公共建筑强制要求优先采用太阳能热水系统，不具备太阳能集热条件的用空气源等其他可再生能源技术代替，“十二五”期间，累计推广太阳能光热建筑应用建筑面积约 315.46 万平方米，使用太阳能光热板面积约 8.83 万平方米，推广太阳能光电建筑应用装机容量 203.5MW。

五是推广屋顶绿化。调查研究适合广州市气候的屋顶绿化模式和植物品种，制定广州市推进屋顶绿化工作的方案，以大型公共建筑、工业园区和厂房、新建和改建建筑、主要景观周边民用建筑为重点，通过政府引导和补助、发动全社会各类型业主积极参与、推广屋顶绿化成熟技术等多种方式，计划 2020 年屋顶绿化面积达到 250 万平方米，从而有效降低楼顶温度，减轻城市热岛效应。

六是建立了本地化技术路线和技术标准体系。根据广州属于夏热冬暖地区，夏季空调致冷能耗占比相对较高的特点，广州市组织对本地化绿色节能适宜技术进行研究，提出了现代主义建筑哲学与中国园林精美意境、岭南地域气候特点相结合的现代岭南建筑设计理念，以及“遮阳隔热通风防潮”与岭南园林有机结合等建筑手法，并组织编制了《广州市岭南特色城市设计及建筑设计指南》《广州市岭南特色绿色建筑设计导则》等技术指引，先后建成了以广州气象局监测中心大楼、岭南新苑和珠江电厂办公业务综合楼为代表的一批岭南特色绿色建筑。

（六）全面打造低碳交通

广州市获批成为国家低碳交通运输体系建设试点城市，印发实施《广州市建设低碳交通运输体系试点实施方案（2012—2014）》《广州市低碳交通运输体系建设中长期规划（2012—2020）》等，按照“低碳立体交通网络体系”“绿色低碳运输装备体系”“节能高效运输组织体系”“智能交通服务管理体系”“低碳交通保障体系”等5大体系全面推进广州市低碳交通发展。

一是大力发展公共交通。地铁通车9条266公里，日均客运量超过659万人次，共有公交线路1167条，公交运力为14094辆，建成公交专用道470公里，开通运营水上巴士航线达到14条，可基本辐射中心城区珠江沿线各主要客流集散点，市区公共交通出行占机动化出行比例达60%。广州BRT项目获得美国交通运输研究委员会“2011年可持续交通奖”和14064工作小组主席英国标准协会（BSI）颁发的温室气体核证证书，并作为中国唯一入选项目，荣获联合国2012年应对气候变化环保“灯塔奖”的殊荣。海珠区有轨电车试验段于2014年底开通，长7.7公里，首创超级电容储能制式，无接架空触网供电，车辆到站30秒内充电完全，具有2.5—4公里强续航能力。制动系统反馈的85%以上能量被超级电容再次吸收利用，运行能耗仅为2.75千瓦时/列公里，无任何尾气排放，噪声极低。

二是推广节能环保交通工具。广州市列入国家节能与新能源汽车示范推广试点城市，截至2015年底，累计推广新能源汽车1.46万辆，其中纯电动汽车占60%，插电式混合动力（包括增程式）汽车占40%；公交领域示范应用6268辆节能与新能源公交车辆，其中纯电动公交车117辆，插电式LNG混合动力公交车1751辆，非插电式混合动力公交车1684辆，LNG公交车2716辆，全市累计建成LNG加气站已达18座；严格执行汽油车和柴油车国Ⅳ标准、燃气汽车实施国Ⅴ标准，推广使用国Ⅴ标准车用燃油；严格落实黄标车限行措施，积极落实鼓励提前报废黄标车奖励政策，共淘汰黄标车18万辆；实施中小客车总量调控，遏制私人汽车数量增长，新能源汽车可直接上牌，节能车单独摇号，鼓励购买节能和新能源汽车。

三是推进大型交通企业节能。广州市二汽公司、广州交通集团出租汽车有限公司、广州市运输有限公司大型物件运输分公司、广州港集团南沙港务公司等4家企业列入交通运输部“千家企业”低碳交通运输专项行动，通过督导企业开展节能改造和管理，2012年以来节能量达1.2万吨标准煤；指导广州市重点运输企业初步建立运输能耗统计制度，并制定了节能减排考评实施方案，推动企业提高能源使用效率；广州港集团成为全国首批8家绿色港口项目单位之一，获得交通运输部1117万元的资金支持。

四是交通智能化水平不断提高，形成智能交通平台、交通政务平台、物流信息平台的信息化大交通管理格局，涵盖了面向政府、企业、市民的信息服务等领域的50个信息化子系统，“行讯通”手机软件，向广大市民群众提供实时路况、实时公交查询、停车服务等17项交通信息服务功能。

五是推行慢行系统。印发《广州市公共自行车项目提升推广工作方案》，解决市民中短距离出行和与公共交通“最后一公里”的接驳，公共自行车系统的全部建设投入由政府财政承担。目前广州市已建成116个公共自行车服务点，投入公共自行车8850辆，计划2016年实现投入3万辆公共自行车。

（七）推进废弃物低碳化处置

一是构建再生资源回收网络。编制再生资源回收指导目录、行业发展规划，加强再生资源回收分拣中心和回收中转站建设，再生资源回收“一街一镇一示范点”工作体系已建设完成，累计规范建设再生资源回收站点3100个，城乡再生资源回收网络服务覆盖率达到100%。推动垃圾分类与资源回收工作对接，引导社会力量探索低值可回收物回收利用试点，同时鼓励街镇进一步探索和完善企业（社会组织）参与垃圾分类的有效模式，陆续形成了越秀“白云”、荔湾“西村”、海珠“轻工”、花都“花城”、增城“小楼”等一批垃圾分类企业化服务模式的示范点。

二是强化垃圾分类投放与收运。创新垃圾分类全流程设计，实现“源头减量、分类投放、分类收集、分类运输、分类处置及全过程监管”垃圾分类处理流程再造。广州市成功创建全国首批生活垃圾分类示范城市，垃圾分类处理项目获得了“2015中国城市可持续发展范例奖”。实行“定时定点”分类投放模式的社区达到781个，并在社区、学校、机团单位开展生活垃圾分类示范点创建活动。全市建制镇和自然村全部建成垃圾转运站，农村垃圾处理及环境改善率为100%。垃圾分类收运网络逐步形成与优化，重点规范了405个垃圾分类合格社区分类收运转运点的管理。全面加强有害垃圾管理，建立60个有害垃圾临时储存库，5年来共收集处理各类有害垃圾77.84吨。

三是加快垃圾处理设施建设。广州市列入国家第三批餐厨废弃物资源化利用和无害化处理试点，已建成资源热力电厂1座、卫生填埋场1座、餐厨垃圾处理厂1座，正在加快推进第三、第四、第五、第六、第七资源热力电厂等生活垃圾终处理设施建设。并依托资源热力电厂建设7个垃圾处理循环经济产业园。第一资源热力电厂二分厂城市固废物环境教育项目获2014年中国人居环境范例奖。

四是推动垃圾处理领域投融资创新。开展餐厨废弃物和建筑废弃物招标工作，引入社会投资主体进入广州市固废处理领域，鼓励通过竞争性配置等方式推进固废处理设施建设。4 个餐厨固废项目列入省发展改革委的民营资本进入城市基础设施推介项目，2 个项目已成功通过 BOT 招标引入民营投资者，其中大田山餐厨废弃物循环试点项目于年底完工。

五是全面推行清洁生产。制定《广州市清洁生产实地评估工作指引》，清洁生产企业覆盖的行业从制造业延伸到餐饮、酒店等服务业领域，提高行业清洁生产水平，从源头减少废弃物的产生。清洁生产成效显著。全市共有 1200 多家企业完成清洁生产审核验收或实地评估验收，2011—2015 年，共认定 621 家广州市清洁生产（优秀）企业；推动企业持续开展清洁生产，广州好迪集团有限公司等 169 家企业通过“广州市清洁生产（优秀）企业”复审。2015 年新认定的 103 家清洁生产企业共实施清洁生产改善方案 3260 个，年节能量 15153 万吨标煤、节水 59 万立方米，削减固体废物近 2 万吨，减少大量的 COD、二氧化硫等污染物的排放。

（八）倡导绿色生活方式和消费模式

一是开展绿色公共机构建设，为全社会节能低碳做好表率。市节能专项资金每年组织公共机构节能改造项目申报和评审工作，2012—2015 年共安排 4368 万元用于支持 31 个公共机构节能改造示范项目，改造内容包括空调、照明、电梯节能改造、能源监控平台建设等，节能成效显著，起到良好的示范推广作用；制定印发《广州市公共机构合同能源管理办法》，解决了公共机构在实施合同能源管理项目过程中存在的有关财政支付等问题；委托专业机构对能耗较高的公共机构委托专业机构进行节能诊断，为这些公共机构节能工作开展节能工作提供有力支撑；制定印发《广州市建设绿色公共机构三年行动方案（2015—2017 年）》，将 206 家能耗较高的公共机构纳入重点用能单位，3 年内完成用能审计和节能改造，预计改造后年节电量可达 8200 万千瓦时，已完成 42 家用能最高的公共机构的用能审计；花都区机关事务管理局等 5 家公共机构顺利通过国节约型公共机构现场验收，广州市人民检察院等 152 个单位通过评审并被授予“广州市公共机构节水型单位”称号，成为全市公共机构节能工作的良好示范。

二是开展低碳社区建设。2012 年广州市通过自主申报和专家评审，选择了 6 个社区开展低碳试点建设工作，并给与了财政资金支持。经过多次讨论和调整，目前大部分社区已经完成低碳改造和低碳活动，实施了风光互补路灯、太阳能热水、屋顶绿化、垃圾分类、社区绿化等改造，拟于近期组织验收，总结推广经验。

三是探索实施碳普惠制。广州市制定建筑和交通领域开展碳普惠制试点工作的实施方案，经市政府常务会议审议通过并印发，并列入省首批碳普惠制试点城市，将在采用公共交通、购买绿色建筑、减少生活用电用水等方面探索开展碳减排奖励措施，通过碳普惠制引导鼓励广大市民参与碳减排行动。

四是限制商品过度包装。以政府令出台了《广州市限制商品过度包装管理暂行办法》，要求包装生产企业和商品生产者减少包装材料使用、使用可循环材料等，同时明确了各项工作的执行和监督部门，切实减少包装废弃物的产生，促进资源节约和循环利用。

五是开展节能绿色宣传。认真举办全国节能宣传周、世界地球日、世界环境日等活动，设计印发套节能环保宣传海报和节能宣传册，各职能部门在各自领域开展有针对性的节能降碳宣传和培训活动。2015 年节能宣传月期间广州市发改委制作了出行节能、办公室节能、节约用电、节约用水、低碳生活共 5 则公益广告片，在广州新闻频道顺利播出，在花城广场市第二少年宫电子屏幕、市汽车站候车室等地滚动播放，起到了良好的宣传效果。2016 年 1 月 15 日在广州日报刊登环保公益广告，倡导市民低碳节俭，践行绿色生活，共同为建设美丽广州贡献力量。

（九）加强林业碳汇建设

近年来，先后获国家园林城市、国家森林城市等荣誉称号，全面实施新一轮绿化广东大行动和花城绿城建设，全力推进森林进城围城、生态景观林带、森林碳汇、乡村绿化美化，以及绿道、花园花景、城市出入口景观、立体绿化等重点工程，不断加大森林、绿地的保护力度。全市森林覆盖率达 42%、森林蓄积量 1484 万立方米，全市湿地面积 114 万亩，占国土总面积的 10.26%。

一是积极发展森林碳汇。大力开展碳汇造林，改善林分结构，提高林分质量。全市完成碳汇造林 10.38 万亩。同时，积极开展全市森林碳汇计量和监测，算清全市森林、湿地碳储量现状和年增长量，建立森林碳汇数据库，编制广州森林碳汇分布图。

二是着力推进森林进城围城。重点提升建设流溪河、石门、帽峰山等国家、省级森林公园，近2年新增森林公园23个，全市森林公园总数达到73个，形成了国家、省、市、镇街四级森林公园体系。新建12个湿地公园，其中海珠湖国家级湿地公园、南沙湿地公园入选“广东十大最美湿地公园”。

三是开展城镇绿化美化。市政府印发实施《广州市花城绿城水城建设方案》，全市建成区绿地率达35.68%、有城市公园245个，人均公园绿地面积16.5平方米，全市13个儿童公园全面建成开放。在全市各镇村开展“一园、一带、一网”乡村绿化美化建设，目前全市已完成395个乡村绿化美化和700片风水林的恢复改造。全市共建成生态景观林带507公里，形成贯通城乡、全年常绿、季季有花的生态景观长廊。

四是打造绿道休闲网络。从2010年开始，全市已建成绿道总里程3000公里，串联320个主要景点、166个驿站和服务点，初步形成10条绿道精品游线，覆盖面积3600平方公里，服务人口超过800万，广州绿道已成为广东省线路最长、串联景点最多、综合配套最齐、在中心城区分布最广的绿道网。相继获得了国际“可持续交通奖”“中国人居环境范例奖”“国家健身步道示范工程”等荣誉。

（十）存在问题

一是节能降碳意识仍不到位。各级政府、各相关部门对节能降碳在转变经济发展方式、实现可持续发展战略中的重要作用的认识不统一，经济增长与低碳发展的关系尚未有机结合起来，政府和社会普遍存在重后期环保治理、轻源头节能减排的观念，影响了节能降碳工作的全面深入推进。全社会还未普遍形成节约资源、保护环境的绿色低碳意识和生活方式。

二是绿色低碳市场不够成熟。绿色低碳市场机制较为单一，节能环保仍主要靠政府行政命令推动，市场机制推动节能降碳的动力不足，投融资渠道不畅，市场化发育不够成熟。节能、低碳企业规模普遍偏小，产业集中度低，对节能降碳和循环经济发展的支撑作用有限，龙头骨干企业带动作用有待进一步提高，涉及节能低碳方面咨询、评估、审计、技术服务等节能服务业发展较为滞后。

三是节能工作有待进一步深入。“十二五”期间广州市单位GDP能耗下降主要动力来自于产业结构调整、落后产能淘汰搬迁和高耗能企业节能改造。随着工作的推进，工业节能潜力进一步收窄，而非工领域的用能上升速度较快，已超过全市能源消费总量的50%。由于第三产业和生活用能分散，节能意愿较低，尤其是生活用能随着消费水平的提高可能继续增加，节能工作推进难度较大。节能减碳工作要逐步实现从抓工业、抓重大项目为主向多领域，全社会的由点到面的转变。

四是计量统计工作相对滞后。部分行业能源计量器具配备不完备，能耗在线监控和管理系统尚未广泛覆盖，能源消费统计系统较为滞后，分行业、分领域的能源消费数据不够实时准确，二氧化碳排放监测和统计制度和体系尚未建立，影响用能和碳排放形势的分析和有针对性的开展相关工作。

二、广州市“十三五”低碳发展思路

（一）绿色低碳生产

——发展生态农业，加强农业面源污染防治

推进农业规模化、标准化、精品化和品牌化，建立健全农产品质量安全体系，积极支持农业企业开发认证无公害农产品、绿色食品、有机食品和农业品牌创建。加强农业面源污染防治，减少使用化学农药，禁止使用有毒有害物质超标的肥料，严控污水灌溉。

——发展低碳工业，推动传统产业低碳化

加强节能、环保准入审查，将单位产值（增加值）能耗和污染物排放量作为衡量项目投资建设的重要标准，积极引进低能耗低污染的产业，淘汰限制高能耗落后产业发展。继续推动中心城区“退二进三”和“双转移”工作。

运用高新技术和先进适用技术改进提升传统制造业，支持企业提升产品节能环保性能，打造绿色低碳品牌；重点推进主要用能设备淘汰更新，推广变频技术、余热回收、余热发电、废弃物综合利用等节能低碳技术；在所有规模以上工业企业及重点商贸服务企业推行清洁生产（共约 4000 家），到 2020 年，力争规模以上工业企业和重点商贸企业完成实地评估，实施强制性清洁生产企业通过验收比例达到 100%；加强重点用能企业监管，建立全市统一的能源管理中心，鼓励支持重点用能单位建立健全能源管理体系。

——发展清洁能源，推广新能源规模化应用

积极推广太阳能、热泵、风能等新能源技术的应用，重点支持用户侧并网光伏发电、独立光伏发电、大型并网光伏发电等示范项目建设；全面落实《广州市分布式太阳能光伏发展规划（2013—2020 年）》，到 2020 年，建成总装机容量

200万千瓦的光伏发电项目，约占本地电源装机容量10%左右；加快天然气管道建设，建成一批天然气分布式能源示范项目，“十三五”期间在重点工、商业区域新建21个分布式能源示范项目，建成燃气热电联产320万千瓦、天然气分布式能源站100万千瓦，推动天然气在交通领域的应用。

——完善回收体系，促进资源循环化利用

建立再生资源回收利用信息系统，完善再生资源回收网络，建设和改造专业化分拣中心。引导再生资源回收企业与生产性企业、社区形成可再生资源回收的对接，鼓励回收企业提升分拣、加工技术水平，提高资源利用率。建设完成广州市第三、四、五、六、七资源热力电厂、李坑生活垃圾综合处理厂、福山生物质综合处理厂（萝岗园区）项目和增城市朱村餐厨垃圾处理项目等垃圾处理设施，到2020年，实现生活垃圾焚烧处理能力14000吨/日，餐厨废弃物处理设施能力达到7450吨/日。同时，鼓励学校、宾馆和机团单位食堂安装餐饮垃圾处理简易设施，就地实现餐饮垃圾资源化处理。

——发展节能环保产业，支撑产业低碳化转型

重点发展高效节能设备制造、半导体照明材料制造、新能源装备制造、新能源汽车、污染治理和防治等节能环保产业；大力发展能源审计、清洁生产审核、工程咨询、节能环保产品认证、节能评估、环境监测等第三方节能环保服务体系，发展系统设计、成套设备、工程施工、调试运行和维护管理等环保服务总承包；征集梳理节能低碳先进技术，通过发布会、交流会、展览会等形式进行推广对接；到2020年节能环保产业总产值达到5700亿元，实现增加值505亿元，年产值超过50亿元的企业达到10家以上，年产值超过10亿元的企业达到50家以上。

（二）低碳生活

——推广绿色建筑

规模化强制推广绿色建筑，不断提高二、三星级绿色建筑比例，积极开展绿色建筑示范工程建设；建立符合岭南地域特色的绿色建筑政策、规划、标准技术体系，推广楼宇自动化智能控制系统，完善建筑能耗监管体系和绿色建筑管理与建设体系框架；推动单体绿色建筑向绿色区域拓展，2020年前将中新知识城、国际金融城、广州教育城建设成为绿色生态的标杆城区；强制推广太阳能热水系统，鼓励有条件的工厂宿舍、学生宿舍、医院住院部和居住建筑安装太阳能热水

系统，鼓励建筑立面和屋面安装太阳能光伏板，推广太阳能照明应用。

——发展低碳交通

全面落实公交优先战略，加快完善以轨道交通为骨干，公交气电车为主体，出租车、水上巴士为补充的城市公共交通体系，发展智能交通系统，充分发挥交通空间和设施资源的效益；大力推广新能源汽车，强化营运车辆燃料消耗量限制准入工作，加快推进车辆节能减排技术的提升；积极倡导“135”绿色出行方式(1 公里以内步行，3 公里以内骑自行车，5 公里左右乘坐公共交通工具)，支持购买小排量汽车、节能汽车和新能源车辆。

——创建低碳社区园区

在前期 6 个低碳示范社区的经验积累和带动下，探索制定广州市建设低碳社区适合采用的技术产品、建设方案、推广方式、管理制度和评价指标体系等，逐步在全市推广低碳社区建设，在 2020 年前争取建成 20 个低碳示范社区；把珠江新城、白云新城、中新知识城等新商务区打造成低碳示范典型，以示范试点为带动，组织实施一批低碳示范园区、商业区的规划建设。

——建设节约型政府

建立健全政府节约的各项管理措施，全面推动政府机关能源资源使用的“减量化”，为全社会做出良好的示范与表率。推行无纸化办公、网络化办公，严格控制会议数量，大力推广视频会议，推行公车制度改革；推行公共机构合同能源管理，加大公共机构节能改造力度；推进“政府绿色采购”，发挥政府在绿色采购中的导向与示范作用，努力提高政府采购中可循环使用产品、再生产品、环保产品等绿色产品的比例。

——倡导绿色生态消费

继续开展一系列绿色低碳生活宣传活动，通过张贴宣传海报、推广节能产品、举办讲座培训等方式加大低碳生活宣传力度，普及低碳发展的重要性和相关知识，营造全社会浓厚的低碳环保氛围；抑制不合理消费，限制商品过度包装，减少一次性用品使用；推动落实节能产品惠民工程，积极向居民推广节能灯、节能家电、节水器具等节能节水产品。

（三）完善配套政策

——发挥价格机制的调节导向作用。加大差别电价实施力度，加大对超能耗限额标准企业实施惩罚性电价政策的力度，探索建立建筑用能超定额附加费征收制度。出台鼓励余热余压发电上网的价格政策，完善电力分时段的计价办法，全面推行居民用电、用水的阶梯价格，引导用户合理用电用水、节约用电用水。

——鼓励支持节能新机制。积极推广合同能源管理等节能新机制，鼓励支持采用合同能源管理方式开展各领域节能技术改造；进一步完善电力需求侧管理项目激励机制，推广电力需求侧管理、节能自愿协议等机制，规范有序用电，积极开展节能环保发电调度。

——推行能效标识和产品认证。扩大能效标识在终端用能设备和建筑上的应用，引导消费者选用节能低碳产品，促进企业加快高效节能产品的研发和推广利用；加强能效对标，探索建立“领跑者”制度，积极鼓励企业开展绿色低碳产品认证。

——深化碳排放交易制度。完善碳排放权交易制度，扩大交易范围，积极引入投资机构和个人进入交易市场，探索开展节能量交易、建筑和交通领域碳排放权交易等。

——建立完善公众参与机制。鼓励和支持企业积极履行生态环保责任，严格遵守生态环保法律法规，充分树立企业的生态环保形象；建立完善公众参与环保机制，为公众参与生态环境保护提供合理、便捷、有效的渠道和平台；完善政府环境信息公开机制，呼吁社会公益组织积极行动，充分挖掘、发挥社会组织对生态文明建设的推动作用。

（广州市发展改革局供稿）

深圳市“十二五”低碳发展报告

【提要】

自成为国家首批低碳试点城市以来，深圳市积极贯彻落实试点工作的要求，充分发挥经济特区改革创新、先行先试的优势，采取了一系列较为有效的政策措施，形成具有深圳特色的低碳发展模式，取得了较好成效。能源结构不断优化，万元 GDP 能耗从 2010 年的 0.494 吨标准煤下降到 2015 年的 0.392 吨标准煤，在全国大中城市中处于领先水平；加大对高耗能、高污染落后产能淘汰力度，累计清理淘汰低端企业约 1.4 万家；对 53 家重点用能企业开展专项督查，对 310 家工业类企业实施节能考核，验收通过四批 99 家自愿清洁生产企业，其中 6 家获得广东省清洁生产企业称号；2014 年 636 家管控企业碳排放总量为 2799 万吨，与 2010 年相比下降 402 万吨，下降幅度达到 12.6%；621 家制造业企业工业增加值增长了 1080 亿元，增幅达 39.8%，碳排放强度较“十一五”末下降 34.2%，已超额完成了深圳市“十二五”期间碳排放强度下降 21% 的目标；全市多家机关、企业、学校等开展创建绿色单位活动，截至 2015 年底，全市绿色单位共有 1036 家。

一、深圳市的基本情况

（一）经济规模和效益实现双提升

地区生产总值由 2010 年的 9581.5 亿元增加到 2015 年的 1.75 万亿元，辖区公共财政收入由 2010 年的 3506.8 亿元增加到 2015 年的 7238.8 亿元，地方一般公共预算收入由 2010 年的 1106.8 亿元增加到 2015 年的 2727.1 亿元，全社会研发投入由 2010 年的 333.3 亿元增加到 2015 年的 709.3 亿元。二三产业结构由 2010 年的 46.2：53.7 优化为 2015 年的 41.2：58.8。战略性新兴产业成为经济增长主导力量，增加值年均增速 20%。金融中心地位更加巩固，金融业增加值、本外币存贷款余额等主要指标居全国大中城市第三位。领军企业持续增加，世界五百强本土企业增加到4家，中国五百强企业达30家，本地企业中小板和创业板上市总量连续9年居大中城市首位，全国经济中心城市的辐射带动能力不断增强。

（二）创新成为经济发展主引擎

创新成果密集涌现，4G技术、基因测序、超材料、3D显示等领域创新能力跻身世界前沿。实现国家技术发明一等奖“零”的突破。获国家科学技术奖励56项，获中国专利金奖、优秀奖130项，PCT国际专利申请超5万件。创新载体跨越发展，建设国家超算深圳中心、国家基因库、大亚湾中微子实验室等国家重大科技基础设施。国家、省、市级重点实验室、工程实验室、工程中心和企业技术中心等1283家，约为2010年的3倍。创新生态不断优化，建立云计算等45个产学研资联盟和10个专利联盟。国家技术转移南方中心落户深圳。VC/PE机构达到4.6万家，注册资本超2.7万亿元。创新人才加速集聚，引进“孔雀计划”创新团队63个，“海归”人才1.8万余人。

（三）绿色低碳成为城市新特质

能源结构不断优化，万元GDP能耗从2010年的0.494吨标准煤下降到2015年的0.392吨标准煤，在全国大中城市中处于领先水平。煤炭消费量由2010年的357万吨降低到2015年的299万吨，煤电供电量比例下降至9.5%，利用省网电力619.42亿千瓦时，比2010年增长49.98%；碳排放得到进一步控制，万元GDP二氧化碳排放量从0.95吨下降到0.66吨，处于全国大城市最低水平，累计下降率超过21%，超额完成省“十二五”排放目标要求。低碳发展协同效应不断显现，二氧化硫、化学需氧量分别从2010年的1.48万吨、10.61万吨下降到2015年的0.82万吨、5.50万吨；空气质量逐年提升，2015年PM2.5年均浓度降至29.8微克/立方米。灰霾天数由112天降至35天，空气质量居国家74个重点监测城市前列，在全国千万人口特大城市排名第一。水环境逐步改善，新建污水管网1402公里，新改扩建污水处理厂17座，污水日处理能力由266.5万吨提高到479.5万吨。深圳正在以更少的资源能源消耗和更低的环境代价实现着更高质量的发展。

（四）社会发展迈上新台阶

社会保障水平进一步提升，最低工资、最低生活保障标准提高至2030元和

800 元，均居国内前列。新开工保障性住房 1. 76 万套、竣工 2. 13 万套、供应 2. 14 万套。高等教育实现跨越发展，南方科技大学、香港中文大学（深圳）建成招生，深圳吉大昆士兰大学等 10 所特色学院加快建设，在校全日制大学生由 7 万人提高到 9. 5 万人。大力提高医疗卫生服务能力，引进 72 个高水平医学学科团队，国家级、省级医学重点学科增至 78 个；香港大学深圳医院等建成运营，三级医院增至 25 家，三甲医院增至 10 家，病床数增至 3. 7 万张，新增执业医生 6900 名。

二、深圳市低碳发展情况

（一）产业低碳化特征日益显现

一是低碳型新兴产业快速增长。科学把握新常态下产业低碳转型的重点和力度，低碳型新兴产业对稳增长、调结构、促转型的作用更加明显。战略性新兴产业增加值五年年均增速约 20%，约为同期 GDP 增速的两倍。2015 年战略性新兴产业增加值为 7003. 5 亿元，增加值占 GDP 比重达到 40%，战略性新兴产业平均碳强度仅为 0. 24 吨/万元，战略性新兴产业碳排放强度比制造业碳排放强度低 30% 左右。二是现代服务业发展迅速。围绕提升经济发展质量和有效降低碳排放水平，不断提升服务业发展能力和规模。服务业占本市生产总值比重从 2010 年的 52. 4% 提高到 2015 年的 58. 8%，金融业增加值从 2010 年的 1279. 27 亿元提高到 2015 年的 2550 亿元以上，金融业总资产达到 8. 6 万亿元。节能服务业发展迅猛，在国家发展改革委备案的节能服务企业由 95 家增加到 155 家，产业低碳化发展趋势更加明显。三是传统产业低碳化转型持续加快。服装、钟表、黄金珠宝等优势传统产业逐步向总部、研发设计等高端环节发展。先进制造业占规模以上工业增加值由 2010 年的 70. 8% 提高至 2015 年的 76. 1%。621 家碳排放管控制造业企业碳排放强度下降到 0. 37 吨/万元，较 2010 年下降 34. 2%。

（二）能源结构持续优化

一是引进天然气为主的石油替代战略成效初显。天然气资源供应渠道不断拓展，西气东输二线正式供气，每年供应深圳市天然气达到 40 亿立方米。西气东输二线正式供气，岭澳核电二期、鲲鹏变电站扩建工程投入运营。截至 2015 年底，全市建成天然气管道 5421. 5 公里，天然气门站 7 座，调峰站 3 座，调压站

27座，居民用户达到159万户。二是电源装机和用电结构不断优化。全市累计关停小火电机组288万千瓦，超额完成了国家下达的关停任务。全面完成了燃油发电机组的“油改气”工程，新建成天然气发电、核电等清洁电源约500万千瓦。2015年底，清洁电源装机占全市电源总装机容量比重达到85.37%；清洁电源供电量占全社会用电量的比例达到90.5%，约为全国平均水平的2.3倍。三是可再生能源发展迅速。积极推进光伏发电，全市建成太阳能光伏发电项目装机规模已达50兆瓦。大力发展生物质能，集成垃圾焚烧发电厂7座，总垃圾处理能力达到7875吨/日，垃圾焚烧发电总装机容量达14.5万千瓦，发电9.78亿度，每吨垃圾焚烧发电364度，居全国大中城市首位。

（三）节能降耗力度进一步加大

一是工业节能取得新进展。加大对高耗能、高污染落后产能淘汰力度，累计清理淘汰低端企业约1.4万家。对53家重点用能企业开展专项督查，对310家工业类企业实施节能考核，验收通过四批99家自愿清洁生产企业，其中6家获得广东省清洁生产企业称号。积极实施电机能效提升计划，截至2015年底，全市电机能效提升任务累计完成量达185万KW，完成深圳市总任务量的126%。二是公共机构合同能源管理不断强化。768栋政府办公建筑和大型公共建筑完成能源审计，超过500栋政府办公建筑和公共建筑能耗实现在线能耗监测，187个能耗较高的既有建筑完成节能改造，改造面积达892万平方米。公共机构合同能源管理节能改造面积达到1136.19万平方米，年节电1.5亿度。荣获国家机关办公建筑和大型公共建筑节能监测示范城市称号，被国家发展改革委评价为“有中国特色的合同能源管理模式”，在全国加以推广。

（四）废弃物处置工作不断强化

一是废弃物资源化利用成效明显。大力推进“城市矿产”基地建设，建成华威环保、绿发鹏程、永安环保、汇利德邦、华全环保、钰杰环保等6个建筑废弃物综合利用项目，设计处理能力达到620万吨/年，“十二五”期间累计资源化处理建筑废弃物超过1500万吨。二是废弃物无害化处理稳步推进。全市共建成了46座中小型厨余垃圾处理设施，处理能力达到270吨/日。建成盐田、南山、龙岗、罗湖、光明等餐厨垃圾处理设施，处理能力达450吨/日，收集处理率达23%。全市投入运营的生活垃圾焚烧发电厂有6座，2015年各生活垃圾焚烧发电厂稳定运行，垃圾处理总量2686499吨。2015年，全市生活垃圾无害化处理率达到100%。三是废弃物回收再利用力度加大。出台并正式实施《深圳市生活垃圾分类和减量管理办法》，分类处理可回收物、有害垃圾、餐厨垃圾、其他垃圾，初步建立垃圾分类和减量的深圳模式。截至2015年底，全市共分类回收废电池约55吨，废灯管约30000支；在全市投放1000余个专用回收箱，回收废旧织物共约1357吨；全市各区779个物业小区累计开展5000余场“资源回收日”活动，回收各类可回收物共700多吨。

（五）低碳交通和绿色建筑取得突破

一是交通节能稳步推进。截至2015年底，建成和在建轨道交通里程达到389公里，公交机动化分担率提升至56.1%。创造性地引入社会各方参与的新能源汽车推广应用，将公交领域的“融资租赁、车电分离、充维结合”模式优化调整为“整车租赁、充维一体”的商业模式，初步实现资产清华、购租结合，里程保障、分期付租，自行充电、利益共享，累计推广新能源汽车3.5万辆，新能源公交大巴占公交车总量比重超过20%，建成快速充电桩1800个，慢速充电桩15000个，年节约燃油约16.5万吨，实现减碳45.6万吨，荣获“全球城市气候领袖奖”。全面完成港口装卸作业机械“油改电”改造工程，累计推广使用LNG港区内拖车404台，每年可替代7800吨标准燃油。在全国率先启动靠港船舶使用低硫油工作，18家船舶公司138条集装箱船舶加入《深圳港绿色公约》，531艘次靠港集装箱船舶全部使用低硫油。二是建筑节能成效显著。出台全国首部促进绿色建筑发展政府规章《深圳市绿色建筑促进办法》，所有新建民用建筑100%执行绿色建筑标准。至2015年底，全市共有320个项目获得绿色建筑评价标识，绿色建筑总建筑面积达到3303万平米，是国内绿色建筑建设规模、建设密度最大的城市，也是获得绿色建筑评价标识、全国绿色建筑创新奖数量最多的城市。可再生能源建筑推广加快，太阳能热水建筑应用面积规模达到2460万平方米，荣获国家可再生能源建筑应用示范城市称号。全市新建建筑综合节能总量累计超过497.3万吨标准煤，减少二氧化碳排放1201.66万吨，建筑综合节能减排对全社会的节能贡献率超过30%。

（六）市场化机制取得突破

2013年，深圳率先开展碳交易，636家企业首批纳入碳交易，经过两年多的发展，市场化方式促进减排功能初步发挥。一是履约情况良好。截至2015年6月底，634家管控单位按时足额完成年度碳排放履约，履约企业数量位居各试点省市之首，企业履约率达到99.7%，配额履约率达到99.98%。二是减排效果明显。2014年636家管控企业碳排放总量为2799万吨，与2010年相比下降402万吨，下降幅度达到12.6%。与此同时，621家制造业企业工业增加值增长了1080亿元，增幅达39.8%，碳排放强度较“十一五”末下降34.2%，已超额完成了深圳市“十二五”期间碳排放强度下降21%的目标。三是碳交易市场活跃。深圳碳市场在全国七个碳交易试点中以最小的市场规模（占所有试点的2.5%），实现了13.9%的交易量和22.2%的交易额，截至2015年底，深圳碳交易市场配额成交总量累计超过654万吨、成交金额突破3亿元人民币。交易总量和交易总额均位居全国第二，市场配额流转率连续两年均居全国首位。

（七）对外交流合作成果丰硕

一是积极参与低碳发展国际合作。按照国家发展改革委要求，深圳市发改委积极组织相关人员参加在美国纽约举行的联合国气候峰会以及在波兰华沙举行的联合国气候变化大会。积极推动与美国、德国、英国、荷兰、比利时、澳大利亚等国政府机构以及低碳国际组织开展务实合作，与美国加州政府、荷兰阿姆斯特丹市、埃因霍温市、世界银行、全球环境基金、世界自然基金会、C40城市气候领导联盟、R20国际区域气候组织等签署低碳领域合作协议，与美国环保协会合作举办四期深圳市碳交易机制研讨会，深圳市成为中国大陆第一个正式参加C40城市气候领导联盟的城市。二是推动珠三角区域低碳合作取得实质性进展。在省政府办公厅指导下，第三届深圳国际低碳城论坛设立了珠三角城市群绿色低碳发展专题论坛，论坛期间，珠三角九市联合发布《珠三角城市群绿色低碳发展深圳宣言》，标志着珠三角城市在低碳发展领域的合作迈上了新台阶。三是探索跨区域碳交易合作。与淮安市发改委、包头市发改委签订战略合作备忘录，结为紧密的区域碳市场战略伙伴，积极推介深圳市碳交易模式和机制，率先迈出了区域性碳交易合作的步伐，努力构建全国第一个跨区域碳交易市场。

（八）低碳试点示范效应显著增强

一是国家级试点示范效果显现。深圳国际低碳城建设摒弃大拆大建的思路，尊重现状、就地改造，积极开展生态本底诊断，对现有企业进行全面碳核查。编制低碳城指标体系，对低碳城土地拍卖、项目准入及开发建设实行碳指标控制。建立碳排放监测公共平台，对企业碳排放进行监测、管理、监督、考核。创建社区共享模式，探索开展社区、校区、园区共享公共设施。丁山河改造等一批低碳基础实施示范项目建成使用，分布式能源站、东部环保产业园等低碳产业示范项目推进顺利，引进企业和科研机构超过 20 家，深圳国际低碳城正式入选首批国家低碳城（镇）试点。二是市级低碳试点工作推进顺利。积极组织开展低碳试点示范项目申报工作，从低碳政府机关、低碳企业、低碳城区、低碳园区和低碳社区五个层面开展试点，经过严格的专家评审和部门评价，在 42 家申报单位中选定了 10 家单位作为首批低碳试点示范项目，予以一定资金资助，为深圳市低碳城市试点工作有点到面、全面推进积累了较好经验。

（九）碳汇能力稳步提升

一是生态保护与建设加快。基本生态控制线管理加强，建立了基本生态控制线联席会议制度。区域绿地和关键生态节点的生态恢复规划编制和生态节点修复工作全面开展，森林城区、森林街道、森林家园、森林园区、森林校区、森林营区建设不断加快，努力挖掘森林碳汇资源。二是森林碳汇能力加强。积极开展城市碳汇计量及监测研究工作，完成《深圳市森林进城森林围城总体规划》编制，开展了森林土壤碳汇专项调查工作，组织机关单位、市民积极参与义务植树等相关绿化活动，2015 年全市森林覆盖率提高到 41.52%。建成生态景观林带 8.36 万亩。三是城市碳汇体系初步构建。道路绿色不断提速，2012—2015 年间，全市绿化改造道路 392 条，渠化岛绿化改造 254 处，道路绿化推广率达到 100%，林荫路覆盖率达到 95.6%，人均公园绿地面积提高至 16.91 平方米，建成绿道 2400 公里，绿道网密度达到 1.22 公里/平方公里，绿道总长和密度居珠三角城市首位。城市绿化改造包括人行天桥、立交桥、屋顶绿化等示范项目等超过 200 个。

（十）低碳生活意识逐步增强

一是宣传力度进一步加大。配合全国节能宣传周和全国低碳日活动，每年组织开展应对气候变化成果展、低碳大课堂、“低碳深圳行”自行车骑行、“深圳百位市民——亲近绿色建筑、感受幸福生活”开放体验日、“我为地球体检”以及“地球一小时”等一系列形式多样、趣味性、参与性强的体验活动，广泛宣传低碳环保知识，并将低碳知识纳入基础教育、高等教育、职业教育体系，以绿色课程、绿色活动、绿色评价、绿色校园为抓手，构建有特色的低碳教育体系。二是绿色单位明显增多。全市多家机关、企业、学校等开展创建绿色单位活动，截至2015年底，全市绿色单位共有1036家，其中绿色学校415家、绿色幼儿园105所，绿色机关35个、绿色酒店33家，绿色商场50家、绿色企业88家、绿色医院17家、绿色街道7个、绿色社区78个、绿色家庭133户、绿色公交线路75条。三是绿色消费方式逐步成形。出台全国首份循环经济产品政府采购目录，政府优先采购低碳经济以及循环经济产品。积极开展零售业节能示范活动，全年开展零售业节能培训16期，5家零售业门店被评为节能示范店，加大环保绿色产品推广力度，减少过度包装和一次性包装，提高消费者和商家的节能环保意识。

（深圳市发展改革局供稿）

珠海市“十二五”低碳发展报告

【提要】

2011 年 11 月，广东省启动“四市八县区”低碳试点工作，批准珠海市和横琴新区开展低碳试点。2012 年 12 月，珠海市被国家发展改革委选定作为广东省唯一的“中国低碳发展宏观战略案例研究”地区。

2015 年，珠海入选中欧低碳生态综合试点城市和国家水生态文明建设试点城市。成功创建全国文明城市、国家生态市，获得“广东省唯一一个入选全国首批 7 个国家生态园林城市”的殊荣，并连续两年被评为中国宜居城市第一名。西部生态新区升级为省级发展平台。珠海横琴新区被纳入首批国家低碳城（镇）试点……珠海市低碳发展亮点纷呈。

一、珠海市低碳发展情况

经过规划指引、公众实践，珠海从当年“空气可以罐装出口”到目前仍是珠三角地区环境质量最好、土地开发强度最小、人口密度最合适的城市。2015 年，珠海围绕“生态文明新特区、科学发展示范市”的发展定位和“蓝色珠海、科学崛起”的发展战略，以创建全国生态文明城市和广东省低碳试点城市为抓手，各方面取得了更为辉煌的成绩。

（一）建设“三高一特”现代产业体系，继续推动经济结构“低碳化”

地区生产总值从“十一五”末的 1211 亿元跃升到 2038 亿元，全市地区生产总值首次突破 2000 亿元大关，增速为 10%。人均地区生产总值约合 2 万美元，迈入世界高收入经济体行列。固定资产投资、一般公共预算收入均比“十一五”末翻了一番，年均增速居珠三角前列。经济发展提速增效、经济结构继续调整优化，2015 年全市第一、二、三产业分别实现增加值 46.7 亿元、1012.4 亿元和 978.9 亿元，同比增长 2.7%、9.9% 和 10.3%，三次产业比重达 2.3：49.7：48，增长贡献率分别为 0.5%、53.3% 和 46.1%。多项指标增幅在珠三角领先。

珠海市深入推进转型升级，增强自主创新能力。顺应全球产业发展新态势，以创新驱动发展为核心战略，出台促进科技创新 18 条核心政策，形成“1 +5”创新驱动政策体系。全面实施先进装备制造业、智能制造业、工业转型升级等专项规划和行动计划，成功举办首届珠江西岸先进装备制造业投资贸易洽谈会。组织珠海赛纳、远光、汤臣倍健、溢多利、罗西尼等企业申报 2015 年企业技术中心，组织珠海东信和平申报 2015 年国家地方联合工程研究中心（工程实验室）。R&D 经费支出占 GDP 比重达 2.7%，居全省前列，其中企业投入占比达 85%以上。

全力建设“三高一特”现代产业体系，编制实施珠海市“三高一特”现代产业体系规划以及系列配套政策，产业水平大幅提升。高新技术产品产值占规模以上工业总产值比重提升到 55%，现代服务业增加值占服务业比重提升到 57.6%，均居全省前列。加快发展以先进装备制造业为重点的高端产业。启动工业企业转型升级和技术改造三年行动计划，完成技改投资 89.6 亿元，增长超过 50%。颁布了促进民营经济发展条例，深入开展扶企强企行动，新增规模以上企业 38 家。公布政府定价涉企经营服务收费目录清单和政府性基金目录清单，为企业减免税费 84 亿元。发展面向未来的新产业、新业态。格力国际智能制造基地加快建设，高新区机器人产业园动工，全球机器人领军企业 ABB 落户高新区。跨境电商通关监管场所和综合服务平台建成启用，阿里巴巴“全球货源”珠海站、聚美优品华南总部等项目落户，全市电子商务交易额超过 900 亿元。长隆第二主题公园开工，嘉华集团体育休闲度假中心、华彬珠海健康中心、航空大世界等高端消费类项目落户。

（二）继续优化能源消费结构，努力构建现代能源保障体系

印发实施《珠海市工业园区和产业集聚区集中供热方案（2015—2020 年）》，进一步规范珠海市供热管理，推动节能减排，实现经济、社会、能源与环境的可持续发展。编制珠海市能源发展的第一个专项规划——《珠海市能源发展“十三五”规划》，科学谋划珠海市未来五年能源发展的总体方向和主要任务，全面促进能源与经济社会可持续发展。“十二五”期间，全市年均消耗原煤下降约 5%，天然气年均消耗量上升 34.2%。

新能源和可再生能源加快发展。珠海市光伏发电应用发展迅速，装机规模从 2010 年不足 2 兆瓦发展到 2015 年约 60 多兆瓦，并获得国家金太阳、光电建筑一

体化等示范项目补助2.6亿多元，较好地推动了光伏产业发展。截止到2015年12月31日，太阳能光伏发电项目总备案114.18兆瓦，目前已发电并网（含威士茂产业园厂房屋顶项目）14.26兆瓦。国家实行“度电”补贴政策后，积极帮助德源集团公司利用威士茂产业园厂房屋顶建设8.46兆瓦并申请国家财政补助。为中信生态环保产业园生活垃圾焚烧发电厂争取到中央预算内投资1000万元的支持。“十二五”期间，珠海市建成了高栏岛风电场，风电总装机达到6.525万千瓦，比2010年增加约4.95万千瓦；建成分布式光伏发电项目，装机容量约6万千瓦；建成西坑尾垃圾填埋场沼气发电装机容量约0.2万千瓦。珠海市清洁能源发电装机容量也快速增长，气电总装机规模从2010年36万千瓦提升至2014年206万千瓦。

加快新能源汽车推广示范应用。编制出台了《珠海市新能源汽车推广应用实施方案（2014—2015年）》《珠海市新能源汽车推广应用补助资金管理实施细则（2014—2015年）》。对珠海市已示范运营的新能源汽车予以补贴，截至2015年9月底，已补贴1068辆新能源汽车（含纯电动客车、纯电动乘用车、混合动力客车）共23765.675万元（含市级、省级补助）。配套建设一批充电设施，截至2015年11月底，已建成纯电动公交车充电站10座，纯电动出租车充电站5座，充电桩350个。

（三）扎实推进节能减排，节能降耗工作取得了明显成效

珠海市2011年至2015年单位GDP能耗分别下降3.93%、4.75%、4.98%、4.12%和1.64%，完成“十二五”节能降耗的目标。2011年至2015年全市单位GDP电耗（单位：千瓦时/万元）分别为：835.02、812.41、759.49、759.00和747.08，“十二五”年均下降约3%。2015年全市单位GDP能耗下降至0.405吨标准煤/万元，远低于全省平均水平；二氧化硫排放量为2.31万吨），下降了6.48%；化学需氧量排放量为3.08万吨，下降了0.65%，节能减排降碳约束性指标完成省下达目标。

面对2015年严峻的节能形势，市委、市政府高度重视，多次专题会议研究部署，按照“采取超常规手段、铁腕推进节能工作”的指导思想，认真贯彻落实国家和省的工作部署，狠抓各项工作落实。同时，在省发展改革委、经信委、环保厅、省统计局和其他省直部门的指导下，珠海市进一步加强节能减排工作的组织领导，强化节能减排目标责任落实，深入推进重点领域节能减排工作，狠抓

监察执法，实施应急预警调控措施，有力推动了节能减排工作深入开展。

比较有特色的是，在公共机构节能方面，珠海市完成了公共机构节能任务。开展了公共机构远程培训，完成公共机构能源统计调查，加强公共机构能耗计量等工作。此外，珠海市参照省里的做法，将公共机构节能工作职能移交给市机关事务管理局，并设立了专门科室负责全市公共机构节能工作。珠海市还建立了全市公共机构节能联席会议制度，由分管副市长为召集人，适时召开全市公共机构联席会议。公共机构节能管理机构的健全，为珠海市进一步加强公共机构节能工作提出了有力保障。在普及公共照明领域LED照明改造方面，目前已完成市公共绿色照明LED路灯改造一期项目，安装LED路灯约2.8万盏，总投资8901.5万元，改造范围包括珠海市主城区及其他片区，道路等级包括快速路、主干道、次干道及支路，灯具类型包括路灯及庭院灯，改造道路241条（部分支路归纳为一个区域）。

（四）积极参与碳排放权交易实务，努力完成国家和省下达的碳核查任务

在省发展改革委的指导和支持下，珠海市成立了珠海市碳排放管理和交易工作小组（设在市发改局），印发实施了《珠海市开展碳排放权交易试点工作方案》，扎实推进碳排放权交易试点。认真贯彻落实一系列政策性文件，包括《广东省碳排放管理试行办法》（广东省人民政府令第197号）、广东省发展改革委关于印发《广东省碳排放配额管理实施细则（试行）》的通知、广东省发展改革委关于印发《广东省企业碳排放信息报告与核查实施细则（试行）》的通知、广东省发展改革委关于印发《广东省发展改革委关于碳排放配额管理的实施细则》和《广东省发展改革委关于企业碳排放信息报告与核查的实施细则》的通知（粤发改气候〔2015〕80号）等，指导各区及纳入省碳排放信息重点企业按要求开展碳排放权交易的相关新型业务，做好各项碳排放权配额注册登记、购买有偿碳排放配额、在线交易、报告等工作。

2015年，珠海市按照《广东省2015年度碳排放配额分配实施方案》的要求，成功完成钢铁、水泥、电力、石化四个行业8家企业的2014年度碳排放信息报告和核查工作任务。为配合省逐步扩大碳排放管理行业范围做好准备，珠海市按《关于开展广东省碳排放管理有关企业历史碳排放信息报告工作的通知》（粤发改气候函〔2015〕4193号）的要求，组织珠海市新纳入广东省碳排放管理

行业，涉及陶瓷、纺织、有色、化工、造纸、民航等行业（领域）的13家企业开展的历史碳排放信息报告工作，编制完成2012、2013和2014年度碳排放信息报告以及2015年度碳排放监测计划。

另外根据《广东省重点企（事）业单位温室气体排放报告工作实施方案》（粤发改气候〔2015〕550号），珠海市2015年被纳入广东省首批温室气体排放报告重点企（事）业名单的企业有20家，涉及石油加工业、化学原料和化学品制造、非金属矿物制品业、黑色金属冶炼和压延加工业、有色金属冶炼和压延加工业、电力、热力生产和供应业、航空运输业等。珠海市均按省的指导和要求，完成确认技术支撑单位、组织培训等工作，指导20家企业完成2011—2014年的温室气体排放信息报告编报工作，掌握了温室气体排放报告核算方法、报告核查规范，以及报告信息系统的使用。

（五）有序铺开国际宜居城市建设，倡导绿色生活方式，加快低碳试点城市建设

一是打造紧凑节约型城市空间。《珠海市城市总体规划（2001—2020年）》得到国务院批复，基本完成五规融合编制工作。2015年全市共清理闲置土地31宗面积83.94公顷，已完成处置22宗面积61.91公顷，处置率74%。此外，2015年在国土资源部节约集约专项督察行动中处置整改到位16宗闲置土地面积167.62公顷。城市更新项目加快推进，全年完成改造用地71.28万平方米，新增实施改造用地125万平方米。加快东西城区核心区建设。改造提升核心城区，城市之心一期动工建设。铺开西部生态新城建设，完成8286亩土地清理工作，全面展开起步区市政基础设施建设，建成9条市政道路，启动海绵城市示范区和地下综合管廊建设。

二是加快生态修复和强化环境创建。基本完成情侣路海滨泳场、香炉湾和凤凰湾沙滩修复工作，签署珠中两市合作治理前山河协议，珠海水体岸线自然化率达到90.83%。拱北污水处理厂扩建工程建成运营，前山污水处理厂一期工程顺利封顶，流域第一批28个污水管网工程和23条旧村截污工程全面动工。目前珠海市已建成污水处理厂14座，总设计处理规模达73.4万吨/日。全市配套建设污水干管总长超过855公里。北区污泥处置中心处理规模250吨/日，主城区污水处理厂污泥基本得到无害化处置。农村生活垃圾和污水处理设施基本覆盖所有行政村，146个村居被评为省级卫生村。2015年珠海市城乡生活垃圾无害化处理率

持续保持100%。加快推进东部华新生态园和西部中信生态园建设，设计1000吨/日的华新生活垃圾生态处理厂投入试运行，设计规模1200吨/日的中信环保生物质热电工程（首期）正在开展主体施工和设备安装。按期全面完成高新区“四大猪场”清拆整治。强化大气污染防治，空气质量达标率达到90%，提高1.6个百分点，PM2.5、PM10年均浓度降至31和51微克/立方米，降幅分别为8.8%和3.8%。珠海环境空气质量在全国74个重点城市中保持前十水平。环保责任考核、总量减排考核和大气污染防治考核结果均居全省前列。人与自然和谐发展的生态文明新格局加速形成。

三是积极推进绿色低碳交通。进一步推进交通领域节能工作，采取了一系列富有行业特色的举措：

1. 鼓励和引导“黄标车”退出营运. 通过加大政策宣传力度、对全市22家拥有5台以上2005年前注册营运黄标车的运输企业负责人进行集体约谈等方式，2015年市交通局共清退2005年底前注册营运黄标车4596辆，100%完成注销营运资质工作。

2. 加快构建资源节约型运输方式，有轨电车1号线首期工程进入试运行阶段。东西部快速公交系统（BRT）动工建设。更新改造完成渡船5艘，渡口4个，1个渡口正在施工。

3. 大力发展绿色公共交通。完成投放200台纯电动公交车和400辆纯电动出租车、120台双燃料出租车、70台西部城区出租车，绿色公交、出租车占比76%、39%。建成使用LNG、CNG加气站10座。2015年建成东部城区慢行系统89公里主廊道。新增314个公共自行车服务站点。建成5座人行立体过街设施。

四是积极推广绿色建筑。珠海市绿色建筑建设规模、标识数量均位居全省前列。

1. 制定绿色建筑发展政策和相关技术标准。如2015年12月印发了《关于新建民用建筑全面实施绿色建筑标准的通知》，要求全市新建、改建、扩建的民用建筑全面执行绿色建筑一星级标准。

2. 开展绿色建筑评价标识管理工作。组建珠海市绿色建筑专家库，享有一星级绿色建筑标识评审资格。

3. 加强绿色建筑示范工程的建设。2015年全市按照绿色建筑标准设计的项目共有28个近300万平方米，其中有17个项目合计170万多平方米获得国家或省级绿色建筑标识，超额完成省厅下达的指标任务。

4. 扶持绿色建筑产业发展。“十二五”期间，培育了上市节能服务企业10家，绿色建筑行业咨询企业5家，扶持“三高一特”百家企业7家，一批建筑节能产品生产企业和节能服务企业得到了长足发展。

5. 促进可再生能源在建筑中的规模化应用。制定了《珠海市分布式光伏发电实施方案》，编制了《珠海市太阳能热水系统与建筑一体化设计和验收导则》《珠海市太阳能热水系统与建筑一体化图集》《珠海市屋顶光伏发电系统推广手册》等一系列可再生能源政策和技术标准。至2015年年末，全市已有37个可再生能源应用示范项目获得市级财政资金补贴，其中建成国家级建筑光电应用示范项目12个，在全省专项统计中位列第一。

6. 加强能耗统计，积极推进既有建筑节能改造。2015年，珠海市获得省建筑能耗监测平台补助资金150万元，极大的推动了珠海市能耗监测平台的建设。2015年完成建筑能耗统计的建筑100栋、审计12栋，实现新增在线能耗监测建筑5栋。

7. 巩固“禁实限粘”成果，推进新墙材应用发展。2015年，珠海市继续推进新墙材确认工作的开展，同时加大力度推进泡沫混凝土墙板、蒸压加气混凝土墙板、高筋蒸压加气混凝土砌块等新型墙体材料的应用，在横琴和高新区建立一批新墙材应用示范项目。

8. 加强预拌混凝土和预拌砂浆的推广应用。2015年继续规范全市搅拌站的合法生产，取缔无资质生产企业两家。

五是不断增强碳汇造林能力。2015年全市碳汇造林工程任务为1.13万亩，封山育林3.04万亩。实际完成人工造林1.19万亩，碳汇造林工程任务完成率105%；封山育林3.04万亩，完成率100%。公园绿地服务半径覆盖率由2012年的87%提升到2014年的94%，人均公园绿地面积2015年达到19.5平方米，公众对城市园林绿化满意率95%以上。全年新增各类绿地598公顷，其中公园绿地206公顷，完成了116处道路绿化建设提升工程，三年来，各级政府、社会团体、户外组织举行各种植树活动超过100次，现场植树超过600万株，建成了华发水郡湿地公园等数十个城市大型公园绿地，先后建成爱国拥军林等几十个城市主题林。新增绿道80公里，累计绿化道路里程296公里。新建立体绿化5.2公顷，雨水花园23公顷，林荫停车场15处。划定超过1000平方公里生态控制区。

六是发展绿色金融支持低碳发展。引导银行开展“绿色信贷”，加大对节能服务企业贷款支持，目前包括民生银行、光大银行、兴业银行、招商银行等银行机构已经开展“绿色信贷”业务；打造资本市场服务平台，推动科技企业特别是节能服务企业上市。建立上市企业后备库，遴选上市后备企业 50 余家，加强上市辅导工作力度，目前珠海市境内外上市的科技型中小企业达到 23 家，其中节能服务企业 2 家。积极贯彻落实国家对促进节能减排在增值税、企业所得税方面的税收优惠政策。据市国税局统计，增值税方面，有 15 户资源综合利用企业享受即征即退 2320 万元；企业所得税方面，2015 年累计享受节能项目企业所得税优惠 4 户，减免企业所得税额 398.5 万元；车辆购置税方面，2015 年共办理新能源车辆免征车辆购置税 1771 台，免税额 9940.48 万元；共受理 1.6 升及以下排量乘用车申报 11617 辆，减税额达 5383 万元。据市地税局统计，2015 年有 2 户企业享受企业购置用于环境保护专用设备的投资额抵免的税额 131.58 万元，2 户次企业享受企业购置用于节能节水专用设备的投资额抵免的税额 194.39 万元，1 户企业享受减免房产税 271 万元，土地使用税 26.4 万元。

七是倡导绿色低碳节能生活。2015 年珠海市积极培育新型消费模式和消费热点，社会消费品零售总额 913.6 亿元，增长 12%。乡村旅游接待游客超过 600 万人次，十里莲江乡村旅游风情带入选全国十大乡村游精品线路，南门村、莲江村获评中国乡村旅游模范村；农业部去农庄网华南运营中心、阿里巴巴农村淘宝项目落户斗门。积极开展植树爱鸟嘉年华、世界动植物日、地球湿地日、爱鸟周、垃圾分类进社区、美丽阳台创建评选等活动，宣传绿色知识和生态理念。积极培育“绿色细胞”，全市共打造了各级“绿色学校”165 所、“绿色社区”61 个、环保教育基地 16 个。各种社会绿色社团达 148 个，绿色使者、绿色志愿者等人数达 7 万人，逐步形成了人人关心绿色低碳的良好社会氛围。

两报注重宣传报道珠海市在创建生态文明城市的重要举措，加大了对低碳概念的推广力度，营造氛围，进一步贴近民生。一年来刊发了“珠海市每天 2.2 万人次租用公共自行车 三年间接为市民累计节省开支 4878 万元”“解读《珠海西部生态新区发展总体规划（2015—2030）》生态内核”“义工徒步宣传环保”等低碳试点建设工作相关报道约 400 余篇。珠海电视台在《珠海新闻》《民生大搜寻》《民生最前线》等栏目中及时跟进低碳试点建设的报道，从不同的角度、不同的切入点，讲述发生在市民身边的环保热事。珠海电台在早、中、晚三档新闻栏目及直播互动热线栏目《早安珠海》《交通 875》等栏目中强化了“低碳”的专题宣传，充分利用信息平台，与市民交流，为广大群众提供健康、环保等资讯。

各区各单位开展了形式多样的宣传活动，如香洲区开展节电、节水、节气和自备购物袋购物、废旧电池回收等绿色生活行动；金湾区举办“地球一小时”“节能宣传周”“地球环境日”等系列低碳主题活动；举办校园低碳知识竞答、低碳志愿者招募、邀请中外青年参与骑单车“绿色出行、低碳生活”等活动；举办重点能耗企业节能培训班，加强对能耗企业监管和节能目标责任评价考核；市地税局针对性开展“税法进企业”活动，切实帮助企业用足用好用活节能环保的税收优惠政策；市供电局 2015 年共组织进社区宣传 10 次，进学校宣传 3 次，进农村宣传 17 次；召开节能降耗交流研讨班 4 期共 277 户 313 人次；组织参观节能展示中心 1580 人次；提供节能咨询 64 次，派发节能告知 1166 户，为 15 家企业客户免费提供节能诊断服务等等。

二、珠海市“十三五”低碳发展思路

今年是“十三五”的开局之年，也是珠海加快转型发展的关键之年。根据市委、市政府“牢牢把握创新、协调、绿色、开放、共享的发展理念，主动适应新常态，深入实施创新驱动发展战略，扎实推进供给侧结构性改革，努力构建市场化国际化法治化的发展环境，加快交通基础设施建设，统筹推进横琴自贸试验区、自主创新示范区和西部生态新区建设，努力建设国际宜居城市，加快推进基本公共服务均等化，促进经济稳定增长，保持社会和谐稳定”的总体要求，结合省低碳工作要点及各部门工作计划，拟提出下一步工作思路和重点如下：

工作思路：立足珠海实际，坚持绿色发展，以建设美丽低碳宜居珠海为目标，努力打造全国低碳生态城市发展样板；实施更加高效的节能减排措施，全面完成省下达节能减排降碳约束性指标任务。

2016 年拟在经济转型升级、低碳能源、低碳交通、低碳建筑、低碳生活等各方面继续推进相关工作外，突出在低碳发展主题方面做好以下工作：

一是坚持规划引领，编制《珠海市绿色低碳发展“十三五”规划》。在绿色低碳发展发展现状分析的基础上，科学设定珠海市“十三五”时期绿色低碳发展的目标，并提出实现目标的一系列包括产业发展、能源结构调整、能效提高等领域的措施和途径，指导珠海市“十三五”时期绿色低碳发展行动。

二是摸清珠海市温室气体排放家底，编制《珠海市温室气体排放清单》（2010、2014、2015），形成绿色低碳决策和发展的重要数据基础。编制“十三五”节能减碳考核数据表，辅助完成十三五时期开展的节能减碳目标任务和考核工作。

三是构建绿色低碳发展评价指标体系，建立具有指导性的绿色低碳发展评价指标体系，对珠海市及下属行政区和功能区在“十二五”的基础上，进行定期的发展状况评估，实时跟踪绿色低碳发展措施政策的成效。

四是加快推进横琴新区国家低碳城（镇）试点工作建设，推动低碳项目，完善低碳规划体系，推动碳普惠制试点实施，编制低碳生活社会动员规划，建设全国首个“低碳自贸区”。

（珠海市发展改革局供稿）

中欧低碳生态综合试点城市“十二五”低碳发展报告

【提要】

自2015年3月，珠海市成功申报中欧低碳生态城市合作项目综合试点城市以来，市政府出台《珠海市人民政府关于促进中欧低碳生态城市合作项目的实施意见》，成立领导小组和项目管理办公室，建立试点项目日常管理机制，围绕27个试点项目，在城市紧凑发展、清洁能源利用等9大领域开展深入合作，借助中欧合作平台，举办多场中欧专家项目交流会，引进欧盟专家及先进技术团队，参与指导珠海市各领域重点项目规划建设，目前各项工作进展顺利。现报告如下：

一、工作进展

（一）完善管理架构，统筹开展试点项目工作

一是组建项目管理办公室（以下简称“珠海中欧办”），安排6名工作人员负责中欧低碳综合试点工作推进事宜；二是充实完善专家智囊团队，在欧盟专家组基础上，聘请吉林大学珠海学院建筑学系李亚群教授作为本地高级专家，负责试点项目的技术审核及协调把控工作，加强技术保障；三是组织成立8个重点示范项目专责小组，负责制定项目年度工作方案，配合珠海中欧办日常工作开展及项目推进。组长由项目牵头部门（各区政府（管委会）或各部门）主要领导担任，组员由牵头部门和相关配合单位负责人担任（详见附表）。

（二）健全管理机制，加强试点项目日常监督

一是组织编制《中欧低碳生态城市合作项目三年行动计划》和《珠海市中欧低碳生态城市合作项目运行管理办法》，制定试点工作的总体目标、工作任务及试点项目保障机制、管理框架和技术支撑，行动计划与管理办法均已通过专家评审。二是建立项目台账督办及预警机制。各项目专责小组按月将项目进展情况报送珠海中欧办，逾期视为无进展，如连续2个月无进展，珠海中欧办将发出预警，项目专责小组应及时反馈缓慢原因，逾期仍无反馈，由珠海中欧办上报领导小组。

（三）明晰分类推进，加大中欧平台覆盖范围

为扩大试点项目领域和范围，珠海中欧办向住建部项目办争取了优惠政策，通过推行试点项目分类机制，将试点项目划分为重点示范项目和一般示范项目，加大中欧平台覆盖范围。重点示范项目由中欧项目提供直接技术援助，进行专家评审。一般示范项目，中欧项目采用参加研讨会、培训等形式提供间接支持。珠海市可通过灵活运用一般示范项目准入机制，将大部分国际宜居重点项目作为一般示范项目纳入中欧合作平台，以扩大中欧平台覆盖范围。

（四）构建交流平台，促进试点项目对接欧盟

对标国际，加强与国内外先进城市和地区的技术交流和项目合作，通过组织技术研讨会、多方协调会及专家评审会等相关会议 15 次，包括中欧水系统与水管理城市交流研讨会，2015 年第十届城市发展与规划大会中欧城市伙伴关系专题论坛、2016 中英建筑论坛（珠海站）等，邀请欧盟专家 49 人次，向欧盟推介珠海试点项目，目前前山河绿色建筑示范区、上冲 TOD 小镇、香炉湾等 16 个国际宜居重点项目已与德国弗莱、英国阿特金斯、西班牙城市发展局等实现成功对接。

（五）围绕中欧合作，扎实推进试点项目建设

各试点项目进展顺利。其中，与巴塞罗那合作规划设计的香炉湾沙滩修复工程已完成并于 2016 年元旦对公众开放；上冲 TOD 小镇已开始施工；与德国弗莱合作开展的前山河绿色建筑示范区规划方案正在修改完善中；南湾绿色交通规划项目已与株式会社日建完成对接，开展南湾绿色交通研讨；前山河水环境整治与修复项目已上升到珠中两市跨界防洪及河涌水污染综合整治层面，《珠海经济特区前山河流域管理条例（草案）》也已经市八届人大常委会审议通过；西坑尾垃圾填埋场生态修复及水泥窑技术提升项目将委托阿特金斯对西坑尾垃圾填埋场开展整体规划。

（六）加强公众宣传，扩大中欧低碳试点影响

一是依托南方日报、珠海特区报、珠江晚报等媒体开展珠海中欧低碳试点城市建设宣传 30 余次，并于近期联合南方日报、珠海特区报开展中欧低碳综合试点工作及 8 个重点示范项目专题系列报道，提高市民对中欧低碳生态城市合作项目的知晓率、支持率和参与率；二是积极筹划中欧低碳公益宣传片拍摄事宜，倡

导低碳城市生活，践行绿色发展理念。

二、下一步工作计划

（一）严格督办，推行中欧合作三年行动计划

搭建中欧低碳生态试点项目管理系统，依托三年行动计划，加强项目监督和督办，按时、按序、按节点推进各项试点工作开展，推动试点项目建设全方位学习欧盟先进理念、技术和管理经验，为珠海低碳生态城市建设和新型城镇化发展做出示范。

（二）因地制宜，搭建中欧低碳知识共享平台

一是编制国际宜居城市规划建设汇编集，收集整理国内外相关研究机构、政府部门的生态城市资料数据库，梳理并提炼9大领域的先进经验，研发珠海建设国际宜居城市的知识工具箱；二是根据珠海建设国际宜居城市相关政策纲领，针对珠海中欧试点项目建设需求，通过建设低碳生态展厅和网络平台等形式开发实践工具箱，宣传珠海低碳生态领域的先进理念，展示珠海宜居城市相关规划、政策、标准、技术等。

（三）拓宽视野，构建高端低碳技术交流平台

进一步拓宽国际视野，积极参与2016年度城市发展规划大会等城市规划和生态城市领域相关会议，会同住建部项目办举办2016年度各领域培训、研讨、交流等活动，跟进萨拉戈萨市与珠海市中欧低碳生态城市项目、智慧城市人员培训项目。

（四）紧密对接，探讨创新试点项目支持方式

鉴于当前对试点项目的技术需求跟踪不足且支持形式较为单一，将进一步紧密对接各试点项目单位，明确试点项目对欧需求，在关键项目节点引入欧盟专家支持，并依托中欧合作平台，探讨创新与欧盟研究机构、企业合作模式，为试点项目单位技术人员寻求短期进修、考察等机会。

（五）加强沟通，明确低碳领域建设验收标准

珠海试点项目类型多样，涵盖低碳领域广泛，部分项目工期较长，3年内难以完成工程建设，且住建部项目办尚未出台明确的低碳领域建设验收标准，试点

项目建设过程缺乏指导依据。珠海中欧办将加强与住建部项目办的沟通协调，结合珠海市实际，制定切合各试点领域及项目推进的阶段性低碳指标及要求，保障中欧合作各试点项目 3 年预期阶段性成果圆满完成。

（珠海市发展改革局供稿）

低碳试点县（区）珠海横琴新区“十二五”低碳发展报告

2015 年 8 月，国家发展改革委下发的《关于加快推进国家低碳城（镇）试点工作的通知》，横琴新区入选为首批国家级低碳城（镇）试点名单，这是继横琴新区在入选首批 12 个国家级海洋生态文明示范区和首批国家级生态保护与建设示范区后，再一次在低碳建设上获得殊荣。横琴新区积极贯彻落实市委、市政府要求加快建成横琴绿色、低碳发展新格局的工作部署，按照区管委会领导指示，全面推进横琴新区低碳建工作，加快形成横琴绿色低碳发展的新格局，2015 年相关工作情况及下一步工作计划如下：

一、始终坚持规划先行，生态优先

根据国务院批复的《横琴总体发展规划》明确要将横琴岛建成资源节约、环境友好的“生态岛”。横琴新区在工作中一直将其作为重要目标和准绳，扎实固化在开发规划和建设实施中，先后开展了各类专门的生态建设规划。编制了《横琴新区低碳发展规划（2010—2020）》（以下简称《横琴碳规》）、《横琴新区生态岛建设总体规划》《横琴新区创建国家级海洋生态文明示范区建设规划》等，其中《横琴碳规》从产业、能源、建筑、交通、生态等方面构建全方位低碳城市体系。确立了横琴新区低碳发展“双最低”排放目标，单位 GDP 能源消耗量进入国内最低行列、单位 GDP 二氧化碳排放量进入国内最低行列；同时完成了《横琴新区生态岛建设总体规划》编制，规划包含了 9 个子专题，从生态、水体近岸海域、功能区划、污染控制、市政和环卫等几个方面提出方案和措施。这些规划提出了横琴新区近期各年度生态建设工作计划，明确了责任单位，提出了经费预算，并通过系统安排，既保证了开发建设稳步有序实施，又扎实推动了生态保护原则的落实。

二、稳步推进国家低碳城（镇）试点建设工作

自 2015 年 4 月 28 横琴新区自贸片区挂牌以来，横琴新区紧扣国家战略定位，深化对港澳合作，扩大对外开放，加快推进改革创新发展步伐，横琴已成功推行改革创新举措 40 余项。在低碳建设方面，横琴新区已经启动国家低碳城

（镇）试点建设工作。目前，实施期限共3年的低碳试点实施方案已经上报国家发展改革委，经国家发展改革委研究审议后下发实施，下一步横琴新区将以该方案为目标，逐年分解年度工作方案，分布实施，将横琴新区建设成产业城区融合、空间布局合理、资源集约综合利用，基础设施低碳环保、生产低碳高效、生活低碳宜居的国家低碳示范城（镇），实施低碳城（镇）发展战略，擦亮低碳自贸区名片。

三、积极打造全国绿色低碳城区

作为国内第一个粤港澳紧密合作示范区，横琴新区按照“科学开发、从容建设”的原则，有序推进了开发建设的各项工作。一是高标准推进城市基础设施建设。开展了总投资超过300亿元的基础设施建设，建成国内里程最长、体系最完整、管理最先进的地下综合管沟。二是扎实推进横琴新区污水处理设施建设。南区污水处理厂二期工程设计处理规模4万吨/日，由珠海水务集团投资8000万元建设并运营。配套污水管网累计完成投资2亿多元，建成覆盖全岛的污水管系统68公里。三是严要求开展产业优选。出台《横琴新区产业发展指导目录》，执行严格的企业环保准入门槛，实行生态谈话制度，强化了建筑规划设计方案审查，禁止一般工业制造业和传统加工业项目上岛，岛内累计引进产业项目80多个，总投资约3200亿元。四是推动新能源的开发利用。建成和引进了中海油南海天然气登陆终端、海岛风能发电场以及中电投燃气多联供能源系统等，实施智能电网试点，将在全岛实施区域供冷和集中供热。

四、大力配合生态文明示范市创建

横琴新区始终坚持生态优先的理念，加强污染防治，狠抓生态建设，全面推进横琴新区绿色生态城区建设，提升横琴新区绿色生态水平。一是推动横琴新区生态文明示范区创建，起草制定《横琴新区绿色生态低碳生态示范城管理办法》《国家级海洋生态文明示范区实施办法》《珠海市横琴新区生态保护与建设示范区实施方案》等，并于2014年2月26日通过国家住建部组织专家审查。二是大力开展道路生态景观林带建设。高标准、高质量建设环岛北路、环岛东路、横琴大道及长隆大道等多条多层次、多树种、多色彩累计超过32公里的道路生态景观林带。三是大力进行排洪渠整治及改造。一方面积极落实整治经费，每年由各村定期对现状排洪渠进行清淤清疏及加固处理，此外，为进一步提升各排洪渠的水环境质量，自2014年起，横琴新区启动总投资5200多万元的横琴新区现状村镇截污和支管接驳工程，一期实施时间已于2015年2月前完成，项目二期正在临近收尾。四是环保激励机制取得成效，“黄标车”更新淘汰速度加快。横琴新区通过积极配套激励机制，加大宣传力度，设立了联合窗口，“黄标车”更新淘汰速度加快。五是区内各项环境质量优良。生态保护方面，没有发现违法严重破坏生态的行为，没有受到外来物种的明显影响；水环境保护方面，区内各水体均能达到功能区划的要求，未发现劣五类水体；同时通过加强对企业的监管力度，未发生任何偷排漏排等环境违规现象发生。六是继续推进打造以海洋生态修复、湿地生态展示与生态旅游为核心功能，具有横琴特色横琴湿地公园建设，目前投资0.5亿元的一期工程建设完成，投资约1.2亿的横琴湿地公园二期正加紧收尾，公园及部分景观已对外开放。

五、不断深化低碳实施技术研究

2013年底横琴新区与西门子公司签订了《珠海市横琴新区低碳建筑、低碳交通实施技术研究合作备忘录》，启动了低碳建筑、低碳交通实施技术研究项目，本项目旨在《横琴碳规》的引导下，将其中低碳建筑和低碳交通的规划内容和控制指标落实到可实施、可操作的技术应用层面，主要研究通过何种技术的实施和管理手段的应用可以有效帮助指标的实现。本项目提出具体的实施方案，综合考虑不同技术和解决方案的技术可靠性和经济可行性，形成最优化的技术和解决方案组合，以实现《横琴碳规》中所制定的战略愿景和目标，并努力将低碳建筑的技术实施方案打造成珠海低碳建筑的示范。

进一步建立低碳发展的技术支撑和指标约束，2014年7月24日组织召开了《珠海市横琴新区低碳建筑、低碳交通实施技术研究报告》终期成果专家评审会，已通过专家评审。为更好地指导和规范横琴新区的后续低碳建设和低碳发展提供了理论支撑。为加快推进广东自贸区横琴片区建设，加强粤澳合作，促进澳门经济适度多元发展，2015年6月，横琴新区与澳门德国商会签订项目合作协议，将在横琴新区建设德国城项目，该项目“横琴—德国城”系横琴德国城投资公司与西门子公司合作项目，为横琴新区在低碳建筑、低碳交通等低碳建设方面提出积极探索经验。

六、下一步工作计划

横琴新区将根据国家、省、市、区工作部署和要求，依托得天独厚的地理优势，结合港澳先进技术，利用国家政策上的支持，把横琴打造成为引领珠三角新潮流的低碳试点地区，加快走出一条绿色化可持续发展路径。

（一）稳步开展国家低碳城（镇）试点建设工作

推动低碳项目，完善低碳规划体系研究，推广碳普惠制试点实施，编制低碳生活社会动员规划，以商业优惠、政策优惠及交易优惠三种激励方式奖励具有低碳行为的公众及实施低碳减排项目的企业，推广低碳服务、低碳旅游、低碳出行、低碳消费、“共建低碳社会，实现低碳发展”新格局，横琴新区将充分发挥引领和示范作用，为全国新型城镇化和低碳发展提供可复制可推广的实践经验，将横琴建设成为国家第一个低碳自贸区，打造成为世界知名低碳发展示范区。

（二）扎实推进中欧低碳生态文明示范区和海绵城市建设

落实横琴生态岛建设总体规划，将低冲击理念融入城市水安全保障、水生态保护、水资源利用和城市开发建设过程中。在横琴新区开展修复整治等重点工作中率先推行低冲击开发模式，因地制宜建设低冲击设施，结合采用节能工艺、绿色能源、绿色建筑和绿色市政，构筑资源节约、环境友好的低冲击示范城区和示范项目，打造国家级海绵城市示范区。

（三）严格落实城市建设环境保护管理机制

创新城市管理模式。积极推行城市网格化管理，通过信息化、地理信息普查、移动通信技术等现代化手段，建立新区城市管理信息化平台，对包括城市基础设施、环境卫生、园林绿化、养护管理及建设等各种类型的城市公共事务进行管理及服务，并采用特许经营等方式，以合同化、法制化手段全面提升横琴城市管理水平。继续坚决落实文明施工等相关文件要求，加大交警、执法、市容环卫等部门联合执法力度，对重点地段、重点区域和重点路口定点执勤，重点布防，保障横琴城市建设阶段有序开发，杜绝由此导致的重要环境问题。

汕头市“十二五”低碳发展报告

【提要】

“十二五”期间，汕头市认真按照省政府、省有关部门关于政府节能目标责任评价考核、应对气候变化和低碳发展的工作部署，各工作部门通力协作，建立健全工作机制，采取有效措施强化节能低碳工作，取得一定成效。2011 年至 2015 年汕头市单位 GDP 能耗分别下降 3.44%、4.48%、3.99%、3.85%、6.81%，超额完成“十二五”节能目标进度要求，综合排名从 2011 年度全省第 18 位上升到 2015 年度全省第 12 位；指导汕头市 2 家省循环经济试点企业开展试点工作，2 家企业均完成省循环经济试点企业验收工作；顺利通过省下达的各年度主要污染物总量减排任务考核，为产业转型升级腾出总量空间；加快能源结构优化调整，全市已建成的陆上风电项目共有 8 个，总装机容量 28.86 万千瓦；支持绿色低碳、节能环保领域的科技计划项目约 20 个，安排扶持资金约 300 万元，有效地推动了汕头市绿色低碳、节能环保产业的健康发展。

一、汕头市低碳发展情况

（一）加快发展第三产业

汕头市围绕推动产业转型升级，着力在规划引导和政策扶持上下功夫。特别是抓住汕头创建国家电子商务示范城市的契机，先后组织制定出台了《关于促进电子商务健康快速发展的若干意见》等政策措施，扶持电子商务试点企业发展；贯彻实施《汕头市加快总部经济发展的若干意见》等政策文件，推进总部经济发展，组织认定一批汕头市总部企业；制定《现代物流业发展规划》，加快发展现代物流，增强汕头现代物流业对粤东的辐射带动作用；组织实施《现代服务业发展规划》《加快战略性新兴产业发展的意见》等规划政策，从财政税收、用地政策等方面向现代服务业和战略性新兴产业重点企业倾斜。随着上述政策、措施的实施，进一步促进了汕头市第三产业快速发展，提高低碳发展工作水平。

（二）产业布局得到优化

根据汕头市人多地少、土地等资源制约严重以及现有产业技术水平低、能耗高等实际，为加快产业转型升级，发展产业低碳化，汕头市提出重点发展以先进制造业为主体的战略性新兴产业，加快对传统优势产业进行改造升级，相继出台了《汕头市现代服务业提速计划》《战略性新兴产业倍增计划》《传统优势产业提升计划》和《蓝色海洋综合开发计划》等四大产业计划及相关配套政策，产业结构日趋优化。2010 年全市第三产业增加值比重为 41.3%，2014 年为 42%，2015 年为 43.3%，2015 年比 2010 年和 2014 年分别增加 2.0 和 1.3 个百分点，第三产业增加值比重呈增加趋势，凸显了结构转型成效。

（三）推进节能降耗

1. 做好节能工作顶层设计。一是组织编制《“十二五”汕头市节能规划》和《汕头市“十二五”节能减排综合性工作方案》等，为全市节能工作提供科学指导。二是组织实施《汕头经济特区节约能源条例》，为推进节能工作提供法律支撑。三是完善汕头市单位 GDP 能耗考核体系和统计、监测体系，研究建立汕头市节能工作制度，为节能工作提供制度保障。四是组织对全市经济发展水平、产业结构、节能潜力、完成难度等进行专题研究，确定全市节能目标以及分解下达各区县节能约束性指标等，为节能工作部署提供依据。

2. 落实节能目标责任制。一是根据省下达给汕头市的“十二五”单位地区生产总值能源消耗指标降幅 17% 节能约束性指标，制定《汕头市“十二五”期间单位地区生产总值能源消耗降低指标计划分解方案》并印发各区县执行，并由市政府与各区县政府签订《“十二五”节能目标责任书》，层层分解落实节能指标。二是根据省“十二五”期间节能考核的最新要求，研究制定《汕头市“十二五”单位 GDP 能耗考核实施方案》并由市政府印发实施。三是根据省下达的“十二五”节能目标任务，研究制定《“十二五”汕头市“万家企业”节能低碳行动实施方案》，将节能量指标分解到 20 家重点用能单位，并按照市、区分级管理原则，落实有关节能工作措施。

3. 组织并完成各项节能考核工作。一是完成省政府对市政府年度节能考核任务，2011—2015 年汕头市均完成年度节能目标任务，考核结果分别为“基本完成”“超额完成”“完成”等级。2011 年至 2015 年汕头市单位 GDP 能耗分别下降3.44%、4.48%、3.99%、3.85%、6.81%，超额完成“十二五”节能目标进度要求。综合排名从2011年度全省第18位上升到2015年度全省第12位。二是组织对各区县政府每年度节能考核，考核结果均上报市政府审定后按规定向社会公告。三是完成汕头市纳入国家和省“万家企业”名单的重点用能单位年度节能考核。

4. 强化重点用能单位节能管理，组织实施节能重点工程，开展电机能效提升工作，推动节能技术产业化示范和推广应用，推进能源管理体系和能源管理中心建设，开展节能监察行动，推进节能市场化服务工作，组织开展节能宣传培训活动。

（四）大力发展循环经济

1. 加快推进贵屿循环经济园区建设。一是编制并印发《汕头市潮阳区贵屿循环经济产业发展规划（2015—2020）》，编制《汕头市潮阳区贵屿产业转型升级工作实施方案》，以指导贵屿拆解加工产业加快转型升级，规范发展。二是指导贵屿循环经济产业园区开展循环经济试点工作，贵屿循环经济产业园区于2015年7月被省经信委认定为省“城市矿产”示范基地和省循环化改造试点园区。三是加快推进贵屿循环经济园区建设。推进园区集中拆解楼、工业污水处理厂、废弃机电产品集中交易装卸场、火法冶炼、湿法冶炼、塑料清洗中心等项目建设。经过努力，贵屿循环经济园区建设已取得实质性进展，并通过了省有关部门组织的考核验收。

2. 推进澄海区盐鸿镇春天湖循环经济工业园区建设。盐鸿镇春天湖工业园区于2012年6月被省经信委认定为第二批省市共建循环经济产业基地。目前，该园区入园企业有63家，其中，规模以上企业12家、国家高新科技企业1家、省级民营科技企业1家、省级工程技术研发中心1个。

3. 指导省循环经济试点企业开展试点工作。指导汕头市2家省循环经济试点企业开展试点工作，落实企业按时完成循环经济实施方案的工作内容。目前，2家企业均完成省循环经济试点企业验收工作。

4. 推进资源综合利用工作。推进资源综合利用工作，开展资源综合利用产品（工艺）认定，鼓励企业加大“三废”综合利用，培育资源综合利用龙头企业，加强示范推广，并协调落实国家资源综合利用税收相关优惠政策。全市经认定的省资源综合利用企业6家，省资源综合利用龙头企业1家。

（五）调整优化能源结构

汕头市积极调整能源发展思路，继续坚持能源开发与节约并重的方针，加强能源基础设施建设，加快能源结构优化调整，加大推进能源环保工作。

一是发展新能源产业。汕头市主要加强风能、太阳能、生物质能开发建设工作。汕头市陆域风电场开发建设起步较早，全市已建成的陆上风电项目共有8个，总装机容量28.86万千瓦，主要分布在南澳县、潮南区和濠江区。汕头市“十二五”期间开发建设风电的重点主要是在海上风电场，在经国家能源局批准的《省海上风电规划》中，汕头市近海风电场场址列入规划的共4处，场址用海约321平方公里，规划装机容量151万千瓦，正在开展相关的前期工作。编制汕头市太阳能光伏发电发展规划，并积极推进取光伏发电开发建设有新突破，预计“十三五”期间新增光伏发电装机容量230MW。争取到2020年全市累计光伏发电装机容量240MW以上。积极倡导开发建设垃圾焚烧发电项目，澄海区洁源垃圾发电厂已建成投产，雷打石环保电厂、潮南区生活垃圾焚烧发电厂、潮阳区生活垃圾焚烧发电厂各项建设正在推进中。

二是加强电源项目和电网建设。对于燃煤机组的电厂，进一步推广应用节能新材料、新技术、新工艺，加快淘汰能耗高、污染大的工艺，技术和设备。新建燃煤电源项目主要采用60万千瓦以上超（超）临界机组，降低发电单位煤耗；采用先进的输、变、配电技术和设备，逐步淘汰能耗高的老旧设备，降低损耗。严格执行新上燃煤机组全部同步建设脱硫装置，脱硫率必须达到规定要求；稳步推进电厂脱硝工程建设，新建燃煤机组原则上要同步建设脱硝装置。组织实施《汕头市热电冷三联供规划（2011—2020年）》。重点发展新建工业园区热电联产电站和实施现有工业园区热电联产技术改造。对符合热电联产建设布局和条件的工业园或工业区，通过建设热电联产机组实施集中供热，严禁建设分散的供热锅炉。目前汕特燃机电厂改建天然气热电机组项目和潮南区、潮阳区纺织印染处理中心热电联产项目正在推进中。

（六）加强环境保护

“十二五”期间汕头市围绕环境保护中心工作，环境保护各项工作取得积极进展。“十二五”期间汕头市顺利通过省下达的各年度主要污染物总量减排任务考核，为产业转型升级腾出总量空间。提前完成华能汕头电厂1#机组LNB+SCR

项目、华能汕头电厂2#机组 LNB + SCR 项目、华能汕头电厂3#机组 SCR 项目并投运，华能海门电厂脱硫脱销提效项目，完成万丰热电厂1#、2#号机组配套脱硫脱硝项目，全面完成大气污染物减排任务，

“十二五”汕头市空气环境质量总体良好，2015 年市区环境空气质量优良天数比例达 94.0%，二氧化硫、二氧化氮、可吸入颗粒物（PM10）均达到二级标准，细颗粒物（PM2.5）年均浓度 33 μg/m3。南澳县环境空气质量保持优，2015 年环境空气质量优良天数比例达 94.2%，二氧化硫、二氧化氮等达到一级标准，可吸入颗粒物年均浓度 40μg/m3，细颗粒物年均浓度 26 μg/m3，达到二级标准。全面落实大气污染防治行动计划，针对群众关心的空气质量问题，推进燃煤锅炉淘汰和清洁能源改造，推进万丰热电厂烟气排放污染治理。开展码头和建筑工地扬尘污染整治，划定落实“黄标车”限行区，推进“黄标车”淘汰，严格实施机动车环保管理，不断提高机动车环保标志发放率，全面实施国Ⅳ排放标准。

（七）增加森林碳汇能力

1. 实施森林碳汇重点生态工程建设，增加森林碳汇。“十二五”期间，全市完成碳汇工程造林 88240 亩，完成碳汇工程造林抚育管护 37292 亩，完成封山育林面积 104400 亩。

2. 建设生态畜禽舍，大力推广畜禽生态环境健康养殖技术。根据畜禽不同生长时期和生理阶段的营养需求，供给不同的饲料，通过营养途径调控减少畜禽粪尿中氮、磷的排出量，降低 H2S、NH3 和粪臭素等物质的排放量，减少养殖业对环境造成的污染。

3. 强化畜禽粪便资源的综合利用，鼓励扶持生态养殖场（小区）沼气工程建设，通过发展沼气、生产有机肥等综合利用方式，实现养殖废弃物的减量化、资源化、无害化。养殖场产生的沼气用于冬天取暖、煮食、发电等；沼液、沼渣经处理，用作有机肥，有条件的地方，建设畜禽粪肥收集处理中心或与肥料厂连结，利用畜禽粪便加工制作生物有机肥。

4. 积极应对气候变化，大力发展海洋碳汇产业，增加碳汇能力，节能降耗，保护海洋生态环境。一是大力发展碳汇产业。发展蓝色碳汇产业，利用丰富的天然海藻、海贝资源大力发展藻类和贝类养殖，“十二五”期间，全市共收获养殖藻类 25 万吨、贝类 40 万吨。根据汕头大学 2015 年对南澳深澳镇 50 亩龙须菜对

修复海洋生态的效果评估报告，藻体平均碳含量是藻体湿重的2.95%，25万吨藻类可固碳约7400吨，加上贝类固碳，对海洋生态环境修复及节能减排有重要意义。

5. 充分岸电利用。全市执法船艇只要靠岸，全部利用岸电，没有用燃油作动力，大大降低碳排放，保护大气环境。

（八）着力发展低碳交通

1. 实施交通运输节能政策措施，组织开展车船路港低碳交通运输活动。明确分工，落实责任，提出具体工作措施，把推进交通节能减排作为保增长、扩内需、调结构的重要抓手，强化组织领导，实施交通运输节能政策措施，组织开展车船路港低碳交通运输活动，切实抓好节能减排工作。

2. 发展绿色公交，营造低碳出行环境。按照国家、省、市优先发展公共交通的战略部署，五年来，共新购置公交车989辆；目前全市共有纯电动公交车200辆，充电桩47个，LNG公交车49辆；出租车应用双燃料（CNG）的车辆666辆；2015年度公交车退出营运市场82辆，出租车报废更新447辆，车容车貌有了好转，出行吸引力明显增强。鼓励企业在车辆更新和购置时优先选择新能源车辆，缓解城市空气污染问题。

3. 调整水路运输结构，发展节能、环保型船舶。一是调整船舶结构。鼓励企业筹集资金淘汰高消耗的老旧船舶和小型船舶，更新发展节能、专业、环保型的新型船舶，调整运力增长点，积极发展内河船舶运力。二是调整航线结构。鼓励企业发展大吨位船舶，抓长（线）放短（线），开拓沿海长线运输，实现降耗增效。三是调整产权结构。鼓励企业采取公司控股，船员参股的船舶产权结构，促使船员厉行节约，节能增效。四是鼓励节能节约。鼓励企业开展各种节能竞赛，奖励节约，比如船舶航行中使用经济航速等。

4. 认真做好淘汰营运“黄标车”工作。制定相关实施方案，明确分工，落实责任，推进淘汰营运“黄标车”工作。对照汕头市2005年以前注册登记的营运“黄标车”车辆信息，对辖区内2005年以前注册登记的已达到强制报废期的营运“黄标车”，按规定不予续办营运手续，并依法注销其《道路运输证》，清理退出营运市场，2015年全市注销退出营运市场的“黄标车”10050辆。

（九）发展绿色建筑和建筑节能

1. 建筑节能和绿色建筑制度建设步伐加快。印发实施《汕头市关于加快推广绿色建筑的通知》，为全市逐步完善绿色建筑的配套政策、激励与扶持政策提供有力支撑。出台《汕头市人民政府关于印发贯彻落实广东省绿色建筑行动实施方案的意见的通知》《关于落实市政府加快绿色建筑发展有关工作的通知》，进一步加快了建筑节能和绿色建筑制度建设步伐。

2. 新建建筑节能强制性标准百分之百执行。一是严格执行建筑节能设计审查制度，切实把好工程设计“入口关”。认真贯彻执行建筑节能设计标准和相关规定，实行专项审查，对不符合建筑节能强制性标准要求的施工图不予核发《施工图设计文件审查合格书》。二是建立健全建筑节能施工监督管理和竣工验收备案制度，把好工程施工“出口关”。加强对建设各方主体的监管，使建筑节能工作落到实处；同时采取日常巡查和专项检查相结合方式，及时发现和纠正不规范行为；严把竣工验收备案关，对达不到节能要求的工程项目，要求进行整改后方能办理节能竣工验收备案。

（十）推动低碳技术研发，发展节能环保产业

1. 制定相关的规划和政策，支持发展绿色低碳、节能环保产业。一是抓住国家发展循环经济和低碳经济新机遇，加快发展 LED 产业。二是壮大废旧资源综合利用、环保产品和洁净技术产品生产，建设国家资源综合利用基地，使环保产业发展成为具有良好经济效益、社会效益的新的经济增长点。

2. 摸清汕头市绿色低碳、节能环保产业发展情况，更好地制定汕头市科技计划申报指南。一是进行产业发展摸查，收集汕头市从事节能环保产品研发、制造、服务的企业开展技术创新的情况，积极推动汕头市节能环保产业健康发展。二是成立汕头 LED 产业技术创新联盟。为进一步提升汕头市 LED 产业整体竞争力，整合优化创新资源，促进资源共享和互利共赢，做强做大产业集群。三是引导和扶持企业加强科技创新。整合产业链上下游相关企业，加强产学研合作，联合开展重大技术攻关，突破 LED 产业发展的关键技术，带动产业发展，加快汕头市 LED 照明产品的推广应用工作。四是科学制定汕头市科技计划项目申报指南。高度重视节能环保与新能源、LED 照明产品关键技术的研发，把废弃物资源化综合利用、环境综合治理等关键技术的研发列入近年来汕头市科技计划项目申报指南，作为科技项目重点支持对象进行支持。

3. 组织实施了一批绿色低碳、节能环保领域的科技计划项目，有力地推动了汕头市相关产业的健康发展。近 5 年来，紧紧围绕加快培育和发展战略性新兴

产业的有关要求，共支持绿色低碳、节能环保领域的科技计划项目约20个，安排扶持资金约300万元。通过一批项目的实施，有效地推动了汕头市绿色低碳、节能环保产业的健康发展。

二、汕头市“十三五”低碳发展思路

（一）节能降耗方面

1. 开展“十三五”节能目标专题研究。组织有关职能部门和专家对“十三五”期间全市节能重点领域、重点行业、重点单位等进行专题研究，全面分析全市能源消费情况、节能目标完成情况，进一步挖掘节能潜力，并研究、制定有关节能工作措施，为“十三五”的节能工作奠定基础。

2. 落实节能目标责任。根据省下达的“十三五”节能约束性指标的要求，制定“十三五”节能目标分解方案，层层分解落实节能指标。

3. 编制“十三五”节能和节能环保产业规划。按照省的工作部署，结合汕头市的实际，对“十二五”节能和节能环保产业工作进行全面总结，并根据“十三五”节能形势和节能环保产业发展前景进行全面分析，科学编制“十三五”节能和节能环保产业规划。

4. 加强重点用能单位节能管理。一是强化对汕头市省市监管的重点用能单位节能监管，落实各项节能措施；二是根据《汕头市节约能源条例》的规定，落实区县将年综合能源消费量3000吨标煤以上的企业按属地管理的原则实施节能监管；三是协调开展商贸酒店、交通运输等行业重点用能单位的节能管理。

5. 加快节能技术推广应用。一是推动节能技术产业化示范和推广应用；二是编制新一批汕头市节能技术、设备（产品）推广目录；三是组织推荐汕头市的先进节能技术、工艺、设备、产品进入省和国家的推广目录。

6. 推动节能市场化运作。以推广合同能源管理模式为重点，提升汕头市节能技术服务单位提升实力，鼓励企业与外地实力较强的节能服务单位合作，通过合同能源管理模式加快节能技术改造，并积极支持企业申报国家和省的资金支持项目。

7. 开展节能执法监察活动。制定每年度汕头市节能监察行动计划，组织开展日常节能监察和专项节能监察，探索逐步将监察范围向交通、商贸酒店、公共机构等非工领域进一步拓展。

8. 继续组织实施节能重点工程。组织实施燃煤工业锅炉改造、电机系统节能、能量系统优化、热电联产、绿色照明、节能惠民等节能重点工程，鼓励和引导企业通过市场化运作实施节能技术改造，支持企业申报国家和省节能专项资金。

9. 继续组织实施《汕头市潮阳区贵屿循环经济产业发展规划（2015—2020）》和《汕头市潮阳区贵屿产业转型升级工作实施方案》，全力推进贵屿循环经济产业园区建设；继续推进省循环经济试点城市的建设；推进省循环经济试点单位和省市共建循环经济产业基地建设；组织实施循环经济重点工程，支持符合条件的项目申报国家和省专项资金。

10. 加强电力管理。一是加强有序用电工作，确保电力电力供应；二是继续开展电力大用户与发电企业直接交易试点，支持企业加快发展；三是强化电力应急工作，提高应急应对能力。

（二）调整优化能源结构方面

把清洁低碳能源作为调整能源结构的主攻方向，发展清洁能源、可再生能源，推动传统能源安全绿色开发和清洁低碳利用，不断提高非化石能源在能源消费结构中的比重。补齐能源基础设施建设短板，重点推进电网、电源建设，积极推进可再生能源开发利用，打造绿色低碳、安全高效的现代化能源供应体系。一是建设安全可靠、智能高效电网。二是建设环保清洁、绿色低碳电源。三是促进可再生能源健康发展。四是严格控制能源和煤炭消费总量。五是推进能源科技创新发展。

（三）绿色建筑和建筑节能方面

1. 尽快制订出台全市《“十三五”建筑节能与绿色建筑发展规划》。结合《广东省“十三五”建筑节能与绿色建筑发展规划》的出台，根据省规划的统一部署，研究制订全市《“十三五”建筑节能与绿色建筑发展规划》，使全市建筑节能与绿色建筑发展工作有章可循，有规可依。

2. 逐步推广精装房，鼓励房地产开发企业大胆试点开发精装修商品房，推进新建住宅一次装修到位、统一装修交付，在装修中使用节能材料，减少资源浪费，有效提高能源效率。

3. 会同财政部门探索制定本地激励政策。通过探寻可行的补贴方式和税费优惠途径，逐步加大绿色建筑激励力度，进一步激发推广绿色建筑的积极性和主动性。

（四）低碳交通方面

“十三五”期间，认真贯彻落实国家、省发展新能源汽车战略部署，重点发展电动公交车、出租车，以市场主导和政府扶持相结合，建立稳定可持续的新能源车辆发展体系，创造良好发展环境。2017 年计划购置新能源公交车 200—300 辆，进一步延伸完善公交服务网络，合理公交线网和运力布局，提高全市公交线网的覆盖率，为市民提供便捷的出行环境，体现均等化的公交服务。进一步推进水运行业的节能减排工作，继续抓好水运企业的船舶更新工作，努力调整船舶产业结构，强化节能增效措施，促进水运行业的稳步发展。

（五）碳汇工作方面

1. 继续实施森林碳汇重点生态工程建设。“十三五”期间，全市计划完成碳汇工程造林 80300 亩、碳汇工程造林抚育管护 18337 亩、封山育林面积 4800 亩。

2. 继续大力推广畜禽生态环境健康养殖技术；强化畜禽粪便资源的综合利用，鼓励扶持生态养殖场（小区）沼气工程建设。

3. 发展海洋碳汇。“十三五”期间，汕头市将继续积极发展推广海藻养殖和贝类养殖，既可修复海洋生态环境，防止和减缓海洋富营养化，又可为碳汇做贡献。海洋蓝色碳汇将是新兴的国际碳交易对象，应更多地实施以发展养殖海藻、海贝作为碳汇的政策引导行为，发展和建立大型海藻、海贝碳汇评估体系，建立一种新型的可操作的蓝色碳汇机制。通过建立与发展大型海藻养殖蓝色碳汇新型体制，将对国家实施“排放贸易”政府履约行为具有极其重要的推动意义。

（汕头市发展改革局供稿）

佛山市“十二五”低碳发展报告

【提要】

“十二五”期间，佛山市积极响应国家新能源汽车产业发展，充分发挥区域优势，积极推动汽车及零部件产业发展，初步形成以整车制造和关键零配件研发生产为主、汽车配套用品门类齐全的汽车产业发展格局；大力调整优化产业结构，加强企业技术改造，主动淘汰落后产能，严格限制高耗能、高污染行业发展，全市单位 GDP 能耗累计下降 21.13%，规上工业增加值能耗累计下降达 41.68%，节能降耗成效明显；积极贯彻落实市委、市政府的决策部署，大力推进光伏发电应用发展；开展重点企（事）业单位温室气体排放报告工作，2015 年，佛山市共有重点温报单位 118 家，行业范围包括石油加工业，化学原料和化学品制造，非金属矿物制品业，黑色金属冶炼和压延加工业，有色金属冶炼和压延加工业，电力、热力生产和供应业。

一、佛山市低碳发展情况

（一）新能源技术产业发展情况

近年来，国家高度重视新能源汽车产业发展，将其作为国家重点发展的战略性新兴产业之一，列为汽车产业转型升级的重要方向。2012 年底，国务院印发了《节能与新能源汽车产业发展规划（2012—2020 年）》，明确了到 2020 年我国新能源汽车产业发展的主要目标和重点任务，并将“纯电动汽车、插电式混合动力汽车及燃料电池汽车”三类汽车作为新能源汽车类型重点发展。佛山充分发挥区域优势，积极推动汽车及零部件产业发展。目前，佛山市汽车及零部件制造规模以上企业有 134 家，2015 年完成工业总产值 650.85 亿元，同比增长 16.1%，初步形成以整车制造和关键零配件研发生产为主、汽车配套用品门类齐全的汽车产业发展格局。

（二）能源消费情况

“十二五”期间，佛山市大力调整优化产业结构，加强企业技术改造，主动淘汰落后产能，严格限制高耗能、高污染行业发展，全市单位 GDP 能耗累计下降 21.13%，规上工业增加值能耗累计下降达 41.68%，节能降耗成效明显。目前，根据省对能源发展的统筹部署以及环境保护的要求，佛山市主要对煤炭能源消耗进行总量控制。通过分解全市节能降耗指标、加大对高耗能行业投资的调控、推进产业结构调整和能源结构优化等手段，合理控制全社会能源消费总量。2015 年，全市能源消费总量 2954.37 万吨标准煤（第三次经济普查调整后数据），同比增长 2.54 %，增速比 2014 年的 3.46% 回落 0.92 个百分点，能源消耗总量增速控制稳定。

（三）推广太阳能光伏分布式发电工作情况

近年来，佛山市上下积极贯彻落实市委、市政府的决策部署，大力推进光伏发电应用发展，目前进展情况良好。

在政策支持方面，佛山市成立了佛山市推进光伏发电应用工作联席会议制度，市政府印发了指导性政策文件《关于促进光伏发电应用的实施意见》，明确了佛山市全力推进光伏发电应用发展的工作目标、主要任务、宏观管理工作、扶持政策及组织实施等内容，并将太阳能发电应用工作推广目标及具体任务分解到各区及各相关职能部门。同时，各区也在加快推进落实本地区光伏发电发展规划。在加强统筹力度方面，为强化对光伏产业发展工作的组织领导和协调力度，佛山市成立全市推进光伏发电应用工作领导小组，由分管副市长担任组长，分管副秘书长和市发展改革局、经济和信息化局、科技局局长任副组长，各职能部门加强协调配合，形成工作合力，促进分布式光伏发电健康发展。在项目管理方面，按照国家和省相关政策，发展改革部门进一步简化光伏发电项目审批程序，实行备案管理，除按规定需向省及市备案的项目外，由分布式光伏发电项目建设安装所在区发展改革部门实行备案管理。进一步简化个人利用自有住宅及在住宅区域内建设的分布式光伏发电项目备案管理工作，印发了个人项目进行登记及备案程序，以更好指导个人项目备案工作；供电部门着力便利和推动项目并网工作，编制了《佛山供电局分布式光伏发电系统接入电网技术指引（试行）》《佛山供电局分布式光伏发电服务工作指引（试行）》等办事指南，通过设立光伏专窗，细化管理规定，为客户提供了方便、快捷的绿色服务通道。

在财政扶持方面，除严格落实国家和省对光伏发电的价格标准、补贴政策、财税优惠等各项补贴政策外，佛山市出台了对光伏发电应用的奖励和补助办法和计划出台推动光伏发展扶持措施，并把分布式光伏发电项目纳入电力需求侧管理奖励范围，并以提高企业开展光伏发电应用的积极性。在应用标准制定方面，市质监局与发展改革局共同推进佛山市光伏发电标准化建设工作，成立佛山市光伏发电应用标准化工作组，公开发布了《光伏系统电力安全标志使用导则》等6项光伏发电应用领域系列标准，对规范项目建设、促进佛山市光伏发电产业健康发展有着重要推动作用。

（四）碳排放和温室气体排放报告工作情况

一是组织开展重点企（事）业单位温室气体排放报告工作。2015年，佛山市共有重点温报单位118家，行业范围包括石油加工业，化学原料和化学品制造，非金属矿物制品业，黑色金属冶炼和压延加工业，有色金属冶炼和压延加工业，电力、热力生产和供应业。二是积极配合省做好广东省碳排放管理新纳入行业企业碳排放信息报告工作。2015年，佛山市共有企业89家，行业范围包括纺织、造纸、化工、陶瓷和有色金属。三是开展绿色化课题研究。牵头承接并完成市政府第三届专家顾问团课题《佛山市依法推进经济发展绿色化的研究》。

（五）低碳转型仍面临困难

发展新能源汽车产业方面，优先使用本地品牌产品存在政策障碍，市场对新能源汽车的接受程度较低，充电设施规划建设进展缓慢等因素。能源消费方面，在能源消费总量控制的思路、目标分解方法等方面有待上级进一步明确并给予指引，以更好地做好工作衔接。碳排放报告方面，佛山市中小企业偏多，企业的低碳发展意识不强，且没有自主减排的动力。

二、佛山市“十三五”低碳发展思路

（一）继续加大金融支持高端制造业产业发展力度

完善多元化、多层次的融资体系建设，继续辅助高端装备制造业企业利用资本市场做强做大。一是贯彻落实《佛山市促进企业上市融资扶持办法》《佛山市促进企业上市三年行动计划（2016—2018年）》等扶持企业上市的政策，加大力度构建政策性金融体系，创新金融产品和服务，协助解决企业登陆资本市场的困难，积极培育佛山市战略性新兴产业龙头企业；二是落实债券融资扶持政策，鼓励佛山市企业利用债券工具融资，并探索设立债券风险补偿基金，为佛山市企业在银行、交易所等债券市场发行债券提供增信支持；三是推动广东金融高新区股权交易中心积极创新融资产品和服务，支持企业挂牌和注册，强化企业与资本市场的联系。

（二）优化产业、能源结构，实现能源使用高效配置

在确保合理生产、生活用能的前提下，将有限的能源配置到能耗低、效益好、市场前景佳和发展潜力大的行业，突出发展金融、信息、科技、物流等生产性服务业，运用高新技术、现代管理技术改造提升传统制造业，进一步加强有序用电管理，严控高耗能和产能过剩行业企业用电，实现能源使用高效配置。高度重视结构节能，积极推动产业结构调整，逐步提高第三产业占地区生产总值的比重。坚持市场主导与政府引导相结合，继续推动工业内部结构调整，发展总部型经济、加快战略性新兴产业的发展，推动全市先进装备制造业一体化发展，逐步降低高耗能行业占工业增加值的比重。在改造传统产业的同时，积极发展分布式能源，统筹传统能源、新能源和可再生能源综合利用，实现分布式能源与集中供能系统协调发展，同步推进能源结构优化。

（三）全面节约用能，不断提高能源利用效率

大力发展循环经济，在有色金属、电力、陶瓷、纺织等高能耗产业实施节能改造工程，推广国内外先进节能、节水、节材技术，努力提高资源产出效率。继续组织实施电机能效提升、锅炉改造、集中供热等对佛山市有显著效果的共性关键节能项目；完善煤电机组环保电价政策，严格实施节能低碳环保调度发电；继续强化管理节能，进一步推动建筑、交通运输、公共机构、商业及民用节能等社会各领域节能。

（四）淘汰落后用能，倒逼产业结构优化升级

创新淘汰落后产能，为新兴产业发展腾出用能空间。推进节能降耗和清洁生产，加快淘汰高污染、高能耗传统产业企业，支持传统产业企业淘汰落后产能，坚决淘汰不符合国家产业政策和节能降耗要求的落后产能。加快发展工业节能技术、高效节能电器、LED 照明产品和绿色建筑。

（五）调控新增用能，从源头上杜绝不合理用能

在有限能源供应的情况下着重发展产品能耗低、单位效益好、产业带动强的产业，推动经济转型升级。进一步加强新建及改扩建固定资产投资项目的准入审查，对高耗能、高污染、资源性行业以及国家宏观调控的产能过剩行业从严把关。加强煤炭替代实施情况的监督检查，对未达到目标要求的项目，不予环保竣工验收，暂停投产运行。对新增热负荷严格实行热电联产供热，积极推进余热余压利用、着力控制新增用能。

（六）拓展清洁用能，确保经济可持续发展

按照“减量化、再利用、资源化”的原则，全面推行清洁生产审核，大力发展“绿色企业”，构建循环产业体系，推动资源再生利用化生产。以减少碳排放为着力点，加快能源生产和利用方式的转变，在优化发展高利用率化石能源设施的基础上，鼓励因地制宜，鼓励发展太阳能光伏发电等可再生能源应用，大力推广利用天然气、液化石油气、电等对环境污染小的清洁用能。完善城市燃气管网，建设通达有用气需求的工业园区和产业集聚区的天然气管道，促进热力生产、工业窑炉等工业生产使用天然气，减少煤炭使用。积极推进“西电东送”主通道建设，提升西电消纳能力。

（佛山市发展改革局供稿）

低碳试点县（区）佛山禅城区“十二五”低碳发展报告

近年来，禅城在经济较快发展的同时，也面临土地资源不足和环境承载力有限等突出问题的制约。在国家推动绿色发展及禅城自身发展需求的背景下，禅城审时度势，把握机遇，坚定不移地走“资源节约型和环境友好型”的可持续发展道路，特别是2011年成功获批成为广东省低碳试点区以来，禅城区持续推进低碳试点区建设，坚持“产业生态化、生态产业化”的发展理念，实施“绿色组织、绿色产业、绿色能源、绿色交通、绿色建筑、绿色园区、绿色社区、绿色消费”八大绿色工程，着力推动产业升级、城市升级和人民生活质量升级，为争创全国低碳示范区夯实基础。

一、主要做法

（一）率先探路低碳发展研究

早在2009年禅城区率先与国际知名专业公司合作，开展低碳发展研究。经过深入调研及反复论证，《禅城区低碳发展战略基础研究报告》于2010年8月完稿，成为国内首份城市综合性低碳发展研究报告。研究报告以低碳立城的探索为发展方向，通过对禅城区主要产业能源使用情况及温室气体排放的现状分析，率先探路低碳化转型，引导禅城未来低碳经济社会的发展。

2012年联合中山大学开展禅城区低碳发展潜力及规划研究，编制《佛山市禅城区低碳发展规划（2013—2020）》，创建独具禅城特色的低碳发展模型，提出适合禅城低碳发展的策略建议和规划方案，提高禅城低碳发展能力。

（二）积极谋划低碳发展思路

2011年初，《禅城区低碳发展实施工作意见》（佛禅府办〔2011〕1号）印发出台，结合禅城的基础和发展潜力，明晰了禅城区低碳发展工作思路及加快实施重点行业低碳标准战略等多项重点工作。

2011年底，禅城区成功获批成为广东省低碳试点区，成为广东唯一入选低碳试点区的珠三角城市中心区。自此，禅城全面启动低碳试点区建设。2012年5月，禅城区继续积极作为，制定《禅城区开展广东省低碳区试点工作实施方案》

（佛禅府办〔2012〕57号），明确禅城区低碳建设目标、主要路径和重点工程，积极探索禅城低碳发展新机制、新模式，走出一条与众不同的低碳发展道路。

（三）建立健全低碳发展新机制

加强组织领导。2012年禅城区成立禅城区低碳试点区建设工作领导小组，为低碳发展提供强有力的组织机制保障。健全工作机制。出台《禅城区低碳试点企业认定和管理办法（试行）》（佛禅府办〔2012〕78号），鼓励优质企业低碳探索，以点带面，推进低碳产业发展。截至目前，禅城区已认定23家低碳试点企业（机构）。

（四）探索低碳发展新模式

一是审时度势，主动作为。紧密结合禅城低碳发展现状及世界低碳发展趋势，开展《推动佛山绿岛低碳发展、探索低碳商业模式创新及碳科技金融研究示范项目》及《佛山禅城区低碳发展潜力及规划研究》等课题研究，注重调查研究，充分发挥智囊和参谋助手的作用，为破禅城发展困境提出新想法、新思路。二是强化宣传，开展活动。举办低碳社（园）区行动规划和商业模式设计研讨会、佛山市首届签名企业家绿色发展论坛等活动，研究低碳商业模式，探索低碳发展路径，树立绿色发展理念。三是服务企业，加强扶持。组织开展低碳试点企业调研，及时了解低碳试点企业在低碳发展过程中遇到的困难，广泛听取意见建议，协调解决企业困难，引导企业结合试点区建设任务先行先试，探索经验。

（五）推进低碳产业集群发展

“十二五”期间，禅城区重点发展节能环保的先进制造业和现代服务业，积极培育产业集群。加大高碳产业技术创新力度，重点推进陶瓷、针织、不锈钢等行业节能降耗技术改造，实现高碳产业低碳化。LED、电商产业等新兴产业加快集聚，传统产业加速与新兴产业融合，实现传统产业高端化。节能、智能、健康、高端装备等新产业不断壮大。低碳产业集群点状出彩，加快低碳产业载体平台建设，打造广东省（佛山）软件产业园、佛山新媒体产业园、智慧新城、佛山国家火炬创新创业园等一批低碳产业集聚区，实现低碳产业集群化。

（六）开展低碳示范园区建设

依托华南电源创新科技园开展低碳示范园区建设，加快园区低碳化改造，大力推进低碳生产，大力推广绿色能源，加强低碳基础设施建设，积极开展低碳技术创新与应用，培育集聚一批低碳型企业，建立健全园区低碳管理模式。在探索实践的基础上，2016 年编制完成《禅城区低碳示范园区评价指标体系》，为低碳园区建设树立参考标准。

（七）打造绿色示范特色街区

大力推动低碳社区的建设，逐渐建立低碳生活意识，促进全社会形成低碳生活的整体氛围。岭南天地在整体规划建设中树立绿色低碳标杆，以低能耗、低污染、低排放的节能减排为目标，充分使用再生能源，广泛应用新低碳技术、新能源、新型环保材料等。该项目已申报 2014 年广东省低碳发展示范方向专项资金。

【案例】岭南天地

岭南天地位于佛山市禅城区祖庙东华里中心地段，保存了中国其中一个最完整古建筑物群，包括简氏别墅、嫁娶屋、孔庙、李众胜堂祖铺等 22 处文物建筑及街道。岭南天地低碳社区规划理念超前，推进可再生能源建筑应用，大力倡导和推进国家以及行业对绿色低碳社区建设标准，广泛使用新技术、新能源、新型环保材料，采用多种低碳环保技术，建设成为绿色低碳社区。该社区获得美国绿色建筑协会（USGBC）颁发的全球首个 LEED – ND 认证。

岭南天地低碳社区的建设规划非常注重景观园林的设计，大力推进可再生能源建筑应用，大力倡导和推进国家以及行业对绿色低碳社区的标准和要求，在规划建设之初就树立低能耗、低污染、低排放的节能减排目标，在加大可再生能源的利用力度，广泛使用新技术、新能源、新型环保材料，在设计筹建过程中重环境、推低碳、促节能，采用多种低碳环保技术，建设成为绿色低碳社区。同时，社区内大量提供绿化带、广场、市中心绿洲等大量公共休闲空间，商业街区实现大范围人车分流，用步行交通代替公共交通，倡导低碳环保的商业方式。公共设施比原来增加 4 万平方米，绿化面积比原来增加 8 倍，建筑密度由原来的 70% 降至 40%，相对改造前实现“两增一降”的低碳目标。

岭南天地低碳社区项目公共建筑市内部分的照明系统采用 LED 等节能环保型灯具，用太阳能庭院灯、草坪灯代替了耗能较高的白炽灯；公共建筑室外部分采用风光互补照明系统，充分利用太阳能、风能等绿色清洁能源，实现低电耗、低排放、低污染。

在建筑群的设计中，大胆引用屋顶多功能绿化技术，构建一个整体架空的，具有防水、阻根、蓄水、过滤、排水、抗风及雨水收集功能的轻型无缝隙种植基盘，通过汇流槽、雨水管、蓄水池以及简易的处理设备收集雨水，社区广场、人行道采用透水砖铺设便于回透地下水管网，收集蓄存的各种污水经过中水工艺处理后，用于社区绿化浇灌和景观用水。

岭南天地低碳社区项目在建筑规划、设计、建造和使用过程中引入低碳理念，采用“修旧如旧”的建筑风格，在最大的程度上保留岭南特色的建筑原貌，争取对建筑材料实施循环使用，通过合理设计通风和采光系统，选用隔热保温建筑材料，选用节能型制冷系统，合理、高效地利用太阳能、风能等可再生能源。

在岭南天地低碳社区商业运营中实行低碳化服务，要求企业在经营管理中根据可持续发展战略的要求，从服务流程、服务设计、服务耗材、服务产品、服务营销、服务消费等各个环节着手节约资源和能源、防污、减排和减污，已达到企业经济效益与环保效益的有机统一。

（八）塑造禅城微低碳品牌

一是成立“绿行者同盟”绿色慈善组织，整合各方优势资源，创新商业模式，构建一个让所有参与活动的利益攸关方均可获益的可持续的“利益生态链”，实现价值的流通和交换，从而形成强大的市场拉力，使低碳行动成为人们热切追求的自觉行动，推进绿色低碳活动的开展。二是开通“绿行者低碳行动响应热线”（400－0757－312），创新实现“互联网＋公益”模式，通过手机 APP 构建绿币平台，建立绿功公益账户，将市民日常低碳行为量化成绿功积分，让市民踊跃参与低碳活动。三是开展“废旧电池回收循环利用”“绿行者同盟公益林”建设、“家庭过期药品”回收等微低碳活动。

（九）推动“中国美丽乡村”公益计划行动

一是以禅城南庄“罗园村”为首个试点村，依托绿行者同盟公益组织，探索创新“公益”和“生意”有效融合的公益发展模式，鼓励企业家和民间资本投身公益事业，在从事公益的同时获得商业利益。采取“五化”（净化、亮化、绿化、美化、文化）手段，实现“五生”（生态、生产、生活、生意、生机）目标，倡导文化传承、生态文明、绿色节约，打造农村生态文明新天地。二是“广东省绿盟公益基金会”落地。2014 年由绿行者同盟携手东鹏控股、酷狗音乐、金意陶、绿岛科技、红波建材、广州龙之荟集团等近 50 家企业共同发起创立，为“中国美丽乡村”建设提供资金保障。

二、主要成效

（一）低碳产业体系不断完善

1. LED 产业集聚提升。以国星光电、佛山照明等为主要成员，组建大功率 LED 路灯产业化应用创新联盟，针对 LED 路灯行业技术瓶颈开展联合攻关，形成城镇 LED 照明实施标准体系，建立 LED 国际行业标准。结合“万家亿盏” LED 室内照明示范区建设和城市升级计划，全面启动禅城公共照明领域开展 LED 照明产品推广应用。截至目前，禅城区已推广应用室内 LED 照明灯具 15 万盏以上。

2. 太阳能光伏项目扎实推进。2014 年以来，禅城围绕优化能源消费结构、实现节能减排和促进光伏产业健康有序发展的目标，加快推进分布式光伏发电应用，率先形成一批分布式光伏发电示范园区、示范项目。截至目前，禅城区建成分布式光伏发电项目总装机容量达 4.708 兆瓦。佛山市华艺材料物流城二期南区项目、佛山印象城、华新彩印等示范项目相继启动，南庄罗南村、张槎莲塘村等光伏示范村建设稳步推进，家庭光伏备案项目 45 个，总装机容量约 600 千瓦。

3. 新能源汽车产业初具规模。禅城扎实推进新能源汽车产业发展，积极培育新能源汽车关键零部件及整车生产企业，新能源汽车产业链不断完善。佛塑科技的锂离子电池膜项目现已形成年产 6000 万平方米锂离子电池膜的能力。佛山飞驰汽车制造有限公司 LNG 客车、插电式气电混合动力客车、纯电动客车、氢燃料电池客车等新能源整车年产量约 1400 辆，总产值达 4 亿元。科力远华南区总部落户禅城，计划投资 20 亿元建设年产 30 万套车载镍氢能量包项目。

（二）低碳城市建设初见成效

1. 绿色建筑示范应用扎实推进。2012 年以来，禅城全面铺开绿色建筑推广工作。研究制订《佛山市禅城区绿色建筑行动方案》，指定重点实施项目范围，争取在禅城选择若干个产业园区或公共建筑作为绿色建筑示范试点。“智慧新城”已纳入禅城绿色建筑重点实施范围，将按照国家现行《民用建筑绿色设计规范》进行设计建造并达到相应级别和要求。目前，禅城区“碧桂园希尔顿酒店”“沿海馨庭”“万科广场办公楼”“智博丽海花园”等 31 个项目获绿色建筑设计标识，建筑面积 231.44 万平方米，其中居住建筑面积 142.98 万平方米、公共建筑面积 88.46 万平方米。

3. 新能源汽车推广应用成效斐然。2010 年以来，禅城已在公交、出租、环卫等领域大力推广使用新能源汽车，并取得了较好的示范效果。截至目前，禅城区已投入 LNG 新能源公交车 1411 台（约占禅城区运营公交车总量的 82.7% 以上）、纯电动公交车 70 台、插电式混合动力公交车 130 台、纯电动出租车 70 台，推广应用新能源社会车辆 218 辆。

4. 公共自行车慢行系统全面覆盖。目前，禅城区约有 208 个自行车站点，投入约 1.2 万台自行车，不少市民选择绿色出行方式上下班，每台自行车平均每天被租用超 8 次，公共自行车的使用率不断提高，成为城市公交体系的重要组成部分。

5. 公交绿色出行方便快捷。近年来，禅城加快发展绿色交通，努力构建现代化综合交通运输体系，大力推进公交扩容提质工作，通过增加运力，满足客流需求；新增线路，增加公交覆盖；更换车辆，优化乘车环境，使公交服务得到有效提升，市民对公交的接受程度越来越高。禅城区公交日均客流量在 65 万人次左右，比去年同期增长 22.64%，公交分担率达到 30.44%，公交服务延伸到村居和园区，得到市民的普遍欢迎。

（三）市民低碳意识不断增强

乘坐新能源公交车、骑行公共自行车及徒步出行等绿色出行方式渐成时尚，成为市民出行的主要方式。无纸化办公、使用 LED、低能耗家用电器等节能电器渐成习惯，成为市民工作生活的首选。垃圾分类、废旧电池、废旧木材回收循环利用等公益活动正探索开展；每年举办的“地球一小时”“无车日”“公共交通周”等环保宣传活动，得到广大市民的踊跃参与。

（四）低碳商业模式持续升温

构建低碳行为利益生态链，实现可持续发展。通过商业模式创新，构建利益悠关方（即所有参与低碳活动的单位或个人）均可获益的资源配置机制，从而构建可持续性强的低碳行为利益“生态链”。政府、绿行者同盟（NGO 组织）、企业、市民、下游积分商户等“微低碳”活动参与者，借助积分制，紧密配合，互利共赢，共建低碳行为利益“生态链”，实现“微低碳”活动持续发展。

（五）生活环境质量日新月异

2015 年禅城建成区面积 101.83 平方公里；建成区绿化覆盖率 37.7%；公园

绿地面积876.76万平方米，人均公共绿地面积9.25平方米/人，已建成绿道147.1公里。全年空气优良天数298天，比上年增加55天；平均灰霾天气95天，增多9天；酸雨频率55.1%，下降4.9个百分点。城市环境空气主要污染物可吸入颗粒年日均值（PM10）0.058毫克/立方米，下降15.9%。可吸入肺细颗粒年日均值（PM2.5）0.039毫克/立方米，下降15.2%。饮用水源水质达标率为100%，城市水环境功能区水质达标率50.0%。工业固体废物处置利用率、危险废物处置率、生活垃圾无害化处理率均达到100%。禅城环境质量稳中向好，“天蓝地绿水清”美丽禅城正焕发出一片生机盎然的魅力。

三、下一步工作思路

绿色发展是人类永恒的主题。未来的禅城，通过城市治理、建设生态文明示范市等战略举措，着力推动“城产人”融合发展，努力争创全国低碳示范区，实现产业增效提质，城市升级升值，生态宜业宜居，幸福指数不断攀升。

（一）绿色规划强制化

实施环境优先、绿色低碳发展策略，构筑美丽禅城。从“规划、交通、空间、风貌”四位一体出发，推动城市功能与产业发展更加匹配，新城建设与老城改造更加协调，生态环境和生活品质更加改善。促进绿色、循环、低碳发展，强化源头保护和底线控制，构建以生态功能红线、环境质量红线和资源利用红线为核心的生态保护红线体系，改善生态环境，倡导低碳生活，完善生态制度，加快建设生态文明示范区。

（二）绿色组织多元化

依托绿行者同盟、张槎低碳环保协会等公益组织，继续开展“微低碳”示范工程，推动公益林建设、“中国美丽乡村”公益计划。积极培育新能源产业联盟等绿色公益组织，引导相关新能源企业抱团发展，加大节能环保产品的推广应用。

（三）绿色产业规模化

大力推动工业4.0，实施“互联网+”战略，重点发展LED、新能源汽车、分布式光伏发电和后陶瓷产业等先进制造业和金融、科技服务、外包服务、总部经济、文化创意、电子信息等现代服务业。加大高碳产业技术创新力度，实现高碳产业低碳化，重点推进陶瓷、针织、不锈钢等行业节能降耗技术改造，推动传统产业向高效、节能、环保方向转型发展。加快低碳技术支撑平台建设，推动建立以企业为主体，产学研相结合的研发、示范和成果转化体系。

（四）绿色出行便捷化

加强道路规划和建设，打造畅顺高速立体交通网络。完善城市交通管理系统，构建智能交通。加大新能源汽车推广力度，以新能源公交车示范运营为突破口，加快充换电基础设施建设，优化新能源汽车使用环境，大力支持和鼓励企事业单位和个人使用新能源汽车。

（五）绿色建筑普及化

贯彻落实《佛山市禅城区绿色建筑行动方案》，严格执行新建建筑节能标准，实现从规划、设计、施工到验收全过程执行建筑节能标准的监管，完善公共机构节能标准和管理监督办法。

（六）绿色能源高效化

优化能源结构，推广低碳能源使用，加大节能技术改造力度，大力推广工业企业使用清洁能源。提高城市能源利用效率，加强城市智能电网和分布式光伏发电项目建设，实现能源低碳化发展。

（七）绿色园区标准化

依托华南电源创新科技园，借助专业团队力量研究制定低碳示范园区实施方案及评价体系，开展低碳示范园区建设，力争成为省低碳示范园区的标杆。

（八）绿色消费常态化

加强低碳新消费观的宣传教育，引导广大消费者崇尚自然，保护生态，建立科学理性的消费观念。引导企业生产“绿色产品”，促进工业领域低碳技术开发，使产品的生产和使用有利于节约资源。

（禅城区发展规划和统计局供稿）

韶关市“十二五”低碳发展报告

【提要】

“十二五”期间，韶关市在建立健全工作机制、构建低碳政策体系、创新开展试点示范、开展对外交流合作等方面取得显著成效。以产业转型升级倒逼高能耗、高污染、低附加值产业加快退出，淘汰落后水泥产能498万吨，提前一年完成省下达的目标任务；全市共有62家企业通过清洁生产审核验收，23家企业达到省级清洁生产标准；加快推进粤电、粤水电等能源公司在韶关市的能源开发，协助粤电集团开展光伏项目普查，完成光伏项目普查资料收集工作；2015年韶关成功纳入了广东省首批碳普惠制试点城市，以“碳普惠制—林业碳汇”为核心理念，通过韶关林业碳普惠试点，开发低成本高效率的林业碳普惠方法学；构建低碳发展政策体系，将绿色发展理念纳入“十三五”规划纲要，提出低碳发展的指导思想和主要目标，明确控制温室气体排放、促进低碳发展的重点任务，并提出政策措施和实施途径。

一、韶关市低碳发展情况

“十二五”期间，韶关市积极实施多方面的措施和政策，促进全市产业发展、能源利用、城乡建设等领域的低碳化进程，开展低碳建设示范，探索多层次多元化的低碳建设模式。

（一）推动绿色循环低碳发展

一是淘汰落后产能，以产业转型升级倒逼高能耗、高污染、低附加值产业加快退出，抓好工业、建筑、交通运输等重点领域节能降耗，坚决淘汰一批重污染行业小企业。“十二五”期间，韶关市淘汰落后水泥产能498万吨，提前一年完成省下达的目标任务。二是开展循环经济试点，鼓励有色金属工业发展循环经济和多金属综合回收及深加工，建立企业、园区、城市三个层面的循环经济框架，切实推动绿色发展、循环发展、低碳发展，加快转变发展方式，提高发展的质量和效益。目前韶关市所有园区包括东莞（韶关）产业转移工业园、广东翁源经济开发区、仁化县有色金属循环经济产业基地等已全部纳入省循环化改造试点。三是积极推进清洁生产，“十二五”期间，全市共有62家企业通过清洁生产审核验收，23家企业达到省级清洁生产标准。四是利用国家、省扶持资金为契机，推动重点耗能企业大力开展节能降耗、循环经济和资源综合利用等项目建设，加快韶钢、韶冶等企业的一系列节能排减项目和粤北固体废物处理中心等资源综合利用型项目的建设，提高资源、能源利用效率。

（二）培育低碳产业，构建低碳产业体系

大力发展现代服务业、战略性新兴产业、先进装备制造等低碳产业。加快推进市镇（区）共建服务业集聚区、制造业服务环节分离、培育发展新兴业态等工作，现代服务业不断壮大，服务业比重稳步上升。加快发展战略性新兴产业，编制先进装备制造业产业带布局和项目规划，出台加快先进装备制造业发展的若干意见。传统产业改造升级加快推进，深入实施传统专业镇转型升级行动，专业镇转型试点建设成效显著。

（三）积极推进新能源开发应用

加快推进粤电、粤水电等能源公司在韶关市的能源开发，做好粤水电大布风电场纳入国家“十二五”第五批风电核准计划的申报，目前已进入施工阶段；协助粤电集团开展光伏项目普查，完成光伏项目普查资料收集工作，进一步改善韶关市单一的能源结构，促进韶关市能源多元化发展。同时，大力推广分布式光伏发电、LED节能灯等应用，对城区市政路灯实行合同能源管理。加快小水电的开发利用和技术改造，完成水电企业技术改造和扩容项目。推进太阳能供热应用，推广农村沼气工程应用，建设大中型沼气工程。加快推广绿色照明的应用，大力推广绿色高效照明灯具。

（四）开展试点示范，构建低碳试点体系

2015年韶关成功纳入了广东省首批碳普惠制试点城市，以“碳普惠制—林业碳汇”为核心理念，通过韶关林业碳普惠试点，开发低成本高效率的林业碳普惠方法学，以更充分考虑生态质量和生态效益，让更多地方森林的经营和保护产生的生态效益得到体现，并以此探索市场化森林生态补偿机制以及精准扶贫新路径，为全省乃至全国提供可复制模式。

（五）创新体制机制，营造低碳发展环境

构建低碳发展政策体系，将绿色发展理念纳入“十三五”规划纲要，提出低碳发展的指导思想和主要目标，明确控制温室气体排放、促进低碳发展的重点任务，并提出政策措施和实施途径。配合省做好碳排放权交易工作，积极发挥财政资金引导作用，支持低碳试点建设，加强低碳能力建设，鼓励控制温室气体排放、能源结构调整、高碳行业管控、低碳技术运用等低碳重点工作。

（六）存在问题

1. 节能降碳意识仍不到位。各级政府、各相关部门对节能降碳在转变经济发展方式、实现可持续发展战略中的重要作用的认识不统一，经济增长与低碳发展的关系尚未有机结合起来，政府和社会普遍存在重后期环保治理、轻源头节能减排的观念，影响了节能降碳工作的全面深入推进。全社会还未普遍形成节约资源、保护环境的绿色低碳意识和生活方式。

2. 绿色低碳市场不够成熟。绿色低碳市场机制较为单一，节能环保仍主要靠政府行政命令推动，市场机制推动节能降碳的动力不足，投融资渠道不畅，市场化发育不够成熟。节能、低碳企业规模普遍偏小，产业集中度低，对节能降碳和循环经济发展的支撑作用有限，龙头骨干企业带动作用有待进一步提高，涉及节能低碳方面咨询、评估、审计、技术服务等节能服务业发展较为滞后。

3. 节能工作有待进一步深入。“十二五”期间韶关市单位 GDP 能耗下降主要动力来自于产业结构调整、落后产能淘汰搬迁和高耗能企业节能改造。随着工作的推进，工业节能潜力进一步收窄，由于第三产业和生活用能分散，节能意愿较低，尤其是生活用能随着消费水平的提高可能继续增加，节能工作推进难度较大。节能减碳工作要逐步实现从抓工业、抓重大项目为主向多领域，全社会的由点到面的转变。

4. 计量统计工作相对滞后。部分行业能源计量器具配备不完备，能耗在线监控和管理系统尚未广泛覆盖，能源消费统计系统较为滞后，分行业、分领域的能源消费数据不够实时准确，二氧化碳排放监测和统计制度和体系尚未建立，影响用能和碳排放形势的分析和有针对性的开展相关工作。

二、韶关市“十三五”低碳发展思路

下一步，韶关市将深入贯彻落实国家和省绿色低碳发展理念，立足经济发展

新常态，积极应对气候变化，探索低碳发展体制机制，创新开展低碳试点示范，落实省下达韶关市控制温室气体排放目标，以低碳发展引领韶关市产业转型、能源结构变革和生活模式转变，促进韶关市经济社会全面低碳化发展。

（一）淘汰落后产能，以产业转型升级倒逼高能耗、高污染、低附加值产业加快退出；建立企业、园区、城市三个层面的循环经济框架，切实推动绿色发展、循环发展、低碳发展，加快转变发展方式，提高发展的质量和效益。开展循环经济试点，重点推进莞韶产业转移园等园区的循环经济示范建设，加快冶炼、固体废物加工等重污染行业企业入园步伐，规范工业园区建设项目环境管理，实现污染集中控制集中治理。

（二）积极推进清洁生产，加快韶钢、韶冶等企业的一系列节能排减项目和粤北固体废物处理中心等资源综合利用型项目的建设，提高资源、能源利用效率。建设华电（南雄）热电联产项目，推进有条件的园区实现集中供热、中水回用。强化农作物桔杆综合利用，重点发展生物质发电项目，推进韶能生物质能发电厂发挥产能，加快韶能（新丰）生物质发电项目建设。全面实施畜禽养殖环境治理，推广“畜禽粪肥—有机复混肥—农作物”，“猪—沼—菜”“猪—沼—果”“猪—沼—桑”“猪—沼—烟”等模式，提高畜禽废弃物资源化利用水平。加强林业“三剩物”及回收废旧家具回收再利用，用于生产人造板、木煤、木炭等再生能源。抓好工业、建筑、交通运输等重点领域节能降耗，坚决淘汰一批重污染行业小企业，实施十大重点节能工程和节能产品惠民工程。加强城市基础设施的低碳化改造，建设低碳生态社区，实施绿色建筑行动计划，推进低碳生态城市建设。

（三）构建低碳能源结构。推进发电结构低碳化，鼓励引导产业园区开展分布式光伏发电规模化应用及建设屋顶分布式光伏发电项目，提高清洁能源利用率。大力发展循环经济，提高能源利用效率。推广新型能源供应系统，选择产业集聚程度较高、基础建设条件较好、管理制度较完善的工业园区，以及具备推广条件的居民社区，进行屋顶分布式光伏发电、天然气分布式冷热电联供系统、园区集中供热改造等能源供应系统的推广，提高能源利用效率。

（四）继续开展碳普惠制——林业碳汇试点工作。在处理加快发展与生态保护之间找到新出路。综合考虑韶关的生态资源优势，根据《韶关市碳普惠制——林业碳汇试点工作实施方案》，找出符合韶关实际的林业碳汇减排量核算方法和核证方法学，争取林业碳汇项目符合国家备案的“中国核证自愿减排量”或广东省备案的“广东省核证自愿减排量”规定，纳入碳排放权交易体系。一是探索以碳普惠制——林业碳汇项目为重点，创新市场化森林生态补偿机制，使韶关的生态优势转化为经济优势，促进韶关市生态文明先行示范区建设。二是将林业碳汇与扶贫工作相结合，探索、寻找增加农民收入的新路子，提高经济效益和生态保护的积极性。

（韶关市发展改革局供稿）

低碳试点县（区）韶关乳源瑶族自治县“十二五”低碳发展报告

“十二五”时期，乳源县以科学发展为主题，坚持打民族牌、走生态路，科学应对经济发展新常态，全面贯彻落实国家、省低碳节能工作会议精神，切实加强领导，强化措施，以产业结构调整为依托，以工业节能和淘汰落后产能为重点，以构建社会节能体系为目标，严格目标责任管理，强化全民节能意识，扎实推进节能工作，促进乳源县低碳经济社会发展。

一、十二五低碳试点工作情况

（一）编制并落实低碳规划编制

坚持规划引领低碳发展，委托中山大学和韶关学院编制了《乳源瑶族自治县低碳发展规划（2011—2015）》，并成功通过了评审验收。委托暨南大学编制了《乳源瑶族自治县工业园区低碳发展规划》。

（二）积极推进新能源开发应用

加快推进粤电、粤水电等能源公司在乳源县的能源开发，做好粤水电大布风电场纳入国家“十二五”第五批风电核准计划的申报，目前已进入施工阶段；协助粤电集团开展光伏项目普查，协同水利设计院收集乳源县国土、气象等资料，完成光伏项目普查资料收集工作，进一步改善乳源县单一的能源结构，促进乳源县能源多元化发展。同时，大力推广分布式光伏发电、LED 节能灯等应用，对县城区市政路灯实行合同能源管理。加快小水电的开发利用和技术改造，完成 58 家水电企业技术改造和扩容项目。推进太阳能供热应用，利用户数达到 7000 多户，集热面积达 2. 8 万立方米。推广农村沼气工程应用，建设大中型沼气工程。加快推广绿色照明的应用，大力推广绿色高效照明灯具，县城区路灯更换 LED 节能灯，能源消费结构得到进一步优化。全县 2015 年每万元 GDP 综合能耗为 1. 107 吨标准煤，“十二五”期间年均下降 6. 8%。

（三）加大污染减排力度，改善生态环境质量

按照“十二五”污染减排实施方案的要求，制定了全县的“十二五”污染

减排实施方案，从工业、农业、生活、机动车等多方面抓好污染减排工作。

1. 抓好县城污水厂运行和污水管网改造，建成大桥、桂头镇2个中心镇污水处理厂。

2. 推进规模化养殖场污染防治工程。按照农业源污染减排要求，完成乳源县40家规模化养殖场减排工程任务。

3. 落实“黄标车”限行机制，推进机动车污染减排。累计淘汰“黄标车”104辆。乳源县机动车环保标志发放率已达到95%以上。

4. 工业减排得到有效落实。一是韶源水泥厂和民族水泥厂拆除立窑生产线，完成了淘汰落后产能任务。二是东阳光化成箔有限公司积极落实锅炉整治工作任务，拆除了1台4蒸吨/小时、2台6蒸吨/小时的链条燃煤锅炉，并拆除了烟囱。三是淘汰小造纸企业，交通造纸厂和新丽造纸厂拆除生产设备，并各自拆除了1台2蒸吨/小时的燃煤锅炉。四是淘汰铅酸蓄电池企业，对红利蓄电池厂和创能蓄电池厂实施了关闭淘汰，工业减排项目得到了全面落实。

（四）加强工业节能和淘汰落后产能

建立健全了“政府统一领导，部门具体落实，社会积极参与”的节能工作协调机制。及时调整了县节能目标工作领导小组成员，强化长效管理，出台实施了《乳源瑶族自治县企业节能用电考核工作方案》等长效管理方案、措施。加强对用电大户特别是高耗能企业启动了节能用电考核工作，每月定期考核，对用电大户采取节能约谈及节能限电措施，倒逼企业不断改进生产技艺，加快推动企业转型升级。制定了淘汰落后产能实施方案，明确完成标准和完成时间，做好政策宣传，加强督导，通报淘汰落后产能进度，全年完成1家落后产能企业淘汰工作。

（五）着力推动绿色循环经济发展

推进园区循环经济发展。认真落实省生态功能区产业发展指导目录，对引进的发展项目设定了单位面积投资强度、产值综合能耗、技术装备工艺水平等准入标准。积极开展低碳园区示范，大力发展循环经济，提高资源利用效率。加快推进蓝威科技园、东阳光药业、氟化工基地、绿之源等重点项目建设。

加快工业企业升级改造。鼓励企业加大技术升级改造力度，东阳光电化厂技术改造项目成功争取省节能降耗专项资金100万元，东阳光低压化成箔生产线、鑫源环保、恒扬、晟发等企业投入技术升级改造资金 8 亿多元。超额完成省市下达的技改投资目标任务。

推动建筑节能工作。认真贯彻执行《广东省发展应用新型墙材管理规定》，着力推行新型墙体材料革新，建立节能材料、工艺造价信息发布的长效机制，强化节能项目造价信息的发布工作。到目前为止，乳源县城镇建筑应用新型墙体材料已达到 60%，比上一年有所提高。

应对气候变化能力不断加强。积极贯彻落实广东省《十二五控制温室气体实施方案》，坚持温室气体重点单位报送制度，东阳光氟有限公司、电化厂、精箔厂、三宝拉丝、尚东等 5 家企业纳入广东省首批温室气体排放重点企业名单。加强气象预报预警能力建设，建成区域气象自动站 21 个，地面遥测自动站 1 个，地面新型站 1 个，组建了 119 人覆盖全县各乡镇、行政村的气象信息员队伍，制定完善了气象灾害防御规划、气象灾害应急预案。加强环境质量监测能力，新增了臭氧、一氧化碳、PM2. 5 等三项指标自动监测能力。认真开展空气质量、水环境质量、常态预警监测、农村环境质量、降尘降雨等常规监测，积极做好企业监督性监测、总量减排监测、环保竣工验收监测和污染调查监测等工作。

（六）探索低碳社区建设

一是制定了全县低碳社区试点工作实施方案，明确试点工作的指导思想、工作意义、实施内容等，并选取 1 至 2 个社区进行试点工作。二是在社区开展低碳家庭创建活动、强化低碳知识普及宣传、改善社区环境建设等，同时积极探索建立低碳志愿者队伍，打造一支环保意识高、业务能力强的低碳宣传队，进一步加强试点社区低碳宣传力度。三是积极开展绿色运动，在试点社区辖区内的机关事业单位办公场所、车库、楼道、公共厕所等公共场所，积极推行无纸化办公、LED 节能灯改造，广泛推广采用太阳能热水器、太阳能照明等节能、节水、节材型产品和技术，大力倡导并推行废弃物分类处置和回收再利用，目前垃圾无害化处理率达到 97. 5%，最大限度地节约资源，逐步减少或降低碳排放。

（七）加强低碳宣传

积极创新节能宣传方法、方式，通过举办“节能宣传周”和开展“低碳体验日”等形式，以及在县电视台和有关单位设置宣传专栏等方式，大力宣传节能的重要性和有关法规政策及重大措施，动员公众力量踊跃参与到节能工作中来，营造全民参与节能工作的良好社会氛围。深入各镇开展低碳宣传，引导农村居民进一步加强低碳认识。

二、存在的问题

（一）节能降耗压力大

今后较长一段时期，乳源县仍处于工业化、城镇化、现代化快速发展阶段，大规模基础设施建设不可能停止，能源需求的快速增长也一时难以改变。尤其是东阳光电化厂、传统的钢铁、化工、铝业等用电大户企业，占乳源县工业能源消耗比重较高，在短期内仍难以改变。

（二）能耗统计基础薄弱

对能源的统计预警监测制度还没有形成，缺乏健全完善的统计分析制度，采集数据手段落后。

（三）低碳发展工作尚在起步阶段

乳源县低碳发展还刚刚起步，低碳相关部门协调机制还未形成，控制温室气体排放的体制机制尤其是市场机制尚不健全，统计、监测和考核等管理工作体系尚未建立，全社会的责任意识尚未全面形成。缺少低碳方面的技术人才。

（四）能源资源的利用总量较低

现有大中型沼气工程和生物质发电项目等较少，风能和太阳能尚有待开发利用等。

三、“十三五”工作思路

乳源县将继续深入贯彻落实生态科学发展观，围绕低碳建设工作目标，认真落实国家、省市工作部署，加快低碳示范工作步伐。

（一）加快产业转型升级，构建现代产业集群

坚持绿色工业发展方向，加快发展新能源产业，全面推进大布风电场一、二期项目项目建设，加快长山子风电场、广州崇象低风速风电开发、大布农业光伏科技园等项目前期工作，筹备大桥风电、南水抽水蓄能电站等项目前期可研工作。继续加大电网建设力度，推进红车输变电、长溪输变电、古月输变电、大布

风电二期电源送出工程等项目建设。积极发展新兴战略产业，续建东阳光氟化工基地，加快东阳光电化厂甲烷氯化物及双氧水扩产、东阳光智能机械生产、聚能永拓电动汽车碳酸锂等项目建设。着重发展生物制药产业，推进东阳光药业增效扩产。改造提升传统产业，支持东阳光合资立东公司扩建低压生产线，进行精箔、化成箔、磁性材料技术改造。

（二）落实产业节能降耗任务

加快三次产业各自的产业升级工作，不断提高产业领域资源和能源效率。加强技术改造，提升节能降耗水平。优化产业结构，促进第三产业发展。

（三）加强清洁能源开发利用

加快鹰咀石水电站等水电站进行扩容改造，进一步提升水力发电能力。加快大布风电项目的投产使用、大布光伏农业大棚项目投产。大力开发利用生物质能源，积极推进大中型集中沼气工程建设。加快推进生物质能源综合开发储备场项目建设。

（四）优化能源消费结构

逐步降低对石油、煤炭等高碳能源的使用，大力发展电能、天然气等低碳能源，加快管道天然气项目的引进。

（五）提升交通节能水平

加快淘汰高耗能的黄标车和老旧机动车。推进使用新型能源的交通工具，鼓励使用小排量绿色节能汽车，促进交通节能。积极开展绿色出行、节约能源等的宣传和培训，宣传和倡导各种绿色出行方式。

（六）推动公务和生活领域节约能源

加强政府机关、学校等公共机构的节能管理，降低能源消耗，减少、制止能源浪费，有效、合理地利用能源。加大公共机构推广应用节能电器、节能灯具的力度，推进县城路灯的节能改造，更换 LED 光源。鼓励公众和企业使用低能耗电器和节能灯具。加大建筑节能的监管和节能建筑推广力度。

（七）加大碳汇林业建设力度

完成省下达重点碳汇林的建设任务，增强森林的固碳能力，应对气候变化。加大策划森林碳汇项目及其宣传力度，积极争取外省、市、县、大型企业、组织、团体来乳源出资营造碳汇林或购买乳源森林碳汇。

（八）加大节能宣传工作力度

充分利用电视、短信、网络等媒体宣传节能政策措施，提高全县广大人民群众支持和参与节能的自觉性和积极性，营造人人支持节能，人人参与节能的良好社会氛围。

（乳源瑶族自治县发展改革局供稿）

河源市“十二五”低碳发展报告

【提要】

“十二五”期间，河源市始终把低碳城市建设摆上重要议事日程，颁布并实施了河源市低碳城市建设总体规划；坚持以加快转变经济发展方式为核心，坚定不移走“园区式、用地省、低污染、效益好”的新型工业化道路；严格执行《建设广东省生态旅游示范区行动计划》，全力推进十项重大计划：生态景区、绿色酒店建设，生态旅游环境保护，岭南生态休闲旅游名城建设，生态旅游绿道网建设，森林生态旅游行动，休闲农业与乡村特色旅游行动，文化休闲旅游行动，体育休闲旅游行动，温泉养生保健旅游行动，“万绿水城”建设；继续加强河源市墙体革新与建筑节能工作领导小组工作，采取“政府补贴、以点带面”的形式，积极推广太阳能和深藏式沼气池应用；始终坚持“既要金山银山、更要绿水青山”的理念，牢牢把握环保这条可持续发展的生命线，大力推进低能耗、低排放、低污染的发展模式。

一、河源市低碳发展情况

（一）河源市“十二五”低碳发展情况

1. 高度重视低碳发展。始终把低碳城市建设摆上重要议事日程，列入市委常委会、市政府常务会议研究落实，并在市委全会和市人代会报告中用重点篇章进行详细阐述。坚持开展“低碳日”活动，努力营造全市上下发展低碳经济、建设低碳城市的良好氛围。出台了低碳城市建设总体方案。颁布并实施了河源市低碳城市建设总体规划。

2. 大力发展低碳产业。河源市坚持以加快转变经济发展方式为核心，坚定不移走“园区式、用地省、低污染、效益好”的新型工业化道路，确立以高新技术开发区、产业转移园区、工业园区为主战场，推动企业集聚和产业集群，形成了以中兴通讯、汉能河源薄膜太阳能电池、广东国华新能源太阳能光伏发电为代表的新能源，以富马硬质合金、海川国际建筑材料为代表的新材料，以西可通讯为代表的新电子，以九天绿中药饮片、立国制药头孢菌素原料药为代表的新医药等低碳产业群。完善产业平台建设，支持研究开发新一代宽带无线通讯基站，加快国家移动通讯终端产品质量监督检验中心、广东省质量监督太阳能光伏产品质检站和移动通讯产学研战略联盟等技术服务平台建设，努力占领技术标准制高点。突出龙头骨干培育，重点抓好中兴通讯（河源）生产研发培训基地、巴伐利亚庄园等一批重大投资项目的建设。

3. 着力发展低碳旅游。严格执行《建设广东省生态旅游示范区行动计划》，全力推进十项重大计划：生态景区、绿色酒店建设，生态旅游环境保护，岭南生态休闲旅游名城建设，生态旅游绿道网建设，森林生态旅游行动，休闲农业与乡村特色旅游行动，文化休闲旅游行动，体育休闲旅游行动，温泉养生保健旅游行动，“万绿水城”建设。2013 年接待游客 1908 万人次，旅游总收入 152.7 亿元。改造了万绿湖等一批主要景区景点，开发了赵佗故城、林寨古村等一批新景区，引进并建设了巴伐利亚庄园、东江源温泉度假村、康泉养生休闲度假区等一批大型旅游产业项目，创建国家 4A 级旅游景区 2 家；新建五星级酒店 1 家、四星级 3 家，在建五星级 3 家。

4. 合力推进低碳建筑。继续加强河源市墙体革新与建筑节能工作领导小组工作，采取“政府补贴、以点带面”的形式，积极推广太阳能和深藏式沼气池应用，在市人民医院、河源职业技术学院、市广播电视台等公共建筑推广太阳能应用，并在每个县区选定部分镇或村作为试点，开展“节能减排”技术应用示范区建设。全面征收墙改基金，市区新型墙材专项基金征收率 100%。切实加强对市区党政办公楼和大型公共建筑的节能监管。目前，河源市区禁止使用实心粘土砖，民用建筑工程节能审查备案率 100%，新型墙材使用率达 90%，建筑节能标准施工阶段执行率达 95%。加大新建建筑节能强制性标准执行力度，对未通过建筑节能审查备案的，一律不予施工报建，全力提高施工阶段节能标准执行率，市区建筑节能标准执行率已达到 95% 以上。

5. 加快实施低碳交通。紧紧围绕实现河源交通经济增长方式的根本转变，以节能、节地、节材为重点，改善交通基础设施，推进投资结构、路网结构和运输结构调整，提高交通节能减排科技水平。严格执行新建公路、桥梁、港口、公路站场的节能设计标准，所有新上项目的技术水平和能耗水平要求达到国内先进水平。制定和实施鼓励人们购买电动车和小排量汽车的优惠政策。严格实施国家机动车排放标准，加强机动车环保定期检测，制订机动车环保标志管理制度。推进汽车“以旧换新”。认真落实新能源汽车政策，坚决淘汰黄标车。认真实施客货运站场、维修检测、驾培场地建设等固定资产投资项目环境影响评价和节能评估制度，鼓励通过合理规划、优化设计、技术改造等措施，尽力减少资源的投入占用。大力实施《河源市“十二五”期间建设低碳交通运输体系规划方案》，全方位地推进低碳交通建设。2013 年出台了全市公交车油改气方案及限摩方案。

6. 全力凸显生态环保。始终坚持“既要金山银山、更要绿水青山”的理念，牢牢把握环保这条可持续发展的生命线，大力推进低能耗、低排放、低污染的发展模式。认真执行相关法律法规，对不符合清洁生产、达不到排放标准和总量控制目标要求的项目，一律不予审批。目前全市新上建设项目环评执行率 100%，“三同时”制度执行率达到 98% 以上。坚决从源头抓好污染治理，加大环保执法力度，保护好全市生态环境。加大环保基础设施建设力度，不断提高治污能力，至 2013 年底河源的城市生活污水集中处理率达 90% 以上、工业固体废物综合利用率达 95% 以上、医疗废物集中处置率和工业危险废物处置率均保持 100%。目前，全市新丰江水库和枫树坝水库水质常年保持在国家地表水Ⅰ类标准，东江干流河源段水质各项指标均维持在国家地表水Ⅰ—Ⅱ类标准；空气中主要污染物指标达国家《环境空气质量标准》（GB3095—1996）一级标准，辖区内未出现酸雨现象，是广东省唯一没有出现酸雨的地级市，具备良好的生态环境。

7. 大力推动节能减排。认真贯彻落实国务院和省实施节能减排综合性工作要求，大力实施工程减排、结构减排、管理减排措施，建立完善统计、监测、考核“三大体系”，严格实施总量前置审核制度，制订了《河源市“十二五”主要污染物总量控制规划》和《2013 年度主要污染物总量减排计划》。认真做好关停和淘汰落后产能工作，共建成污水处理厂 9 座，全市各县均建成了污水处理厂，污水处理能力达到 20 万吨/天，建成配套管网长度 142.13 公里。完成了燃煤电厂脱硫、脱硝工作，督促电厂加强对脱硫设施的维修管理和开展降氮脱硝工程，提高脱硫设施的投运率和脱硫效率。加强工业企业监管，集经常性检查和重点抽查于一体，共办理排污许可证 218 个。清洁生产审核工作有序开展，今年 11 家企业通过省专家组评估验收，获得“广东省清洁生产企业”称号。全面完成省下达的万元 GDP 能耗目标。

8. 碳汇能力全面提高。多年来，积极创建林业生态市，在全省率先完成林业体制改革、率先实行森林防火问责制和全面实施封山育林，基本完成集体林权制度改革任务，森林覆盖率达 71.7%。扎实推进林业生态市、林业生态县、生态示范镇创建活动和广东省“万村绿”工程示范点建设，深入开展“绿色学校”“绿色社区”和“生态示范村”创建活动，加快建设生态廊道、城镇景观林、水源涵养林、生态公益林等四大工程，不断增加森林面积。成立了森林碳汇工程项目建设领导小组，大力推行碳汇造林工程资质准入制度，按照技术标准对营造林各个环节进行技术指导和质量检查验收，实行碳汇造林全过程质量管理。2013年河源市森林碳汇工程投入建设资金 1.35 亿元，碳汇造林 20 万亩。积极实施广东省级碳汇工程示范林政策措施，在县城周边、主干道第一、二重山和大江、大河两侧重要区域位置，建设连片面积不少于 1000 亩的森林碳汇重点项目造林示范点，以示范点的建设成效带动森林碳汇重点项目造林的全面开展。同时，河源千方百计减少森林碳源排放，在封山育林保护森林碳汇中，还加强火灾预防和病虫害防治管理，强化监管，减少毁林，取得了良好的效果。与第三方机构合作，完成了“河源市碳汇能力建设研究”工作。

9. 认真开展碳交易工作。党的十八大、十八届三中全会明确要求加快生态文明建设，推动绿色循环低碳发展，积极开展碳排放交易试点。国家发展改革委把广东纳入首批碳排放权交易试点，并加快建设全国统一的碳交易市场。建立碳交易市场、开展碳排放交易是实现绿色低碳发展最有效的手段之一，也是贯彻落实科学发展观、推动生态文明建设的重要 举措和具体实践。根据《广东省碳排放管理试行办法》和《广东省碳排放配额管理实施细则（试行）》，控排企业必须足额购买有偿配额后，放可获得免费配额并履行 2013 年配额清缴工作。为此，河源市加强组织协调，及时了解掌握本地控排企业相关情况，配合做好沟通解释工作，正确引导企业转变思想观念，充分认识碳排放配额是一种可经营的资产，对新增产能和新建项目而言更是一种稀缺资源，进一步指导企业合理测算交易成本，逐步打消企业参与交易的疑虑，督促企业尽快参与到全省碳排放交易市场体系中。通过碳排查、培训、第三方机构核查等工作，目前，河源市 16 家控排企业已全部完成了碳报告及碳交易工作。2014 年广东省发展改革委将把建筑、交通、陶瓷等行业列入控排范围，河源市将紧密配合，进一步扩大碳排放权交易试点范围。

（二）河源市“十二五”低碳发展存在问题

虽然近年来河源市在推动低碳发展方面做了一些富有成效的工作，但在工作中也还存在一些不容忽视的问题：一是缺少一系列政策指导。“低碳经济”作为一个新生概念，全球都在探索阶段，还没有一个成功的案例可以参照，低碳城市的建设没有固定模式。探索低碳发展之路，需要国家与省的深入研究，指明方向，制定规划，确立指标，落实政策。二是低碳技术研发能力有限。河源市整体科技水平落后，在能源生产和利用、工业生产等领域技术水平与珠三角地区有较大差距，构建现代产业体系任务非常艰巨。三是产业结构不够合理，能源效率提高难度较大。当前部分行业仍存在一些工艺和装备落后、资源利用率低的中小企业，存在高投入、高消耗、低效率的问题。四是低碳发展资金不足。河源市作为广东欠发达地区城市，自身经济总量不大，依靠本地财政支持低碳发展力不从心。本地企业进行节能、低碳技术改造，在一定程度上增加生产成本和投入。五是缺少低碳发展人才。低碳创新科研团队和领军人才、高技术人才是发展低碳科技的根本。河源市作为欠发达山区城市，引进全球紧缺的低碳人才具有一定的难度，同时缺乏培养低碳专业人才的院校与相关技术和人才，难以支撑低碳经济的持续发展。

二、河源市“十三五”低碳发展思路

（一）“十三五”时期河源市低碳发展的环境分析

1. 发展机遇

对比珠三角的发达地区，首先，河源有着得天独厚的生态环境，土地辽阔，资源丰富。全市耕地面积 11.0 万公顷，山地 122.0 万公顷，水域 6.4 万公顷。河源市森立覆盖率达 72.9%，是全省重点林业基地之一。河源市拥有一流的森林、一流的水和一流的生态环境，建设低碳城市、发展低碳经济拥有得天独厚的条件。

其次，河源也有着良好的“区位优势”。广东省内，一些生态好的地方，却远离广深港核心都市圈；一些靠近核心都市圈的地方，却已没有了优质的生态资源。而河源却是“鱼和熊掌兼得”，展现出来的区位优势及生态资源是其他地区所不能代替的、不可复制的。五条高速公路以及杭广高铁、赣深高铁的建设将极大地提升河源市的区位优势。因此，只要充分利用区域优势，推动生态文明建设，进一步转化为经济优势，就能“互利互惠，共达双赢”！

其三，低碳产业具有较大的发展潜力。中兴通讯、巴伐利亚庄园及重大项目的建设将为河源市低碳产业的发展提供巨大潜力。河源发展生态文明建设不仅是顺应国家发展趋势的，而且也是可以得到国家和地方的政策及资金的支持的。

2. 面临挑战

（1）高耗能企业较多。河源高耗能企业耗能量占了工业企业总耗能量的60%以上，其中以钢铁、水泥企业为主，在耗能超5000吨标煤的30家企业中，有一半以上是火电、钢铁、水泥企业；加上河源计划新上的大项目包括旗滨太阳能光伏玻璃项目、东源和兴水泥公司的120万吨旋窑水泥项目、道格拉斯陶瓷、河源电厂二期工程等，都是高耗能项目，因此节能降耗任务十分艰巨。

（2）能源结构不合理。煤炭、石油等一次性能源消费仍居主导地位，河源电厂机组投产后全市煤炭消费总量大幅增加，2009年煤炭消费占一次能源消费的70.8%，远超过世界平均水平。未来能源发展中，最大限度地利用水电、天然气等清洁能源，加快太阳能、生物质能等新能源与可再生能源的开发利用，尽可能降低煤炭用于终端消费的比重，实现能源、经济、环境的可持续发展，将是河源市低碳发展中面临的重要课题。

（3）节能减排形势严峻。以较慢的能耗增长和较低的排放实现经济高速增长既是目标也是一大严峻挑战，随着新兴工业化、区域城市化、人民生活水平不断提高，使得能耗总需求呈持续增长态势，同时河源地处广东省北部山区，在基础设施、人才、技术、交通、信息等方面较为薄弱，增加了节能减排与经济发展相协调的难度，减排压力不断增大。

（4）低碳经济发展欠缺系统性。当前河源低碳产业发展进展顺利，但产业间、生活与生产间缺乏充分融合。突出表现在工业和第三产业融合不足，农业与服务业缺少联系，低碳发展呈“点”状，产业链和产业共生缺乏立体化与规模化。

（5）制度障碍。低碳发展的指标体系尚不明确，低碳发展未纳入行政考核目标。可再生能源市场体系还不够健全，能源价格不能充分真实反映市场供求关系和外部成本。生产、生活能耗监管还处于初级阶段，制度还未健全。扶持和促进可再生能源发展的政策措施还不完善，统筹协调程度较低，扶持力度不足。环保执法部门的相对独立性尚待加强，生态激励机制尚未建立和实施。

（二）“十三五”时期河源市低碳发展的基本思路

“十三五”时期河源市将继续坚持“既要金山银山，更要绿水青山”和“打造广东绿谷，建设幸福河源”的发展理念，以建设生态文明为重要抓手，继续实施生态优先战略，积极引导发展低碳经济，大力发展低碳产业，持续改善生态环境，努力提升生态优势，逐步实现建设现代生态园林城市的目标。扎实推进林业生态市、生态林业县、生态示范镇创建活动，建设生态廊道、城镇景观林、水源涵养林、生态公益林等四大工程。制定鼓励发展低碳经济的相关规划，出台配套政策，积极发展低碳产业和低碳技术，逐步培育形成具有地方经济特色的低碳产业链。以碳汇为抓手，布局和谋划一批低碳发展重大项目，共同推进低碳项目的落地与建设。生态优势更加凸显。全面推进林业生态市建设，城镇生活污水处理率达到 70% 以上，生态环境继续保持优良，全面完成省下达的万元 GDP 能耗（吨标煤）指标，森林覆盖率达到 75% 全力争创全国低碳示范城市。

1. 积极发展四新产业，推进能源结构调整。加快发展以手机为主的新电子、以太阳能光伏产业为主的新能源、以硬质合金为主的新材料和以生物制药为主的新医药等“四新”产业。重点支持中兴通讯河源生产研发培训基地、汉能河源薄膜太阳能电池项目等一批规模较大、实力较强、具有自主知识产权和核心竞争力的骨干企业集群发展，辐射带动其他相关产业滚动发展，着力打造环珠三角新兴产业集聚地。加快制定和完善“四新”产业发展的引导和扶持政策。推进市高新区和各县区产业转移园配套建设与集约发展，加强园区产出及节能减排目标考核，开展低碳示范园区建设，提高园区低碳化管理水平。加快能源消费结构调整，在生产、生活领域积极推广太阳能、沼气、天然气、地热等清洁能源的综合利用，最大限度地减少煤炭、石油等化石燃料的使用，降低二氧化碳排放。运用政府采购方式扶持低碳产业和绿色产品，帮助产业成熟和提高竞争力，促进低碳产业的快速发展。进一步优化电源结构，积极推进太阳能发电、抽水蓄能电站及各县风力发电项目建设。

2. 大力实施节能减排，建立循环经济体系。加大节能专项资金扶持力度，推动实施重点节能工程，加快企业节能工作的开展。督促企业完善能源管理制度，全面落实能源利用状况报告制度，执行主要耗能产品的能耗限额，推进重点耗能设备的能源利用监察工作。组织对河源市重点耗能企业年度节能目标进行考核，促进企业加大节能工作力度，规范节能管理，主动开展节能技术改造。加大对建筑、公共机构、交通等重点领域的节能工作力度，严格执行建筑节能标准，加大对既有建筑节能改造，积极推动交通领域节油节电，加强运营车辆的用油定额考核，积极推动公共机构节能改造。建立“小循环”“中循环”和“大循环”三个层次的循环经济体系，积极推行清洁生产并鼓励企业开展循环经济试点。发展生态工业，以区域经济理论为基础，整合区域优势资源，按照减量化、再利用、资源化的循环发展要求，使产业之间融合共生，延长产业链，形成项目循环效应，提高资源能源利用效率。推进绿色消费，通过建立废物分类回收体系、建设低碳生活社区、积极推广节能灯、广泛使用太阳能（沼气能）等措施和方法，实现产业资源和能源的最大效率的利用，建立循环型社会。

3. 广泛开展合作交流，培养引进低碳人才。认真学习和借鉴国内外建设低碳城市的先进经验，通过参与研讨会、邀请专家座谈、实地考察学习等方法，促进河源低碳经济发展。积极推动企业参与清洁发展机制（CDM）等国际互惠交易活动，充分利用外资支持河源低碳发展的基础性研究和技术开发，争取更多的低碳项目获得各类资金和先进技术支持。加强企业与政府、部门、公众之间合作，上下级部门之间沟通，河源与其他城市之间的联系，甚至同国外相关机构和政府部门建立多方合作，学习相关宝贵经验，促进沟通与交流。加快培养和引进高素质的低碳技术人才，提升低碳发展的软实力。积极创造有利于人才安居、创业、发展的外部环境，着力引进一批适应河源低碳发展需要的创新科研团队和领军人才、高技术人才。大力支持河职院、技工学校、理工学校等院校设置低碳发展相关专业，以汉能集团与市技工学校双向培养太阳能光伏方面专业人才为推广重点，引导和鼓励其他学校开设相关专业，努力建设低碳高层次和高技能人才培养和培训基地。

4. 努力培育低碳文化，积极建设低碳社会。紧紧围绕资源节约型、环境友好型社会建设要求，通过多媒体、报刊、网络、墙报、电视等多种形式，加强低碳理念的普及与推广，切实提高公众的节约意识，倡导低碳经济生产与生活方式，增强节能减排和低碳消费的先进理念。开展“低碳生活我行动”“低碳家庭，时尚生活”等宣传实践活动以及“低碳办公”“低碳学校”“低碳家庭”“低碳社区”“低碳乡镇”“低碳村”等系列创建活动，使各种活动成为广泛动员全社会重视环保、节约资源、关注气候变化、建设低碳城市的有效途径。加大对全市各级干部的培训力度，加强对低碳理念（低能耗、低污染、低排放）的科学内涵和精神实质的理解与认识，提高参与建设低碳城市的积极性和主动性。注重发挥政府、行业协会、企业和公众的积极性，大力引导社会各届人士了解低碳经济、实践低碳经济、参与低碳经济建设，从生产环节降低对碳资源的消耗、流通环节降低碳资源的污染、消费环节降低对碳资源的依赖，从科学发展观的战略高度，把低碳文化和节能意识变为全社会的主流意识，凝聚各级各部门及社会各界力量，加快建设低碳城市。

5. 切实加强组织领导，建立低碳发展机制。整合涉及低碳发展的部门力量，建立以分管领导为组长的低碳城市建设领导小组，建立部门联动机制，明确职责，形成合力。积极先行先试，争取国家和省的支持，探索开展多种形式的排放权交易试点。建立低碳发展的科技创新体制。通过与国内外先进城市、科研院所和企业的合作，大力发展包括可再生能源及新能源的开发、二氧化碳捕获与埋存、垃圾无害化填埋、沼气利用等有效控制温室气体排放的先进低碳技术和低碳产品，提高低碳经济发展水平。加快建立低碳发展的市场机制。建立节能信息发布制度、节能投资激励机制和节能自愿协议，建立排污权和碳排放交易等市场化的节能新机制，引导全社会节能。创新金融支持低碳发展的政策举措，探索建立绿色信贷、绿色保险、绿色信托等绿色金融体系，拓宽低碳发展企业融资渠道。探索建立低碳产品应用的政策支持体系，形成以政府为主导的低碳技术服务、新能源和清洁能源推广应用体系，积极推广新能源的应用，探索建立有利于低碳经济发展的长效机制。

三、“十三五”时期河源市低碳发展的重大项目、重大工程和重点低碳技术

“十三五”期间，河源市低碳经济重点建设“九大工程”。规划建设重大项目 36 项，计划总投资 658. 5 亿元。

（一）低碳能源产业

规划建设项目 7 项，计划总投资 74. 36 亿元。重点建设汉能、旗滨、海荣等新能源及相关县风能发电项目、天然气综合利用项目。

（二）先进制造产业

规划建设项目 2 项，计划总投资 25 亿元，重点建设中兴等项目工程。

（三）精致农业产业

规划建设项目2项，计划总投资3.6亿元，重点建设相关杂交稻、农田整治、无公害蔬菜、花卉种植、油茶等项目。

（四）高效交通产业

规划建设项目5项，计划总投资300.1亿元，重点建设大广、东环、河紫、昆汕、粤湘7条高速公路河惠莞、赣龙紫、杭广高铁、赣深高铁及迎客大桥和相关省道、国道的改造与扩建等项目。

（五）绿色建筑产业

规划建设项目1项，计划总投资1.5亿元，重点建设住建局牵头建设的绿色建筑项目。

（六）健康环保产业

规划建设项目6项，计划总投资13.17亿元，重点建设市生活污水处理场、造林、护林工程、金宇、海川等环保项目。

（七）创意文化产业

规划建设项目5项，计划总投资38.80亿元，重点建设三馆、惠风和城书香文化创意园、佗城古城文化创意园等项目。

（八）现代旅游产业

规划建设项目8项，计划总投资195亿元，重点建设巴伐利亚庄园后期、御临门温泉度假村二、三期、中国客家黄酒基地、康泉十八国际健康生态城等项目。

四、河源市对“十三五”低碳发展战略和发展思路的意见建议

1. 国家和省应加强对市县低碳发展的政策指导

研究制订相关机关体系指标，适时出台一系列鼓励地方低碳发展的配套政策；定期或不定期组织培训、学习和交流，把各地好的经验和做法进行推广。

2. 加强重大课题的研究

低碳发展不仅需要顶层设计、整体考虑，也需要进行大量的深入研究和论证。通过对重大课题特别是带有共性的问题研究，解决基层实际运作中遇到的各

种问题，切实保证各市县低碳经济的健康发展。

3. 对低碳试点市（县）给予倾斜

在政策谋划、重点产业布局、重大项目安排、各种资金的支持等方面应体现对试点市（县）的倾斜和扶持，鼓励试点市（县）大胆尝试，为全省的低碳发展做好试点。

（河源市发展改革局供稿）

低碳试点县（区）河源和平县“十二五”低碳发展报告

和平县是原中央苏区县、全省21个扶贫开发重点县之一，是广东省11个国家级重点生态功能区的县域之一，也是广东首批8个低碳建设示范县之一。中共和平县委、和平县人民政府工作的总体思路是：实施“生态立县、开放强县、产业富县、科教兴县”战略，把和平建设成生态农业与休闲旅游融合发展示范区、粤东西北新兴山水田园城市。

一、和平县低碳发展建设工作情况

（一）切实加强组织领导，加快建立适合和平县特点的低碳经济发展模式

为扎实推动开展省级低碳试点工作，和平县政府于2012年初印发了和府函〔2012〕86号文，成立了以何伟光县长为组长，有20个相关单位“一把手”为成员的开展省级低碳试点县工作领导小组，统筹组织和协调省级低碳试点县工作的实施。2015年重新调整了开展省级低碳试点县工作领导小组成员，由陈劲松县长担任组长。一是把低碳经济发展作为和平县建设“两型”社会和创新城镇的重点内容，纳入全县经济工作重点和“十二五”规划，进行总体安排部署；二是将低碳技术研发纳入全县科技发展规划；三是制定出和平县重点再生资源回收利用行业和部门的低碳发展规划，向低碳转型；四是制定出专项规划，确定低碳经济的发展目标和重点及保障措施等，提出低碳经济的统计和考核指标，落实指标任务；五是积极构建适应低碳要求的现代产业体系，改变现有产业结构。

为加快和平县低碳经济发展，建设广东省低碳示范县，和平县发展和改革局联合广东省社科院共同编制了《和平县低碳示范县建设总体规划（2013—2020年）》，经县政府常务会议讨论通过，该规划已于2013年9月22日由县政府印发实施，为加快和平县低碳示范县建设奠定了基础和政策依据。

（二）坚守生态发展区功能定位，推进生态文明建设，优化了生态环境

加快林业生态县建设步伐，启动新一轮“绿化广东”大行动，2011—2015年全县共种植生态景观林36万亩，森林覆盖率提高到76.3%。荣获“广东省林业生态示范县”称号。“十二五”期间，高分通过国家生态功能区考核，累计获

得生态补偿资金 5.1 亿元。

（三）较好地完成了“十二五”节能目标考核

河源市政府下达和平县“十二五”期间节能目标任务为单位 GDP 能耗降低目标为 -16.5%，年均降低率为 -3.53。经过五年的节能工作，经市核定，和平县单位 GDP 能耗累计下降率为 16.52%，顺利地完成了市考核的目标任务。其中，2015 年度市政府节能目标的考核结果和平县为 95.3 分，在河源市五县一区中荣获第一名。

（四）全面实施“大清洁·乡村美”城乡清洁活动

全面实施农村清洁、绿化美化，投入了 3400 万元，完成了全县 17 个镇级生活垃圾压缩转运站、4600 个村级垃圾收集点建设，添置一大批密闭式垃圾箱，实现了垃圾“村收集、镇转运、县处理”，城乡人居环境质量显著提高。

（五）加强污水处理施建设

投资 3858 万元，建成了县城生活污水处理厂二期、龙湖河生活污水截污管网，逐步实现全城污水一站式处理。投资 1596 万元、日处理 5000 吨污水的彭寨污水处理厂建成，即将投入运营；投资 2500 万元、日处理 5000 吨污水的福和产业转移园工业污水处理厂建成，即将投入运营。

（六）顺利完成“创卫”“创文”工作

举全县之力，成功创建了省级卫生县城和省级文明县城，大大提高了人民群众生活的幸福感和满意度。

（七）加强垃圾处理设施建设

拟投入 2.39 亿元，用于生活垃圾无害化处理场建设。目前，县城生活垃圾无害化处理场、热水镇坑背庙生活垃圾卫生填埋场、林寨镇古村落生活垃圾卫生填埋场等均已建成并投入使用。下车镇生活垃圾卫生填埋场、贝墩镇生活垃圾卫生填埋场等二个项目正在建设中。全县垃圾得到有效处理，极大地减少了对环境的污染，有利于低碳建设。

（八）推进绿色建筑，落实建筑节能工作

十二五期限间，全县城镇新建建筑实现节能目标为 56%。全县城镇新建建筑设计、施工阶段实现了节能执行率达 96% 的目标。

（九）推广绿色照明

2013 年全县共推广高效照明产品紧凑型高效节能灯 1 万只。完成了 LED 照明产品推广应用 2058 盏。2014 年采用 EMC 模式，投入 2851 万元进行了和平县城 LED 路灯节能亮化改造工程，新建及更换 LED 路灯 4600 盏。

（十）积极开展低碳宣传活动

在县政府的牵头下，县发改局、科技局、供电局开展了"低碳生活，绿色发展"的公益宣传活动。

（十一）竭力推动新能源项目在和平县的落地建设

目前，获省发展改革委核准的计划投资 10 亿元，装机容量为 9.45 万千瓦的广东粤电和平紫云嶂风电场项目，是今年省政府重点项目，完成了前期的准备工作，即将开工建设；河源和平黎明风电场装机容量为 4.95 万千瓦，投资 4.8 亿元，也获省发展改革委核准，正积极创造条件建设。和平县青州镇 15 兆瓦农业光伏项目，计划投资 1.78 亿元，项目获省发展改革委备案，基本完成了前期准备工作，最近将要开工建设。风电项目及光伏项目的建设，可大大地增加和平县清洁能源的供应量，助力美丽和平建设。

（十二）开展了"大气污染综合整治百日行动"

2015、2016 年连续两年，在河源市政府的统一组织下，开展了"大气污染综合整治百日行动"，对燃煤控制、机动车尾气、建筑扬尘等进行了综合整治，极大地净化了空气质量。

二、存在问题

1. 对推动低碳试点工作的相关政策法规把握不准；

2. 国家、省里没有相关的低碳建设项目及资金落地到本县，影响做好该项工作的积极性。

三、"十三五"及 2017 年低碳发展战略和发展主要思路

（一）指导思想

深入贯彻落实科学发展观，遵循国家、省主体功能区规划中对和平县南岭生

态发展区的定位与发展方向，紧紧围绕生态功能强大的南岭山地森林及生物多样性的资源，以体制机制和科技创新为动力，强化区域生态保护与生态建设，完善区域生态体系，实现绿色崛起、低碳发展。以建设生态宜居城乡为目标，以生态环境改善、生态产业发展、生态文明建设为主线，因地制宜、统筹规划、合理布局、重点突出，构建具有和平特色的现代产业体系，努力把和平建设成全国生态文明与经济社会发展协调统一，人与自然和谐相处的生态发展示范区，东江源头地区经济发展、环境优美、文明健康、宜居宜业的生态城乡。

（二）基本原则

1. 生态立县，绿色崛起

充分利用和平县的生态资源。发挥区位、人文、政策等优势，确定生态产业发展方向及重点，坚持走低碳发展道路，坚定不移地践行“既要金山银山、又要绿水青山”的发展理念，发展低碳经济，实现绿色崛起，绿富共赢。

2. 统筹规划，协调发展

把握开发节奏、时序和强度，明确功能分区，优化空间布局，促进人口、产业、资源集聚，推动经济社会发展与资源节约、生态环境保护相互协调、相互促进。统筹规划生态保护、城乡绿化、生态修复、基地建设、林产品加工等生态产业与文化体系建设，优先开展生态保护基础建设、生态保护工程与恢复建设，突出建设重点。

3. 以人为本，和谐发展

以保障和改善民生为重点。大力发展各项社会事业，让生态文明建设的成果惠及广大人民群众，促进社会和谐进步。

4. 开拓创新，示范带动

探索低碳发展的新体制机制，健全管理体制，加大重点领域和关键环节改革力度、率先创新生态补偿、水权交易、综合开发、资源节约和环境保护等体制机制。积极开展低碳发展示范点、基地与项目建设、总结经验，辐射带动周边地区，为低碳建设示范县的可持续发展提供经验与样板。

5. 政府引导，全民参与

提高政府宏观调控能力，运用法律、经济、行政等手段，充分调动社会各方面力量，建立多元化的投资机制和运行有效的生态保护补偿机制，积极鼓励企业和非政府组织共同参与生态建设，扩大生态保护和建设的国际、国内交流与合作。

（三）总体目标

抓好《和平县低碳示范县建设总体规划（2013—2020年）》执行，切实按规划内容推进相关工作。大力开发风能资源，加快推进黎明和紫云嶂风电场项目。通过生态保护与建设项目的实施，深化体制机制改革，稳步推进低碳建设，全面建设生态文明，实现全县“生态优质、产业高效、文化繁荣、文明和谐、富有活力”的健康、快速、可持续发展，构建和平完备的低碳发展的生态系统，成为全省重要的生态屏障和水源涵养区、全省重要的生态旅游示范区、人与自然和谐相处的示范区。努力形成主体功能定位清晰的国土空间格局，经济布局更加均衡，城乡区域发展更加协调，资源利用更加集约高效，生态系统更加稳定，努力实现人口分布与经济布局、生态环境相协调，城乡和区域基本公共服务均等化。

附：和平县低碳示范县建设总体规划重大项目表

序号	项目名称	建设阶段	建设规模和内容	建设起止年限	计划总投资（万元）	“十二五”计划投资（万元）
	合计：共（55项）				1587125	1501325
一、	低碳能源产业（7项）				177244	127244
1	和平县风能发电工程（华润风能、大唐风能、广东电力发展风能）	筹建、测速阶段	装机容量分别为10万千瓦、在和平下车镇、长塘镇、彭寨镇开发建设150—200MW的风力发电场。	2012—2016	100000	50000
2	和平县热能循环利用节能减排项目	在建阶段	建立污水处理系统工程、热能回收循环系统工程以能节能锅炉设备系统工程	2012—2015	600	600

（续上表）

序号	项目名称	建设阶段	建设规模和内容	建设起止年限	计划总投资（万元）	“十二五”计划投资（万元）
3	和平县福和稀土永磁材料开发项目	在建阶段	新建建筑面积共20000平方米，购置主要研发设备共150台（套），围绕稀土永磁材料领域开展新材料技术研究开发	2012—2015	15000	15000
4	太阳能光伏逆变器开发项目	在建阶段	项目新建建筑面积共28000平方米，购置主要研发设备650台，围绕太阳能领域开展光伏技术研究开发，形成太阳能光伏逆变器的技术成果	2012—2015	22000	22000
5	和平县农村水电增效减排工程	前期阶段	9800KW	2013—2016	7130	7130
6	和平县新建电站	前期、筹建阶段	17座、装机10255KW	2013—2015	11614	11614
7	和平县110KV、35KV、10KV线路建设与改造工程	前期、筹建阶段	主变容量分别增至200KVA、50KVA、10KV线路建设与改造685Km	2012—2015	20900	20900
二、	先进制造产业（10项）				700325	700325
8	和平县福和产业转移工业园二期工程	在建阶段	开发面积2000亩	2011—2015	25000	25000
9	和平县钟表生产基地	筹建、在建阶段	占地面积300万平方米	2011—2015	150000	150000

（续上表）

序号	项目名称	建设阶段	建设规模和内容	建设起止年限	计划总投资（万元）	“十二五”计划投资（万元）
10	和平县大坝新型建材工业基地	在建阶段	占地 1.3 万平方公里	2011—2015	25507	25507
11	河源市南和通迅实业有限公司 LED 技术开发项目	在建阶段	新建建筑面积共 2400 平方米，在现有 4 条生产线上新增 2 条生产线，围绕 LED 领域开展 LED 技术研究开发，形成技术成果	2012—2015	2950	2950
12	河源市南和电子信息产业园	筹建阶段	主要致力于电子通迅终端产品研发、占地面积约 20 万平方米，计划总投资 25 亿元	2013—2015	250000	250000
13	和平县萤石矿、高岭土、彭润土等深加工项目	筹建、在建阶段	分别在俐源镇、大坝镇、上陵镇进行萤石矿开发、高岭土、彭润土深加工	2011—2015	46000	46000
14	和平县三鑫永泰矿业有限公司	在建阶段	占地面积约 2 万平方米，进行彭润土、黑曜岩深加工	2013—2014	2900	2900
15	和平县福和新材料有限公司	筹建阶段	年综合处理回收利用 5000 吨钕铁硼废料	2013—2015	5968	5968
16	妇康颗粒生产线开发项目	在建阶段	君乐药业公司开发妇康颗粒生产线	2012—2015	180000	180000
17	现代中药开发项目	在建阶段	生产设备改造升级和购置检验检测设备	2012—2015	12000	12000

（续上表）

序号	项目名称	建设阶段	建设规模和内容	建设起止年限	计划总投资（万元）	“十二五”计划投资（万元）
三、	精致农业产业（8项）				98352	98352
18	高标准农田整治	在建、筹建阶段	进行高标准农田整治7.87万亩	2013—2015	9440	9440
19	国家杂交稻和平县高新农业科技创新和技术转移中心	在建阶段	9000平方米	2012—2015	8000	8000
20	国家农业综合开发项目	筹建阶段	7000亩	2011—2015	3500	3500
21	下车（猕猴桃）现代农业示范园区建设	在建阶段	1万亩	2011—2015	5000	5000
22	青州（茶叶）现代农业示范园区建设	在建阶段	1万亩	2011—2015	7000	7000
23	公白、上陵（柑桔、皇帝柑）现代农业示范园区建设	在建阶段	3000亩	2011—2015	3000	3000
24	和平县绿色农产品基地建设	筹建、在建阶段	果汁生产车间建设、设备购置	2011—2014	12412	12412
25	和平县聪明人有机食品产业园	筹建阶段	项目用地面积约16万平方米，主要建设产品研发中心、检测中心、展示厅等厂区配套设施。	2013—2014	50000	50000
四、	高效交通产业（4项）				104723	104723

（续上表）

序号	项目名称	建设阶段	建设规模和内容	建设起止年限	计划总投资（万元）	“十二五”计划投资（万元）
26	和平县旅游公路项目	筹建阶段	林寨兴井至合水良排长28.16公里，热水至合水长26公里	2013—2015	18829	18829
27	省道S339线县城过境段公路改建工程	筹建阶段	路基、路面、桥涵、隧道工程，全长18.059公里	2013—2015	58050	58050
28	县道建设项目（含X173线龙川至林寨段、X167线上陵至江西三亨段、X182线青州至良排段等）	筹建阶段	70公里	2013—2015	18000	18000
29	汕昆高速黄沙出口连接线至和平县城公路改造工程	前期、规划阶段	总长24.61公里	2013—2015	9844	9844
五、	绿色建筑产业（7项）				146561	116561
30	和平县新行政中心	前期阶段	占地面积8万平方米、建筑面积3.5万平方米	2013—2017	15000	15000
31	和平县农业技术推广中心、农产品检测中心	前期阶段	建筑面积4000平方米	2013—2015	3000	3000
32	县文化体育中心	前期阶段	面积2平方公里	2013—2016	60000	30000
33	县城文化休闲公园	前期阶段	占地2万平方米	2013—2015	10561	10561

（续上表）

序号	项目名称	建设阶段	建设规模和内容	建设起止年限	计划总投资（万元）	“十二五”计划投资（万元）
34	县城奶头山休闲公园	前期阶段	3 万平方米	2011—2015	2000	2000
35	节能示范住宅花园小区	在建阶段	开发面积 98.7 万平方米	2011—2015	50000	50000
36	县城新区农产品交易中心	在建阶段	占地 3 万平方米，建筑面积 18 万平方米	2013—2014	6000	6000
六、	健康环保产业（10 项）				203770	197970
37	和平县城生活垃圾无害化处理场	前期、筹建阶段	生活垃圾无害化处理	2013—2015	6570	6570
38	和平县镇级生活垃圾中转站 17 座	前期、筹建阶段	17 个，30 吨/日	2013—2014	3400	3400
39	和平县彭寨中心镇生活污水处理厂	筹建阶段	用地面积 6000 平方米，设计处理规模 1 万吨/天，管网长 18.7 公里	2012—2014	3000	3000
40	和平县下车中心镇生活污水处理厂	前期阶段	设计处理规模 0.5 万吨/天、配套管网 4 公里	2013—2015	2000	2000
41	和平县城排水设施建设改造工程	前期、筹建阶段	城市内涝排洪 11.5 公里	2013—2015	3800	3800
42	和平县生态及生物多样性功能区保护与建设	前期、筹建阶段	封山育林 150 万亩、抚育中幼林 5 万亩、建设生态及生物多样性功能区 8096.8 公顷	2012—2016	30000	24200

（续上表）

序号	项目名称	建设阶段	建设规模和内容	建设起止年限	计划总投资（万元）	“十二五”计划投资（万元）
43	东江水源林造林工程	筹建阶段	10000 公顷	2013—2015	60000	60000
44	珠江防护林建设工程	在建阶段	4000 公顷	2009—2015	24000	24000
45	和平县碳汇示范林	筹建、在建阶段	造林 81900 亩	2012—2015	6000	6000
46	河源市（和平）塑料再生基地	筹建阶段	废旧塑料回收利用	2013—2015	65000	65000
七、	创意文化产业（2 项）				23059	23059
47	惠风和城书香文化创意园	筹建阶段	占地面积 220496 平方米，建筑面积 22400 平方米	2013—2015	19459	19459
48	和平县“三馆”（图书馆、文化馆、群艺馆）项目建设	前期、筹建阶段	图书馆、文化馆、群艺馆等主体工程建设	2014—2016	3600	3600
八、	现代旅游产业（6 项）				130091	130091
49	和平县贝墩镇温泉开发项目	筹建阶段	温泉度假村，占地面积 1500 亩	2013—2015	50000	50000
50	和平县公白镇颐和大温泉（九连山依云温泉）	在建阶段	温泉度假 1500 亩	2012—2014	15000	15000
51	金华悦度假村	在建阶段	旅游度假 60 亩	2012—2015	25000	25000
52	和平县水秀梦境夜间漂流二期工程	筹建阶段	占地面积 26.66 万平方米，建筑面积 3.968 万平方米	2013—2015	10091	10091

（续上表）

序号	项目名称	建设阶段	建设规模和内容	建设起止年限	计划总投资（万元）	“十二五”计划投资（万元）
53	和平县蝴蝶峰生态旅游度假村	筹建阶段	占地面积 86710 平方米，建筑面积 66450 平方米	2013—2015	15000	15000
54	和平县林寨古村二期	筹建阶段	建筑面积 7 万平方米、客家民俗风情街、景区绿化等基础设施建设	2010—2015	15000	15000
九、	现代服务业产业（1 项）				3000	3000
55	和平县现代物流中心	筹建阶段	仓库、设备、广场	2011—2015	3000	3000

（和平县发展和改革局供稿）

梅州市"十二五"低碳发展报告

【提要】

"十二五"期间，在市委、市政府的正确领导下，在省有关部门的关心指导下，梅州市切实按照国家、省、市对低碳发展工作的各项决策部署，不断完善领导体制和工作机制，全市各有关部门尤其是经信、发改、统计、财政、住建、交通等领导小组成员单位密切配合、全力实施，围绕实现"十二五"低碳发展目标，深入开展重点领域和重点企业的节能降耗，大力实施电机能效提升工程，全力推进低碳和循环经济工作。

"十三五"期间，梅州市将切实贯彻创新、协调、绿色、开放、共享的发展理念，围绕生态文化优势，坚持绿色发展，创"一区两带"格局，坚持走新型工业化道路，建设广东梅兴华丰产业集聚带，培育先进制造、电子信息、生物医药、新材料、新能源等产业，提高能源利用效率。

一、梅州市低碳发展情况

"十二五"期间，梅州市单位 GDP 能耗累计下降 21.29%，完成省下达梅州市单位 GDP 能耗下降 18% 的目标任务；"十二五"期间规上工业增加值能耗累计下降达 57.02%，超额完成规上工业增加值能耗下降 30% 的目标任务。梅州市"十二五"主要低碳发展工作措施及成效如下：

（一）绿色发展理念谋划

梅州市始终坚持"绿色发展"的理念，把低碳发展工作作为转变经济发展方式、推动绿色经济崛起的重要举措来抓。市委、市政府领导多次就抓好低碳节能工作作出重要批示，并亲自带头抓好各项低碳节能工作的落实。建立市、县联动机制，充分发挥市节能低碳工作领导小组办公室、淘汰落后产能联席会议制度办公室的协调作用，每年多次召开会议研究部署节能和淘汰落后产能工作，全面加强对节能低碳工作的领导，促进了经济节能低碳绿色发展。

（二）积极推进国家生态文明先行示范区建设，加强生态文明制度创新

梅州市以积极创建国家生态文明先行示范区、梅州市节能减排财政政策综合示范城市和创建国家环境保护模范城市为契机，落实中央《生态文明体制改革总体方案》，深入实施《梅州市创建国家生态文明先行示范区行动方案》。坚持保护优先，加强生态建设、修复和综合治理，强化环境污染防治，维护自然的完整性、连续性和多样性。在确保完成示范区建设的各项指标、任务和目标的同时，推动梅州成为全省乃至全国生态文明建设的排头兵。

一是把生态文明建设的目标任务、重点工程和项目纳入国民经济和社会发展规划及相关专项规划。

二是作为全国首批 55 个生态文明先行示范区之一，承担着由国家建议的探索编制自然资源资产负债表、建立体现生态文明要求的干部考核体系和建立推动生态文化融入客家文化的政策机制等三项制度创新任务，梅州市专门在“十三五”前期研究课题中设立国家生态文明先行示范区相关内容的研究探索，在对梅州市“十三五”时期生态文明建设形势进行研判的基础上，提出了梅州市“十三五”时期生态文明建设的思路，并重点围绕三项国家建议的创新型制度进行了重点分析研究，就梅州市如何建立和实施这三项创新型制度给出了具体政策建议。

三是启动自然资源资产负债表编制工作。梅州市以政府名义建立了梅州市编制自然资源资产负债表联席会议制度，联合中国科学院广州能源研究所团队开展编制工作，选取 2005、2010、2014 年为节点，对梅州市土地、森林、河流、大气环境、能源、矿产资源等进行摸底，建立一套编制方法、标准和工具，形成一表一库一平台成果。现已完成方法探索，进入实地调研、数据分析阶段，逐步探索和完善价值量核算方法。

（三）落实节能目标责任

为确保年度节能目标责任的落实，梅州市在认真贯彻实施省、市有关节能规划工作的同时，将年度单位 GDP 能耗下降目标纳入国民经济和社会发展当年度计划。同时把“十二五”节能整体目标和每一年度目标任务分解下达至各地区，并对各地区年度节能目标完成情况和年度节能措施落实情况进行考核，将考核结

果进行全市通报，有力地推动了全市节能工作的开展。2014年，为进一步统筹协调节能减排、生态文明先行示范区、省促进粤东西北地区振兴发展、原中央苏区振兴发展等一系列政策，充分发挥财政资金引导和撬动社会资金的作用，推动梅州加快产业结构转型升级，通过全市上下共同努力，梅州市成功纳入第三批国家节能减排财政政策综合示范城市，为加快振兴发展注入强劲动力。

（四）扎实推进工业节能

1. 扎实推进工业转型升级。"十二五"期间，梅州市坚持稳中求进，围绕稳增长、调结构、促改革、惠民生，落实"两大振兴政策"，聚焦"三大抓手"，大力推进"一区两带"建设，积极应对困难和挑战，狠抓各项工作落实，全力加快振兴发展步伐，深入实施《梅州市产业振兴三年行动计划（2013—2015）》，加大资金扶持和政策引导，鼓励企业加大技术改造，加快烟草、电力、机电制造、水泥、陶瓷和农产品加工等重要传统产业向新型工业化转型升级。通过一手抓传统产业转型升级，淘汰落后立窑水泥产能，努力挖掘经济增长潜力；一手抓新兴产业的发展，培育新经济增长点。2015年全市生产总值、地方公共财政预算收入、固定资产投资分别达到950亿元、103.58亿元、568.02亿元，分别是"十一五"末的1.637倍、2.66倍、2.9倍。全市规模以上工业总产值702.34亿元、规模以上工业增加值220.89亿元，分别比"十一五"末增长53.6%和34.4%；完成工业技改投资99.35亿元，比"十一五"末增长96.3%。全市工业园区实现产值218.13亿元、增加值49.42亿元，分别比"十一五"末增长10.6倍和9.7倍；至2015年末，全市三次产业结构比达到19.6：36.8：43.6，第三产业比重比"十一五"末上升5个百分点，对单位GDP能耗下降发挥了有力的贡献。

2. 完成淘汰落后产能。梅州市按照国家和省淘汰落后水泥产能的部署和要求，把淘汰落后产能作为推动产业转型升级的重要举措，迎难而上，破难攻坚，积极推进现有重点用能企业节能技改。"十二五"期间，梅州市共淘汰962万吨水泥熟料产能（涉及48家生产企业，共淘汰98条水泥熟料生产线）、110万吨粉磨产能（涉及5家生产企业，共淘汰8套粉磨机组生产线）、1.5万吨铜冶炼产能（涉及1家生产企业，淘汰8平方米密闭鼓风炉1台、80吨反射炉1台）、3.28万吨造纸产能（涉及8家生产企业，共淘汰8条生产线）、4.65万千瓦火电产能（共淘汰4家小火电机组），超额完成省下达梅州市"十二五"淘汰落后产能任务，既实现稳定有序科学淘汰，又为新上项目和产业振兴发展腾出产能、环境、土地和资源容量。

3. 实施电机能效提升。制定印发《梅州市电机能效提升（2013—2015 年）工作实施方案》和《梅州市电机能效提升补贴实施细则》，完成电机能效提升知识培训班四期合计 500 多人次，紧紧围绕电机使用等关键环节，着力在全市积极推广高效电机，淘汰在用低效电机，实施电机系统节能技改，大力推动电机能效提升。通过各项工作的扎实推进，2015 年梅州市完成电机能效提升共 6.95 万千瓦时；2013 年至 2015 年共三年期间，全市电机能效提升容量累计达 15.17 万千瓦（其中：低效电机淘汰数量 7.75 万千瓦，高效电机推广 2.11 万千瓦，电机系统节能改造 5.31 万千瓦），超额完成省下达 14 万千瓦的目标任务，完成率达 108.36%，已下达电机能效提升补贴资金累计共 699 万元。

4. 强化督促监察检查。积极开展节能执法监察，“十二五”期间，梅州市共对 197 家单位开展节能监察，对列入国家万企名单的重点工业用能企业、公共机构单位、重点商贸酒店开展日常现场监察；加强对重点工业用能企业（主要水泥、火力发电企业）主要产品、工艺执行能耗限额标准及省能耗限额（标准）执行情况和电机能效提升实施项目进行专项监察。开展节能惠民工程推广信息核查共二批次，对 3095 台（产品）完成实地核查，对 2061 台（产品）完成电话核查，圆满完成上级下达梅州市核查任务。

5. 加快循环经济发展。一是清洁生产取得长足发展。深入各县（市、区）和企业，积极鼓励、引导企业推进清洁生产，支持省内外节能技术公司指导服务企业开展清洁生产。“十二五”期间，梅州市自愿性清洁生产企业从 2010 年的 12 家（均为省级清洁生产企业）增至 60 家，其中省级清洁生产企业达到 54 家，市级清洁生产企业 6 家。二是积极推动园区循环化发展。梅州市在积极构建“一区两带”的基础上，努力提升新型工业化水平，积极推进园区循环化发展，组织指导广州（梅州）产业转移园（第一批省级循环试点园区）按照其制订的园区循环化改造实施方案要求推进园区循环化改造工作；组织和发动其他各工业园区结合自身特点逐步推进园区循环化改造，不断优化园区空间布局。2015 年梅州市东莞石碣（兴宁）产业转移工业园、东莞塘厦（平远）产业转移工业园 2 个园区列入省 2015 年园区循环化改造试点；同时积极开展省循环经济试点示范单位创建，梅州鸿荣重工有限公司被确定为省再制造试点创建单位，兴宁市联发纺织有限公司列入第一批省资源节约型和环境友好型试点创建企业。

6. 积极推进节能改造。“十二五”以来，通过积极推进企业开展节能改造，梅州市获得省节能、循环经济专项资金共3296万元（2013年广梅园的循环经济工业园项目获得的1000万元资金以股权投资方式支持下达，不计入其中），推进节能和循环经济项目53个；市下达节能专项资金共327万元，扶持项目41个；同时不定期对重点节能工程开展专项审计、绩效评价、监督检查、完工评价等工作。“十二五”期间梅州市共推广高效照明产品34.15万支，超额完成省下达33万支的任务，实地、电话核查高效照明产品（节能灯）共15946只，完成省下达核查任务。通过节能技改和健全企业节能管理水平，全市重点用能企业共完成节能量70多万吨标准煤，超额完成省下达梅州市49.6万吨标准煤的“十二五”万家企业节能量目标任务。“十二五”梅州市规上工业增加值能耗累计下降达57.02%。

7. 推进“三能”体系建设。一是完成市级能源管理中心建设。梅州市能源管理中心列入省首批省市企业互联互通的6个示范市之一，已于2015年初全面建成并实现互联互通，火电、旋窑水泥两大行业的12家重点用能企业纳入监测管理，监测能耗量达全市重点用能企业能耗的90%，达到全市规上工业能耗的85%，有效实现工业能耗数据实时采集和在线监测。二是推进企业能源管理体系试点建设。2012年，梅州市广东塔牌集团股份有限公司、梅州宁江水泥有限公司两家企业被省列入第一批广东省能源管理体系建设及认证试点，经过两年的试点建设，2家省级能源管理体系建设试点单位于2014年顺利通过能源管理体系认证并报请省开展试点效果评价。同时发动和推荐梅州皇马水泥有限公司申报第二批省能源管理体系建设及认证试点单位。三是积极推动能效对标工作。每年积极组织发动辖区内水泥、造纸、纺织等行业企业积极参与行业能效对标活动，并配合做好相关能效对标工作。四是推进企业能源计量工作。制订能源计量器具配备和管理工作指引，督促指导帮助企业建立能源计量器具、能源计量数据管理制度，按标准要求合理配备能源计量器具、实时在线采集能源计量数据并加于分析运用；积极引导企业申办测量管理体系认证或计量保证体系确认，目前已有30家高效能企业分别通过了二、三级计量保证体系确认；每年选择2家以上有代表性的水泥企业开展“能耗对标、计量诊断”活动，帮助企业运用能源计量数据分析能耗情况，发现存在问题，提出解决方案和措施；开展能源计量检查，及时发出检查结果通知书责令企业限期整改，“十二五”期间累计检查重点耗能企业386家次。

8. 完善生态保护制度。认真落实省主体功能区配套政策和差别化环保准入政策及国家产业政策，实施差别化环保准入，组织实施《梅州市贯彻落实广东省主体功能区规划配套环保政策实施意见》，促进区域协调发展。加强规划的引导作用，积极推进《梅州市“十三五”环境保护规划》编制，组织开展韩江上游（梅江—汀江）跨界流域环境综合整治工程规划编制，争取国家、省支持解决跨界流域环境污染问题。制订生态严格控制区调整修编工作方案，开展技术培训，启动生态红线划定，强化生态严格控制区空间管控。

9. 深化区域环保协作，改善生态环境。开展与赣州市、龙岩市之间环保沟通和合作，建立信息互通平台，加大跨省流域污染防控力度，完善跨界突发环境事件协调处理机制、环境应急联动机制，妥善应对跨界环境污染纠纷和环境突发事件。探索开展韩江上游汀江、梅江等重点流域跨省生态补偿试点，加强韩江上游的污水治理，对水源涵养地进行生态修复，促进韩江流域生态环境质量不断改善。

10. 大力开展宣传培训。拟定年度节能宣传月活动方案，积极推进开展宣传月活动；同时开展不同形式的节能降耗各类培训，“十二五”以来共举办8期培训班，全市重点用能企业、公共机构和各县（市、区）等820多人次参加培训，邀请省专家到梅州市授课，讲解节能与循环经济政策，推动形成绿色化生产生活方式，取得良好效果。同时组织电视台、梅州日报社以及三大通信运营商大力开展节能低碳宣传报道，顺利开展各项宣传活动，倡导开展全国低碳日活动，以绿色低碳的出行方式支持节能低碳。

（五）新能源和低碳发展领域

1. 加快发展可再生能源。截至2015年底，梅州市分布式光伏发电项目已备案19个，装机容量共计47.66兆瓦；在建光伏电站项目4个，装机容量共计185兆瓦；已核准风电项目3个，装机容量共计149.3兆瓦；梅州（五华）抽水蓄能电站获得省发展改革委的核准，一期装机容量1200兆瓦。

2. 推进园区集中供热。园区将采用热电（冷）联产、分布式能源站和集中供热锅炉等方式实施集中供热（冷），截止至2015年底，在建的集中供热项目有迪森广州梅州产业转移园生物质成型燃料集中供热项目，项目建成后，可实现蒸汽产能 120t/h，年产蒸汽 72 万吨。

3. 推动新能源汽车产业加快发展。梅州市是“广东省新能源汽车推广应用示范城市”。目前，梅州市新能源汽车产业基地、新能源汽车产业集群项目、新能源汽车推广示范项目各有一个。截至 2015 年 12 月 31 日全市已完成新增上牌的纯电动客车 921 辆，吸引了不少新能源汽车企业来梅开拓市场，刺激了本地汽车生产企业加速发展。

4. 严把项目节能准入关。加强产能严重过剩行业项目管理，强化节能指标约束，对所有新建投资项目须进行节能评估和节能审查，将节能评估和审查作为项目审批、核准或备案以及开工建设约束性条件；严格控制高耗能高污染项目建设，对没有能耗增量替代和单位产品（工序）能耗达不到准入值要求的拟建项目，一律不予审批、核准和备案；对重点行业淘汰落后和过剩产能的企业实施用电差别电价政策。

5. 推动城市低碳发展。积极推动兴宁、大埔低碳示范县建设，编制完成了兴宁市、大埔低碳发展规划，深入开展“绿满梅州”行动，扎实推进森林碳汇重点生态工程、生态景观林带、森林进城围城工程；开展低碳能力建设，积极配合省发展改革委、广州市能源研究所等单位在梅州市召开广东省 2015 年碳排放权管理与交易专题培训会（粤东地区专场）、梅州市节能减排与碳金融研讨会，提升主管部门碳排放管理水平，提高控排企业参与碳排放交易和碳资产管理的能力；根据广东省碳排放权交易试点工作总体部署，加强与企业沟通联系，及时掌握企业参加碳排放权交易试点进展情况，协助解决相关困难，积极推动碳排放权交易试点工作顺利开展；积极配合核查机构对梅州市控排企业碳排放信息的核查工作，认真完成梅州市 2015 年度碳排放信息报告、核查报告、监测计划材料审核等地级市发改层面的工作。

（六）绿色建筑节能领域

“十二五”期间梅州市紧紧围绕国家和省有关建筑节能与绿色建筑行动工作部署，强化政府对建筑领域节能减排工作的领导，抓好建筑节能强制性标准的贯彻执行，加快发展绿色建筑，扎实推进可再生能源建筑应用示范工作，稳步推进既有建筑节能改造，落实“禁实限粘”有关工作要求，推广绿色建材应用，推动建筑节能与绿色建筑发展整体工作上新台阶。

制定梅州市绿色建筑行动方案，努力推动绿色建筑发展。在设计审查备案时严格按实施方案要求把关，以大型公共建筑、政府投资公益性建筑、保障性住房以及嘉应新区范围内新建建筑为重点，抓好绿色建筑标准的贯彻执行，促进绿色建筑规模化发展。到2015年底新建民用建筑在设计和施工阶段强制性标准执行率达100%的工作目标，政府投资公益性建筑、大型公共建筑和保障性住房基本按执行绿色建筑标准，全市完成绿色建筑认定标识面积134.74平方米，完成省目标任务率269%，通过绿色建筑设计审查备案的有647.8万平方米；梅州城区和各县县城均落实禁止使用实心粘土砖的要求，全市共使用新墙材20亿标准砖，节地2350亩，利废260万吨，节约标准煤12.3万吨；梅州城区建筑工地实现已全面禁止现场搅拌混凝土和砂浆，完成“禁现”工作目标；创建了国家可再生能源建筑应用示范市和示范县，开创了梅州市可再生能源建筑应用新局面。

“十二五”期间，共完成了208栋国家机关办公建筑和大型公共建筑的能耗统计，按要求进行了能耗公示，为建筑能耗研究和分析等工作提供参考依据。以创建国家可再生能源建筑应用示范市（县）为主要抓手，重点在学校、医院、福利院宾馆项目中实施，同时在农村推广，全面推动了可再生能源建筑规模化应用。全市完成可再生能源建筑应用实施的项目有300多个，折算应用面积250多万平方米，完成了示范市示范县的任务。

（七）清洁交通领域

紧紧围绕绿色循环低碳交通运输体系建设，组织开展节能减排示范项目、货运绿色运输、企业低碳交通运输专项行动、公交出行宣传活动等，积极引导市民优先采用公共交通的方式出行，提高城区公共交通出行分担率；推进公交运输装备的升级改造，在城市公交领域大力推广应用新能源汽车，全面淘汰营运黄标车，打造“绿色交通”，取得了较为显著成效。“十二五”期间，梅州市公交线路线路增加172%，公交车比增224%，清洁能源和新能源公交车增加166%。目前，全市城区（含梅县区、梅江区）共有896辆公交车，其中清洁能源和新能源公交车有662辆（包括272辆LNG新能源公交车和390辆纯电动公交车），占公交车辆数的73.88%，是全省清洁能源和新能源公交车比例最高的城市。

（八）公共机构节能领域

建立完善公共机构能耗统计制度。完成全市公共机构名录库建设工作，共有2568个公共机构列入名录库。先后出台了《关于印发梅州市实施〈公共机构能源资源消耗统计〉工作方案的通知》《关于做好梅州市公共机构能源资源消耗统计报送工作的通知》等文件，按时保质完成好统计工作。积极组织各级公共机构、企业开展节水型单位创建。建立了创建工作协调领导机构，制定周密的工作方案，整合资源，形成合力，统筹推进节约型公共机构示范单位创建工作。积极组织梅州市列入第二批国家节约型公共机构示范创建单位兴宁一中，根据创建实施工作方案和计划，推进完成各项工作，顺利通过国管局评价验收组验收。

（九）林业重点生态工程建设任务全面完成

1. 森林碳汇工程。2012—2015 年共完成建设面积 338.9 万亩，占任务 100%；其中荒山人工造林 111.77 万亩，改造疏残林 150.13 万亩，改造低效林 73.71 万亩，改造桉树 3.29 万亩，封山育林 135.49 万亩。

2. 生态景观林带工程。2012—2015 年共完成建设里程 937 公里，占任务 666 公里的 140.7%；其中高速公路生态景观林带 643 公里，沿河生态景观林带 294 公里。

3. 森林进城围城工程。2015 年底全市森林公园 137 个，2012—2015 年新建 70 个，占任务 56 个的 125%，其中新建市级森林公园 5 个，县级森林公园 16 个，镇级森林公园 49 个；2015 年度全市湿地公园 7 个，2012—2015 年新建 7 个，占任务 4 个的 175%。

4. 乡村绿化美化工程。2012—2015 年共完成 825 个，占任务 770 个的 107.14%，其中完成省级示范点 55 个、市级示范点 96 个。

5. 森林抚育工程。2012—2015 年森林抚育面积 330.4 万亩，其中省碳汇林抚育 120.61 万亩，中央财政森林抚育补贴项目 209.79 万亩。

二、梅州市“十三五”低碳发展思路

“十三五”期间，梅州市将切实贯彻创新、协调、绿色、开放、共享的发展理念，围绕生态文化优势，坚持绿色发展，创“一区两带”（嘉应新区、广东梅兴华丰产业集聚带、梅江韩江文化生态健康旅游特色产业带）格局，坚持走新型工业化道路，建设广东梅兴华丰产业集聚带，培育先进制造、电子信息、生物医药、新材料、新能源等产业，提高能源利用效率。同时，严格按照相关工作部署，落实目标责任，以工业节能、技术节能、绿色建筑、清洁交通等为重点，强化监督管理，分解下达节能指标，实施节能低碳重点项目，稳步实施电机能效提升工程，积极推进国家节能减排财政政策综合示范城市和国家生态文明先行示范区建设，推进清洁生产和园区循环化建设，全力推进节能指标和各项目标任务的达成。具体做好如下工作：

（一）严格落实节能双控目标责任制

围绕“十三五”能源双控目标任务，分解下达相关节能双控指标，督促各地区节能目标责任制的落实，确保完成年度节能双控目标任务。

（二）加强重点耗能企业监管

认真落实省节能监察工作部署，对商贸酒店、公共机构、重点电机使用企业淘汰落后电机、淘汰落后设备、电机更新回收等开展专项监察。

（三）加快实施电机能效提升工程

根据省工作部署，围绕电机使用等关键环节，引导高效电机应用，督促各地淘汰低效电机，加快实施高效电机系统节能改造和更换，完成省下达电机能效提升工作任务。同时加强监督管理核查，继续落实企业资金补贴，提升梅州市电机能效水平。

（四）加强各领域节能降耗

认真抓好工业、建筑、交通、公共机构、商贸等领域节能工作，加强公共机构能耗统计与监测工作，积极开展节约型公共机构创建活动，促进全市节能目标任务的完成。

（五）加大污水处理设施建设力度

推进市区、县城污水处理厂配套管网和梅兴华丰产业集聚带环保基础设施、梅江干流沿河镇等镇级污水处理设施建设，提高污水处理厂进水水量和浓度，强化运营管理，提升减排效率。

（六）抓好规模化畜禽养殖场减排

鼓励规模化养殖场建设污水深度处理设施，力争达到化学需氧量去除率97%、氨氮去除率89%的目标。

（七）抓好大气污染减排

全面实施燃煤电厂超低排放，强化脱硫脱硝运营管理工作，脱硫效率提高到95%以上、脱硝效率提高到85%以上。进一步规范旋窑水泥厂脱硝设施运行管理，脱硝效率提高到65%以上。加快黄标车老旧车淘汰进度，抓好高污染燃料锅炉淘汰，进一步减少二氧化硫和氮氧化物等大气污染物的排放。

（八）推进循环经济工作

一是推进广州（梅州）产业转移园、东莞石碣（兴宁）产业转移工业园、东莞塘厦（平远）产业转移工业园落实循环经济园区方案的实施，加快工业园区循环化改造。发动、培育本地区工业园区积极开展省循环经济工业园试点改造。

二是积极推动企业开展自愿性清洁生产，促进各地区和各企业通过清洁生产推进自身循环经济工作。

（九）优化能源结构，大力发展清洁能源

推进清洁能源基础设施建设，发展以电力建设为重点的清洁能源。有序发展清洁火电、LNG能源、华润热电联产、韩江葛布水利枢纽工程电站等电源点项目建设。加快粤电大埔电厂二期、梅州（五华）抽水蓄能电站建设，跟进蕉岭铁山嶂风电场、五华龙狮殿风电场、平远茅坪风电场、广东粤电梅江明山嶂风电场（2016年已核准）和已列入2016年广东省风电核准计划的4个风电项目（装机容量18.98万千瓦），韩江内陆核电规划建设，积极发展光伏发电。争取布局园区热电联产和分布式能源站，建成多元化的电源供应体系；加快编制城市配电网规划，适度超前布局电网建设，实现各电压等级协调发展；完善成品油、天然气管网和储备库、油站、气站布局，加快推进天然气储备设施建设和配套工程建设，实现县县用上天然气。

（十）推进绿色循环低碳交通发展

推进综合交通运输体系下的结构性节能减排，强化交通运输各领域绿色、循环、低碳技术创新及应用推广，完善交通节能减排、环境保护等管理手段，全面落实公交优先发展战略，倡导绿色出行，大力推广应用节能环保型运输车船，实施节能与新能源车辆示范推广工程、交通科技节能减排专项工程、智能交通节能减排工程等，推进绿色循环低碳交通运输体系建设，打造“绿色交通”。

（十一）全力实施“绿满梅州”大行动

组织开展“回头看”活动，对过去四年新种的碳汇造林等“四大”林业重点生态工程全面进行森林抚育和实施封育管护措施。切实完成好省下达的工程造

林任务和梅州市民生实事生态建设项目。积极争政策争资金，加强梅州市重点区域生态建设和修复工作。做好创建省林业生态市申报工作，力争年底前通过省级验收。全面摸清和掌握梅州市古树名木资源现状。

（十二）着力加强森林资源保护

继续加大森林消防专业队伍建设，加大航空护林、林火视频监测和无人机空中监测等项目建设力度，深入开展县镇村森林防火工作规范化建设。加强宣传教育，落实各级责任，强化野外火源管控和应急处置，加大森林火灾案件查处力度，全力以赴做好森林防火工作。加强重大林业有害生物防治疫情监测，严格植物检疫和病虫害防治。扎实推进林业生态红线划定工作。

（十三）大力推进林业产业发展

按照“以林下种植为主、林下养殖为辅、结合森林生态旅游、探索开发森林碳汇”的发展思路，鼓励和引导林业经营主体加大资金、技术投入，大力发展名贵树木种植、林下经济作物种植和特色家禽养殖等林下经济示范基地，积极建设森林生态休闲旅游示范基地。

（十四）加强节能低碳宣传培训

拟订节能宣传月和全国低碳日活动方案，组织开展节能宣传月和全国低碳日活动，通过形式多样的宣传活动和培训教育，倡导绿色消费新风尚，积极推广低碳发展的理念，形成文明、节约、绿色、低碳的生产方式、消费模式和生活习惯。加强能源管理人才队伍建设，组织开展重点用能单位、技术服务单位、监察机构等节能循环经济培训活动。建立并完善碳排放基础数据系统体系，探索建立并完善碳排放清单体系。

（梅州市发展改革局供稿）

低碳试点县（区）梅州兴宁市“十二五”低碳发展报告

兴宁市是低碳示范试点城市，生态景观秀美，资源丰富，拥有大片的山林，生长茂盛，原生植物种类繁多，碳汇林业发展基础良好。成功创建5个省级生态示范镇（村）和8个梅州市生态镇（街）、159个梅州市生态村（居），是省森林生态旅游示范基地，境内神光山旅游景区已经成功创建为国家3A级景区，生态环境得到有效保护，已成为国家级生态发展区。

2015年工作完成情况：1、深入开展“绿满梅州”行动，扎实推进“绿色兴宁、洁净家园”和绿色廊道建设，实施梅河高速兴宁段、神光山森林公园景观改造，森林覆盖率达66.45%，林木绿化率达69.96%，人均公园绿地面积达11.6平方米，被评为省林业生态县（市）；2、扎实推进森林碳汇重点生态工程、生态景观林带、森林进城围城工程，实施森林碳汇重点生态工程，完成造林面积9.62万亩、封山育林7万亩，森林碳汇造林绿化经验在全省推广；3、兴宁市“永泰华庭”低碳社区获得省级低碳建设项目专项资金200万元和华润电力（兴宁）有限公司#1、#2机组低温省煤器改造工程项目获得中央预算内投资210万元；4、淘汰落后产能，截止至今，兴宁市全部完成梅州下达的淘汰30万吨落后水泥产能、1.0888万吨落后造纸产能任务，顺利通过省专家组验收；5、顺利完成节能目标，截止目前，兴宁市能源消费总量为94.16万吨标准煤，同比增长2.42%，消费总量增长幅度不大，单位GDP能耗为1.0014吨标准煤，同比下降4.7872%，单位工业增加值能耗为2.7473吨标准煤，同比下降6.13%；6、污水厂二期工程顺利完成通水运行并已通过竣工验收；7、加大沼气建设，现全市累计建设户用沼气池15000个，建成大中型沼气工程11个，实现年产沼气2000万立方米，折合可节约标准煤12000.8吨，相当于5000公顷年林木生长量；目前全市有11417户39770人使用沼气能源，为沼气使用户实现年增收节支达2000万元；8、全面禁止使用黏土实心砖，建设具有客家围龙屋地方特色的绿色节能小区15个，使城市的街道更为洁净、空气更为清新，使兴城变成了更加宜居乐业生态新城，刁坊镇被授予“广东省生态乡镇”称号。

下一步工作计划：兴宁市将继续严格落实环保目标责任制，在上一年工作的基础上继续开展以下工作：

一是围绕“低碳示范城市”战略目标，坚持绿色经济崛起发展理念，促进生态环境与生活品质联动发展，弘扬生态文明，改善生态环境状况，实现人口、资源、环境和经济的协调、可持续发展，创建低碳示范先进城市。

二是紧紧围绕“资源节约型、环境友好型”建设，以建设低碳示范城市为目标，实现社会发展、城市建设、生活模式的低碳化。形成有利于促进低碳经济和低碳城市建设的体制机制；产业结构调整取得新进展，经济增长方式发展明显转变；自主创新能力增强，低碳技术的研发能力进一步完善提高；能源结构优化，可再生能源比重显著提高；能源利用效率进一步提高，污染物稳定在低排放水平，建筑、交通等基础设施领域实现低碳化，森林碳汇能力显著增强；低碳文化氛围基本形成，低碳生活和消费理念深入人心。

（梅州市发展改革局供稿）

低碳试点县（区）梅州大埔县“十二五”低碳发展报告

今年以来，大埔县深入贯彻落实党的十八大和十八届三中、四中、五中全会以及习近平同志系列重要讲话精神，紧紧围绕“生态立县、绿色崛起，加快建设富庶美丽幸福大埔”的发展目标和“扭紧三大抓手，发展四大产业”的工作部署，以改善生态环境为目标，以节能减排为抓手，努力推进低碳试点工作。

2015 年，全县生态环境持续保持稳定良好，主要能耗和污染物排放完成市下达的任务，落实南粤水更清、大气污染综合防治等行动计划，污染防治工作扎实推进。深入开展绿满梅州大行动，完成造林 7.98 万亩，建成生态景观林带 43 公里，森林覆盖率达到 79.86%，城镇生活污水集中处理率达到 90%，城镇生活垃圾无害化处理率、工业固体废物综合利用率分别达到 100%、98%；江河水质保持稳定，韩江干流及支流汀江、梅潭河等江河水质达到相应水体功能要求，饮用水源水质达标率为 100%。县城空气质量优秀，县城区域环境噪声等效声级平均值、城市道路交通噪声等效声级平均值符合功能区噪声控制要求；完成主要污染物总量减排目标任务，通过了梅州市政府的考核验收；完成国家重点生态功能区的申报工作；继续被评为“中国深呼吸小城 100 佳”和“中国最美丽县”。

一、主要工作

今年是“十二五”污染减排工作收官年，大埔县把污染减排作为调整经济结构、加快经济社会发展的重要抓手，切实转变经济增长方式，综合运用经济、法律和行政手段，强化责任落实，建立长效工作机制，扎实做好污染物减排工作。通过考核，圆满完成了梅州市政府下达的年度和十二五规划污染减排目标任务和重点减排工程任务。

（一）抓节能减排，进一步改善生态环境

根据减排工作进展情况，结合大埔县经济发展速度、城镇人口增长等预测结果和重点环保工程建设进度，大埔县制定了《大埔县 2015 年度污染物减排总量减排工作计划》，县政府与各镇场和县直有关单位签订责任书，把污染减排工作和减排指标任务分解落实到相关责任单位，确保污染物减排责任落实到位。

1. 加强部门联动，合力抓好减排工作。根据大埔县减排工作实际，县环保

局与县畜牧兽医局、县水务局、县公安局、县经信局等单位沟通协调，就减排核算数据提供、强化农业源和机动车减排等减排事项达成共识，合力抓好减排工作。

2. 实施工程减排，推进生活污水处理设施建设。县水务等部门抓好县城污水处理厂二期（日处理量 2 万吨）正常运行管理和配套管网建设，现已基本完成县城配套管网二期工程（黎家坪、丽水湾段）全长 10.1 公里，污水处理厂在线监测监控系统通过市环保局的验收。高陂镇污水处理厂（日处理量 0.2 万吨）和茶阳镇污水处理厂（日处理 0.1 万吨）建设正有序推进，预计年底可建成并投入使用。

3. 加强监管，落实节能降耗目标。积极发动、鼓励、支持企业开展节能技术改造，循环经济和自愿性清洁生产、积极开展电机能效提升工作、积极开展重点单位节能管理等工作，全面完成市下达节能减排目标任务。第三季度单位 GDP 能耗 0.4523 吨标准煤/万元，下降 4.3%；单位工业增加值能耗 3.3027 吨标准煤/万元，下降 2.9%；积极开展淘汰低效电机 11 台，共 132.95 千瓦时，新装、更换能效等级二级及以上高效电机 32 台，总装机容量 21240.95 千瓦时，超额完成市下达大埔县电机能效提升工作指标任务。

4. 切实加强环境监管力度，促进污染源的治理工作。切实加大畜禽养殖业污染源整治工作力度，建立“农业牵头、环保协助”的联动机制，县畜牧局加大对现有畜禽养殖场的沼气池建设和畜禽粪便的综合处理的工作力度，县环保局加强对农业养殖污染源整治的监管工作，确保农业源主要污染物削减目标的完成。完成了大埔县飞鹅岭种养有限公司、华兴种养有限公司、富鑫农牧发展有限公司 3 家规模化养猪场标准化废水深度处理工程，大埔县诚鑫实业有限公司等 4 家规模化养猪场完全综合利用治理工程。

（二）抓依法监管，进一步保护生态环境

1. 认真实施严格的水环境保护措施，保障群众饮水安全。划定了全县各镇饮用水源保护区。根据《环境保护法》《水污染防治法》等法律法规规定，全县共划分不同类型乡镇集中式饮用水水源保护区 46 个，其中河流型水源保护区和山泉水源保护区 41 个，水库型水源保护区 5 个，县政府印发了《大埔县各镇集中式饮用水水源地保护区划定方案》；组织技术人员对全县水源保护区进行现场调查和卫星定位工作，为今后规范设立保护区打下基础；实施严格的水环境保护措施，对全县集中式饮用水源地、重点河段进行重点排查、重点监测，及时掌握水质变化动态。同时，加强省界水质断面监测工作，防范跨界污染。采取严格的措施保护饮用水源，开展集中式饮用水源地专项执法检查，坚决取缔水源保护区内不合法的各种开发行为；组织开展梅潭河流域铊污染源安全隐患排查整治工作，确保饮用水源安全；实施县城区饮用水源地环境综合整治项目民心工程，清除饮用水源保护区内禽畜养殖6户，在饮用水源地范围内设置隔离防护栏（网）2公里，设立警示牌20个，清理水源保护区内乱倒的生活垃圾和建筑垃圾等，确保县城饮用水源地水质达到Ⅱ类标准。

2. 认真实施大气污染防治行动，保障环境空气质量。按照市环保局《梅州市大气污染防治行动方案（2014—2017）2015年度实施方案》部署，印发了《大埔县大气污染防治行动方案（2014—2017）2014年度实施方案》，会同县直有关单位共同实施。一是加强黄标车和老旧车的淘汰工作，共淘汰黄标车、老旧车近400辆。二是开展燃煤锅炉综合整治。淘汰南华春酒厂、洲瑞中学等燃煤锅炉7台计5.08蒸吨，改造燃煤锅炉1台0.7蒸吨（改为生物质燃料）。三是开展县城餐饮油烟污染专项整治。针对群众反映强烈的县城餐饮油烟污染和KTV等经营场所噪声污染问题，由环保局牵头会同公安、住建、公共事业服务中心等部门组成专项整治组，依法开展环境污染专项整治，对重点整治区域内产生油烟、噪声污染的企业发出《行政执法责令改正通知书》，在整改项目、完成时间等方面提出明确要求，并督促相关企业落实整改措施。据统计，自开展整治以来，共出动执法人员780多人次，发出《责令改正通知书》18份。经整治，县城餐饮业油烟污染基本落实整改企业95家，整改落实率100%；县城重点区域的19家营业性文化娱乐场所和店铺噪声污染都按期完成整改任务，整改落实率100%。四是开展秸秆禁烧污染整治工作。县政府与各镇（场）签订了《大埔县秸秆禁烧工作目标责任书》，纳入各镇场党政一把手农村环境保护考核内容。各镇场认真开展秸秆禁烧行动，切实加大宣传力度，加强巡查，及时制止秸秆焚烧行为。今年以来，全县共出动巡查人员1203人次，制止焚烧秸秆行为6宗。五是开展重点行业陶瓷行业、水泥粉磨站烟粉尘排放源企业全口径调查，共调查企业43家。

3. 认真履行环保监管职责，保障环境安全。一是提升执法监管能力，遏制各类环境违法行为。按照省和市统一部署，开展整治违法排污企业保障群众健康环保专项行动，深入整治重点行业重金属污染问题，开展环境安全隐患排查，查处违法建设、违法排污、违法倾倒危险物等环境违法行为，加强重点行业污染整治、突出环境问题集中整治、建设项目“未批先建、未验先投”专项检查，查处违法建设、违法排污、违法倾倒危险物等环境违法行为。完善县城和镇级22家医疗单位医疗废物的处置，并交由有资质的梅州市金川医疗废物处置有限公司处置。今年共出动执法人员356人次，检查企业91家，发出行政执法责令改正通知书10份，立案查处企业2家。二是开展环境保护大检查活动，全面排查重点风险源和排污单位环保守法情况，各类资源开发对生态环境影响检查，进行饮用水源地专项执法检查，加强环境应急管理，强化汛期饮用水源监测和污染防范工作。三是严格环境准入，把好项目审批关，有效控制了新污染源产生。全面实行总量前置审核、环评和环保“三同时”制度，对无总量指标和高污染、高耗能、工艺落后等不符合产业政策和环保法律法规规定的项目一律不予审批，对重大和敏感项目做到集体讨论、科学决策。四是认真实施排污许可证制度，强化企业环境管理，确保达标排放，全年新核发排污许可证9宗，排污许可证延期22宗。五是认真实施《排污费征收使用管理条例》，抓好排污费征收。依法、全面、足额征收排污费，全面落实排污费“收支两条线”。今年大埔县征收排污费单位有107个，征收排污费总额46.71万元。

4. 推进环境综合整治，建设美丽乡村。按照县委、县政府建设美丽乡村的工作部署，积极开展创建“生态示范镇村”活动。一是争取上级环保以奖代补资金，支持农村环境综合整治。主要对农村生活污水简单处理，垃圾集中收集处理；宣传科学规范施药用高效低毒低残留农药，建设生态示范点。二是强化农村养殖业污染治理，按照省环保厅、省农业厅《关于加强规模化畜禽养殖污染防治促进生态健康发展的意见》要求，科学规划、合理布局畜禽养殖场，使大埔县畜禽养殖生产向技术集约型、资源高效利用型、环境友好型方向转变。三是开展畜禽养殖业专项执法检查。严格查处畜禽养殖业违反环保法律法规的行为，依法关闭拆除禁养区内的养猪场，对非禁养区内污染不能达标排放的养猪场依法责令其限期治理。

（三）抓职能发挥，进一步服务振兴发展

围绕县委、县政府重点发展“四大产业”的部署，切实加强环境保护服务振兴发展的能力建设。一是围绕大埔县主导产业陶瓷产业、电力工业、旅游产业和健康产业发展要求，加强对重点建设项目的环保服务，落实责任，服务招商，提前介入，积极协助企业做好建设项目选址、环保审批工作。如县重点项目广州海珠（大埔）产业转移集聚区规划建设项目，时间紧，任务重，梅州市发展改革局落实一名副局长具体负责，从产业转移集聚区环保工作方面进行服务指导。二是做好“大埔依托省产业转移园（广梅产业转移园）辐射带动产业集聚发展”环保相关工作，对该项目范围的企业提供一站式服务，超常规工作，督促企业办理环境影响评价、环保竣工验收等手续，限期完成工作任务。三是全力向上争取项目资金，抓好争取省级环保专项资金项目材料整理、核实、上报工作。围绕县委、县政府“建设美丽乡村，打造宜居家园”的工作部署，根据省环保厅、省财政厅《关于2015年广东省省级环保专项资金项目申报指南》，争取环保专项资金“项目库”储备情况，重点抓好韩江上游跨界河流梅潭河水环境综合整治，湖寮镇双坑、大安等五村连片环境综合整治等项目申报工作。四是积极推进财政一般性转移支付与县域生态环境考核结果挂钩有关环保指标数据核算工作。根据省财政厅实施的生态激励型财政机制，将列入县级生态考核体系的指标有空气质量良好天数比重、地面水质达标率、饮用水源达标率、主要污染物总量减排完成率、主要污染物排放强度、水源保护区占国土面积比例等六项生态指标。按照主体功能区建设的要求，全力抓好主要污染物总量减排、环境质量管理和有关环保指标数据核算工作。五是创新服务理念，以严格项目审批把关为抓手，助推经济发展提速。认真落实国家产业政策，突出服务指导，着重从指导企业治污、节能降耗、发展循环经济等方面的服务以促进企业发展。县重点建设项目环保审批领导小组对新建、改建、扩建项目把好关口，依法依规进行审批，处理好按部就班与特事特办的关系，对大埔县重点项目建设和项目资金申报事项，开通绿色通道，节假日照常办理，限时办结，如陶瓷企业技改项目、旅游特色项目、交通水利建设工程项目等环评审批工作。据统计，2015年共审批建设项目环评94项，其中有污染项目71个，当年建成投产项目46个，“三同时”执行率100%。六是设立环保业务服务平台、环保窗口和开通网上办事大厅，方便群众办事。县综合政务服务中心环保窗口共受理各类办件221宗，核发机动车环保标志10292张。

（四）抓责任考核，进一步推进齐抓共管

1. 强化责任考核，环保合力不断形成。大埔县环保责任考核已纳入“粤东

西北地区振兴发展评估考核”的“两条底线”内容，按照省市环保责任考核实施办法的要求，全力抓好2014年度党政领导环保责任考核的具体实施工作，加强各类污染源监管和执法力度，强化建设项目环境管理和环境质量监测工作，开展环境综合整治，通过全县上下的共同努力，使环境质量持续保持稳定。在水环境质量方面，饮用水源地水源水质达标率达100%，在27项统计指标中，年均值达到地表水环境质量标准Ⅱ类水质要求，水质良好。按照省环境保护厅《关于印发〈广东省环境保护责任考核指标体系〉的通知》以及《梅州市2014年各县（市、区）环境保护责任百分制量化指标考核实施细则》有关规定，包含环境质量污染减排环境保护能力建设环境基础设施和环境管理等5个方面11项指标，总分值为100分。经梅州市环境保护考核领导小组审定，梅州市政府办公室发出《关于梅州市2014年度环境保护责任考核情况的通报》（梅市府办函〔2014〕215号），大埔县得分77.90分，位居全市各县区中游位置，考核等级为“合格”。根据市环保责任考核领导小组《梅州市2015年各县（市、区）环境保护责任百分制量化指标考核实施细则》的部署要求，由县环保局牵头，会同县公安、水务、畜牧等部门共同抓好2015年环保责任考核工作，在环境质量、环保能力建设、污染减排、环境基础建设、环境管理等方面抓好工作落实，取得一定成效。

2. 凝聚各方合力，扎实推动创模工作。认真落实全市创建国家环境保护模范城市工作动员大会精神以及县委、县政府的部署，专门成立县“创模”领导小组并下设办公室，围绕以“推进大气污染防治、水环境保护、环保基础设施工程建设、节能减排”等四项重点为基础，全面推进“创模”工作；切实加大“创模”工作宣传力度，采取多种形式宣传“创模”工作目标、任务、意义，形成人人争做环保模范市民，各行各业积极参与，全社会共创国家环境保护模范的社会氛围。

3. 加强环境监测，夯实监管工作基础。县环保监测站积极配合环保执法和监督管理，开展了水质监测、责任制考核和主要污染物总量减排监测、工业污染源监测、建筑施工噪声监测等工作，开展县城大气环境自动监测站可吸入颗粒物、二氧化硫、氮氧化物等项目监测工作。组织专业技术人员定期对省环境监测中心青溪水质自动监测站进行维护，及时处理自动站运转中遇到的困难和问题，确保自动监测站正常运转，及时准确地上报汀江水质监测数据，发挥环境监测的耳目作用。今年县环保监测站开展监测项目 50 个，获得有效监测数据 127065 个，编写年报月报季报 87 份。根据国家新修订的《环境空气质量标准》，今年对原有的县城环境空气自动监测站进行改造升级。

二、存在主要问题及下一步工作计划

（一）环境保护压力增大

大埔县属省重点生态发展区，古称“万川县”，大江大河较多，汀江、梅江、梅潭河、韩江等江河流经大埔县，是粤东及潮汕地区的主要饮用水源地及生态保护带，肩负的水环境安全保护责任重大。

（二）环保机制创新不足，环保牵头、部门联动、齐抓共管的局面还未真正形成

随着经济的快速发展和人民生活水平的提高，网箱养殖、生活垃圾、禽畜养殖废物、油烟污染等问题更加突出，亟待完善行之有效的环境保护工作机制，加强各镇场和部门联动，共同推进各项环保工作均衡开展。

（三）下一步工作计划

今后，大埔县一定要以党的十八大和十八届四中、五中全会精神为指导，艰苦奋斗，务实创新，真抓实干，不断推进大埔经济社会发展与生态环境保护相协调，努力开创大埔生态文明建设新局面，为全力加快大埔振兴发展、建设富庶美丽幸福大埔作出新的贡献。

（梅州市发展改革局供稿）

惠州市“十二五”低碳发展报告

【提要】

“十二五”期，惠州市持续推动绿色低碳发展，在全省率先编制了《惠州市低碳生态规划（2014—2030年）》，把绿色生态理念贯穿到经济社会发展、城市发展、土地利用等规划编制中，推动形成“一城三组团”的绿色城乡发展格局，构建世界级石化产业基地、国家级电子信息产业基地等布局集中、产业集聚、发展集约的绿色产业体系。

“十二五”期间，惠州市2015年单位GDP能耗0.6008吨标准煤/万元，同比下降7%，顺利完成年度下降2.37%、“十二五”累计下降17%的节能目标任务；截至2015年，清洁能源和新能源发电装机占电力总装机比重达60.9%，同比增长0.5%；全市环境质量保持稳定优良，市区环境空气质量优良天数比例超过96%，每季度均排名全国74个重点城市前十。

一、惠州市低碳发展情况

（一）节能减排成效显著

2015年全市单位GDP能耗0.6008吨标准煤/万元，同比下降7%，顺利完成年度下降2.37%、“十二五”累计下降17%的节能目标任务。一是落实节能目标责任。连续5年印发节能循环经济工作要点，分解落实重点工作。将省下达惠州市的节能降耗目标任务分解下达至7个县（区），并对各县（区）及61家市重点用能单位进行考核。2015年度省对惠州市节能考核结果为超额完成等级，综合排名居全省第2位，连续四年节能考核位居全省前两位。二是推进电机能效提升。通过宣传培训、节能监察、现场核查、组织项目补贴申报审核等多管齐下，深入推进电机能效提升。“十二五”期全市完成电机能效提升功率超过60万千瓦，超额完成累计提升电机能效56万千瓦的任务。组织57个项目申报电机能效提升补贴近5万千瓦。三是推广自愿性清洁生产和推动园区循环化改造。进一步推进惠州市自愿性清洁生产工作，以大气污染防治为推手大力推进自愿清洁生产。全年新发动47家企业备案开展自愿性清洁生产审核，目前有29家通过验收，共减少粉尘8.87吨/年，节水660.7万吨/年。鼓励本地企业参加“粤港清洁生产伙伴计划”，6家企业获“优越标志”，7家企业获“制造业标志”，1家企业获“技术服务标志”。推进园区循环化改造，仲恺东江高新科技产业园成功申报省循环化改造试点单位。四是提高能源管理水平。加快推进惠州市重点用能单位能源管理中心建设工作，通过政策引导、资金扶持等手段，以全市“国家万企”为重点，分批、分期推进企业能管中心建设，目前31家用能单位接入市能管中心，能源在线监测率近80%。推进企业能管体系建设，10家以上企业已建成能源管理体系，其中，6家获得第三方认证，体系建设期间实现节能量18252.5吨标准煤。

（二）能源结构进一步优化

截至2015年，清洁能源和新能源发电装机占电力总装机比重达60.9%，同比增长0.5%；在建和拟建的清洁能源和新能源机组总装机达到1060万千瓦。一是清洁能源和新能源项目进展顺利。广州控股惠东黄埠东山海风电场建成投产。惠州LNG电厂二期项目预计2017年建成投产。华润惠州惠东桃园风电场项目获得核准。太阳能光伏发电在建和即将建设总装机10.6万千瓦。总装机90万千瓦的惠东海上风电项目启动前期工作。中广核广东太平岭核电厂一期工程2台125万千瓦机组厂平工程启动。国电电力博罗热电联产项目、华能东江热电联产项目、大唐电力仲恺热电冷联产项目各项前期工作按计划推进。二是能源基础设施项目加快推进。西气东输二线广深支干线惠州段、省天然气管网一期工程惠州干线和大鹏市区燃气管道等项目运行顺利，油气管道隐患整改完成率达到97.6%，完成率位居全省首位。珠三角成品油管道二期惠州段基本建成。西气东输三线惠州段前期工作稳步推进。完成市中心城区13.5万户居民用户的天然气置换工作，工业用户使用天然气范围进一步扩大。全市电681万千伏安，输电线路1628公里。华电LNG接收站项目、华能LNG接收站项目前期工作全面启动。

（三）污染减排效果明显

“十二五”期全市环境质量保持稳定优良。市区环境空气质量优良天数比例超过96%，每季度均排名全国74个重点城市前十；东江干流惠州段水质符合国家Ⅱ类水质标准；全市未发生重大环境污染事故。一是推进城镇污水处理设施建设。新建城镇污水处理厂48座，截污管网800公里，新增日处理能力64.9万吨，城镇生活污水处理率96%。二是推进工业大气污染减排。国华电厂2台机组完成近零排放改造。平海电厂2台机组均已完成了脱硝设施低负荷改造。中海壳牌3台热电联供锅炉完成脱硝改造。新增完成超过100台工业锅炉淘汰整治任务。三是推进机动车污染减排。扩大黄标车的限行区域，除过境高速公路外，黄标车全天24小时禁止进入惠州市行政区域。建成156个黄标车电子抓拍卡口，电子执法覆盖全市各县区中心区、镇办建成区和主要农村要道。全市共淘汰黄标车超过80000辆，超额完成省下达惠州市的黄标车淘汰任务数。四是完善减排三大体系建设。强化重点监控企业自行监测、监督性监测及信息公开管理，企业自行监测公布率100%，监督性监测公布率100%。完善污染源自动监控系统建设，国控重点污染源自动监控系统数据传输有效率达到99.93%。严格实施污染减排考核。

（四）低碳建筑广泛推广

截至2015年，全市已完成绿色建筑面积约300万平方米，超额完成省下达的目标考核任务。一是大力推广墙材革新。增添了以污水处理厂污泥为原料的“非粘土烧结多孔砖”产品，满足新型墙体材料多样化需求。全市建设项目均使用新型墙体材料，新型墙体材料使用占总墙体的比例达99%。二是建筑节能工作全面铺开。开展能耗统计审计工作以及居住建筑调查工作，基本完成惠州市国家机关办公建筑及大型公共建筑、居民小区住宅楼能耗统计情况并进行公示。切实执行国家新建建筑节能标准，“十二五”新建建筑实行施工图建筑节能设计审查和备案项目310宗，节能建筑面积超过1000万平方米．全市新建建筑设计阶段执行建筑节能标准比例达100%，施工阶段执行建筑节能标准比例达100%。

（五）低碳交通加快发展

“十二五”期，全市大力实施绿色低碳交通战略，加快交通基础设施建设，调整优化运输线网和运力，降低单位运输能耗，提升了交通运输绿色低碳水平。一是运输系统效率不断提高。发展空港、海港“双港”经济与城市公共交通、内河航运相结合，路、海、空、铁四位一体的交通网络加速形成。推进惠州市“七横五纵一联”高速公路网建设步伐，高速公路通车里程达587公里，惠州机场实现民航，开通六条航线七个航点。加快综合客运枢纽和物流集聚地区的货运站场建设，促进客货运“零换乘”和“无缝衔接”。提升路网技术等级和路面等级，提高农村道路通行能力。新增及优化公交线路，有效改善市民出行环境。二是加快替代能源的推广应用。全市交通运输行业新能源汽车推广 788 辆，其中公交车 638 辆，出租汽车 150 辆。建成公交充电桩 124 个、出租车充电桩 110 个。促进太阳能、风能等新能源在公路工程配套设施中的应用。加快发展隧道、服务区、收费站等公路辅助设施太阳能照明及监控技术等新能源技术的应用。在惠州港逐步推广 LNG、电力驱动集卡应用技术及太阳能一体化航标灯等新能源利用技术。优化水路运输装备，引导水路运输需求向运输结构与用能结构转变，提高营运与能源效率。三是大力推广节能减排技术。推广使用路面再生材料、气泡混合轻质混凝土等技术、产品。推广低阻节能轮胎、绿色货运技术。在高速公路、机场、站场、港口、码头等领域大力推广 LED 照明，全市大力推广高速公路、国道、省道使用 LED 照明灯。四是积极推进智慧交通建设。建成“惠民交通”出行服务平台。实现高速公路、市区道路路况实时查看、公交站点实时查询，以及出租电召、长途客运、航空铁路查询等 9 大实时出行服务。“惠民交通”APP 功能全面、操作方便，试运行即受到市民好评。实现全市 2600 辆公交和农村客运刷卡设备安装的全覆盖。建立完善出租车电召服务系统及智能调度信息平台，促进市民低碳出行。

（六）林业碳汇能力增强

“十二五”期，全市造林 129.5 万亩，完成中幼林抚育 258 万亩，育苗 1.2 亿株，森林覆盖率达到 62.34%，同比提高 0.74%；森林蓄积量达到 3492.47 万立方米，同比增加 219.94 万立方米，实现了林业“双增”目标。成功摘取“国家森林城市”金牌，成为广东第一个获此殊荣的地级市。全市林业生态建设继续保持快速发展的良好态势。一是大力推进四大林业重点生态工程建设。全市新建生态景观林带 783 公里，面积约 49 万亩，圆满完成工作任务。实施森林碳汇工程 50.4 万亩，完成省下达惠州市的任务，碳汇造林成活率达 90% 以上。新建镇级以上森林公园 32 个。全面开展“美丽乡村 · 绿满家园”行动，新建森林村庄 165 个，超额完成年度建设任务。二是抓好三大生态林安全体系建设。完成东江水源地生态林安全体系建设面积 13 万亩。完成市域道路两改造两提升建设面积 4.95 万亩。完成沿海防护林生态安全体系建设面积 2.1 万亩。三是深入开展义务植树活动。全市参加义务植树人数 690 万人次，植树 2205.1 万株，建立义务植树基地 447 个。四是加强生态公益林建设管理。全市完成扩大省级生态公益林面积 79.78 万亩，超额完成省下达 77.5 万亩的任务。全市完成生态公益林补偿资金信息录入。

（七）碳普惠制试点工作全面启动

经省政府同意，惠州市成功纳入首批碳普惠制试点，成为全省 6 个纳入试点的城市之一，试点工作已全面启动。一是确定技术支撑单位。鉴于碳普惠制试点工作技术性强、无可借鉴经验，经沟通确定了中山大学低碳科技与经济研究中心作为技术支撑单位，保证试点工作顺利铺开。二是明确试点工作内容。选取东湖社区 6 号小区作为低碳小区试点，激励居民进行节约用电、用气；选取惠民公共自行车为低碳交通试点，激励居民进行自行车骑行。目前已初步形成《惠州市碳普惠制试点工作实施方案》《惠州市碳普惠制试点减碳量量化方法学》《惠州市碳普惠制试点宣传方案》等文件讨论稿，正开展碳积分兑换规则研究、激励方式研究、低碳商家联盟建立等工作。三是宣传普及工作同步启动。全面梳理了碳普惠制试点可利用的宣传资源、宣传方式及具体内容，待方法学确定后逐步实施。

二、惠州市“十三五”低碳发展思路

（一）着力抓好节能减排工作

启动《惠州市节能减排“十三五”规划》编制工作，将节能发展的思路贯穿“十三五”发展始终。结合“十三五”初期惠州市将上高耗能石化大项目的严峻节能形势，加强节能监测和预警分析，按季度开展节能形势分析，落实全省节能目标完成情况晴雨表制度。推进实施电机能效提升工程，确保每年完成电机能效提升的目标任务。推进市重点用能单位企业能管中心建设并组织开展验收工作。推进企业能源管理体系建设，开展建设效果评价工作。组织水泥、石化等行业企业参加能效对标，争创能效领跑者。继续推动园区循环化改造，开展实施情况验收工作。培育和规范节能服务市场，遴选第三方节能量审核、电机节能等服务单位，引导节能服务市场良性竞争和发展。

（二）着力抓好新能源和清洁能源项目建设

加快大亚湾 LNG 电厂二期建设进度，确保项目早日投产。加快中广核广东太平岭核电厂一期工程建设，力争项目早日获得国家核准，启动与核电项目配套的抽水蓄能电站选址工作。加大东江华能分布式能源站、大唐电力仲恺热冷电联供、国电博罗分布式能源站等项目的前期工作协调力度。推进华电 LNG 接收站项目、华能 LNG 接收站项目的前期工作，力争项目早日动工建设。加快国电惠东斧头山风电场、国电惠东卡子岽风电场、等陆上风电项目建设进度，以及惠东西冲海上风电项目的海上测风工作进度。加大太阳能光伏发电推广力度，力争更多项目建成投产。加大各油气输送管线安全保护工作，确保运行安全。

（三）着力抓好污染物减排工作

继续推进减排项目建设，加大对污水厂、火电厂和水泥厂的监管力度，确保环保设施运行正常。强力推进规模化养殖场织物设施建设和“黄标车”淘汰工作，狠抓锅炉污染治理，推进工业园区集中供热，整治高污染燃料锅炉。按照国家和省要求完善减排监测体系，按时填报减排监察系数有关信息资料。加强环境统计体系建设，做好年度环境统计工作，为“十三五”总量减排做好前期准备，强化减排考核工作。

（四）着力抓好低碳建筑推广工作

加强新型墙材及建筑节能和绿色建筑的宣传工作，提高社会对墙材革新、建筑节能和绿色建筑重要性的认识。积极向省申报在成立绿色建筑标识（一星级）评价机构，提高惠州市绿色建筑的规模和水平。充分利用市场机制，形成政府推动、企业主体、市场有效驱动、社会力量广泛参与的有利工作局面，将绿色建筑与建筑节能工作向广度和深度推进。加强对设计、施工、监理人员建筑节能和绿色建筑的知识培训。加大对新建建筑执行节能标准的监管力度。开展惠州市政府办公建筑和大型公共建筑能耗监控和继续开展居住建筑建筑能耗调查统计工作。加大太阳能建筑应用的推广，分类强制推广使用太阳能热水系统。

（五）着力抓好林业碳汇工作

通过实施公园下乡、打造环村绿化带、营造村庄风景林、建设水源涵养林、开展送苗下乡等方式，2016 年高标准建设森林村庄 120 个。推进生态景观林带建设，2016 年规划新建生态景观林带 86 公里。通过补绿、抚育等措施，完善提升已建成的生态景观林带，丰富道路的绿化景观层次，提升绿化美化水平。新建碳汇林加强抚育管护，提升森林质量，提高森林碳汇功能等级。继续实施“两改造，两提升”建设工程，改造原有桉树林和残次林，2016 年完成改造提升 2 万亩。2016 年新建森林公园 2 个。实施湿地恢复工程，重点加强沿海红树林保护管理，2016 年规划新建湿地公园 1 个。加强古树名木保护管理，建立《惠州市古树名木信息管理系统》，实现古树名木档案信息数字化管理。通过打造以古树群落为主体的“古树公园”，建设一批古树名木保护示范样板。

（六）着力抓好低碳交通发展工作

建成潮惠高速公路惠州段、从莞高速公路惠州段，完善高速公路网。推进市汽车客运南站、市中心客运枢纽等站场建设，落实“零换乘”和“无缝衔接”的发展理念。贯彻《内河船型标准化补贴资金管理办法》，加快淘汰拆解老旧运输船舶和建设高性能示范船舶，协调惠州市水运企业建造液化天然气（LNG）动力船舶。大力发展绿色货运，推广甩挂运输。严格执行营运车辆车用燃料消耗量限额标准准入制度。加大营运黄标车淘汰力度，按时完成营运“黄标车”淘汰任务。努力践行“互联网 + 交通”行动，优化“惠民交通”出行服务平台。提高“惠民交通”的使用功能和应用范围，力争为市民提供更便捷、更智能的交通出行指引服务。启动建设公交综合服务和辅助决策系统建设，切实提升公共交通精细化、智能化管理水平。开展节能减排示范活动，大力开展交通行业节能宣传和实施节能措施。

（七）着力开展碳普惠制试点工作

一是做好碳普惠试点筹备工作。开展碳积分兑换规则研究、激励方式研究、低碳商家联盟建立等研究推广工作。完善《惠州市碳普惠制试点工作实施方案》并征求各部门意见后报请市政府审定。做好与省碳普惠平台对接工作。在启动运行前进行试运行工作以查漏补缺。二是启动运行惠州碳普惠制试点。针对纳入试点区域，在东湖社区 6 号小区和惠民自行车站点进行普惠制宣传，积极倡导小区居民和自行车用户参与碳普惠制，向参与市民核发碳积分，逐步探索包括奖品兑换、积分评比等多种激励方式，促进参与者持续参与碳普惠制，使市民形成低碳行为习惯并获得实惠。三是及时进行试点工作评估。及时发现试点实施过程中的问题，进行修改完善，对试点效果分析和经验总结，按要求向省主管部门汇报，适时推广惠州试点经验。

（惠州市发展改革局供稿）

汕尾市“十二五”低碳发展报告

【提要】

应对气候变化和低碳发展工作是汕尾市实践科学发展观的重要举措，是加快经济发展方式转变、推动生活方式和消费模式转型的客观需要，是优化产业结构与能源结构、提高能源效率的科学手段，是推动汕尾市经济社会又好又快发展的必要措施。

“十三五”时期，汕尾市还将通过调整优化能源结构；探索低碳生态的城镇发展模式；推广新能源使用等方式来打造其低碳发展的亮点。

一、汕尾市低碳发展情况

汕尾市高度重视应对气候变化和低碳发展工作，“十二五”时期低碳发展情况如下：

（一）节能降耗

“十二五”期间，汕尾市认真抓好节能降耗工作，采取一切措施努力完成省的任务。在省政府年度节能考核中，前四年被评为完成等级，但由于汕尾市的节能基数较低，汕尾市是省主体功能区定位的电力能源基地，2015 年华润电厂 2 台 100 万千瓦机组投产，2015 年未能完成节能任务。

（二）产业结构调整和能源结构优化

大力推进产业结构调整，推动产业结构优化升级。一是积极推动清洁能源、资源节约和环境保护项目的建设。目前，汕尾市已建成投产的风电项目 6 个，装机容量 28.29 万千瓦，在建项目 3 个，装机容量 19.9 万千瓦，规划开发海上风电项目 1 个，装机容量 90 万千瓦。已建成约 2.5 万千瓦太阳能项目，规划建设太阳能项目 10 万千瓦，尚有一批规划开发项目，形成了清洁能源基地。在做好风电太阳能产业发展的同时，根据国家的产业政策，大力发展沼气生产，积极争取建设资金，扩大沼气生产规模，有效地促进节能减排工作的开展。积极推动水电等新能源项目的建设进展。全力推动市生活垃圾无害化处理中心，市区、各县（市、区）、中心镇污水处理厂的建设。二是积极调整产业结构。努力推动产业结构优化升级，加快发展现代服务业和先进制造业，促进三次产业协调发展。鼓励和引导汕尾市传统产业的技术进步，进一步提高了企业生产效率和经济效益，淘汰了落后产能，促进循环经济的发展。

（三）低碳试点示范

积极推动国家生态文明先行示范区建设工作。根据国家和省的要求，协助陆河县认真组织材料，申报创建国家生态文明先行示范区和国家级生态保护与建设示范区。

（四）体制机制创新

根据国家和省的政策规定，汕尾市先后出台制定了《汕尾市节能减排工作实施方案》《汕尾市固定资产投资项目节能评估和审查实施细则》《汕尾市建设节约型社会发展循环经济的实施意见》以及《汕尾市限制生产销售使用塑料购物袋的实施方案》等一系列推进低碳发展工作的政策规定，成立了汕尾市节能减排工作领导小组、汕尾市建设节约型社会发展循环经济领导小组、市环保局成立了主要污染物总量减排领导小组等机构，进一步落实了各级政府和有关单位的责任分工，有力地推动了低碳发展工作的顺利实施。

二、汕尾市“十三五”低碳发展思路

（一）“十三五”时期低碳发展的环境分析

高耗能项目增加，能源消费增长。由于汕尾市正处于工业化进程的初期阶段，经济持续加快增长，能耗和污染物排放水平在一定时期内仍将处于一个不断上升的过程。可以预见，今后一段时间将是汕尾市经济高速发展期，随着一批高耗能的火电、石化项目陆续建成投产，以及承接产业转移力度的加大，能耗和污染物排放总量必然较大幅度增加，而省核定给汕尾市的排放总量和能源消耗的基数偏小，因此汕尾市节能减排的任务比全省其他地市更重，节能减排面临的形势也更加严峻。

城镇化水平提升，排放量增长。面临城镇化水平快速增长与城镇人口新增生活化学需氧量（COD）排放量过大带来的压力。随着汕尾市经济社会快速发展，必将吸引一大批劳动力往城镇转移，这将会加大城镇新增人口增幅，从而造成城镇人口新增生活 COD 排放量过大的压力。

企业规模偏小，减排意识不足。多数企业规模偏小、工艺装备落后，产业结构、工艺技术雷同，产品单一，技术含量低、市场竞争力不强，表现在初级产品多，精深加工不足，增长方式依然粗放。

（二）“十三五”时期低碳发展的基本思路

一是加强资源集约节约利用。加强规划指导和宏观管理，继续限制高消耗项目建设，淘汰落后工艺、技术、设备和产品，严格执行建筑节能标准。强化固定资产投资项目节能评估审查，对新上项目严把产业政策关、资源消耗关、环境保护关。支持并推动节约型项目的建设。实施重点节能工程，发展新能源、清洁能源、可再生能源，推广先进节能技术和产品，在公交、公务车等领域推广应用新能源汽车；在农村推广户用、村用沼气和大中型畜禽养殖场沼气工程；推广普及天然气应用。实行最严格水资源管理制度，建设节水型社会。落实节约资源的财税政策，利用价格杠杆促进资源节约，加强资源节约检查和监督，政府机构带头开展创建节约型社会活动，加强宣传、教育和培训，增强全民资源节约意识。

二是加强生态环境建设和保护。加强森林资源的抚育更新，加快生态公益林、绿道网和城乡绿化一体化工程建设。探索生态功能保护区管理办法，构筑市域生态屏障。实施“青山、碧水、蓝天、绿地”工程，按照“产业基地，生态沃土”目标，全面推进生态城市、生态文明县、生态文明镇、村建设。

三是加强环境综合整治。坚持保护与治理并重，制定环境规划并严格实施，加强重点流域、区域的环境整治，控制环境污染。严格执行建设项目环境影响评价制度和环保设施“三同时”制度，严禁在重点保护区域布点建设排放污染的项目。加强对现有工业污染源的监控和治理，实现工业污染源全面达标排放。综合整治水环境，加大对螺河流域、公平水库等饮用水源地的综合整治，实施以总量控制为基础的排污许可证制度，确保主要江河水质保持良好。保护好重要的水源保护区、各类自然保护区、森林公园、风景名胜区、地质公园、近岸海域及岸线等。开展品清湖综合整治，改善品清湖环境。加强大气污染防治，新建燃煤机组需全部建设烟气脱硫脱硝设施，加强现役发电机组脱硫设施运行管理和脱硝设施建设。加大整治噪声和机动车污染力度，强化危险废物、核与辐射环境监管。

四是着力推进节能减排。严格执行新的产业结构调整指导目录，坚决遏制高耗能、高污染和产能严重过剩项目的盲目上马。全面推进企业节能减排工作，加快企业节能降耗的技术改造，抓好重点行业、重点企业节能技改，促进单位生产总值能耗、万元工业产值能耗进一步下降，达到“十二五”节能降耗指标要求。大力开发和推广节约、替代、循环利用和治理污染先进适用技术，推动节能减排技术改造。以重点领域、重点行业、重点企业的污染防治为着力点，继续削减化学需氧量、氨氮、二氧化硫、氮氧化物、二氧化碳等主要污染物排放量，严格控制重金属、持久性有机污染物等有毒有害污染物排放，积极防治农业面源污染。

（三）“十三五”时期低碳发展的重大项目

大力推动清洁能源及资源节约、环境保护项目的建成投产。全力推动陆丰核电、陆丰甲湖湾海上风电场、汕尾陆河螺溪风电场、光伏渔光互补发电农业综合应用项目等新能源项目的建成投产，促进清洁能源产业的壮大。继续推进污水处理厂、垃圾无害化处理等环境保护项目的建设，进一步完善城镇污水收集管网和污水集中处理设施。

（四）“十三五”时期碳排放总量控制目标和碳排放增量需求预测（项目情况）

1. 目前运行火电项目：

汕尾电厂一期 4 台机组（2×60 万千瓦 +2×66 万千瓦）。2013 年完成上网电量 1115715.50 万千瓦时，利用小时量 4711.22 小时，碳排放量为 9995279.1094 吨二氧化碳当量。

2. “十二五”期间建成发电的火电项目：

华润海丰电厂一期 1、2 号机组（2×100 万千瓦）。

3. “十三五”期间建成发电的火电项目：

陆丰甲湖湾发电厂 1、2 号机组（2×100 万千瓦）。

4. “十三五”期间规划新建的火电项目：

（1）汕尾电厂二期 5、6 号机组（2×100 万千瓦）。

（2）华润海丰电厂二期 3、4 号机组（2×100 万千瓦）。

（3）陆丰甲湖湾发电厂 3、4 号机组（2×100 万千瓦）。

（五）“十三五”时期低碳发展的亮点创新

1. 调整优化能源结构。优化发展火电、在保障安全和质量前提下积极发展核电、大力发展风电、积极开发利用太阳能等。

2. 探索低碳生态的城镇发展模式。推进城镇化过程中，推动低碳生态城市建设规划和绿色生态示范城区规划，编制《汕尾市低碳生态规划》，积极探索低碳生态的城镇发展模式。

3. 推广新能源使用。推广车用燃气（包括 LNG、CNG、LPG 等）加气站建设，加快规划建设电动汽车充电基础设施，推进新能源汽车使用。推动天然气利用进一步普及。

（汕尾市发展改革局供稿）

东莞市“十二五”低碳发展报告

【提要】

“十二五”时期，特别是党的十八大以来，东莞市委市政府认真贯彻落实中央和省委省政府的决策部署，着力加快转变经济发展方式，全力打造“国际制造名城、现代生态都市”，大力创建国家生态文明先行示范区、国家节能减排财政政策综合示范城市，节能减排目标超额完成，绿色低碳发展成效显著。

一、东莞市低碳发展情况

（一）构建低碳发展工作体制

大力加强低碳发展能力建设。编制绿色低碳发展“十三五”规划及温室气体排放清单，加强东莞市降碳顶层制度设计，制定单位降碳峰值目标和二氧化碳排减量目标，力争在2025年前率先达到峰值。筹备建立“东莞市应对气候变化研究中心”，培育本土低碳专业机构、队伍。积极推进低碳发展试点建设。依托水乡经济区，开展东莞市开展低碳社区构建、开发绿色低碳旅游项目等研究。稳步推进“公务员小区”省首批碳普惠制试点建设。大力建设清溪镇“国际低碳小镇”项目。规划“中英低碳产业园”，松山湖园区正式投入运营。安排低碳发展专项发展资金。市财政安排390万低碳发展资金，对东莞市全行业的重点排放企业（2015年能耗3000吨至10000吨标煤且未纳入广东省碳排放权交易报告平台的企业）进行特定年份（2013、2014、2015）的历史数据碳盘查，进一步摸清东莞市二氧化碳排放量“家底”。加强绿色低碳交流合作。举办“东莞市绿色低碳发展论坛”，邀请省市低碳主管部门及省内低碳领域知名专家为东莞市绿色低碳发展出谋划策，吸取先进地区的经验及专家学者的建议。积极承担碳交易工作任务。组织东莞市纳入省碳交易市场的22家控排企业开展年度碳排放信息核查及配额清缴履约工作，严格按照年度配额分配实施方案参与碳交易。开展新纳入碳排放交易行业碳盘查。开展陶瓷、纺织、有色、化工、造纸、民航等六个行业企业碳盘查，组织属地镇镇街、企业与核查机构对接，积极参与相关培训，顺利完成东莞市新纳入行业历史碳排放信息报告工作。开展重点企（事）业单位温室气体排放报告工作。对纳入名单的22家东莞市重点企（事）业单位开展了统一培训工作，并深入企业现场，核查确定企业温室气体排放数据，顺利完成温室气体排放系统填报。

（二）产业低碳发展趋势明显

东莞市积极推动产业低碳发展，制定了《东莞市“十二五”节能减排综合性工作方案》，重点优化产业结构、实施节能减排重点工程、加强节能减排管理等工作。截至2015年，东莞市三次产业结构为0.3∶46.3∶53.4，第三产业比例比“十一五”末提高5个百分点。规模以上先进制造业比重达47.9%，高技术制造业达到37.2%。

（三）低碳交通建设初显成效

“十二五”期间，东莞市基本构建完成“四纵两横四连”的高速公路骨架，并实现了东莞高铁、城际铁路、地铁三大轨道网络零的突破。同时，大力推进运输装备清洁化，积极推广节能环保型运输船舶。截至“十二五”末，清洁能源及新能源公交车占比达70%，使用CNG/汽油双燃料出租车车型达100%。

（四）工业领域减碳成效显著

东莞市以国家节能减排财政政策综合示范城市建设工作为抓手，积极开展节能减排九大典型示范工程，大力推动水乡经济区“两高一低”企业的全面整治和引导退出工作。截至2015年底，已有217家企业能源数据接入市能源管理中心，实现了能耗在线监测。并完成电机能效提升总功率达207万千瓦。淘汰造纸企业53家，年总产能524万吨，约占全国造纸行业去产能的20%。工业能源利用效率得到显著提高，减碳效果显著。

（五）绿色建筑工作稳步推进

东莞市积极推行绿色建筑工作，在政府投资项目、大型公共建筑项目、保障性住房项目率先执行绿色建筑标准，截至2015年，全市已竣工节能建筑面积约4000万平方米，新增绿色建筑项目71项，建筑面积约527万平方米，可再生能源建筑应用面积约420万平方米。

（六）废弃物处理转向低碳化。

“十二五”期间，东莞积极推动横沥环保热电厂一期技改再增容工程、厚街环保热电厂二期扩建一条4#生产线、麻涌垃圾处理厂一二期等垃圾低碳化项目建设，卫生填埋和垃圾焚烧比例逐年上升，填埋场填埋气回收利用和垃圾焚烧发电量快速增长。到“十二五”末，垃圾无害化处理能力达到8600吨/日，全年垃圾无害化处理率为74.87%，城镇生活垃圾无害化处理率为100%，垃圾焚烧发电量为83682.84万千瓦时。

东莞市“智慧环保”和“智慧城管”建设成果初显，已建成污染源在线监控系统，实现全市359家企业联网监控，其中有311家企业实施了第三方运营管理；“十二五”，期间东莞市有序推进了数字城管系统市级平台建设和四个街道及松山湖的责任区数据普查。

（七）城市森林碳汇不断提升

东莞市积极开展森林公园建设、中幼林抚育、水源涵养林营造等生态林改造工程，城市森林碳汇水平大力提升。截至2015年，东莞市森林覆盖面积为9.22万公顷，覆盖率达37.4%，城市森林碳汇效果明显，森林温室气体吸收量从2010年的27.12万吨二氧化碳当量/年上升到2015年的37.63万吨二氧化碳当量/年，“十二五”期间森林碳汇总量为161万吨二氧化碳当量。

（八）各项指标完成情况良好

节能方面，2015年全市每万元GDP能耗比2010年下降25.23%，降幅位居全省首位。减排方面，2015年全市化学需氧量、氨氮、二氧化硫和氮氧化物排放量分别比2010年下降25.11%、20.39%、30.93%和29.97%，其中二氧化硫、氮氧化物完成减排量居全省第一。降碳方面，经初步测算，“十二五”期间东莞市二氧化碳排放总量下降约3%；二氧化碳排放强度逐年下降，万元GDP二氧化碳排放距初步估算累计下降约24%。

当前，世界经济处于国际金融危机后的深度调整阶段，国内经济进入增速换挡、结构调整的新常态。作为“世界工厂”的东莞，面临工业结构升级转型和城镇化进程加速的双重压力。东莞市能源资源禀赋较弱，“十三五”期间，东莞市在发展清洁能源和可再生能源、降低建筑和交通的碳排放、提升生产方式和生活方式的绿色、低碳水平等各方面都面临着严峻的挑战。

二、东莞市“十三五”低碳发展思路

从时间、空间、结构等多角度优化统筹低碳发展的目标、实现路径、主要工作任务和保障措施。以提升碳生产力为低碳发展的核心目标，以转变经济发展方式和调整经济结构为主线，实现碳排放控制和提升经济和技术竞争力的双赢。大力创新体制机制，突出政府引导作用，加强制度创新和管理创新，健全低碳规划和管理机构；坚持能源低碳发展，优化调整产业结构，推动能源生产和消费低碳化，提高能源利用效率；全面推进低碳发展，保障重点项目实施，全面推进工业、交通、建筑、农业林业、废弃物处理等领域低碳化；充分发挥本土优势，积极加强国际合作。在城市空间布局、产业、交通、建筑、旅游、生态、文化、生活等各方面全方位实现东莞市的全方位低碳发展。

（一）优化城市空间布局，建设紧凑城市

坚持集约用地的原则，推进总体规划、国民经济和社会发展规划以及土地利用规划“三规合一”，控制人均城镇建设用地面积，适度提高建筑容积率，增加土地利用效率，提高城市紧凑度，控制“城市蔓延”与“飞地式开发”，构建多中心、组团式、紧凑型的城市发展格局。提倡土地混合利用和多样化开发，提升公交、商业和就业机会的可达性。改变基于单一功能的分区制，提倡混合用地，实现就业、居住等城市功能的平衡，缩短居民出行距离，提高公共交通与非机动交通等低碳出行比例。

（二）提高能效和清洁能源利用率，构建低碳能源体系

结合《东莞市国民经济和社会发展第十三个五年规划》，融合东莞“十三五”能源发展规划，通过燃煤机组能效提升，增加天然气发电机组比例，逐步淘汰燃煤小电厂及燃煤自备锅炉，有效控制分散用煤，扩大垃圾焚烧发电和可再生能源利用规模，基本形成绿色低碳层次化的能源供应架构，构建清洁、低碳、高效的现代能源体系。大力开展太阳能光伏、污水源热泵等新能源应用示范，为绿色东莞、低碳东莞提供清洁能源保障。争取到2020年，煤炭消费总量控制在1146.81万吨以内，天然气占一次能源消耗比例提升到29.81%，新增光伏装机容量30万千瓦，新增生物质能装机容量8.2万千瓦。

（三）促进产业低碳化和低碳产业化，打造低碳产业体系

依托“东莞制造2025”等重大战略的实施，全面构筑“以传统制造业低碳

化为基础，先进制造业和高技术制造业为主体，现代服务业为支撑，战略性新兴产业为引领，低碳支撑产业为特色”的低碳循环发展产业体系，将东莞打造成为“产业低碳典范，低碳制造名城”。到2020年，碳生产力达到1.06万元/吨CO_2排放，先进制造业增加值占规模以上工业增加值比重达52%，高技术制造业增加值占规模以上工业增加值比重达38%以上，现代服务业增加值占服务业比重达63%，建设一个低碳产业园。

（四）发展公共交通，构建低碳交通体系

完善交通领域节能降碳机制，发挥轨道、公路及水路交通的互补及联通作用，大力发展公共交通，优化交通基础设施，倡导低碳出行，鼓励低碳物流，“十三五”末初步形成较为完善的东莞绿色低碳交通体系。到2020年，公交分担率达25%，完成省下达的黄标车淘汰指标；公共充电桩与电动汽车比例不低于1∶5；新能源公交占比达85%以上；与2010年相比，营运车辆单位运输周转量CO_2排放下降10%，营运船舶单位运输周转量CO_2排放下降15%。

（五）提高建筑能效，发展低碳建筑体系

妥善改造再利用既有老旧建筑，持续推进绿色建筑的建设、加大建筑可再生能源的利用率，在建设和使用过程中贯彻和普及低碳建筑理念。到“十三五”末，实现全市新建建筑中绿色建筑占比达到50%；政府投资项目、大型公共建筑项目（单体建筑面积2万平方米以上）、保障性住房项目（城市新区内除工业建筑、市政设施外的新建项目）的绿色建筑标准执行率100%，全市可再生能源建筑应用总面积达到300万平方，实现既有建筑节能改造建筑面积300万平米。争取累计纳入市建筑能耗监测云平台系统达到120栋。

（六）推进废弃物低碳处理试点，建设低碳循环体系

到“十三五”末，基本建成东莞市废弃物低碳循环处理体系。充分利用资源化处理技术和智能化监控手段，提高废弃物资源化利用水平，推动废弃物处理领域的低碳化发展。到2020年，单位固体废弃物处理碳排放降低至0.346吨当量/吨固废处理量；生活污水处理过程沼气利用率达5%以上。

（七）完善城市生态系统，提升整体碳汇功能

明确生态文明建设方向，将优化城市生态环境和提升碳汇潜力作为东莞市生态建设的重大举措，以优化国土空间开发格局、构建珠三角生态屏障为重要抓

手，以改善城市生态环境和人居环境为主要动力，加快推进生态安全建设，提高适应气候变化能力，建成“一个水乡生态、三大碳汇空间、五大自然保护区”的低碳发展新格局，为工业发达地区实现绿色生态崛起提供借鉴。到2020年，活立木蓄积量达470.85万立方米，森林覆盖率达37.5%，森林温室气体吸收量从2016年的41.77万吨二氧化碳当量/年上升到2020年的64.43万吨二氧化碳当量/年，“十三五”期间森林碳汇总量达262.5万吨二氧化碳当量。

三、2017年工作计划

（一）进一步加强低碳发展基础能力建设

积极融入国家碳交易市场。在2016年省控排企业碳盘查的基础上，组织纳入国家碳交易市场的企业按照年度配额分配实施方案参加交易并做好年度温室气体报告工作，督促有关企业做好配额清缴履约工作。做好年度低碳考核工作。严格根据省生产总值二氧化碳排放降低目标责任试考核的要求，切实加强调整产业结构和能源结构力度，增加林业碳汇、提升工业能效，确保按配额完成二氧化碳排放进度目标和减量目标。构建东莞市生产总值二氧化碳排放降低目标责任试考核制度，将全市镇街、园区生产总值二氧化碳排放降低目标纳入综合考评体系。推进低碳合作交流。加快推动“坪清新”区域低碳发展一体化引导，协同深圳、惠州两市高水平做好“坪清新”地区绿色低碳发展规划编制工作，打造珠三角区域绿色低碳发展合作样板。培育本土低碳发展专业机构。增强本土低碳发展专业人才队伍建设，依托“东莞市应对气候变化发展研究中心”打造本土智库，增强本土应对气候变化知识能力。做好低碳宣传活动。在“低碳日”“节能周”利用媒体、展览、讲座等各种宣传载体宣传绿色低碳发展理念，营造浓厚的低碳社会氛围。

（二）进一步开展低碳试点工作建设

推动松山湖（生态园）低碳示范建设。依托松山湖（生态园）“省循环化改造”试点，打造东莞市低碳高新技术产业示范园区。加快中英低碳环保产业园建设。推动松山湖（生态园）园区加强招引绿色环保项目力度，争取东城主园区年度立项开工建设。支持清溪镇创建“国际低碳小镇”。利用“坪清新”绿色低碳一体化发展的有利契机，创新体制机制、集聚高端要素编制三地一体化的低碳发展规划，努力打造国际绿色低碳发展的先锋区域。深入推进碳普惠制试点。在试点小区探索低碳化运营管理模式，把试点小区打造成低碳生活、低碳出行的模范小区。力争将碳普惠推向全市，打造一批低碳社区、低碳学校 。

（三）进一步构建绿色生活方式

增强林业碳汇。推进森林公园、湿地公园、绿道建设水乡、生态林网建设。加力森林公园建设，维护城市绿道网，推进湿地公园建设，协助麻涌镇申报华阳湖国家湿地公园。开展湿地资源普查，力争完成湿地规划编制工作。打造低碳出行。积极推广节能减排技术，引导改进码头装卸工艺，加快淘汰老旧船舶，加强公共交通与非机动车和步行交通的衔接，加强换乘设施建设。确保东莞市新增公交 100% 使用新能源汽车，其中纯电动汽车比例要达 90% 。按照《新能源汽车产业发展规划》《新能源汽车推广应用实施方案》继续推进新能源汽车产业发展，进一步完善工作机制，充分发挥协调作用，分解落实具体任务。推行绿色建筑。力争实现全市新建建筑严格执行建筑节能标准，设计、施工阶段建筑节能标准执行率达到 100% 。加大可再生能源建筑应用规模。发展节能型高精度蒸压加气混凝土砌块、建筑板材等为主的新型节能墙体材料。加快绿色建设共性适用关键技术研发，积极开展 BIM 技术、海绵城市技术以及被动式节能措施、高效空调系统等技术和产品整合，推广适宜东莞市的建筑隔声、自然采光、自然通风等被动式建筑节能技术。依托松山湖东莞万科建筑工业化基地，建成东莞市绿色建筑工业化基地。

（四）进一步优化水生态环境

强力推行城市污水收集处理系统建设、内河涌综合整治和水库综合整治等行动。大力推进截污次支管网、石马河整治、茅洲河整治等项目建设。力争到 2017 年底全市污水收集管网基本形成体系，污水处理厂集中处理率达到 85% 以上，进水的化学需氧量年平均浓度基本达到 180 毫克/升、氨氮年平均浓度基本达到 18 毫克/升，基本实现大小排污口全面截排，杜绝废污水未经处理直接排入河涌水库，全市集中式饮用水水源地水质稳定达标，主要河涌水库水质进一步改善，初步形成具有岭南水乡特色的健康水生态系统。

（五）进一步发展清洁能源

建设中心广场屋顶光伏与充电桩示范工程。由东莞供电局负责设计、投资和运营，将市中心广场南广场的图书馆、科技馆、会议大厦、玉兰大剧院等建筑屋顶铺设光伏板，在整个中心广场周围的部分停车场加盖顶棚并铺设光伏板、配置充电桩。发挥政府屋顶和公共建设带头示范，突出社会效益突出。促进工业园区、重点耗能企业和大型物流企业建设屋顶光伏发电项目。进一步加大企业能耗的监测和考核工作，采用各种有效手段，倒逼企业建设屋顶光伏项目。加快推进燃煤电厂节能减排升级与改造。大力推进现役机组综合节能及环保改造，重点推进沙角 A、B 电厂超超临界煤电机组的升级改造工程，替代现有亚临界机组，完成节能减排目标。稳步推进天然气热电联产。抓紧推动中电立沙岛天然气集中供热项目、深能源樟洋电力集中供热项目及新奥众生药业能源综合利用项目、天然气高压管网工程沿江高速（港口大道—鲩沙运河）项目等一批天然气热电联产项目建设。

（六）进一步实施绿色制造计划

全面实施《东莞市绿色制造工程五年行动计划（2016—2020 年）》，严格实施能耗“双红线”制度，建立“两高一低”企业退出补偿政策，引导低端产业和落后产能企业有序转移退出。大力开展企业转型升级、清洁生产审核及能源管理中心建设工程。力争到 2020 年，全市工业领域在“十三五”期间累计节省 200 万吨标准煤；建成企业能源管理中心约 1000 家；绿色制造技术得到广泛应用，集约化、节约化、低碳化生产成为主流。单位工业增加值能耗和污染物排放均降低 30% 以上，达到国内先进水平，培育东莞绿色制造品牌。

（东莞市发展改革局供稿）

中山市“十二五”低碳发展报告

【提要】

近年来，中山市委、市政府高度重视绿色低碳发展，积极应对气候变化，“十二五”期间，中山市在建立健全工作机制、构建低碳政策体系、创新开展试点示范、开展对外交流合作等方面取得显著成效。

“十三五”时期，中山市将进一步强化产业升级、能源结构优化、能效提升等措施，加快推进中山经济发展绿色低碳转型。

一、中山市低碳发展情况

“十二五”期间，中山市积极实施多方面的措施和政策，促进全市产业发展、能源利用、城乡建设等领域的低碳化进程，开展低碳建设示范，探索多层次多元化的低碳建设模式。

（一）加强组织领导，不断完善工作架构

成立了由市长担任组长的市应对气候变化及节能减排工作领导小组，办公室设在市发展改革局，统筹推进绿色低碳发展工作。培育低碳服务机构，支持成立中山市低碳发展促进会，促进其发挥在企事业单位和政府间的桥梁作用，共同推动中山市低碳发展。支持成立镇级低碳公共服务平台中山市小榄低碳发展促进中心，为企业提供低碳科技创新和服务。支持成立中山碳普惠运营中心，负责推进碳普惠制试点城市建设有关工作。

（二）创新体制机制，营造低碳发展环境

构建低碳发展政策体系，将绿色发展理念纳入“十三五”规划纲要，编制了《中山市低碳发展规划（2015—2020 年）》，提出低碳发展的指导思想和主要目标，明确控制温室气体排放、促进低碳发展的重点任务，并提出政策措施和实施途径。出台广东省首个地级市碳排放管理政策《中山市碳排放管理实施细则（试行）》，配合省做好碳排放权交易工作。自 2013 年起，市政府设立了低碳发

展专项资金，制定出台《中山市低碳发展专项资金管理暂行办法》，积极发挥财政资金引导作用，支持低碳试点建设，加强低碳能力建设，鼓励控制温室气体排放、能源结构调整、高碳行业管控、低碳技术运用等低碳重点工作。

（三）开展试点示范，构建低碳试点体系

积极申报国家第三批低碳城市试点，以此为契机进一步推动绿色低碳工作上新台阶。建设省级碳普惠试点城市，2015 年中山成功申报纳入广东省首批碳普惠制试点城市，以“低碳权益、惠及你我”为核心理念，探索基于企业和个人低碳行为的商业激励、政策鼓励和自愿减排交易制度，目前运营中心已挂牌运作，碳普惠方法学体系、运营平台加快建设。小榄低碳社区示范项目成功纳入 2014 年度广东省重大低碳示范项目，并获得200 万元省级低碳资金支持。该项目将低碳发展理念融入社区建设、管理和居民生活中，探索控制社区碳排放的有效途径，为低碳社区的推广建设探索经验。探索打造近零排放示范区，以华南现代中医药城为载体，以园区节能生产、低碳出行、绿色建筑、低碳文化建设为重点，推动园区低碳建设。推广企业碳足迹，向镇区、企业培训碳足迹知识，鼓励和引导企业开展碳足迹认证。

（四）培育低碳产业，构建低碳产业体系

大力发展现代服务业、战略性新兴产业、先进装备制造等低碳产业。加快推进市镇（区）共建服务业集聚区、制造业服务环节分离、培育发展新兴业态等工作，现代服务业不断壮大，服务业比重稳步上升。2015 年第三产业增加值占比为 43.5%，比上年增加了 1.3 个百分点。十二五期间第三产业增加值比重从 39.2% 上升到 43.5%，提高了 4.3 个百分点。战略性新兴产业加快发展，编制先进装备制造业产业带布局和项目规划，出台加快先进装备制造业发展的若干意见，高技术制造业增加值、先进制造业增加值占规模以上工业增加值 17.1%、36.4%。传统产业改造升级加快推进，深入实施传统专业镇转型升级行动，专业镇转型试点建设成效显著。

（五）发展清洁能源，构建低碳能源结构

全市能源消费基本以调入为主，终端部门能源消费以电力和油品消费为主，天然气类清洁能源消费比重稳步增加。十二五期间调入电、油品、天然气占能源总调入量比重分别为 36.3%、26.7%、25.4%。控制煤炭消费量，2015 年煤炭

消费量占比 3.79%，较 2014 年下降了 1.59 个百分点。加快建设粤电中山三角电厂 3×390 兆瓦 F 级燃气热电冷多联供工程等重点能源项目，加快推进市域天然气二期项目建设，重点支持太阳能光伏产业发展，积极推广高效清洁能源利用，不断提升清洁能源消费占比。

（六）加强能力建设，拓展对外交流合作

建设中山市重点碳排放企业（单位）管理系统，实现企业碳排放数据的在线申报，并开发了碳排放数据统计功能，建立重点耗能企业碳排放统计体系，为政府掌握企业碳排放情况以及决策提供数据支撑，目前系统已开发完成，正在进行测试运行。已编制了 2005、2010—2013 年市级温室气体排放清单，并选取 5 个碳排放强度高、总量大的镇区开展镇级温室气体排放清单工作，重点是摸清中山市碳排放现状数据。开展应对气候变化领域国际交流与合作，与英国驻广州总领事馆气候变化与能源处保持工作交流，与英国碳信托公司签署战略合作框架协议，共同开展中英低碳城市对标、合作共建低碳服务产业园等活动。

二、中山市“十三五”低碳发展思路

“十三五”时期，中山市将深入贯彻落实国家和省绿色低碳发展理念，立足经济发展新常态，积极应对气候变化，探索低碳发展体制机制，创新开展低碳试点示范，落实省下达中山市控制温室气体排放目标，以低碳发展引领中山市产业转型、能源结构变革和生活模式转变，促进中山市经济社会全面低碳化发展。

一是构建低碳产业体系。加大力度淘汰落后产能，按照省、市供给侧结构性改革的具体工作方案严格执行去产能政策，淘汰相对落后的生产工艺和设备。加快发展战略性新兴产业，重点支持先进装备制造业、高端电子信息产业、半导体照明产业、新能源、新能源汽车产业、生物医药产业等低能耗产业发展。大力发展现代服务业，依托现代服务业集聚区，辐射带动全市金融、现代物流、信息服务、科技服务、商务会展、文化创意、旅游等现代服务业快速发展。推动生产性服务业向专业化发展、向价值链高端延伸，建立与国际接轨的专业化生产性服务业体系，打造珠江西岸生产服务中心。

二是构建低碳能源结构。推进发电结构低碳化，积极推进粤电中山等热电联产项目建设，鼓励引导产业园区开展分布式光伏发电规模化应用及建设屋顶分布式光伏发电项目，提高清洁能源利用率。大力发展循环经济，提高能源利用效

率。推广新型能源供应系统，选择产业集聚程度较高、基础建设条件较好、管理制度较完善的工业园区，以及具备推广条件的居民社区，进行屋顶分布式光伏发电、天然气分布式冷热电联供系统、园区集中供热改造等能源供应系统的推广，提高能源利用效率。

三是创新低碳体制机制。加快推进省级碳普惠制试点城市建设，以居民家庭光伏发电、公交出行、垃圾分类回收等，以及小微企业清洁能源利用、能效提升等低碳行为作为切入点，探索市场化手段引导和激励市民践行绿色低碳生活，形成绿色消费预期，推动居民消费结构向低碳、节能、循环永续的方向发展。加快完善市级温室气体排放和能源利用统计核算体系，提高统计数据质量，补齐目前能源统计的短板。加强低碳管理信息化基础，开发市级低碳发展信息化管理平台，实现能源和低碳信息的精细化管理和低碳发展政策的精准制定。

（中山市发展改革局供稿）

江门市“十二五”低碳发展报告

【提要】

“十二五”时期，江门市深入实施“珠西行动”，积极构建低投入、高产出、低消耗的绿色产业体系，江门成为广东省唯一全国小微企业创业创新基地示范城市；加快发展循环经济，制定了《江门市推进园区循环化改造工作方案》，明确了园区循环化改造推进计划；加强环境保护方面，积极推进水环境、大气污染、重金属污染综合治理防治；共建设339公里态景观林带，完成省下达给江门市的任务；积极实施森林碳汇工程，完成造林20.60万亩、中幼林抚育41.64万亩、封山育林1.00万亩的任务；积极推广应用新能源和清洁能源公交车，截至“十二五”期末，新能源和清洁能源公交车保有量共959辆，占全市公交车总量的63.38%；建立了江门市开展低碳试点工作联席会议制度，并制定了《江门市低碳试点工作实施方案》。

一、江门市低碳发展情况

（一）工作成效

1. 产业转型升级方面

“十二五”时期，江门市深入实施“珠西行动”，积极构建低投入、高产出、低消耗的绿色产业体系。江门成为广东省唯一全国小微企业创业创新基地示范城市，获国家和省9亿元财政扶持资金。“珠西智谷”“珠西创城”等创新载体启动建设，新增国家级创新平台5家、省级工程技术研究中心76家、新型研发机构13家，高新技术企业数量增长152%。研究和试验发展经费支出占地区生产总值比重达到1.9%，高新技术产品产值占规模以上工业总产值比重达30%。

2. 发展循环经济方面

“十二五”以来，江门市加快发展循环经济，制定了《江门市推进园区循环化改造工作方案》，明确了园区循环化改造推进计划，银洲湖纸业基地被省认定为“广东省循环经济工业园”，江门市嘉能再生资源回收利用产业基地、双水废钢铁回收利用产业基地、崖门定点电镀循环经济产业基地被列入“省市共建循环经济产业基地”。深入开展清洁生产，全市有87家企业被认定为省级、市级清洁生产企业。与香港合作推进“清洁生产伙伴计划”，截至2015年全市共有133个项目获港方资助，其中包括67个实地评估项目、17个示范项目、49个核证服务项目，累计获得资助620.5万港元，有23家港资企业被认定为“粤港清洁生产伙伴”标志企业。

3. 优化能源结构方面

“十二五”时期完成高污染燃料锅炉整治454台、火电脱硫脱硝项目52项。共备案21个光伏发电项目，总投资达11.3亿元。其中广东富华重工制造有限公司光伏发电示范项目总投资2.58亿元，总建筑面积为525571.5平方米，装机容量29.6MW光伏发电，年发电量3076.9万度；信义环保特种玻璃（江门）有限公司13MWp分布式光伏发电项目总投资0.98亿元，总建筑面积为150000平方米，年发电量约1330万度。

4. 加强环境保护方面

一是深入推进水环境综合整治。编制印发了潭江流域污染整治的系列工作方案，进一步细化潭江流域整治工作任务；投入1.69亿元启动了天沙河引水增流工程，通过引进西江水，有效改善天沙河水环境；定期开展河（段）长考核断面水质监测，促使各项整治措施得到有效落实，水环境综合整治工作取得一定成效。二是全面开展大气污染防治。编制印发了《江门市大气污染防治实施方案（2014—2017年）》以及年度工作方案，全力推动高污染燃料锅炉整治、黄标车提前淘汰、城市扬尘污染防治等各项工作。截至“十二五”期末，全市完成高污染燃料锅炉整治454台，淘汰黄标车及老旧车辆6.5万辆。三是加大重金属污染防治力度。深入开展电镀、制革和铅蓄电池行业综合整治，蓬江区、江海区和新会区除保留6家配套电镀企业外，其余32家电镀企业均已全部关闭或搬迁进入新会崖门电镀基地园区，有效解决了电镀行业的重金属污染问题。

5. 增加碳汇能力和保护生态系统方面

一是完成生态景观林带建设任务。“十二五”期间，江门市共建设339公里态景观林带，完成省下达给江门市的任务。二是增强碳汇能力。积极实施森林碳汇工程，完成造林20.60万亩、中幼林抚育41.64万亩、封山育林1.00万亩的任务。三是加强森林资源管护。合理分配年采伐指标，强化监督检查；规范征占用林地审批手续；扎实开展森林防火工作；有效防治林业有害生物。“十二五”期末，江门市林业有害生物应施监测面积 2438.69 万亩次，实际监测面积 2375.47 万亩次，监测覆盖率为 97%。

6. 发展低碳交通方面

（1）积极推广应用新能源和清洁能源公交车。截至“十二五”期末，新能源和清洁能源公交车保有量共 959 辆，占全市公交车总量的 63.38%，其中新能源公交车保有量 404 辆，占全市公交车总量的 26.7%。目前，全市公交车档次大幅提升，消除了公交车尾气黑烟，群众反映良好。2015 年启动建设纯电动公交车充电站共 5 个，充电桩总功率共 6620kw，其中 4 个充电桩项目已获得市低碳节能专项资金支持 145 万元。

（2）优化东部公交线网。重点推进快速公交（绿巴）线路开通，新增 5 条快速公交快线、8 条常规公交线、开通新会至沙坪快线、优化调整 8 条公交线。毗邻的鹤山龙口与佛山高明互通跨市公交线路。

（3）绿道网建设快速推进。“十二五”期末全市建成城市绿道 410 公里、绿道驿站 33 个、绿道兴奋点 71 个。

7. 发展绿色建筑方面

“十二五”期内市滨江体育中心（20.7 万平方米）成功获得了省住建厅颁发的二星 A 级绿色建筑设计评价标识，同时，根据省政府相关政策文件积极开展绿色建筑认定工作，对星河路廉租房住房和经济适用住房等项目共计 46.33 万平方米的建筑开展评审和认定为绿色建筑。“十二五”期间，江门市共获得绿色建筑设计评价标识建筑共 78.74 万平方米，自行认定绿色建筑 46.33 万平方米，发展绿色建筑共计 125.07 万平方米，完成省住建厅下达任务的 104.23%。

8. 应对气候变化方面

为做好应对气候变化工作，江门市加强应对气候变化的科学管理，创造性开展工作，在全省各地级市率先出台《江门市气象灾害防御规定》，要求城乡规划、重点领域或者区域发展建设规划要进行气候可行性论证，重点建设项目应当依照国家和省有关规定开展雷击风险评估，确保公共安全。“十二五”期间，江门市建成包含 180 个自动观测站的监测体系，并新建了风廓线雷达、能见度仪和海岛气象站等，监测手段逐步迈向多元，提高了观测密度和数据应用时效，增强了对中小尺度天气、重大灾害性天气的监测能力。

9. 低碳试点示范方面

一是建立了江门市开展低碳试点工作联席会议制度，并制定了《江门市低碳试点工作实施方案》。二是设立江门市低碳节能专项资金，从资金层面支持江门市低碳城市试点建设，同时，配套制定了《江门市低碳节能专项资金管理暂行办法》等文件。三是建立低碳发展专家库，共有80多名专家入库，为江门市低碳发展战略研究和项目建设提供必要的智力支持。四是选取低碳示范项目进行资金支持，2015年，江门市启用低碳节能专项资金145万元支持江门市汽运集团有限公司四个充电桩项目建设，进一步促进江门市新能源汽车的推广应用。

（二）存在问题

虽然江门市在低碳发展工作取得一系列成绩，但目前依然存在一些困难和问题有待解决。

1. 经济社会基本面的问题

（1）江门市传统制造业比重大，节能减排任重道远。造纸及纸制品业、化纤纺织服装业、精细化工产业、建材工业、食品加工制造业等是江门市的传统产业，也是江门市目前经济的重要支柱和优势，今后如何对这些传统产业进行低碳化改造，加快产业结构调整，淘汰落后产能，发展循环经济，是江门市发展低碳城市的一项十分艰巨的任务。

（2）清洁能源所占比例不高。能源加工转换是碳排放的主要来源，江门市是广东的重要能源基地之一，但能源结构一直由“高碳”煤为主，核电、风电、光电等清洁能源产业仍处于起步阶段，优化能源消费结构，提高清洁能源消费比重是江门市发展低碳城市面临的一个主要问题。

（3）“十二五”期间江门市规划建设的一批重大项目将陆续建成投产。主要包括电力能源、建材、造纸及产业转移园落户项目等，据测算，这些项目预计新增综合能耗约432万吨标煤，将对江门市碳排放下降和节能减排带来巨大压力。

2. 对低碳发展的思想认识和参与度的问题

目前国家和省还未建立起完善的碳排放统计体系，各地无法准确计算碳排放量。在缺乏严格的碳排放约束机制的情况下，各地普遍以GDP论高下，缺乏控制碳排放和低碳发展意识，政府引导和企业、群众参与均不积极。

二、江门市“十三五”低碳发展思路

（一）“十三五”主要工作思路

1. 构建现代产业新体系

推进经济结构战略性调整，优化产业结构和产业布局，统筹整合存量资源，抓好技术创新和质量品牌建设，壮大先进制造业、做强大健康产业、提升现代服务业、发展全域旅游、加快农业现代化和培育现代海洋产业，重点建设轨道交通、重卡和商用车、新材料新能源及装备、教育装备、大健康等五大产业集群，形成先进（装备）制造业主导、现代服务业蓬勃发展、农业现代化步伐加快的产业新体系。以产城融合联动为支撑，推动企业改造升级，促进产业平台扩能增效，推进产业集聚化、高端化、智慧化发展。支持优化开发区域率先实现碳排放峰值目标，实施近零碳排放区示范工程。

2. 推进清洁安全能源体系建设

强化能源保障，完善能源供应设施体系建设，推动能源产业安全、经济、高效、清洁发展，打造珠西能源枢纽。

安全高效发展核电，推进台山核电建设；大力发展太阳能、天然气等清洁能源，建设分布式光伏发电系统，加快实施产业园区和产业集聚区集中供热，因地制宜推进地热能、生物质能等新能源利用，着力打造广东省绿色能源产业基地。推进常规能源清洁化生产，加速煤电升级改造，提高能源效率和资源综合利用率，推动能源生产和消费模式转变。

优化输变电网络，加强城乡配电网络建设，建设智能电网，开展智能用电小区和微电网供电系统试点。推进 LNG 接收站项目建设，加快建设天然气输送管网、输配场站及城市燃气管网，构建全市统一的天然气输配网络。

3. 推进节能减碳和促进循环经济发展

严格实施固定资产投资项目节能评估和审查制度，加强重点地区节能监控，定期发布节能目标完成情况，严格控制年综合能耗 300 万吨标准煤以上的区（市）新上项目能耗增量。加强碳排放总量和强度控制，建立碳排放总量控制分解落实机制，开展碳强度年度目标责任评价考核。加快低碳技术革新与推广应用，有效控制电力、化工、建材、纺织等高耗能产业碳排放。落实碳排放的统计监测核算制度，探索推进碳普惠制试点。

推行企业循环式生产、资源循环式利用、产业循环式组合、园区循环化改造，构建循环型产业体系。加快三废资源化利用，完善再生资源回收体系，支持再制造产业化发展。推动重点行业企业开展清洁生产审核，支持企业实施清洁生产。加快发展节能环保产业。培育一批循环经济工业园，继续推进崖门资源型环保产业基地、南粤城市废旧资源回收与综合利用项目、广东银洲湖纸业基地等重点项目建设。

4. 加快公园城市建设

实施《江门市公园城市建设工作纲要（2015—2020年）》，构建以大型风景区为龙头、以田园风光公园为特色、以各区（市）综合性公园和镇（街）公园为骨架、村居公园均衡分布、城乡绿廊有机串联的市域公园体系，创建国家森林城市。到2020年，城市人均公园绿地面积达到18.5平方米，森林覆盖率达到46.84%。

构建市域公园体系。重点完成圭峰山等七大龙头公园的整合和建设，加快台山中国农业公园建设，规划建设万亩小鸟天堂等湿地公园，打造各区（市）至少有“一山一水”的公园格局。新建1个国家级湿地公园，2个省级湿地公园2个市级森林公园，3个县级森林公园和24个镇级森林公园，加强文化主题公园建设，各区（市）至少新建成1个城市综合性公园，加快镇（街）公园建设，推进村居（社区）公园全覆盖，实现居民出行“300米见绿，500米见园”。完成各级公园建设标准编制，完成公园统一标识。

打造特色绿道网络。加快构建“中国侨都潮人步行径”网络。抓好滨水生态绿色廊道景观建设，以江、河、海等水体为依托，把滨水廊道打造成集观光休闲、全民健身为一体的带状公园。沿路建设城乡绿道体系，以江门大道等城市主干道以及高速出入口为依托，沿路打造“一路一特色、全年常绿、四季有花”的生态景观带。继续坚持“种树”，深入开展种树绿化活动，完成生态景观林带建设123公里，做好森林碳汇林抚育工作，提升生态效益。

5. 加快低碳技术革新与推广应用

运用高新技术、先进适用技术和信息技术对造纸及纸制品业、食品加工制造业、化纤纺织服装业、建材工业、精细化工产业等传统产业进行低碳化改造，用高效绿色生产工艺技术装备改造传统制造流程，持续提升终端用能设备的能效水平，加快实现六大支柱产业的转型升级。支持企业强化技术创新和管理，增强绿色精益制造能力，大幅降低能耗、物耗和水耗。

6. 支持企业开发绿色产品

加强绿色低碳产品的推广应用，将绿色低碳产品列入政府优先采购目录，鼓励消费者购买使用节能环保产品，提高绿色低碳产品的生产比例和市场占有率。推行生态设计，提升产品节能环保低碳水平。落实能效标识、环保标识和碳标识制度，鼓励绿色产品生产和消费。

7. 加快低碳社会建设

积极倡导低碳出行，鼓励使用公共交通工具，加快推进自助自行车网点的建设。加大新能源汽车的政策扶持力度，规划建设一批充电站、充电柜、专用和公共充电桩，引导市场消费，鼓励企事业单位和个人使用新能源汽车，不断推进新能源汽车市场化进程。

（二）2017 年主要工作思路

1. 增强全民低碳意识

充分利用广播、电视、网络、报刊等媒体，采取专题讲座、科普展览等形式，加大低碳公益广告宣传力度，倡导简约适度、绿色低碳、文明健康的生活方式和消费模式，营造“政府引导、全民参与”的良好氛围，形成崇尚生态文明和践行绿色低碳理念的社会新风尚。

2. 推进校园公共自行车项目建设

为配合推进江门市公共交通一体化发展行动，宣传节能减碳理念，树立低碳生活标杆，江门市发展改革局拟安排 2016 年市低碳节能专项资金 120 万元支持五邑大学校园公共自行车项目建设，目前正待市政府审批。该项目估算总投资 375 万元，其中设备购置和系统建设费用 120 万元，土建道路配套工程费用 255 万元，项目计划于 2016 年 12 月份动工建设，2017 年 9 月份正式投入使用。下一步，江门市发展改革局将加大力度推进项目建设，尽快发挥项目效益。

3. 安排 2017 年市低碳节能专项资金

按规定程序安排使用好 2017 年低碳节能专项资金，在低碳社区、低碳园区、低碳交通、低碳建筑、低碳消费等领域的筛选合适的示范项目进行资金支持，充分发挥专项资金的撬动作用，促进江门市低碳发展。

4. 做好碳排放和温室气体排放管理工作

一是按照省发展改革委的统一部署，做好江门市 11 家控排企业、3 家报告企业碳排放管理和48家重点企（事）业温室气体排放管理工作。二是启动《江门市温室气体排放清单》编制工作，采用公开招标的方式招聘有资质的公司编制江门市温室气体排放清单。

（江门市发展改革局供稿）

阳江市“十二五”低碳发展报告

【提要】

“十二五”期间阳江市结构减排成效显著，主要污染物排放量均达到省下达的年度减排目标，且连续4年在全省考核中获得优秀等次，居粤东西北地区首位；阳江市2015年的单位地区生产总值二氧化碳排放值0.714万吨/亿元，比2010年的单位地区生产总值二氧化碳排放值0.898万吨/亿元，下降目标达到20.5%，超额完成了省下达的任务……

“十二五”时期，阳江市的低碳发展工作在市委、市政府及上级部门重视和支持下，在各有关单位、重点排放企业共同努力下，全面完成了“十二五”时期单位地区生产总值二氧化碳排放下降目标要求，低碳发展工作取得一定成效。

“十三五”期间，阳江市还将通过狠抓重点领域节能降耗；积极推广清洁能源；推进低碳生态城市建设等措施和手段进一步夯实和提升全市的低碳发展工作成效。

一、阳江市低碳发展情况

阳江市“十二五”时期低碳发展工作的情况总结如下：

（一）节能和循环经济工作取得明显成效

按照省的要求，阳江市“十二五”节能降耗目标是：单位GDP综合能耗由“十一五”期末的0.699吨标准煤/万元降至“十二五”期末的0.58吨标准煤/万元，降幅为17%。阳江市2011—2015年单位GDP综合能耗累计下降17.48%，比省下达阳江市“十二五”单位GDP综合能耗下降17%总目标还多下降0.48个百分点。

1. 提前完成“十二五”淘汰落后产能任务。“十二五”期间，阳江市通过帮助企业申请国家、省技术改造扶持资金，推动企业技术改造，淘汰落后生产设备，促进企业加大自有技术的创新能力和先进适用技术的引进应用力度，提高了主要耗能设备能源使用效率，降低单位产品能耗，并于2013年提前完成省下达阳江市的“十二五”淘汰落后产能任务，涉及落后水泥产能共140万吨，落后造纸产能共9.2万吨。

2. 认真实施重点用能企业节能工程。2011—2015年，阳江市共安排735万元市级节能专项资金支持16个企业节能改造和节能工作，获省级节能专项资金972万元支持15个重点用能企业节能改造，取得较大成效。如组织了阳西博德精工建材有限公司开展1#辊道窑燃烧系统综合节能技术改造项目，嘉吉粮油（阳江）有限公司开展7MW背压机组节能技术改造项目和高压电机更换低压电机变频器控制改造项目，阳春新钢铁公司开展烧结余热发电节能技术改造项目等。“十二五”期间全市31大节能重点工程可为阳江市节约30万吨标准煤。

3. 全面推进电机能效提升工作。成立了阳江市电机能效提升工作领导小组，印发了《阳江市电机能效提升（2013—2015年）及注塑机节能改造工作实施方案》，对全市15万千瓦的能效提升目标任务进行了分解，印发了《阳江市电机能效提升财政补贴申报细则》，在省财政补贴的基础上，阳江市按20元/千瓦的标准配套补助，全面推动阳江市电机能效提升计划的实施，已全面完成省下达阳江市15万千瓦电机改造目标任务。

4. 积极开展清洁生产企业审核与循环经济工作。一是制定了《阳江市“十二五”清洁生产方案》《阳江市清洁生产审核验收办法》和《阳江市清洁生产企业认定职能转移方案》，完成了清洁生产企业认定职能转移。“十二五”期间，阳江市阳江喜之郎果冻制造有限公司等24家已通过省级清洁生产审核验收，阳江市富通工业有限公司等9家已通过市级清洁生产审核验收。二是制定了《阳江市园区循环化改造推进计划》《阳江高新区实施循环经济方案》。以阳江高新区为龙头，组织开展园区循环化改造工作，2015年1月阳江高新区经省认定为第三批广东省循环经济工业园，7月6日确认为广东省循环化改造试点园区。三是开展资源综合利用。根据《国家鼓励的资源综合利用认定管理办法》，2011—2015年，阳江市组织阳东县联城生物热能技术有限公司、阳东绿源人造板有限公司、阳江市五联人造板有限公司、阳西海滨电力发展有限公司、广东恒佳建材股份有限公司、华润水泥（阳春）有限公司6家企业的商品粉煤、混凝土实心砖灰等共9类产品申报为广东省资源综合利用产品认定。

（二）全力推进节能减排，超额完成低碳下降目标值

1. 全面推进阳江市主要污染物减排工作。全面落实减排工作责任机制，推进工程减排、结构减排、监管减排和农业源减排。阳江市城市建成区内共淘汰24台高污染燃煤锅炉，超额完成33%的淘汰任务。完成12.5万千瓦以上燃煤发电机组脱硫脱销改造。结构减排成效显著，“十二五”期间化学需氧量、氨氮、二氧化硫和氮氧化物结构减排分别达1557吨、99吨、3070吨和1020吨，主要污染物排放量均达到省下达的年度减排目标，且连续4年在全省考核中获得优秀等次，居粤东西北地区首位。截至2015年，累计淘汰落后小水泥产能145万吨，黄标车限行面积占建成区面积51.7%，完成淘汰黄标车每年任务。制定《阳江市畜禽养殖禁养区、禁建区划定方案》，规范畜禽养殖污染减排。国控重点污染源自动监控数据传输效率达98%，自行监测及监督性监测结果公布率均达到100%。

2. 强化责任考核，狠抓工作落实。“十二五”以来，阳江市认真贯彻落实省委、省政府的决策部署，充分利用市场倒逼机制，把节能减排作为转方式、调结构的重要突破口，加大资金投入，强化责任考核，完善政策机制，狠抓工作落实，顺利完成“十二五”节能减排目标任务。“十二五”时期，阳江市经济平稳快速发展，政府和企业对节能降耗工作高度重视，积极采取节能降耗措施，稳妥推进产业结构优化调整，加快水电、风电、核电清洁能源、先进装备制造和战略新兴产业建设，GDP与第三产业得到较快发展。

3. 超额完成“十二五”阳江市低碳下降目标值。按照《广东省人民政府关于印发“十二五”控制温室气体排放工作实施方案的通知》（粤府〔2012〕96号）要求，阳江市“十二五”时期单位地区生产总值二氧化碳排放下降目标为18.5%。阳江市2015年的单位地区生产总值二氧化碳排放值0.714万吨/亿元，比2010年的单位地区生产总值二氧化碳排放值0.898万吨/亿元，下降目标达到20.5%，超额完成了省下达的任务。

（三）开展林业生态文明建设工作，增加森林碳汇

阳江市高度重视森林碳汇工程建设质量，认真贯彻落实省委、省政府关于实施绿色发展战略、“生态立省”的决策部署，全面推进新一轮绿化阳江大行动，以开展全民义务植树活动为契机，着力抓好林业重点生态工程建设，大力推进营

造林工作。“十二五”期间，阳江市营造林及林业重点生态工程工作进展顺利，按时按质按量完成了工作目标，并根据森林碳汇工程建设规划要求和适地适树原则，全面采用以优良乡土阔叶树种为主体的混交树种造林，全部采用壮苗上山，采取边种边管边抚育的科学模式，确保种一片成一片。截至2015年底，全市林业用地面积达648.65万亩，森林覆盖率58.23%，森林蓄积量达2652.99万立方米。

近年来，阳江市贯彻落实全面推进新一轮绿化阳江大行动的实施工作，稳步推进生态景观林带、森林碳汇、森林进城围城、乡村绿化美化和沿海防护林等林业重点生态工程建设，完成生态景观林带建设461公里、碳汇林建设16.11万亩、沿海防护林建设16.46万亩，新建森林公园21个、湿地公园5个，绿化美化乡村296条，优化了树种结构，增强了生态功能，初步形成了较为稳固的森林生态体系，更好地发挥了森林生态效益。

（四）扎实推进低碳试点，转变发展方式

2015年，阳江市扎实推进低碳试点示范建设工作，积极开展低碳产业园区试点工作。根据省对工业转型升级攻坚战三年行动计划要求，在高新区开展园区循环化改造试点工作。2015年1月阳江高新区经省认定为第三批广东省循环经济工业园，7月6日确认为广东省循环化改造试点园区，带动阳江市省级产业园区发展循环经济。按照阳江市制定《阳江市大气污染防治重点煤业行业清洁生产技术推行方案》，确定华润水泥（阳春）有限公司、阳东嘉合化工有限公司、阳东县艾威尔实业有限公司、阳江胜利水泥有限公司4家化工、水泥重点行业企业完成清洁生产技术改造并通过审核验收工作。

在低碳发展规划方面，2015年阳江市组并织编制印发了《阳江市生态文明建设规划纲要（2015—2030年）》，是阳江市推进生态文明建设的行动指南，将对阳江市加快转变经济发展方式、提高发展质量和效益发挥重要作用。同时，“十二五”以来，阳江市先后印发了《阳江市人民政府关于加快阳江市发展绿色建筑的通告》《阳江市绿色建筑行动实施方案》《关于加强阳江市绿色建筑建设管理工作的通知》，绿色建筑发展力度不断增强。

（五）大力发展新能源和第三产业，调整优化产业结构

发展核能、风能、太阳能、水能等可再生能源，增加非化石能源在能源消费

总量中的比重，对优化能源结构，促进节能低碳有着重要意义。“十二五”期间，阳江市积极谋划推进经济发展，大力发展核电、风电、太阳能、抽水蓄能等各类能源，截至2016年5月，阳江市核电已建成324万千瓦，在建324万千瓦；陆上风电35.8万千瓦，在建及开展前期工作项目24.9万千瓦；太阳能光伏发电已投产装机容量25万千瓦，已备案开工项目装机容量14万千瓦；阳江抽水蓄能电站规划总装机规模为240万千瓦，已于2015年10月份获得省发展改革委核准开工。

同时，“十二五”期间，阳江市高度重视产业结构优化调整，积极发展第三产业，有效提高第三产业增加值占地区生产总值比重。2010年，阳江市第三产业增加值比重为36.2%；2014年，第三产业增加值比重为35.5%；2015年，第三产业增加值比重为38.4%，分别比2010年和2014年增加2.2和2.9个百分点，第三产业增加值比重指标相比2010年呈增加趋势，表明阳江市产业结构调整优化工作取得一定成效。

（六）积极配合开展碳排放权交易工作

2015年度，阳江市辖区内纳入省碳排放管理和交易的企业共6家，其中控排企业5家，报告企业1家，都按要求完成碳排放信息报告及碳排放核查报告。目前，阳江市所有控排企业已全部完成碳排放权履约工作。同时，按照省发展改革委要求，阳江市积极配合开展2015年度重点企（事）业单位温室气体排放报告盘查核查工作，8家重点企业（钢铁企业1家、水泥企业4家、电力企业1家、陶瓷企业1家、玻璃企业1家）全部完成了温室气体排放报告工作。

二、阳江市“十三五”低碳发展思路

（一）狠抓重点领域节能降耗

严格限制高耗能行业新上项目，改造落后的生产工艺，优化工艺生产流程，改造、淘汰落后的用能设备，应用先进的节能工艺技术，抓好电力、冶炼、水泥、玻璃、建材等重点耗能行业的节能降耗工作。鼓励采用新技术、新工艺降低企业生产过程的能耗和污染物排放量，全面推进电力行业降氮脱硝，新建燃煤机组配套建设脱硫脱硝设施。加强工业窑炉烟气二氧化硫治理，现有有色金属冶炼设备、建材窑炉、炼焦炉等安装烟气脱硫设施，推动钢铁行业烧结机烟气脱硫。

坚决淘汰一批重污染行业小企业。抓好工业、建筑、交通运输等重点领域节能，实施重点节能工程和节能产品惠民工程。

（二）积极推广清洁能源

加快建设国家新能源基地，大力发展核电、风电、水电、天然气、太阳能光伏等清洁能源和可再生能源。在保障安全和质量的前提下推进阳江核电站项目建设，到2019年全面建成6台机组，总装机容量达648万千瓦。稳步扩大天然气利用规模，城市优先发展使用燃气，大力推动城市大型公共建筑、工业园区冷热电联供天然气分布式利用系统。结合气源项目建设，逐步完善全市天然气输送管网。大力发展风电，规范开发陆上风能资源，有序发展海上风电，打造沿海风电带。加快推进屋顶、工业园区分布式和地面农光互补光伏发电项目建设，逐步推广太阳能光热系统在工业、农业等生产领域的使用。因地制宜开发利用生物质能，合理布局建设一批高环保标准的垃圾发电项目，结合畜禽养殖场、垃圾填埋场、城市污水处理等建设沼气利用工程。研究开展地热能、海洋能等开发利用工作。

（三）推进低碳生态城市建设

推进低碳生态城市规划建设，引导城市转型发展。加强城市基础设施的低碳化改造，推广环境低影响开发模式在道路设计、市政设施、雨洪管理、公园绿地、城市水体、社区环境等方面的应用，提高硬底化地面中可渗透地面面积的比例。建设低碳生态社区。每年从中心城区中选出若干个社区，推动其通过市场行为进行低碳生态化改造，引导新建社区达到低碳生态标准。实施绿色建筑行动计划。加快建立健全符合岭南地域特色的建筑节能和绿色建筑标准，推动新建大型公共建筑以及政府投资新建的学校、医院、博物馆、体育馆等建筑物全面达到绿色建筑标准，加快对既有建筑物的节能改造。集中优势资源，谋求在节能与提高能效技术、可再生能源技术、二氧化碳捕集利用与封存技术、生物固碳与固碳工程技术等方面取得突破，提升阳江低碳发展技术，增强低碳创新能力。积极申报国家、省低碳示范县、企业和园区。

（四）提升应对气候变化能力

完善应对气候变化体制机制、政策法规以及基础统计核算体系建设。加快发展低碳产业，建立低碳生产方式和低碳消费模式，有效控制温室气体排放。探索建立碳排放交易市场，发挥碳减排市场机制作用。积极参与广东省碳排放权交易试点工作，引导和支持首批纳入广东省碳排放权交易试点的控排企业提升相关能力建设水平。加强低碳技术研发和推广应用。探索建立低碳产品认证和碳标识制度，建立低碳发展统计、核算和考核制度。鼓励企业开展碳排放盘查、碳足迹测算及产品碳认证，参与碳标准制定等。鼓励金融保险企业开展碳金融（信贷）和保险业务，为低碳发展提供资金支持。完善气象防灾减灾服务系统，加强气候变化和极端气候事件监测、预测、响应、影响评估和灾害应急能力建设。加强农田基础设施建设，提高农业适应气候变化能力。加大应对气候变化宣传教育，提高公众参与意识，大力推动全社会低碳行动。

（五）推进区县气候变化和低碳发展工作，发挥市区联动作用。

围绕完成“十二五”节能减排目标，加大区县应对气候变化和低碳发展工作力度，谋划好各区县应对气候变化，节能减排和低碳发展工作。

（六）动员全社会积极参与，共同推动应对气候变化和低碳发展工作

继续广泛深入开展“气候变化和低碳发展全民行动”，以节油节电和全民节能为重点，深入开展节能减排和低碳消费宣传教育，普及节能环保知识，积极倡导节约型的生产方式、消费模式和生活习惯。做好节能宣传周、城市无车日等宣传活动。各区县和相关单位要对气候变化和低碳发展作出突出贡献的集体和个人予以表彰和宣传。新闻媒体要加大节能低碳报道力度，宣传先进经验，曝光反面典型，发挥舆论的引导和监督作用。

（阳江市发展改革局供稿）

湛江市“十二五”低碳发展报告

【提要】

2015年，经统计局核算，湛江全市综合能源消费量868.21万吨标准煤，同比增长5.69%；湛江市单位地区生产总值（GDP）增长8.5%，最终单位地区生产总值能耗降低率2.57%，“十二五”累计降低率17.21%，完成进度101.3%。对照省下达湛江市2015年单位GDP能耗降低率2.32%的年度目标及“十二五”累计下降17%的总目标，超额完成省下达的节能目标任务。

过去五年，湛江市领导高度重视节能和低碳发展工作，认真按照国家、省关于“十二五”时期节能工作要求，积极应对钢铁、造纸等高能耗项目落户湛江市所带来的能源消耗挑战，进一步加强节能工作领导，严格落实节能目标责任制，强化重点能耗企业监管，加大节能技改和宣传力度，针对全市节能工作中存在的重点领域和薄弱环节，不断挖潜出新，开拓节能工作新局面，有序推进全社会节能降耗工作，各项工作取得较好成效。

一、湛江市低碳发展情况

（一）实施固定资产投资项目节能评估和审查制度

2010年,、湛江市已制定《湛江市固定资产投资项目节能评估和审查实施细则》（以下简称《实施细则》），从2010年10月开始对固定资产申请立项项目进行节能评估审查。2015年，湛江市严格按照《实施细则》的规定，对湛江市审批、核准、备案的全部项目进行了节能评估审查，严格落实国家发展改革委《固定资产投资项目节能评估和审查暂行办法》（2010年第6号令）。对重点项目严格把关，如省运会场馆建设项目、徐闻港南山作业区客货码头工程均按节能评估程序严格审核，出具审核意见。

（二）开展国家节能减排和循环经济方面示范城市（县）创建

2015年，在市领导的高度重视和指导下，湛江市积极筹备，加快创建“循环经济示范城市”工作步伐，编制了《湛江市循环经济发展规划（2015—2020年）》《湛江市创建国家循环经济示范城市实施方案（2015—2018年）》及《湛江市创建国家循环经济示范城市行动计划》。经过答辨角逐，2015年底国家三部委印发《关于将天津静海县等61个地区确定为国家循环经济示范城市（县）建设地区的通知》（发改办环函〔2016〕36号），确定湛江市获得“国家循环经济示范城市”的建设资格，成为广东省继广州市之后第二个获得此殊荣的地级市。

（三）淘汰落后产能政策措施，完成“十二五”规上工业增加值能耗下降目标

湛江市制定并出台《湛江市“十二五”节能规划》，明确提出2015年，湛江市单位工业增加值能耗要在2010年基础上下降12%的目标。2015年湛江市规模以上工业增加值能耗下降11.45%，此项指标累计已下降39.29%，超额完成目标任务。印发了《湛江市人民政府办公室关于推动新一轮技术改造促进产业转型升级的实施意见》（湛府办〔2015〕8号），在淘汰老旧设备方面提出了明确的支持政策。市财政加大对淘汰落后产能工作财政扶持力度，印发《关于下达拆除落后产能生产线等设备补助资金的通知》（湛财工〔2016〕4号），从工业发展与协调专项资金中拨40万元，支持遂溪县港强水泥有限公司等8家企业拆除落后生产线等设备。

（四）发展绿色建筑

湛江市高度重视推广绿色建筑的工作，2011年以来，每年均由市政府发布并推广有关的政策文件。2012年，湛江市发布了《湛江市“十二五”建筑节能专项规划》，将发展绿色建筑的指标要求细化分解到各县（市、区）。2013年3月，经市政府同意，市住建局印发了《关于加快推动湛江市绿色建筑发展的通知》（湛建管〔2013〕51号），在建筑立项、规划、设计建设、验收、运行及评价标识、财政支持等方面作出相关规定，明确绿色建筑重点实施范围，进一步加大推广发展绿色建筑的力度。2015年印发《湛江市2015年建筑节能与绿色建筑发展工作要点的通知》（湛建管〔2015〕66号），对湛江市绿色建筑发展、新建建筑、可再生能源建筑、既有建筑改造等方面提出了具体目标及措施。2015年，市政府将发展绿色建筑工作纳入湛江市创建循环经济试点城市和创建国家文明城市的重点工作，在全市进一步推广落实。

（五）实施交通运输节能政策

一方面，湛江市2015年共淘汰黄标车14836台，其中营运黄标车7131台。指导广东省湛江汽车运输集团有限公司，严格执行有关节能降耗的管理制度，制定和落实年度节能目标任务，采取一系列节能措施，如执行能耗限额标准（能效对标），节能宣传，“爱车例保”检查评比，提高车辆技术状况等。另一方面积极推广交通节能产品或交通节能减排示范项目。指导湛江港集团积极申报国家交通运输节能减排项目。同时，继续推进清洁能源汽车在城市公交和出租汽车中的应用。积极协调上级部门，确保中通牌、金旅牌、东风扬子江牌、福田牌新能源客车在湛江市推广应用落地。2015年，湛江市共批复新购清洁能源公交车376辆，新投入清洁能源出租车155辆，目前市区所有出租汽车全部为清洁能源汽车，对节能减排以及净化城区道路车辆排放取得了明显效果。

（六）实施电力需求侧管理

积极采取各项有限措施，推动节能服务和节能改造项目，市经信局联合湛江供电局印发了《关于印发2015年湛江市有序用电实施方案的通知》（湛经信电力〔2015〕274号），按照分类管理、有保有限、注重效益的原则，切实将错峰方式由原来单一的线路侧强制错峰方式转变为灵活的客户侧轮休错峰、避峰相结合的错峰方式，尽量保障高效益、低能耗的重点支柱产业和高新技术企业生产用电，对国家明文规定的高能耗企业、高污染企业、单位产品能耗超标企业、不符合安全生产规定的企业以及淘汰类或限制类企业实行限制用电。同时，加强第三产业参与有序用电的工作，引导第三产业企业参与错、避峰的基础上，提倡和鼓励其开展节约用电工作，实现节能减排和降损增效。根据湛江市供电部门提供数据，湛江市电网企业2015年完成年度电力量节约指标，节电量3467.92万千瓦，完成节电量占上年售电量的0.3467，占上年负荷率的0.73，对比省下达指标0.26和0.54，完成率分别为133%和135%，超额完成指标任务。

（七）动员全社会参与节能，组织开展节能宣传周活动

根据省经济和信息化委等14部门关于全省节能宣传月和开展低碳日活动的统一部署，结合湛江市实际，每年组织实施湛江市节能宣传周活动。2015年湛江市定于6月15日—21日为节能宣传周，牵头全市13个市直部门及10个县（市、区），采取政企联合的方式，从工业、建筑、交通、商贸、环保、教育等

领域组织形式多样，生动活泼的活动，通过分发张贴节能宣传海报，纸媒专题报道，在户外 LED 屏幕和湛江市区室内楼宇电视（800 台）、湛江网、微信平台等投放节能宣传片形式全方位宣传，并及时总结节能宣传周活动情况。

二、湛江市“十三五”低碳发展思路

（一）大力发展循环经济

遵循低碳化、减量化、再利用原则，将资源节约与废弃物循环利用贯穿于生产、流通、消费中，推动清洁生产、节能降耗，促进资源高效循环利用。

1. 创建国家级循环经济示范城市。促进可再生资源能源利用、垃圾分类回收与资源化无害化、废弃物交易产业和企业发展，推进企业循环式生产、产业循环式组合、园区循环式改造，打造一批资源共享和废弃物再生利用的循环经济园区和示范企业。抓好开发区国家循环化改造示范试点园区建设，推动湛江钢铁、中科炼化、鹏尊能源丙烷脱氢制丙烯及下游加工、冠豪高新特种纸及涂布纸、京信东海岛电厂等项目在水、气、蒸汽管网互联互备、焦炉煤气利用、铁路运输、重件杂货码头设施共用等方面开展循环经济合作，将东海岛打造成为国家级循环经济示范区。大力推进麻章纸业产业园上下游产品的循环利用，延伸产业链条。着力加快湛江垦区农业循环经济示范区建设，发展农工商复合型循环经济。

2. 强力推进节能降耗。强化能源消耗强度控制，做好能源消费总量管理。鼓励引导企业清洁生产，减少单位产出物质消耗。加强节能技术改造，强化新建项目节能管理，抓好重点耗能行业和年耗能 3000 吨以上标准煤企业的节能降耗工作，强制淘汰高耗能工艺和设备。全面建设节材节能住宅和公共建筑，推广使用高性能、低耗材、可再生循环利用的建筑材料，大力推广“绿色建筑”“绿色施工”，加快建筑节能改造，重点抓好政府机关办公建筑和大型公共建筑的节能，开展公共机构节能试点。到 2020 年，单位生产总值能耗累计下降 1 %，能源消费总量控制在 3000 万吨标准煤以内。

3. 全面建设节约型社会。落实最严格的水资源管理制度，优化水资源配置，限制高耗水产业发展，引导推广节水技术改造和应用，鼓励雨水综合利用、中水回用和工业用水重复使用，创建一批节水型企业、灌区、社区，加快节水型城市建设。坚持开源与节流并举，开发与保护并重，切实加强保护耕地，增强土地资源可持续利用能力。到 2020 年，全市耕地保有量保持在 46. 92 万公顷以上。坚持以项目和创造税收定用地、以投资额定用地量，积极盘活存量，全面提高土地集约利用水平。全面开展城镇地籍调查，实行不动产统一登记，建设国土资源“一张图”数据库，促进科学合理使用土地。编制和实施湛江市第三轮矿产资源总体规划，贯彻开发与保护并重的方针，促进矿产资源开发利用由粗放型向集约型转变。

（二）倡导绿色低碳生活

加强低碳理念教育，提升市民的低碳意识。建设绿色环保的城市公共交通。推广应用新能源汽车，增加电动车投入，研究投入采用清洁能源、新能源的船舶用于水上巴士，在大型客运站、大型停车场所、大型居民小区及部分高速公路服务区等区域建设充电桩或预留充电设施接口。鼓励使用公共交通工具，加快建设市区自行车、电动车、人行廊道，完善公共自行车租赁系统。倡导绿色生活和消费模式，以政府绿色采购和创建绿色社区为抓手，推广使用节能、节水和环境友好型的技术和产品，加强闲置和废旧物品的循环利用，减少使用一次性商品。形成崇尚生态文明和践行绿色低碳理念的社会新风尚。

（三）“十三五”时期湛江市生态环保建设重大工程

重点建设湛江市交通主干道生态景观林带、南三岛东部生态修复、雷州半岛生态修复、雷州半岛沿海基干林带重建工程和海岸退塘还林、廉江市九洲江流域工程（广东段）综合治理、廉江河综合治理、遂溪县西溪河综合整治开发、鹤地水库流域广东境内污染防治、吴川市流域治理、龙王湾北岸整治、屋山水质净化厂及配套管网、赤坎水质净化厂一二期技改提能、霞山水质净化厂一二期技改提能等项目，“十三五”时期投资 215. 76 亿元。

茂名市“十二五”低碳发展报告

【提要】

“十二五”期间，茂名市根据省出台的碳排放管理和交易系列工作规章制度，主动协助推进碳排放管理和交易试点工作；全面完成淘汰落后产能任务，坚决遏制产能严重过剩行业新增产能，2011—2013 年共淘汰水泥行业落后产能 180 万吨/年、造纸行业落后产能 20.75 万吨/年，2014 年淘汰水泥行业落后产能 83 万吨/年、造纸行业落后产能 4.42 万吨/年、制革行业落后产能 45 万标张/年，2015 年淘汰落后水泥产能 44 万吨/年；全市单位 GDP 能耗分别同比下降 3.90%、5.16%、4.21%、2.38% 和 7.36%，单位 GDP 能耗累计下降 21.05%，累计完成进度 119.13%，超额完成“十二五”单位 GDP 能耗总体下降 18% 的目标；森林覆盖率 57.72%，城区绿化覆盖率 42.6%，建成郊区 300 亩以上大型生态旅游休闲场所 19 处。

一、茂名市低碳发展情况

（一）主动协助推进碳排放管理和交易试点工作

2013 年以来，茂名市根据省出台的碳排放管理和交易系列工作规章制度，积极主动开展工作。一是协调茂名市有关控排企业和报告企业开展办理交易系统开户、购买有偿配额、配合第三方机构核查和提交报告等工作。二是加强与企业及省发展改革委的沟通交流，及时将工作开展中存在的问题反映至省发展改革委碳排放工作小组。对未能按照要求开展工作的化州市大荣水泥有限公司，协调该公司与省发展改革委沟通，积极补办有关手续，推动工作进展。三是加强对企业的指导培训，协助广碳所举办“走进企业”系列培训茂名石化公司站活动，为碳排放工作的进一步推进打下良好基础。四是根据省发展改革委的工作安排，组织茂名市化工、造纸有关行业企业积极配合开展历史排放数据盘查工作，组织茂名市化工、石化、火力发电等有关行业企业开展历史排放数据盘查工作，落实广州绿石碳资产管理有限公司作为茂名市技术支撑机构，举办系统填报培训，有力推动工作进展。

（二）全面完成淘汰落后产能任务，坚决遏制产能严重过剩行业新增产能

周密部署，强化执行，切实完成省下达的淘汰落后产能工作任务，2011—2013 年共淘汰水泥行业落后产能 180 万吨/年、造纸行业落后产能 20.75 万吨/年、制革行业落后产能 46 万标张/年。2014 年淘汰水泥行业落后产能 83 万吨/年、造纸行业落后产能 4.42 万吨/年、制革行业落后产能 45 万标张/年。2015 年淘汰落后水泥产能 44 万吨/年。

自国务院批准的《国家发展改革委 工业和信息化部关于坚决遏制产能严重过剩行业盲目扩张的通知》（发改产业〔2013〕892 号）印发以来，茂名市充分认识遏制严重过剩产能的重要性和紧迫性，严格执行文件精神。一是加强项目管理，对钢铁、水泥、电解铝、平板玻璃、船舶等产能严重过剩行业新增产能，茂名市发展改革、经济和信息化部门一律不予核准或备案，国土、海洋、环保等部门一律停止办理土地（海域）供应、环评审批，金融部门一律停止新增授信支持。二是立即组织开展对产能严重过剩行业违规建设项目进行彻查清理，并根据清查结果制订《茂名市产能严重过剩行业有关项目整顿方案》上报省发展改革委和省经济和信息化委。经查，茂名市没有在建、建成钢铁、电解铝、平板玻璃、船舶等行业违规项目或已开展前期工作项目；水泥行业方面，茂名市共有两个项目列入产能整顿范围，分别是茂名石化胜利水泥有限公司日产 4000 吨综合利用油页岩废渣建设项目和化州海螺水泥有限责任公司 2 条日产 5000 吨新型干法水泥熟料生产线和配套建设水泥粉磨站、18MW 纯低温余热发电项目。根据《广东省人民政府转发国务院关于化解产能严重过剩矛盾指导意见的通知》（粤府〔2013〕121 号）文件要求，茂名市结合本地实际情况，制订形成《茂名市产能严重过剩行业有关项目整顿方案》上报省发展改革委及省经济和信息化委，申请将上述两个项目有关情况报省发展改革委、省经济和信息化委审核后补办相关手续。

（三）大力推进节能降耗工作

合理制定和分解节能指标，加强节能目标责任评价考核，落实节能问责制

度，以制度建设保障节能工作进展。多措并举，积极推进工业领域、建筑领域、交通领域、商业和民用领域及公共机构领域节能工作，推广节能技术，加强监督检查，有效完成工作，取得较好成效。

“十二五”期间，全市单位 GDP 能耗分别同比下降 3.90%、5.16%、4.21%、2.38% 和 7.36%，单位 GDP 能耗累计下降 21.05%，累计完成进度 119.13%。超额完成“十二五”单位 GDP 能耗总体下降 18% 的目标。

（四）完善低碳交通，推广绿色出行

一是不断完善交通基础设施，着力构建综合交通运输体系，提高路网技术等级和路面等级结构。交通运输基础设施状况逐步改善，运输效率不断提高，运输成本大大降低。

二是公路运输装备结构不断改善。严格限制技术等级低、单位能耗高、环境污染大的车辆进入营运市场。鼓励新型技能环保型汽车进入营运市场，加快推广农村客运经济适用车型。

三是实施水路运输船舶标大型化、专业化发展，重点发展吨位大、航速快、性能佳、市场急需和效益好的运输船舶。全市 5 千吨级以上船舶已达 18 艘，其中万吨级以上船舶有 4 艘。货船平均单船载重吨为 5111 载重吨，船舶大型化和专业化发展成绩突出，节能减排效果明显。

四是加快城市公共交通发展。“十二五”期间，茂名市购置了 30 辆欧Ⅲ排放标准的高配置型公交车，基本淘汰老旧公交车辆；购置了 70 辆液化天然气（LNG）公交车，建设了液化天然气（LNG）车辆临时加气站、站场、候车亭等相关配套设施。不断优化完善公交线网，并根据客流特点，灵活调整班次，合理安排运力，大大提高了公交车的出行分担率。

五是推广应用新能源汽车。茂名市国骅新能源汽车公司购置了 40 多辆新能源汽车，已经注册投营。新能源汽车的推广将大大改善空气质量，减少交通领域碳排放。

（五）培育森林资源，增强碳汇能力

“十二五”期间，茂名市继承“十一五”期间取得的成果，把握“新一轮绿化广东大行动”机遇，积极推进茂名市森林碳汇工程造林、乡村绿化美化、森林进城围城和生态景观林带建设，努力增加森林蓄积量。目前，茂名市森林覆盖率

57.72%，城区绿化覆盖率42.6%，建成郊区300亩以上大型生态旅游休闲场所19处。通过多项林业工程的建设，努力实现茂名市经济发展的碳平衡，为低碳经济保驾护航。

（六）推广绿色建筑、实现建筑节能

一是不断加强绿道网络建设，大力实施城市降温行动。目前，全市建成及在建的绿道长约74.63公里，其中，省立绿道长43.7公里，其它城市（社区）绿道长约30.93公里。

二是严格落实重点建筑节能环保要求，大力发展绿色低碳建筑。全市通过施工图审查符合绿色建筑标准的工程共17项，建筑面积达22.91万平方米，完成年度目标任务的76%，从而彻底扭转了茂名市原有绿色建筑空白的不利局面。

三是积极开展试点工作，既有建筑节能改造效果明显。以机关办公建筑和大型公共建筑为突破口，按照“试点先行、逐步推进，先易后难、分步实施，技术可行、效益合理”的改造原则，逐步带动既有建筑节能改造试点工作。共实施6个节能建筑新建或改造项目，面积约8万平方米。

四是散装水泥和预拌混凝土使用量激增，“禁实”成果得到进一步巩固。通过检查，市辖区及下属各区（市）的城区均没发现使用实心粘土砖现象，茂名市的墙体材料改革、“禁实限粘”成果得到不断的巩固和加强。

（七）加强海洋生态保护工作

捕捞业方面，实行沿海渔民转产转业政策，减小近海的捕捞强度，有效保护海洋资源。拆解捕捞装备落后效率低的木质渔船渔船12艘，功率277千瓦，累计建成大中型钢质渔船300多艘，总功率达10万千瓦。通过改造和采用先进捕捞技术，实现提高经济效益和节能减排的目的。

水产养殖业方面，组织创建14家“农业部水产健康养殖示范场”，示范带动周边养殖户进行高效健康养殖，减少废水排放，提高产品质量。通过实施4个养殖生态环境修复工程项目，扶持部分养殖企业进行强化养殖生产设施条件和生态环境修复，有效解决养殖污染问题，保护生态环境。

生态环境保护方面，积极开展水生生物资源增殖放流活动。开展海洋牧场建设工作，从2010年起先后建设了竹洲岛海洋牧场和放鸡岛海洋牧场。建立了3个海洋自然保护区：放鸡岛文昌鱼市级自然保护区、茂港区人工鱼礁县级自然保

护区和水东湾红树林自然保护区。

（八）积极调整优化产业结构，推动经济持续健康发展

以建设广东茂名滨海新区为重要抓手，各区、县级市发挥自身区域经济优势，调整优化产业结构，推动茂名市经济持续健康发展。依托现有石化产业基础，布局上马一批重大项目，延伸完善中下游产业链，建设世界级石化基地；加快培育高端装备制造、信息技术、新能源等战略性新兴产业，拓宽产业转型升级路径；大力发展物流、旅游、商贸等现代服务业，形成具有地方特色的服务业产业集群；充分利用农业资源优势，以标准化、专业化、集约化、品牌化为发展方向，加快发展特色农业。

近年来，茂名市经济持续向好，2011 年以来地区生产总值增速均保持较快增长，2015 年地区生产总值为 2445. 63 亿元，同比增长 8%。2015 年全市单位 GDP 能耗为 0. 663 吨标煤/万元，同比下降 7. 36%，超额完成年度任务和“十二五”累计下降进度要求。2015 年三次产业结构为 15. 7 ∶ 41. 2 ∶ 43. 7，产业结构持续改善。茂名市六大高耗能行业产值占规模以上工业总产值的比重呈下降趋势。

（九）存在问题

一是地方财政比较困难，资金筹措渠道单一，有关低碳发展工程难以获得充分资金保障。

二是有的节能技术推广应用较慢，由于宣传力度不足，加上市民对新技术普遍持观望态度，导致新技术难以形成规模效应。

三是茂名工业重型化趋势延续，节能减排压力加大。“十二五”时期是茂名市产业结构调整优化关键时期，在工业适度重型化战略的带动下，茂名市工业重型化发展趋势仍将延续，新的化工项目等将导致茂名市减排压力加大。

二、茂名市“十三五”低碳发展思路

坚持资源节约、生态优先、科技先导、示范现行的基本发展原则，优化城市空间结构，集约节约利用土地资源，发展节能低碳产业、优化能源结构；加快引进低碳技术，探索低碳技术研发、示范和产业化；以重点示范行动为先导，有计划有步骤地启动低碳生态建设并逐步推广。

一是提升传统产业，促进石化等高碳产业进行低碳化改造，加快培育信息、海洋、装备制造、船舶制造、节能环保等战略性新兴产业，大力发展以现代服务业为核心的低碳产业，建设低碳产业体系。

二是控制能源总量，引导能源消费增量合理分配，优化能源结构，合理发展清洁能源，加快推进低碳能源技术推广与进步，构建低碳能源体系。

三是建设区域一体化的低碳交通体系，大力发展公共交通和慢性系统，优化城市道路低碳化设计，倡导低碳出行方式，建设低碳交通体系。

四是推广绿色建筑，加强液体、固体废弃物管理，建设生态碳汇体系，构建低碳生态环境体系。

（茂名市发展改革局供稿）

肇庆市“十二五”低碳发展报告

【提要】

肇庆市把节能降耗作为促发展、转方式、调结构的重要着力点。“十二五”期间，全市单位 GDP 能耗由 2010 年的 0.701 吨标准煤/万元下降至 2015 年的 0.566 吨标准煤/万元，累计下降 19.08%，超额完成“十二五”节能目标任务（－17%），累计完成“十二五”全部节能任务的 113.60%。

同时，肇庆还积极推动低碳交通建设。目前，肇庆市已完成天然气出租车改造 817 辆，LNG 公共汽车 275 辆，LNG 客运班线车 196 辆，全市共推广应用纯电动或混合动力新能源汽车 343 辆。

“十二五”期间，肇庆全面推进建筑节能，全市设计阶段建筑节能标准的执行率为 100%，施工阶段建筑节能标准执行率为 100%，全面完成省下达的目标任务。

在“十三五”时期，肇庆市将继续坚持以推广低碳生活，发展低碳经济为原则，实现全市经济社会的节约发展和可持续发展。

一、肇庆市低碳发展情况

（一）节能减排工作取得实效

肇庆市把节能降耗作为促发展、转方式、调结构的重要着力点。“十二五”期间，全市单位 GDP 能耗由 2010 年的 0.701 吨标准煤/万元下降至 2015 年的 0.566 吨标准煤/万元，累计下降 19.08%，超额完成“十二五”节能目标任务（－17%），累计完成“十二五”全部节能任务的 113.60%。“十二五”期间单位工业增加值能耗累计下降 40.69%。开展多项大、中型节能技术改造项目，四会市盛誉兴达公司采用合同能源管理模式实施“1×25 吨铝熔炼炉节能改造工程”改造；肇庆市新荣昌公司的资源循环利用项目等 4 个项目被列入 2013 年国家节能重点工程、循环经济和资源节约重大示范中央预算内投资计划，广东艺华铝业光伏屋顶示范项目被列入国家金太阳示范项目；全市共推荐22个节能、节电、循环经济项目申报国家和省专项资金支持，共获得1681万元扶持资金。积极开展电机能效提升计划，制定《肇庆市电机能效提升财政补贴申报细则》，积极引入合同能源管理服务机构，为企业解决电机改造资金和技术难题。推进清洁生产工作，全市共有8家企业被认定为省清洁生产企业。推动6家企业开展能源管理中心建设，促使企业对能源使用过程实施在线监控。封开华润水泥的能源管理中心被评为国家工信部“工业企业能源管理中心建设示范项目”。

同时，肇庆市大力实施工业主导产业集聚发展转型升级工作，按照国家有关产业政策，把好项目准入关。编制并出台了《肇庆市推进建筑陶瓷产业转型升级行动计划》，在工业企业尤其是陶瓷企业中推广使用天然气。2015年，印发了《肇庆市2015年推进建筑陶瓷产业转型升级实施方案》和《2015年肇庆市建筑陶瓷企业在用生产线转型升级和综合治理验收工作方案》，完成全市65家陶瓷企业、共265条生产线转型升级和综合治理工作。鼓励和支持陶瓷、铝型材、水泥、印染等传统产业企业通过信息技术、数字技术、智能制造技术等，开发高附加值的新型产品；加快淘汰落后产能，至2014年10月，全市共有6家企业完成淘汰落后产能任务；引导企业开展能源管理体系认证，启动“政府端”及“企业端”能源管理中心的建设，实现能源数据在线采集、实时监测，实现能源使用全过程监管，推进工业和信息化“两化融合”。

（二）积极引导低碳经济发展

一是积极争取规划布局无污染或轻污染的重大产业，最大限度发挥比较优势和后发优势，以肇庆高新区创建国家生态工业示范园区和肇庆新区创建国家低碳绿色发展示范区为载体，打造广东省和我国的低碳经济、节能环保产业示范区。

二是出台《关于加快培育和发展高新技术产业和战略性新兴产业的若干意见》，建立推动高新技术产业和战略性新兴产业发展的激励机制。肇庆市在高端新型电子信息、生物医药、新材料、汽车零配件等高新技术产业初步形成了产业集群。

三是推进循环经济平台建设。“十二五”以来，肇庆市着重推动转型升级平台建设，特别是在循环经济发展载体方面，进一步促进原有的省级循环经济各园区（肇庆高新区）和省市共建循环经济产业基地（广宁县华南再生资源产业基地）的循环化改造力度。2015年，广宁县华南再生资源产业基地再被列为广东省“城市矿产示范基地”，广宁县确定为国家循环经济示范县建设地区，为肇庆市“十三五”时期转型发展增添助力。

四是大力推行工业园区和产业集聚区实现集中供热。根据《肇庆市工业园区和产业集聚区集中供热专项规划（2014—2020 年）》提出的目标任务，推动肇庆市工业园区和产业集聚区集中供热建设，促进节能减排，能源供应与环境保护协调发展。目前，广东大唐国际高要金淘天然气热电冷联产、中电四会天然气热电冷联产项目正在动工建设；肇庆三榕工业区生物质集中供热及热电联产项目已获省核准同意建设。力争到 2017 年，全市集中供热热量占供热总规模达 70%。同时，加快淘汰燃煤小锅炉，通过制定方案、分解任务，肇庆市将淘汰任务落实到各地政府或管委会，签定责任书，以政府层面落实工作任务，要求地方政府或管委会将整治任务逐级分解到镇（街道）、办事处、有关部门及重点企业，对整治工作进度落后、不能按时完成的负责人要按规定予以问责。肇庆市制定了《肇庆市高污染燃料锅炉淘汰或改燃清洁能源项目财政补贴实施细则》，对按要求进行淘汰或改燃清洁能源的锅炉实施财政补贴，同时鼓励财力较好的地方适当提高标准，加大综合整治力度。

五是争取规划布局无污染或轻污染的重大产业项目。一方面，争取上级资金，扶持战略性新兴产业（能源）项目建设。肇庆迪森生物质燃气集中供热站项目被列入战略性新兴产业（能源）2015 年第一批中央预算内投资项目，获国家下达投资计划 670 万元。另一方面，鼓励太阳能、风能等新能源发电项目开发建设。除 2014 年 8 月已完工且并网运行的金太阳项目外，目前肇庆市各县（市、区）已备案多项居民分布式光伏发电项目。其中，聂木妹居民分布式发电项目已通过当地供电局竣工验收和并网验收，被省发展改革委同意上报国家申请列入按电量补贴分布式光伏发电项目补助名录。积极开发风力资源，鼓励条件成熟的风电项目上报核准。德庆大顶山风电场、中广核肇庆高要香山风电场项目已获省核准正在建设。

（三）积极推动低碳交通建设

严格执行营运车辆燃料消耗量限值标准和老旧营运车辆报废更新制度，加大道路营运黄标车淘汰工作力度，同时以交通运输节能减排专项资金以及省节能专项资金、低碳专项资金申报等政策为契机，加快天然气汽车等环保车辆的投放，提前报废老旧车辆；推进绿色汽车检测维修工程，尽量减少营运车辆的排放。目前，肇庆市已完成天然气出租车改造 817 辆，LNG 公共汽车 275 辆，LNG 客运班线车 196 辆，全市共推广应用纯电动或混合动力新能源汽车 343 辆；在运输组织上，贯彻落实公共交通优先发展战略，结合新增的轨道、道路、港口等交通基础设施，及时调整现有线网布局，推进城乡交通运输一体化进程。加快轮胎式集装箱门式起重机“油改电”技术，鼓励港口码头的靠港船舶使用岸电技术应用工作，肇庆市港务有限公司 2013 年建成了西江流域轻型电动轮胎式起重机节能减排技术示范平台。

（四）全面推进建筑节能

“十二五”期间，全市设计阶段建筑节能标准的执行率为 100%，施工阶段建筑节能标准执行率为 100%，全面完成省下达的目标任务。

一是为加强民用建筑节能管理，提高能源利用效率，肇庆市制定并出台了《肇庆市民用建筑节能管理办法》《肇庆市发展绿色建筑实施方案》《肇庆市民用建筑节能发展专项资金管理暂行办法》《关于肇庆市绿色建筑项目实施绿色建筑设计审查的通知》等政策措施，进一步完善了建筑节能法制和规划建设。

二是大力推广绿色建筑项目，从 2014 年 1 月 1 日起，全市执行绿色建筑标准的比例不低于 25%，并逐年递增 25 个百分点，从 2017 年 1 月 1 日起，全市全面执行绿色建筑标准。2013 年，肇庆新区中央绿轴生态城获国家绿色生态示范城区称号，肇庆新区内的地标性建筑、政府机关办公大楼、大型公共建筑、公益性建筑等均将以二星或三星级绿色建筑标准为目标进行建设，对肇庆市绿色建筑的建设起到示范作用。

三是大力推广新型墙材。通过规范新墙材专项基金征收管理和加强施工现场的监管等手段，新型墙材的推广取得了显著的成效，经报建的建设项目新型墙材的使用率为 100%。截至 2015 年 12 月底，共有 29 个新型墙材项目取得了《肇庆市新型墙体材料确认证》。

（五）推动生态文明建设

一是推进林业重点生态工程建设。“十二五”以来，以造林绿化为核心，扎实推进林业重点生态工程建设工作，并取得了明显的成效。“十二五”期间，累计完成面上造林 124.9 万亩，中幼林抚育 221.93 万亩；完成生态景观林带建设 34.31 万亩、355.98 公里，完成森林碳汇重点生态工程建设 33.71 万亩，建成森林公园 24 个、湿地公园 3 个，森林家园 19 个、森林校区 1 个；完成万村绿乡村 466 条，绿化美化乡村 375 条。

二是全面推进创建国家森林城市工作。通过广播、电视、报刊、网络等进行专题宣传和社会宣传，精心组织“创森”征文比赛、绘画比赛、作家文学采风创作活动等公众参与活动，营造全面参与“创森”的良好社会氛围。全面实施“创森”总体规划，全市 40 项“创森”考核指标均已达到国家标准，具备验收条件。科学划定湿地生态红线，星湖湿地公园成为广东省首家通过国家验收的国家湿地公园，怀集燕都国家湿地公园（试点）获国家林业局批复成为国家湿地公园试点。

二、肇庆市“十三五”低碳发展思路

作为珠三角后发地区，肇庆市将发挥后发优势，经济社会发展不断加快，工业园区发展不断壮大，能源需求将会大幅增加，低碳发展面临一定压力。另一方面，肇庆市围绕热电联产集中供热，采取了节能减排、提高能效、优化产业结构等政策措施，努力推动绿色低碳发展，推广应用天然气，大力发展风能、太阳能和生物质能等新能源，煤炭将不再是新增工业能源的主要供应源。“十三五”期间，肇庆市碳排放总量将不会大幅增长，预计到 2017 年，煤炭消费增幅将低于同期本地生产总值的增幅。

肇庆市将继续坚持以推广低碳生活，发展低碳经济为原则，实现全市经济社会的节约发展和可持续发展。一是充分发挥省循环经济工业园区——肇庆高新区、省市共建循环经济产业基地——肇庆市华南再生资源产业基地的示范带动作用，促进循环经济发展。二是积极打造肇庆市成为广东新型工业化基地，按照“一核两带三板块”产业空间布局，着力发展“4 +3 +2”主导产业。三是提高清洁能源消费比重，提升资源综合利用水平，加快完善全市天然气基础设施建设，推进陶瓷、铝型材等行业“煤改气”工程；加快公共运输 LNG 车辆改造；推广使用新能源汽车，完善配套充电站、加气站等设施。四是加快中电四会燃气热电冷联产、肇庆三榕工业区生物质集中供热及热电联产、新奥燃气肇庆新区燃气分布式能源站等项目建设，启动粤电鼎湖燃气热电冷联产、粤桂合作特别试验区热电联产项目，加快推进工业集聚区集中供热项目合理、有序、健康发展。五是积极争取更多太阳能光伏、风电等清洁能源项目落户肇庆，加快推动德庆大顶山风电场（一、二期）、中广核肇庆高要香山风电场项目建设，启动国电德庆沙旁风电场、中广核螺岗风电场、封开风电场等项目，争取尽快上报核准。

（肇庆市发展改革局供稿）

清远市“十二五”低碳发展报告

【提要】

近年来，清远市全面落实国家、省和市委、市政府关于推进低碳生态发展的工作部署，坚持发展保护并重，全方位开展探索实践，为全面推进低碳生态发展奠定了基础，取得了一定的成效。

清远市积极组织开展各类低碳试点：积极组织申报低碳生态城市和低碳试点城市（镇），积极探索适合清远市低碳发展转型路径和模式；积极组织开展低碳产业园区、低碳社区试点申报建设，编制了多个规划和方案，稳步推进燕湖新城起步区低碳生态示范城区、阳山县高村村低碳社区试点建设，2015 年清远市低碳社区试点项目获得省低碳发展专项资金的扶持。

一、清远市低碳发展情况

（一）应对气候变化目标顺利完成

近年来，清远市委、市政府坚决贯彻省委、省政府的决策部署，紧紧围绕科学发展主题和加快转变经济发展方式主线，在经济保持平稳增长的前提下，控制温室气体排放和低碳发展工作取得较好成效。经初步核算，2015 年清远市单位地区生产总值二氧化碳排放下降情况良好，同比下降 7.32%，比 2010 年下降 46.35%，2015 年度降低目标完成率达 187.7%，累计进度目标完成率达 237.7%。

（二）多管齐下，坚持分类实施、重点突破和综合治理

1. 不断优化调整产业结构。清远市积极推进战略性新兴产业，加快发展特色资源产业，推动科技创新平台建设和科技成果转化，积极化解过剩产能、加快淘汰落后产能，进一步加快发展服务业，积极转变经济发展方式，有效推进产业结构优化升级。2015 年，清远市第三产业增加值占 GDP 的比重达 46.3%，比上年上升 2.1 个百分点。

2. 不断优化调整能源结构。清远市通过大力发展风电、水电、太阳能发电、生物质发电等新能源发电，加快清洁能源综合开发利用等方式，调整能源消费结构，逐步提高风电、水电、太阳能等清洁能源消费比重，降低煤炭消费比重，合理控制能源消费总量。2015 年，清远市非化石能源占一次能源消费比重达 10.27%，比上年有所上升，完成了目标任务；清远市煤炭占能源消费总量比重比上年有所上升，未完成目标任务。

3. 不断加强节能和提高能效。清远市高度重视节能工作，围绕全年节能目标任务，通过严格落实目标责任、调整优化产业结构、推进技术改造升级、强化重点用能单位监管等措施，积极推进节能降耗工作，超额完成了省政府下达的节能目标任务，各项工作取得积极进展。根据《广东省经济和信息化委 广东省发展改革委 广东省统计局关于 2015 年度各地级市以上政府节能考核结果的通告》（二 O 一六年 26 号）的考核结果，2015 年清远市节能目标责任评价考核为完成等级，“十二五”节能目标累计进度完成率达 126.35%。

4. 持续增加森林碳汇。清远市坚持保护生态、改善民生两大根本任务，紧紧围绕建设“美丽幸福清远”这个核心，加强国有林场改革、停伐、国有林区改革、森林资源监管等工作，全面推进林业四大重点生态工程建设，开展各类自然保护区的建设，努力提升森林资源的质量和数量，生态环境不断改善，碳汇储量明显增加。2015 年碳汇工程造林任务为 10.27 万亩，全市完成碳汇工程造林 10.58 万亩，碳汇工程造林任务完成率 103%。2015 年碳汇工程抚育任务 10.58 万亩，全市完成碳汇工程抚育任务 10.58 万亩，碳汇林抚育管护率 100%。2015 年封山育林计划 14 万亩，全市完成封山育林 14.151 万亩，封山育林任务完成率 101%。

5. 积极开展低碳试点示范建设。清远市积极组织开展各类低碳试点：积极组织申报低碳生态城市和低碳试点城市（镇），积极探索适合清远市低碳发展转型路径和模式；积极组织开展低碳产业园区、低碳社区试点申报建设，编制了《清远市低碳生态城市建设规划（2016—2030 年）》《燕湖低碳生态试点新城规划纲要》《燕湖低碳生态试点新城建设实施方案》，稳步推进燕湖新城起步区低碳生态示范城区、阳山县高村村低碳社区试点建设，2015 年清远市低碳社区试点项目获得省低碳发展专项资金的扶持。

（三）不断加强基础工作与能力建设

1. 加强温室气体减排指标目标分解和监督落实。2012 年，清远市印发了《清远市开展国家低碳省试点工作实施方案》（清府办〔2012〕76 号），提出到 2015 年，全市单位生产总值二氧化碳排放强度比 2010 年降低 19.5%，非化石能源占一次性能源消费的比重达到 16.1%，单位生产总值能耗为 1.191 吨标准煤/万元；到 2020 年，努力建成控制温室气体排放的市场机制，不断完善有利于低碳发展的体制机制，基本形成低碳发展占主导地位的经济发展方式，低碳生活方式和消费模式成为人们的自觉行为。并分起步阶段（2012 年）、攻坚阶段（2013—2014 年）、深化阶段（2014—2015 年）三个阶段提出重点工作安排。

2. 创新温室气体排放统计核算制度建设。2015 年，清远市编制了《清远市温室气体排放清单》（初稿），正在征求相关意见修改。

3. 不断加大资金支持力度。一是建立黄标车淘汰补贴专项资金。根据《广东省大气污染防治行动方案（2014—2017 年）》（粤府〔2014〕6 号）和《广东省环境保护厅广东省财政厅关于进一步做好黄标车提前淘汰补贴工作的通知》（粤环〔2015〕42 号）的文件要求，2016 年市财政预算安排 300 万元黄标车淘汰补贴专项资金，并于 4 月份由市环保局、市交通局、市公安局、市商务局，市财政局五部门联合发文出台《清远市 2016—2017 年黄标车提前淘汰补贴实施细则》（清环〔2016〕106 号）。二是建立新能源公交车购车补贴专项资金。2015 年市财政已对公交企业新购置的新能源公交汽车补贴 360 万元，2016 年市财政预算安排新能源公交汽车购置补贴 540 万元。三是建立绿色发展专项资金。2016 年市财政安排绿色发展专项资金 875 万元，主要支持重点节能项目、清洁生产项目等。

4. 创新开展碳排放权交易工作。2015 年，清远市积极开展重点（事）业单位编制温室气体排放报告和碳排放信息报告核查。目前，清远市重点（事）业单位全部完成温室气体排放报告，并全部配合完成碳排放信息报告核查。由于清远市控排企业还未分配碳排放权配额指标，2015 年未开展碳排放权履约工作。

5. 积极组织领导和公众参与。2012 年，清远市印发了《清远市开展国家低碳省试点工作实施方案》（清府办〔2012〕76 号），提出成立低碳发展工作领导小组，市长任组长，分管环境资源工作副市长任副组长，相关单位主要领导任成员，办公室（设在市发展和改革局）全面负责清远市低碳发展工作。目前，清远市二氧化碳减排工作主要由市发展和改革局资源环境科负责。

2015 年，清远市积极组织开展节能宣传月和低碳日等相关活动，制定了《2015 年清远市节能宣传月和低碳日活动方案》，以“节能提质 绿色发展”为节能宣传月的主题，以“低碳城市 宜居可持续”为低碳日的主题，组织开展了全国低碳日活动、节能低碳公益宣传活动、工业节能助力活动、公共机构节能助力活动、建筑节能助力活动、交通节能助力活动及具有地方特色的其他宣传活动。

（四）创新体制机制等开创性探索

2015 年，清远市与广州碳排放权交易所有限公司签订了《全面合作协议》，就清远市的清洁能源自愿减排 CCER 项目、碳金融等方面开展合作，并启动了连州光伏、连南林业碳汇、连南光伏和阳山风电项目的 CCER 项目开发。目前，清远市连州光伏、连南光伏和阳山风电项目的 CCER 项目已完成现场审核，将向省发展改革委和国家发展改革委申请备案。

二、清远市“十三五”低碳发展思路

为加快推进“十三五”应对气候变化工作，清远市将进一步加强组织领导，加大应对气候变化工作力度，在市委、市政府的正确领导下，强化措施，狠抓落实，确保完成“十三五”单位 GDP 二氧化碳排放目标任务。

（一）提高应对气候变化工作认识

在市委、市政府高度重视、积极推进以及经济下行，高耗能行业处于低位运行的影响下，“十二五”期间，清远市控制温室气体排放工作进展顺利，也超额完成了省政府下达的“十二五”目标任务。随着“稳增长、促投资”政策的实施，全市高耗能行业在“十三五”期间可能出现报复性反弹，要充分认识做好控制二氧化碳排放工作的长期性、艰巨性和复杂性，加强组织领导，全面贯彻落实《国家应对气候变化规划（2014—2020 年）》，推动低碳试点示范，加大资金投入，加强基础能力建设，强化社会舆论宣传，采取强有力措施，确保完成“十三五”单位 GDP 二氧化碳排放降低目标任务。

（二）加大资金投入力度

应对气候变化资金的投入，是完成单位 GDP 二氧化碳排放降低目标的重要保障，对推动应对气候变化工作具有积极作用。要进一步加大资金投入力度，积极争取设立应对气候变化专项资金，或增加现有节能减排和可再生能源发展专项资金中应对气候变化工作的资金额度，用于推动开展低碳试点示范及加强应对气候变化能力建设等方面，切实发挥财政资金的保障引领作用。

（三）加强基础能力建设

建立健全二氧化碳减排领导小组及部门分工协调机制，积极参加应对气候变化能力建设培训，认真系统地学习应对气候变化的理论政策和先进经验，不断提高自身的业务水平；围绕温室气体清单编制、温室气体排放基础统计及核算体系建设、低碳试点示范建设、重点企（事）业单位温室气体排放报告、碳排放权交易、体制机制创新等工作，积极做好应对气候变化工作；加大应对气候变化政策与活动的舆论宣传力度，普及应对气候变化知识，宣传低碳发展理念，倡导低碳生活方式，提高公众应对气候变化和低碳生活意识。

（四）积极推进产业低碳发展

积极发展低碳科技，引领石化、电力等传统优势产业低碳化转型；大力发展战略性新兴产业、现代服务业等低碳型产业，促进产业结构优化调整；协调产业发展与城镇空间、交通组织的关系，引导产业集聚发展；加快推进低碳产业示范园区建设，为高能耗高排放企业低碳化改造及新兴产业发展提供充足空间。一是促进第一产业由传统型向现代型、高效型转变。《清远市现代农业发展总体规划(2013—2020 年)》提出建设农业休闲农业的典范、桥头堡的重要阵地、特色型的农业强市的农业总体发展目标。空间上构建“南优、东专、北特”的农业产业格局，重点发展特色型种植业、循环型养殖业、精优型农产品加工物流业、都市型农业旅游业四大农业主导产业，健全一套农业发展和投入的保障机制、夯实一批农业基础设施、培育一批新的支柱产业、建设一批“四品”工程、完善一批农产品销售网络、打造一批名村名镇。二是优化第二产业内部结构。适当降低石化、火力电力、化工等单位产值能耗较高的高碳排行业比例，增加电子信息、高端制造等单位产值能耗较低的低碳型产业比重。争取到 2020 年和 2030 年，清远市电子行业占工业增加值的比重分别调整为 43% 和 44%，石化行业占工业增加值的比重分别调整为 29% 和 27%。并通过引进低碳节能技术、改善生产工艺等措施，降低石化等行业单位工业增加值能耗。三是优化产业空间布局。重点发展符合清远生态要求的、技术含量高的现代农业，培育若干生态型都市农业发展基地，特别是清远市北部县市应重点发展“特、绿、深”为特色的生态经济产业，重点发展生态农业、生态工业和生态服务业，突出发展农副产品深加工为主的食品饮料产业及特色旅游业发展；依托港口、高速公路等区域交通要素，围绕核心产业建设汽车及关键零部件、新材料、电子信息、生物医药、通用装备制造等先进制造业等产业园区；重点发展现代物流、旅游业、健康养老、航空服务等现代服务业，提升第三产业发展水平。

四是建设低碳产业示范园区。培育集群化、规模化低碳产业园。促进现有产业园区低碳化改造。选择产业基础较好、减排潜力较大的现有工业园区进行低碳化改造，通过原料替代、改善生产工艺、改进设备使用等措施，提高园区能源、资源利用效率，到2030年完成22个以上现有产业园区低碳化改造。强化新建产业园区低碳型建设。对于新建的战略性新兴产业园区，通过运用低碳技术、低碳工艺和低碳装备，优化园区产业链和生产组织模式，实行智能化园区基础设施建设等，使新建园区碳排放强度达到国内同类园区领先水平，到2030年建成8个以上低碳产业示范园区。

（五）打造低碳空间格局

一是构建区域生态安全格局。对接珠三角生态安全格局，清远市生态安全格局规划总体构想为：一环两圈三带五廊道，以成片的森林屏障为背景，内部由良田、河流等点线要素互相交错镶嵌，形成稳定有效的生态系统，为市域生态环境提供良好的支持。“一环、两圈、三带、五廊、多点”的生态安全格局。二是构建“一城六组团”低碳城镇空间格局。坚持“精明增长”理念，切实保护城市自然生态资源，合理控制城市规模。建设城镇低碳发展轴带促进城市发展核、区高效连通，分类提升发展核空间运行效率和三大发展区的扩容提质水平，建设生态组团式的低碳城镇空间。划定市域生态控制线。将清远市自然山林、水体、湿地等重要自然生态空间划入生态控制线，根据《广东省城市生态控制线划定工作指引》，结合清远市实际，生态控制线划定比例达到土地总面积的65%以上。生态控制线范围的国土空间开发利用活动，按一级管制区、二级管制区的要求，施行严格的分区管制。建设“二主五次”低碳发展轴带。推动城镇空间轴向拓展，构筑北江、清连两大主要发展带和连佛、京港澳、汕湛、汕昆、始阳、韶贺五条发展次轴。推动两大发展核的扩容提质发展。推动老城区绿色建筑改造，推进产业转移低碳化改造，建设英德、连州两大生态发展绿核。

（六）建设低碳示范城镇

一是建设燕湖新城低碳示范城。基于“两山一江”生态基底，构建大生态框架，引山入城，适当发展都市型产业，产城促进发展，提升城市职能。发展百嘉高新技术、职教园科教、高铁商务商贸、飞水都市工业等产业，同时组团型商业布局，结合山水格局，梳理生态廊道。生态绿地、城市公共绿地结合北江、大燕河、滨江、笔架河绿脉布局，朔造北江一江两岸城市风光带，凸显城市山水风貌。构建城市生态绿地网络系统。拓展低碳居住、生态休闲、健康服务等功能，推广低碳生活方式，将生态走廊、滨水绿带、公共绿地等绿色空间与居住区、产业区相互渗透，创造充满生机的宜居宜业环境。立足广清一体化，打造以绿色低碳产业为主导的国际低碳新城。二是建设九大低碳示范镇。立足于三坑镇、山塘镇、飞来峡镇、连山吉田镇、连州东坡镇、连南三江镇、阳山七拱镇、英德连江口镇、佛冈汤塘镇建设“特色镇”的基础，完善公共服务设施配套，对生态资源进行保育性开发，推行废水、垃圾循环利用，推广清洁能源使用，实现建筑、交通等低碳排放。到2030年，争取基本建成九大低碳示范镇。

（七）优化能源结构

大力发展清洁能源，逐步提高清洁能源使用比例；积极探索太阳能、农村沼气、风能、地热能等适合清远市发展利用的可再生能源的规模化应用；推进分布式能源建设，提高资源利用效率，完善清远市能源结构体系。推广太阳能利用。推动城镇地区太阳能光热、光伏系统建设。建立太阳能空调、太阳能光伏发电以及光热、光导等项目，提高太阳能利用效率。推广农村太阳能利用。配合新农村建设，采用政府补贴、企业让利的模式，在现有农村太阳能试点的基础上，推广扩大适宜农村使用的经济实用型太阳能设备，鼓励发展户用太阳能照明、采暖等太阳能利用工程，满足农民生活和部分生产需要。完善农村沼气服务网络。在农村地区重点发展沼气等可再生能源的综合利用，形成“养殖—粪便—沼气—生物质能”的循环能源利用链条，在有条件的村庄推进沼气配套设施建设，建成清远市沼气生产示范基地。推进风能开发利用。积极评估清远全市域风力资源分布情况，因地制宜建设风电场，推进使用可再生能源发电。

（八）建设低碳社区

培育低碳生活方式。创建低碳绿色家庭。树立绿色低碳家庭生活消费新理念，倡导清洁炉灶、低碳烹饪、健康饮食，减少食品浪费，开展低碳绿色家庭创建活动，到2030年，带动全市90%以上的城镇家庭开展“绿色家庭”创建活动；在农村社区积极推动柴草、蜂窝煤等燃料改造，推广太阳能光伏节能系统，到2030年，带动全市80%以上的农村家庭开展“绿色家庭”创建活动。倡导绿色办公。以各区县政府为试点，将具有低碳标识、环保标志的产品优先纳入政府采购目录，到2020年和2030年，确保列入政府采购目录的绿色产品分别达到45%和50%；推行“无纸化”“网络化”办公，建立办公大楼能源需求与使用管理系统。支持企业实施绿色营销和发展电子商务，减少能耗物耗，推动社区低碳出行。加快建设城市公交系统与社区步行道、社区绿道等的接驳设施，加块社区配套的充电基础配套设施、专业充电站及新能源纯电动汽车电池换电站建设。争取到2020年，推动低碳示范社区内新能源车辆使用比例达到20%、社区充电桩配建可按车位的15%—20%的比例进行控制、公交充电站距枢纽站场距离不超过500米，实现示范社区出口300米范围内公共交通设施覆盖率达到100%。到2030年，低碳示范社区内新能源车辆使用比例达到50%。促使村庄低碳出行。推动各村庄逐渐淘汰摩托车等燃油车，推广电动车和新能源车辆，争取到2020年和2030年，使低碳试点村庄内新能源车辆使用比例达到15%和30%。推动村庄内公交站点建设，到2020年，争取各村庄公交站点覆盖率达到100%。建设低碳示范社区。结合房地产开发、城中村改造、保障性住房、农村社区等建设形式，打造一批以降低能耗为主要目标的居住社区。建设城区低碳示范社区。结合“广东省宜居社区”建设工作，在成功申报的社区基础上，选定清远市的美林湖社区、望埠社区等社区建成低碳示范社区，争取2020年前基本建成。到2030年，带动全市其他社区的低碳化改造，使低碳社区占全市社区比例达到30%。建设农村低碳示范村庄。结合“广东省宜居村庄”建设工作，在成功申报的社区基础上，选定在沙田村、石咀村等村庄建设低碳示范村庄，争取2020年前基本建成。

（清远市发展改革局供稿）

潮州市“十二五”低碳发展报告

【提要】

“十二五”期间，潮州市在节能工作方面，认真贯彻落实科学发展观和节约资源的基本国策，按照国家、省有关节能工作的要求和部署，紧紧围绕确保实现全市节能目标，坚持发展与节能同步、开发与节约并举的指导方针，以产业结构调整为依托，以节能新技术、新工艺的引进推广为重点，以构建节能型产业体系和节约型社会为目标，落实节能目标责任制，取得了较好成效，“十二五”期间万元 GDP 能耗累计下降22.08%，完成省下达总目标的133.81%，排名全省各市第二位，超额完成“十二五”节能目标。

减排工作方面，潮州市持续推进主要污染物减排，扎实开展环境综合整治，全面加强环境监督管理，落实环境保护责任考核。从“十二五”规划实施情况来看，参与评价的20项指标中，14项指标已实现“十二五”规划目标。

一、潮州市低碳发展情况

（一）“十二五”节能工作情况

“十二五”以来，潮州市高度重视节能工作，认真贯彻落实科学发展观和节约资源的基本国策，按照国家、省有关节能工作的要求和部署，紧紧围绕确保实现全市节能目标，坚持发展与节能同步、开发与节约并举的指导方针，以产业结构调整为依托，以节能新技术、新工艺的引进推广为重点，以构建节能型产业体系和节约型社会为目标，落实节能目标责任制，取得了较好成效：至2015年全市 GDP（2010年可比价）为910.1亿元，据初步测算，能源消费总量581.36万吨标准煤，单位 GDP 能耗为0.638吨标准煤/万元，比上年下6.67%。“十二五”期间万元 GDP 能耗下降目标任务为17%，据省考核结果通告，潮州市“十二五”期间万元 GDP 能耗累计下降22.08%，完成省下达总目标的133.81%，排名全省各市第二位，超额完成“十二五”节能目标。

（二）“十二五”减排工作情况

“十二五”以来，潮州市深入贯彻落实科学发展观，全面实施《潮州市环境保护和生态建设“十二五”规划》，持续推进主要污染物减排，扎实开展环境综合整治，全面加强环境监督管理，落实环境保护责任考核。从“十二五”规划实施情况来看，参与评价的20项指标中，14项指标已实现“十二五”规划目标，此外还有化学需氧量排放量、氨氮排放量和城镇生活垃圾无害化处理率等6项指标未完成“十二五”规划的预期目标，这将有待于更进一步地加大环境保护和减排力度。

（三）节能减排工作存在问题

潮州市节能减排工作面临的主要问题和困难主要有：一是节能空间越来越窄，节能压力日益增大；二是重点企业对节能工作认识不足，节能主管部门缺乏有效监管手段，管理难度大；三是节能监察缺乏专业队伍和资金；四是公共机构节能工作量大面广，工作压力较大；五是“十二五”减排计划水污染减排重点项目建设进展较慢；六是已建污水处理厂管网配套不完善，未能有效形成减排量；七是燃煤锅炉减排工作力度还有待加强。

二、潮州市“十三五”低碳发展思路

“十三五”时期是潮州市推进“一中心三片区”建设，实现凤凰腾飞的决胜时期。绿色发展是潮州市“十三五”经济和社会发展的新理念，潮州市将深入贯彻党的十八届五中全会提出创新、协调、绿色、开放、共享发展新理念，要求工业化、城镇化、信息化、农业现代化与绿色化“五化”协同推进。潮州市将牢牢树立节能减排既要打攻坚战，又要打持久战，要将节能减排的观念融汇在各行各业的日常管理之中。切实加强领导，落实责任主体，完善政策措施，加大资金投入，综合运用经济、法律、技术和必要的行政手段，确保目标任务顺利完成。要按照《广东省党政领导干部生态环境损害责任追究实施细则》等规定，强化监督执纪问责，把节能减排目标责任考核及问责制度落到实处。

（一）以工业节能为重点，推动产业结构调整

1. 抓好节能责任制的落实，实现能源消费总量和强度“双控”目标。2017年，潮州市将根据上级的工作部署，继续落实节能责任制，确保完成上级下达的

节能任务。

2. 抓好工业节能。一是根据全省工业转型升级三年攻坚行动计划要求，继续推进电机能效提升工作；二是加大以陶瓷窑炉和电机为主的技术改造，抓紧落实所有项目投产后的正常运作，达到预期节能效果；三是推进“三能”体系建设工作，切实提高节能管理水平；四是抓好重点耗能企业能源管理工作，对纳入“十三五”监管的重点用能单位，组织培训，指导企业开展能源审计、编制能源审计报告和节能规划，促进企业加强管理，降低能耗；五是推进清洁生产工作，制订印发《潮州市“十三五”绿色清洁生产工作推行方案》，将省下达潮州市“十三五”期间认定250家清洁生产企业的任务分解到各年度、各县区；六是抓好循环经济和资源综合利用相关工作，力争“十三五”期间全部园区开展循环化改造。

3. 抓好节能监察工作。实施对公共机构和重点耗能企业的节能监察工作。

4. 开展宣传、推动全民节能行动。充分利用各种媒体和灵活多样的宣传方式。积极开展节能宣传工作，使节约能源成为企业和广大市民的自觉行动。

（二）齐抓共管，推进生态文明建设

1. 采取超常规手段，增加人力物力，确保减排重点工程市第二污水处理厂、径南工业园区污水处理厂两个国家责任书项目建设按时完成。同时进一步加大力度推进省委、省政府督查的饶平县大湖山垃圾填埋场、市区垃圾焚烧发电厂、潮安生活垃圾焚烧厂的建设进度，确保按省委、省政府的要求完成项目建设。

2. 加快已建污水处理厂配套管网建设。潮安污水处理厂和市桥东污水处理厂配套管网工程必须加快建设进度、饶平县污水处理厂管网工程进一步完善。

3. 深入挖掘大气污染减排潜力。通过扩大高污染燃料禁燃区、实施集中供热等措施，加快淘汰10蒸吨/小时及以下燃煤高污染燃料的工业小锅炉。严格控制机动车增长速度，最大限度地降低氮氧化物新增量。

4. 探索建立环境污染第三方治理机制。要认真实施《加快推进环境污染第三方治理工作的实施意见》，切实推动第三方治理试点示范，加快形成统一规范、竞争有序、监管有力的第三方治理市场。重点推进环境公用设施投资运营市场化，在新建项目中积极推广运用政府和社会资本合作（PPP）模式。以完善工业污染第三方治理机制为抓手，在工业园区和电力等重点领域开展第三方治理。结合广东省补短板行动计划，加大环保投入，增加环境基本公共服务有效供给，培

育一批具有规模优势突出、专业技术水平高、综合服务能力强的第三方治理骨干企业。

5. 密切配合，加强沟通，确保潮州市“十三五”节能减排指标和2017年节能减排工作顺利完成。市各有关职能部门要加强与省对口部门的联系沟通，要兼顾经济欠发达地区在节能减排的责任和义务，既要有利于绿色发展，又要有利于环境保护，力促潮州市经济跃上一个新台阶。全市各县（区）各部门将按照市委、市政府的部署，咬住目标、奋发进取，全力做好节能减排工作，努力在推动绿色发展上取得新成效，实现“三个定位、两个率先”目标，推进潮州市生态文明建设。

（潮州市发展改革局供稿）

揭阳市“十二五”低碳发展报告

【提要】

“十二五”期间，揭阳市高度重视应对气候变化和推动低碳发展工作，积极采取行之有效的措施，推动低碳发展工作的落实，取得了一定成效。

揭阳市委市政府高度重视节能降耗工作，立足本市实际，认真贯彻国家和省节能工作的要求，不断推进全市节能工作的开展，较好的完成“十二五”阶段性节能目标。2015年揭阳市万元GDP能耗为0.423吨标准煤，比上年同期下降6.35%，超额完成年度下降2.54%的计划任务。2011—2015年揭阳市单位GDP能耗比“十一五”期末累计下降20.25%，完成进度比例为121.37%，超过进度目标21.37个百分点。2015年规上工业增加值能耗下降15.54%，“十二五”累计下降47.10%，均超额完成年度及进度目标。

一、揭阳市低碳发展情况

（一）节能降耗工作成效及工作措施

1. 节能减排的主要成效。根据《广东省“十二五”期间单位生产总值能源消耗降低指标计划分解方案》（粤府〔2011〕113号）要求，揭阳市的节能约束性指标任务是：到2015年，单位GDP能耗，按2010年可比价，由2010年的0.765吨标准煤/万元下降到0.635吨标准煤/万元，比“十一五”期末下降17%，年均下降率3.66%。市委市政府高度重视节能降耗工作，立足本市实际，认真贯彻国家和省节能工作的要求，不断推进全市节能工作的开展，较好的完成“十二五”阶段性节能目标。2015年揭阳市万元GDP能耗为0.423吨标准煤，比上年同期下降6.35%，超额完成年度下降2.54%的计划任务。2011—2015年揭阳市单位GDP能耗比“十一五”期末累计下降20.25%，完成进度比例为121.37%，超过进度目标21.37个百分点。2015年规上工业增加值能耗下降15.54%，“十二五”累计下降47.10%，均超额完成年度及进度目标。揭阳市

“十二五”规划虽然没有落后产能结构减排任务，揭阳市还是根据年度实际情况上报减排项目。到 2015 年底，共淘汰落后产能项目 92 个，认定削减化学需氧量 1246.4 吨、氨氮 48.4 吨，二氧化硫 103.9 吨、氮氧化物 29.12 吨。

2. 节能主要工作措施。一是建立并完善节能工作制度。①认真实施节能目标责任制和评价考核制度。②实施固定资产投资项目节能评估和审核办法制度。③加强节能工作领导，建立节能减排工作机构和协调机制。二是调整和优化产业结构，实行落后产能淘汰制度。①实施固定资产投资项目节能评估和审查制度。揭阳市严格按照国家发展改革委《固定资产投资项目节能评估和审查暂行办法》和省发展改革委《固定资产投资项目节能评估和审查暂行办法》要求，制订出台了《揭阳市固定资产投资项目节能评估和审查实施细则》（揭市发改投〔2010〕324 号），认真落实固定资产投资项目节能评估、审查工作，对未通过节能审查的项目不予审批、核准，实行备案制项目严格执行强制性用能标准和节能设计规范。并根据项目的年能源消费量、电力消费量或天然气消费量，分别要求项目建设单位提供由有资质中介机构编制的节能评估报告书、报告表或备案表，且委托有资质的第三方中介机构进行节能评审，经评审合格后发展改革部门方予以立项审批。②抓好工业节能工作。揭阳市根据产业发展情况，印发了《关于进一步加强淘汰落后产能工作实施方案》《揭阳市化解产能严重过剩矛盾工作方案》和《揭阳市 2013—2015 年淘汰落后产能工作实施方案》从更高的标准明确落后产能淘汰的范围和时限，建立淘汰落后产能工作的组织协调、财政资金引导、政策激励和监管执法等机制。同时，揭阳市将推进大气污染防治与淘汰落后产能相结合，2015 年取缔重污染小熔炼加工场、土法轧钢厂、不锈钢抛光加工场 155 家，切实淘汰了一批落后钢铁产能。同时揭阳市切实按照省淘汰落后产能工作部署，将落后产能企业名单予以公告，淘汰落后产能企业通过县（市、区）、市、省三级验收合格后在省经济和信息化委网站公告。2014 年 12 月，揭东区揭东试验区雅申纺织印染有限公司和普侨区荣利织染厂淘汰落后产能工作通过省专家组的现场验收，2 家企业按时完成年度落后产能设备拆除的任务，不存在年度应拆未拆的落后产能设备。2015 年，揭阳市在 2014 年淘汰落后产能并获得省公告验收通过的基础上，按照省有关文件精神，下达揭东试验区雅申纺织印染有限公司和普侨区荣利织染厂淘汰落后产能省财政补助资金共 325.8 万元。揭阳市及时总结 2015 年淘汰落后和过剩产能工作情况，并按要求报送省经济和信息化委。③大力推进电机能效提升工作。揭阳市制订并印发了《揭阳市电机能效提升（2013—2015）及注塑机节能改造工作实施方案》（揭市经信〔2013〕296号），将任务分解落实到各县（市、区）人民政府（管委会），深入开展重点企业电机使用情况专项监察，推动电机能效提升工作的落实。截至2015年年底，共完成电机能效提升总功率33.51万千瓦，其中推广高效电机7.83万千瓦，淘汰低效电机14.31万千瓦，电机节能改造11.37万千瓦，发放财政补贴资金640万元，超额完成省下达的工作任务。④加强重点用能企业节能工作管理。组织开展万家企业节能评价考核工作及积极推进市级能源管理中心建设。

（二）加强重点领域低碳工作

1. 严格执行节能标准，发展低碳建筑。严格执行新建建筑设计阶段、施工阶段节能强制性标准揭阳市。市图审中心对送审的建筑工程项目，均按照《民用建筑节能管理规定》的要求，对施工图设计文件按照建筑节能强制性标准进行严格检查，对设计文件的编制要求及相关指标逐条审查。2015年，图审中心完成59个审查项目，进行建筑节能设计和审查的项目59个（其中居住建筑20项，公共建筑39项），占总审查项目的100%，59个项目都符合建筑节能的设计标准，设计阶段节能标准执行率达100%。同时，在施工阶段按相关法规和技术标准执行建筑节能要求，对施工图纸进行建筑节能审查，加强验收和复检，做好监督。据统计，2015年市直在建工程施工阶段建筑节能执行率达100%。

2. 极推广再生能源建筑应用，发展低碳技术。制订并印发了《揭阳市推进可再生能源建筑应用实施办法》（揭市建〔2012〕22号），积极提倡太阳能设备与建筑一体化，与房屋主体同步设计、同步施工，推广太阳能等可再生资源在建筑中的应用。2015年，新增太阳能光热应用面积83.42万平方米。

3. 严控机动车氮氧化物排放，发展低碳交通。揭阳市淘汰黄标车15794辆。2014年10月1日起，揭阳市的加油站已全部销售国Ⅴ车用汽油。2015年7月1日起，已全面供应国Ⅴ车用柴油。同时，组织推广“纯电动公交车”节能减排示范项目。揭阳市将推广应用新能源公交车列入2015年民生工程。截至2015年12月，全市共投入资金近2亿元，新购置纯电动公交车220辆，建设充电桩7个（已运营5个，在建2个）。纯电动公交车的投入使用使揭阳市在粤东地区率先实现新能源公交的突破，进一步加快揭阳市绿色环保公交发展步伐。

4. 开展海洋生态环境保护，推动海洋渔业低碳发展。一是科学统筹规划，优化海洋产业布局。注重发挥规划对发展海洋经济的引领作用，先后修编及出台了《揭阳市海洋经济“十二五”发展规划》《揭阳市海岸线保护和开发利用规划》《揭阳港总体规划》《揭阳市沿海重化产业带发展规划》《揭阳（惠来）大南海国际石化综合工业园发展规划》等专项规划。为推进海洋经济综合试验区建设，科学有序开展海域开发活动，促进集约用海开发，2015 年启动编制《揭阳市海洋功能区划（2015—2020）》和《揭阳市海洋经济“十三五”发展规划》，通过不断优化提升海洋产业布局，科学合理开发利用海洋资源，协调好产业承接与创新、制造业与服务业、产业发展与人口集聚、经济发展与生态保护之间的关系，确保工业化与城市化协调发展。二是实施生态联动，全力构建蓝色生态屏障。推进海洋生态系统修复工程建设，建设海洋牧场。累计投资 2322 万元。三是合理布局养殖区域，减少水产养殖污染。根据《揭阳市人民政府办公室关于印发〈揭阳市南粤水更清行动计划（2013—2020 年）实施方案〉的通知》（揭府办〔2013〕91 号）要求，认真履行职责，采取扎实措施，严格执行《揭阳市南粤水更清行动计划》，在修编海洋功能区划科学划定养殖区，按照提升近海、开发深海、拓展远洋的原则，优化配置现代海洋渔业发展用海，科学控制海湾海水养殖规模和密度，推广生态养殖和立体养殖，减少污染物的排放量，目前揭阳市有农业部水产健康养殖示范基场 3 个。规范养殖管理，切实做好养殖证发放工作，全市累计发放水域滩涂养殖证 1761 本，累计发证面积 7786 公顷，占应发面积 94.96%。四是加强动态监管，强化海域检查执法。①加大用海项目监视监测力度，规范海域使用秩序。积极发挥海域动态监管系统技术支撑作用，认真落实事前事中事后监管措施。②加强海洋与渔业环境监视监测工作。制订并实施《揭阳市海洋与渔业环境监测方案》，分别在榕江水域设 2 个监测点和近海海域设 4 个监测点，开展渔业资源调查和海洋环境的常规性监测，掌握海水质量情况和有关指标。另外，揭阳市发展改革局与汕头大学签订合作协议，对海洋生态环境和海洋生态资源的监测和评估进行合作，重点实施海域排污总量控制，强化海洋工程环评审批，逐级建立和完善海洋监测网络系统。③强化海洋渔业资源环境的执法监管。组织对违法占用岸线行为的全面清理，加大海域综合管理和巡查力度，对违法占用岸线行为进行全面清理，有效保护沿海海洋生态资源。五是强化宣传教育，营造海洋生态保护良好氛围。通过多层次，多渠道，有针对性地做好海洋法律法规的宣传和培训工作，有效提高了各级政府和管理部门科学用海、依法管海意识，营造合理开发利用海洋良好氛围。组织开展了“海洋防灾减灾日”“海洋宣传日”和“水生野生动物保护宣传月”活动，组织大型的海洋生态文明和海洋科普知识咨询和资料派送活动，利用媒体开展海洋生态文明和海洋科普知识的宣传，营造海洋生态保护良好氛围。

5. 增加森林碳汇能力，推动低碳发展。全市各地严格按照国家和省的部署要求，至 2015 年底，全面完成森林碳汇建设任务。其中：完成森林碳汇工程造林任务 24. 14 万亩，完成率 100%；完成当年森林碳汇工程造林抚育 11. 99 万亩，抚育管护率 100%；完成森林碳汇工程封山育林任务 12. 15 万亩，完成率 100%。

（三）存在问题及主要原因

到 2015 年底，因城镇人口增长和工业发展较快、减排设施没能及时跟上等原因，COD、氨氮减排形势依然十分严峻。尤其是污水处理设施成为制约揭阳市减排工作的突出瓶颈，加上揭阳市主要污染物新增排放量大，减排压力十分巨大。一是污水处理设施建设进度滞后。省要求 2015 年底前建成投运的 13 个国家、省责任书项目中，至 2015 年底仅普宁二期、葵潭、榕城仙梅一期、揭东县城二期和大南山侨区人工湿地等 5 个完成建设任务；揭阳市区二期和普侨区污水处理厂尚未建成；其他 6 个厂区仅开展前期相关工作，都未动工建设。市责任项目 11 个，仅揭西棉湖、磐东、揭西五经富完成首期，普宁占陇等 8 个项目尚未开工建设。二是污水处理厂新增配套管网不完善。近年来，揭阳市污水处理厂由于管网不完善，导致未能充分发挥减排效益的问题一直没有解决。如蓝城区磐东、揭西县五经富污水处理厂因管网建设严重滞后至今仍未能正常运行；惠来葵潭污水处理厂投运四年来，平均运行负荷率只有 37%，严重影响 COD、氨氮两项指标的完成。三是畜禽养殖污染治理力度不足。按要求，到 2015 年，全市 80% 以上的规模化畜禽养殖场和养殖小区需要配套建设固体废物和废水贮存利用设施。但至 2015 年底，揭阳市“十二五”期间累计完成治理生猪 18. 3 万头，仅占全市规模化养殖量（64. 8 万头）28. 2%。各地在农业源资金投入、工程规范建设、技术指导、台账资料整理等方面仍存严重不足，畜禽养殖业污染减排工作后继乏力。四是部分工业项目污染防治设施建设进展缓慢。空港区的泰都、国鑫 2 家钢铁企业的脱硫设施到 2015 年底才建成，影响了污染物减排工作。

二、揭阳市“十三五”低碳发展思路

“十三五”时期是国家全面建成小康社会的决胜阶段，也是揭阳市实现2020年、2030年控制温室气体排放行动目标的关键时期，揭阳市应对气候变化工作面临着新形势、新任务、新要求。十八届五中全会确立了创新、协调、绿色、开放、共享的发展理念，提出加快推动低碳循环发展，主动控制碳排放，这对做好应对气候变化工作提出了更高的要求。下一步全市将继续做好以下工作：

（一）落实更加严厉的节能考核制

按照省下达揭阳市的年度及“十三五”节能目标，研究分解揭阳市各县（市、区）和重点用能企业节能目标，加强对县（市、区）节能和重点用能企业工作的指导和督促检查，强化对县（市、区）的节能目标工作考核，核查各级政府和重点用能企业节能工作的落实情况和节能目标的完成情况。落实节能奖惩制度，对未能完成节能目标的县（市、区），切实落实节能“问责制”和“一票否决制”。

（二）强化节能监察工作

继续开展重点企业（单位）节能现场监察，除开展日常节能监察外，开展对电机使用单位淘汰落后电机情况专项监察，同时开展电机能效补贴专项资金项目使用情况等专项监察，以及建筑、交通、公共机构等领域专项监察。定期通报节能监察情况，对影响大的节能违法违纪行为进行处罚。充分发挥市能源管理中心效应，实施对重点用能企业能源利用状况实时在线监测。

（三）继续推进电机能效提升工作

一是加强指导。做好对本地区重点用电企业的电机能效提升改造的指导，在推动一批企业做好自查摸底，制订电机淘汰计划，推进电机改造提升。二是强化监督检查。市、县分别行动，继续对年用电量1000万千瓦时以上、500万千瓦时以上企业及省市重点用能企业电机能效提升计划实施情况的专项监察，逐家抓落实。三是加快资金拨付进度，积极动员企业开展电机改造并申报补贴，切实加快项目的核查及资金的拨付进度，及时补贴资金。四是加强补贴项目监管，严格把关，规范要求，对切实进行电机改造，符合申报要求的项目才给予补贴，严防虚假项目骗取财政资金，确保资金安全。五加强政策宣传培训。大力推广电机节能先进技术，有针对性的分行业组织开展电机能效提升培训。及时宣传完成电机能效提升工作的先进企业的典型事迹，以点带面，提供企业积极性。

（四）继续推进循环经济、清洁生产工作

推动全市清洁生产工作的深入开展，促进企业清洁生产工作上新台阶。指导中德金属生态城等循环经济工业园开展循环化改造，推进园区内企业开展清洁生产。重点推进揭东经济开发区区内企业的清洁生产工作，推动一批企业开展自愿性清洁生产。配合做好练江污染整治工作，跟进普宁纺织印染中心建设，督促加快建设进程。

（五）加强节能预警分析和调控

按照“有保有压”的原则，限制高能耗、高排放以及产能过剩行业用电。每季度召开节能形势分析会，加强对全市用能特别是工业用电情况的监测分析，及时采取措施防止电耗、能耗大幅度反弹。定期与统计、供电等部门分析节能节电工作进展情况，及时提出对策措施。跟踪、掌握各地节能情况，加强对各地节能工作的指导，确保完成年度节能目标。

（揭阳市发展改革局供稿）

云浮市“十二五”低碳发展报告

【提要】

近几年，云浮市坚持“创新驱动，绿色发展”的理念，在大力发展经济的同时，积极寻求经济与低碳发展相结合的新模式。调整优化产业结构，全力抓好节能减排，深入推动低碳发展，在低碳制度建设、低碳技术推广、基础能力建设等方面均取得了一定成绩。

“十三五”期间，云浮市将重点做好优化产业结构，淘汰落后产能等七项工作，来确保完成省下达云浮市“十三五”的节能和二氧化碳减排目标任务。

一、云浮市低碳发展情况

“十二五”期间，全市单位 GDP 能耗累计降低 18.91%，超额完成省下达“十二五”累计下降18%的任务指标，实现“十二五”圆满收官。主要工作措施主要有以下几个方面：

（一）建立健全规划政策，切实加强宏观指导

市政府分别出台了《云浮市“十二五”节能减排综合性工作方案》《云浮市“十二五”节能规划》和《云浮市“十二五”单位 GDP 能耗考核体系实施方案》等一系列政策文件，从宏观上加强指导，推动工作有序开展。同时，各部门结合自身职能引导企业大力推进节能减排工作。例如，物价部门对一些高耗能企业实施了差别电价及惩罚性电价，促进企业更新技术设备，开展技术改造；税务部门落实了节能税收减免政策，有效缓解企业资金压力。

（二）加快产业结构调整，坚持淘汰落后产能

“十二五”期间，云浮市加大了对落后产能的淘汰力度，按时按质完成了省下达的指标任务。全面开展了对钢铁、煤炭企业进行了核查，没有发现相关企业。同时，严格执行《广东省固定资产投资项目节能评估和审查暂行办法》等文件，在固定资产投资项目的审批审核方面实施独立节能评估和审查制度，严把

节能准入关。

（三）着力推动循环发展，加强资源综合利用

一是推进省低碳试点县建设。2011 年底，云浮市云安县获批成为广东省首批八个低碳试点县（区）之一。该县在“企业、区域、社会”三个层面推进循环经济建设，已基本建成水泥、油母页岩、电产业循环链，硫化工产业循环链，石材产业循环链，农村生产生活循环链，城市生产生活环境循环链等五条循环经济链条，为全市推进低碳发展提供了良好的示范经验。二是推进循环经济试点示范建设。大力推进云浮市循环经济工业园的建设，逐步培育了一大批低能耗、高产值的工业企业。云浮（罗定）循环经济产业基地被认定为省市共建循环经济产业基地。三是积极推行清洁生产工作。深入推进清洁生产企业审核认定，全市启动了多家企业开展自愿性清洁生产审核工作，并获得认定为省清洁生产企业。四是组织开展省资源综合利用产品工艺和电厂机组认定。

（四）实施低碳重点工程，推广节能减排技术

一是组织开展有关低碳发展项目申报工作。积极组织符合条件的节能和循环经济项目向国家和省推荐，争取上级支持。“十二五”推荐国家财政奖励节能技术改造项目 3 个并获得支持；推荐省节能和循环经济专项资金项目 25 个，其中 12 个获得支持。二是推进森林碳汇工程建设。在全市的造林中，营造森林碳汇重点生态工程建设任务 13.96 万亩。三是推广应用低碳技术。全面推广高效照明产品，并通过智能化控制。在农村大力推广“猪—沼—果”能源发展模式，全面推广测土配方等施肥技术，试点推广水稻病虫害绿色防控技术。四是组织实施市节能重点工程。五是推广合同能源管理。充分运用市场化节能机制，规范和推广云浮市合同能源管理工作。目前，全市部分新型干法水泥企业和化工企业进行余热发电，大部分电力企业进行热电联供改造。

（五）加强环境管理

严格落实污染减排政策，努力改善环境质量，全力抓好减排项目建设。加强全市化学需氧量、氨氮、二氧化硫和氮氧化物四项主要污染物排放量的监测，确保每年完成省下达任务。

（六）加强能源管理建设，强化节能预警机制

一方面，加强节能预警监测。开展了能源管理中心项目和电力需求侧管理信

息服务平台项目的建设，推动能源在线监测工作。每季度开展节能分析，研究分析当前及下一时段节能形势。实行用电增长控制，加强了对“两高一资”和产能过剩项目的跟踪和监测分析，有效控制在省要求的预期控制值以内。另一方面，加强重点用能单位和重点领域的节能管理。一是狠抓建筑领域节能。开展公共建筑能耗统计，逐步建立和完善能源审计、能耗监管平台。二是推动交通、公共机构和商贸酒店等领域节能。加快推进运输装备改造升级，严格执行车辆燃料消耗量限额标准，大力推广电动汽车、氢能燃料汽车的应用。建立公共机构和商贸酒店能耗统计平台，加强公共机构节能改造。推行执行省重点商贸酒店能源利用情况网上季报制度。三是加大监管重点企业节能工作。全市重点用能企业建立了节能目标责任制，严格执行能源利用状况分析报告制度、固定投资项目节能评估和审查制度。

（七）加强目标责任考核，落实节能奖惩措施

一方面，严格落实节能考核工作。细化对各县（市、区）政府和重点企业年度节能考核工作，并利用市节能专项资金对节能先进集体和个人进行了表彰奖励。另一方面，开展省市县联动节能监察行动。对全市重点用能企业（单位）开展现场监察，对存在问题的企业依法下达限期责令整改通知书，有效遏止了企业不合理的用能需求。

（八）加强低碳宣传教育，强化节能减排意识

一是加强对外交流学习。组织参加了南方电网电动汽车体验中心、顺德美的光伏发电项目等节能项目。二是组织开展节能宣传月活动。开展了“低碳体验日”“地球一小时”和节能知识现场咨询户外宣传等一系列活动。三是组织开展节能低碳培训。组织开展了企业能源温室气体排放报告、碳排放核查业务培训班、中小企业节能培训班和重点用能单位能源计量培训班等，全面增强了公众低碳发展意识。

二、云浮市“十三五”低碳发展思路

为确保完成省下达云浮市“十三五”的节能和二氧化碳减排目标任务，将重点做好以下几项工作：

（一）强化目标管理，落实责任主体

继续加强对节能、二氧化碳减排工作的组织领导和责任考核，协调联动，统

筹做好全市低碳发展工作。

（二）优化产业结构，淘汰落后产能

一是加强实施固定资产投资项目节能评估和审查制度，提高全市招商引资的节能门槛。二是加快制定能源消费总量控制，利用好有限的增量资源。三是加大对落后产能和设备的淘汰力度，严肃查处使用国家明令淘汰用能设备或生产工艺等行为。严禁新增钢铁、煤炭等严重过剩产能项目。

（三）贯彻落实碳排放工作

按照省的部署做好碳排放信息上报、核查及碳排放权交易工作，督促企业完成碳排放配额的清缴工作，确保企业良好长远的发展。

（四）加强重点领域节能，实施节能工程项目

加大节能技术产业化示范和推广应用，加快推进能源管理中心和电力需求侧管理服务平台项目建设。积极培育节能服务队伍，进一步促进节能技术产品的推广应用，建立长效工作机制。大力推广太阳能、氢能等清洁能源的应用。

（五）大力发展循环经济，实施清洁生产审核

一是推动条件成熟的工业园争创省循环经济工业园建设。二是全面推进工业园和产业基地的清洁生产工作。

（六）加强基础能力建设，完善节能预警监测

一是充实市、县两级节能管理和节能监察机构人员力量，建立健全节能管理、监察、服务“三位一体”的节能工作体系，将监察范围向公共机构、商贸酒店等非工业领域拓展。二是建立负责市、县两级温室气体排放统计核算的专职工作队伍，提升温室气体统计管理水平。

（七）加大低碳发展投入，强化宣传培训工作

一是加大设立市、县两级节能专项资金，充分发挥财政资金的作用。二是组织参加节能减排宣传活动，提高全社会低碳发展意识。三是突出提高节能减排管理能力和全民参与程度，加强对专职人员技术培训，培养低碳发展专业人才。

（云浮市发展改革局供稿）

第二节　碳交易篇

【提要】

推行碳排放权交易制度，是贯彻落实五大发展理念，推动生态文明建设和供给侧结构性改革，运用市场机制实现温室气体排放控制目标的重大改革事项，也是广东低碳试点省建设的重要内容。广东省于2012年成为全国首批七个碳排放权交易试点省市之一，于2013年底正式启动碳市场，经过探索创新、稳步推进、不断完善，目前已基本建立起系统完备、公开透明、运行有效、全国领先的碳排放管理和交易市场体系，近两年连续以100%的履约率完成配额清缴履约工作。

广东省碳排放权交易试点工作情况

一、工作背景

气候变化关系全人类的生存和发展。根据 IPCC 第五次评估报告，人类继续向大气层排放温室气体的容量空间已经日益稀缺。碳排放权交易被认为是最有效率的控制温室气体排放的政策工具，它以美国排放权交易理论、“总量控制与交易”机制（Cap－and－Trade）研究和实践为基础，通过设定碳排放总量目标，确立碳排放权的稀缺性，依托公平可靠的交易平台，实现碳排放权的商品化，同时通过金融投资机构的参与为市场提供充足的流动性，降低减排成本，发挥市场配置资源的效率优势。根据联合国 1992 年通过的《联合国气候变化框架公约》（United Nations Framework Convention on Climate Change，UNFCCC），1997 年，多个国家共同签署了《京都议定书》，成为碳交易重要的法律基础。目前，国际上建立比较完善的碳排放权交易市场主要包括：欧盟、美国加利福尼亚州、加拿大魁北克省、韩国。

2015 年底联合国气候大会在巴黎召开，超过 165 个国家讨论通过了《巴黎协定》，强调目标仍是将全球气温升高的幅度限制在 2 摄氏度以内，还制定了削减温室气体排放量以及遏制全球变暖影响的行动方针。中国郑重对外承诺控制温室气体排放目标包括：以 2005 年为基年，到 2020 年单位国内生产总值二氧化碳排放下降 40%—45%，到 2030 年下降 60%—65%；二氧化碳排放 2030 年左右达到峰值并努力尽早达峰；2017 年启动全国碳排放权交易市场。

党的十八大、十八届三中全会明确要求大力推进生态文明建设，积极开展碳排放权交易试点，探索建立碳排放权交易制度。广东省积极响应中央号召，2011 年 10 月，国家发展改革委确定包括广东在内的两省五市为国家碳排放权交易试点省市（北京、上海、天津、重庆、湖北、深圳）。省委、省政府高度重视，将碳排放权交易作为贯彻落实五大发展理念，推动生态文明和供给侧结构性改革，运用市场机制实现温室气体排放控制目标的重大改革与体制机制创新。2013 年 12 月，省政府召开广东省碳排放交易市场启动仪式，国家发展改革委时任副主任解振华、省政府常务副省长徐少华为广东碳市场鸣锣开市。

二、试点工作进展及成效

自2013年12月启动至今，经过不断探索经验、完善机制，努力创新，广东省已建立起系统完备、公开透明、运行有效、全国领先的碳排放管理和交易市场体系，连续两年100%完成年度配额清缴履约任务，市场运行总体情况良好，有偿配额拍卖和交易成交量累计已超过3700万吨，总成交金额11.4亿元（至2016年8月底），价格稳定在10—15元/吨之间，有力保障了企业碳排放总量和强度“双降”目标的完成。

（一）确定纳入企业范围

覆盖企业范围为电力、水泥、钢铁、石化四大行业年排放2万吨以上二氧化碳的企业，全省共200家左右，排放总量约占全省的60%。近三年广东省年均发放配额约4亿吨，市场体量为全球第三（仅次于欧盟、韩国），居国内七个试点地区之首。今年下半年，广东省还计划将航空、机场及部分工业行业企业纳入碳排放管理和交易范围。

（二）构建法律法规体系

以省政府令出台《广东省碳排放管理试行办法》，对企业碳排放行为进行约束，并赋予发改部门碳排放管理职能。依据省政府令，广东省发展改革委制定了配额管理和企业排放报告两个实施细则，编制了省级碳排放报告核查指南和方法学，每年制定发布配额分配方案，对年度配额总量、配额分配方法、分配因子、基准值、有偿配额发放规则等一律上网公开。

（三）健全碳排放管理机制

省政府在低碳省试点工作联席会议制度下，专门设立了省碳排放权交易试点专责协调领导小组，由常务副省长任组长，统筹推进试点工作；在省发展改革委新设应对气候变化处作为专责部门，并建立省市两级碳排放管理体制，由地方发改部门负责碳排放报告报送和督促企业履约。广东省发展改革委与中山大学共建省应对气候变化研究中心，负责碳排放日常管理及技术支撑等工作。

（四）建立专家智库和专业核查队伍

依托中山大学、中科院能源所、省社科院、省技经中心、赛宝认证中心、

CQC 广州中心、广碳所等组成广东碳交易智库，为政府出谋划策。专门组建包括低碳专家、行业协会、控排企业代表在内的配额评审委员会、配额技术评估小组，对配额政策进行科学论证和审查评估。在核查方面，从省内外机构中严格遴选了 29 家优秀核查机构，初步培育形成了一支专业水平高、实战经验丰富的专业核查队伍。

（五）建设电子信息管理系统

省市共同筹建广州碳排放权交易所作为省级交易平台，同时建成企业碳排放信息报告核查系统、配额注册登记系统、碳排放权交易系统三大信息系统，有效满足碳排放管理和交易的日常需要。

（六）加强能力建设及相关研究

大力开展能力培训，组织地市发改系统、控排企业、核查机构、交易从业人员等参加各类专题培训 50 余批次，培训人员约 5000 人次，各方参与碳市场的能力得到显著提升。在每年的省低碳专项资金中，专门划拨一部分用于碳交易机制研究和具体工作，为碳交易工作提供资金保障。

（七）提升碳市场活力和碳金融实力

广东省是国内唯一采用配额有偿竞价发放机制的碳交易市场，初步构建起一、二级市场互促共进的多层次市场体系。以市场需求为导向，采取完善交易规则、优化交易方式、简化交易手续、减少交易费用等方式，吸引投资机构与个人参与活跃碳市场。去年以来，广碳所会同相关金融机构陆续推出了配额在线抵押融资、碳交易法人账户透支、配额回购、配额托管、远期交易等新业务，受到企业、机构的欢迎和好评，2015 年交易量爆发性增长了四倍多，累计交易量占全国的四成左右，为盘活企业碳资产提供了全方位的绿色金融服务。

（八）大力支持全国碳市场建设

全国碳市场计划于 2017 年正式启动，目前各项工作正在稳步推进。广东省一直积极主动配合全国碳市场建设，研究确定纳入全国碳市场体系的首批企业名单，对纳入全国碳市场的首批企业历史温室气体排放信息报告进行核查，并尽快汇总碳排放数据上报国家发展改革委。积极响应国家号召，发挥试点辐射带动作用，正式设立全国碳市场能力建设（广东）中心，首创专家讲师团模式，协助兄弟省市共同做好全国碳市场建设工作，目前已先后协助江西、贵州、广西、海南等省区开展碳交易能力培训工作。

在全省各界的共同努力下，碳排放权交易试点工作取得了积极成效：

一是企业碳排放总量和强度实现双降。广东省控排企业碳排放总量和强度2014、2015年连续两年实现双降，其中2014、2015年企业碳排放量与上一年相比分别下降3%、4.5%，2015年广东省水泥熟料、粗钢、原油加工、机组发电的主要单位产品碳排放较2013年分别下降了4.9%、8%、7.2%和2.4%。据统计，有超过80%的控排企业实施了节能减碳技术改造项目，超过50%的控排企业实现了碳强度下降，为完成国家下达广东省的单位生产总值二氧化碳排放年度下降目标作出了重要贡献。

二是市场交易活跃度和流动性大幅提高。2015年度配额交易市场成交量1469万吨，成交金额2.04亿元，比2014年度分别增长666%和441%。截至2016年7月底，广东省碳交易市场配额累计成交3372万吨，总成交额10.95亿元，分别约占全国的31.3%和35.6%，并成为全国首个配额现货交易额突破十亿元大关的试点地区（见下图）。2015年3月广东省启动全国首笔线上CCER交易以来，至今已累计成交1397万吨，用于抵消企业排放的CCER主要来自贵州、内蒙古、云南、青海等西部欠发达省区，有力推动了全国生态补偿、低碳清洁能源发展等工作。

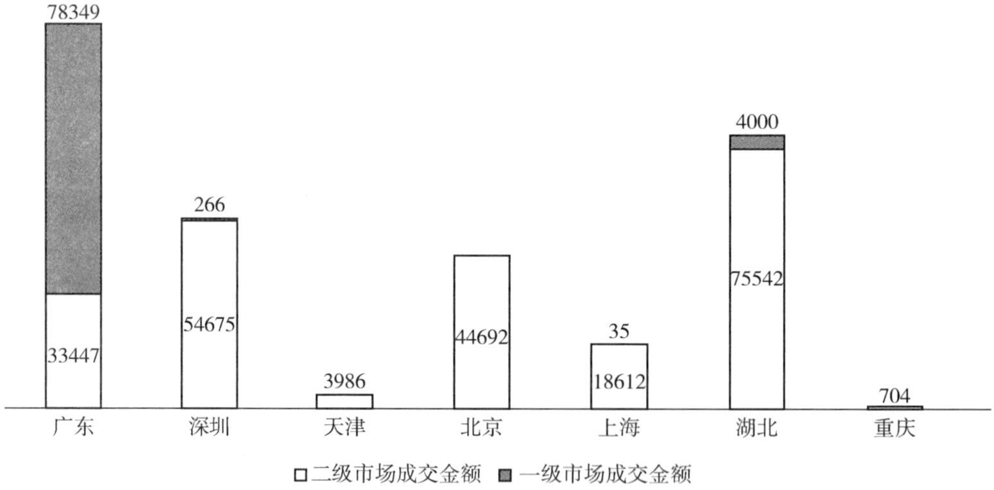

截至2016年7月31日各试点一、二级市场成交金额对比（单位：万元）

三是企业碳资产管理意识进一步增强。与2013、2014年度相比，2015年度交易活跃期大幅提前，在履约期初即出现大量交易，如2015年度履约期第一个

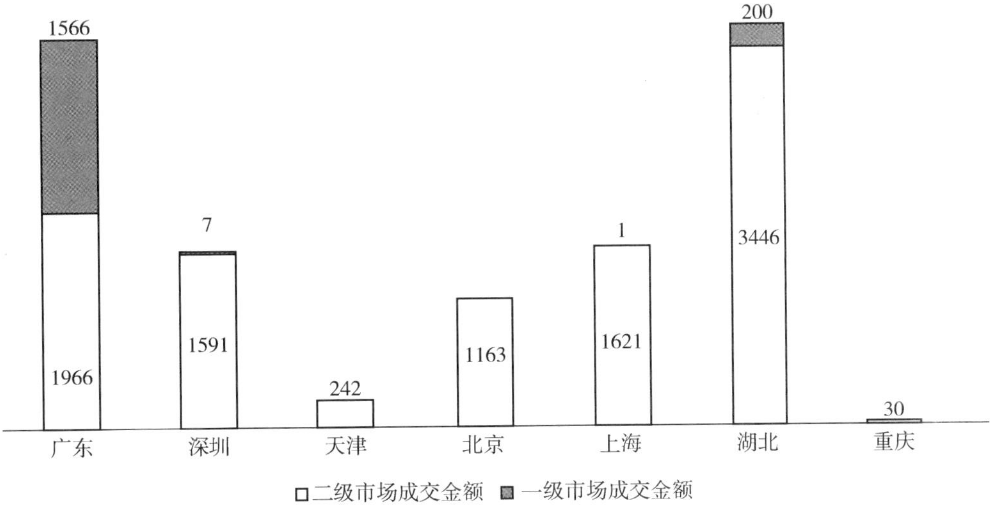

截至 2016 年 7 月 31 日各试点一、二级市场成交量对比（单位：万吨）

季度交易量同比增长 3647%，并出现单日 180 万吨的最高交易量；39 家控排企业使用了 420 万吨 CCER 用于履约，其中超过 40% 的 CCER 用于与配额置换，说明广东省企业碳资产管理的能力有较明显的提升。

四是碳金融市场规模显著增长。2015 年度，参与广东省碳市场的机构投资者比 2014 年度增长 90%，个人投资者增长 130%。碳金融相关业务产品广受欢迎，其中配额回购业务为控排企业和投资机构双方共撮合了 300 多万吨的交易业务；配额托管业务涉及配额数量 445 万吨；广东省成功落地国内第一单碳排放配额远期交易业务之后，累计开 10 余单，共计交易 70 余万吨；上线全国首个绿色金融服务平台“广碳绿金”后已征集到 16 家意向出资方，意向出资总金额达 20 亿元。

三、主要经验做法

广东开展碳排放权交易既有自身独特的条件，又在全国具有较好的代表性。广东经济总量全国居首位，工业行业门类比较齐全，但区域发展很不平衡，珠三角经济总量约为粤东西北的四倍，全省还有多个地市人均 GDP 未达到全国平均水平。因此，广东省没有照搬国外经验，紧紧围绕实际需要，推进市场机制建设，主要在以下几个方面开展探索：

一是坚持总量控制，实施适度从紧的配额管控政策。广东省碳交易政策按照

“抓大放小”的原则，先将区域内电力、水泥、钢铁、石化行业排放 2 万吨二氧化碳以上的工业企业纳入控排范围，总排放占全省 60% 左右。“十二五”时期广东省承担了全国最高的降碳指标任务，广东省坚持“总量控制、适度从紧”的政策方针，2013、2014 和 2015 年配额总量分别设定为 3. 88、4. 08 和 4. 08 亿吨；为配合“去产能、去库存”工作，2016 年配额总量降至 3. 86 亿吨以内，其中控排企业配额减少 500 万吨，配额管控持续收紧。广东省还率先将新建项目纳入碳排放管理，规划新上项目时要求进行碳评，并在配额总量设定时予以统筹考虑，做到“优化存量、控制增量”，为下一步广东省控制碳排放总量，争取在全国率先达到碳排放峰值做好准备。

二是坚持正向激励，建立“鼓励先进、淘汰落后”的配额分配机制。根据全省行业企业单位碳排放平均水平，参照国内外先进地区情况，合理制定控排企业碳排放基准线，并以此划分先进和落后企业及计算发放配额，从而大力鼓励企业提高碳生产力，降低全社会碳排放水平。2016 年度除钢铁短流程、石化企业等使用历史法之外，大部分企业均采用基准线法分配配额，基准线法分配的配额占比增至 92%，基准值均采用国内先进值或行业标杆，引导企业加快转型升级。

三是坚持有偿分配，树立碳排放资源稀缺、有偿使用的理念。广东是国内唯一尝试配额免费和有偿发放相结合的试点，2013 年企业免费配额的比例为 97%，2014 年电力企业进一步降低到 95%，企业既获得了大部分免费的碳资产，又承担了一定的减排压力，体现了“资源稀缺、使用有价”的理念，提高了企业主动减碳的意识。目前广东省已成功组织了 14 次有偿配额拍卖，拍卖收入约 8 亿元，为全国碳市场配额有偿发放管理工作提供有益的参考和借鉴。与此同时，为管好用好配额有偿发放收入，按照“取之于碳、用之于碳”的思路和原则，广东省设立全国首个省级政府出资的低碳发展基金，以市场运作方式支持全省低碳发展领域工作，省财政从配额有偿发放收入中出资 6 亿元注入低碳发展基金，其中首期 1. 04 亿元已下达粤科金融集团（基金受托管理机构），吸引银行等社会资本加入后合计规模将达到 20 亿元。

四是坚持透明公开，培育健康良好的市场环境。碳市场是政府创设出来的市场，政策的不确定性对市场影响很大。广东一直致力于建立公开透明的市场环境，及时公布相关政策信息，例如连续三年公布配额分配总体方案，内容包括配额总量、分配方法、分配因子、基准值、有偿配额数量、企业名单等等，是有效信息公布最多的试点地区之一。

五是坚持严格监管，有效保障市场各方的切身利益。建立第三方核查制度，以政府采购形式招标确定第三方核查机构名单，建立核查机构黑名单制度和绩效考核机制。核查员要求培训上岗，对核查机构每年的核查工作进行考核评议，不符合要求的列入黑名单并取消核查资格。每年3月起，对控排企业上一年度碳排放信息报告开展第一轮核查工作，组织专家对第一轮核查结果进行集中评议，发现问题后及时进行第二轮抽查、复查和复核，对企业虚报、瞒报、漏报等情况绝不姑息，发现一起处理一起，确保企业排放的“一吨碳就是一吨碳”。

六是广泛听取意见，建立相对民主的管理决策机制。在整个碳排放管理过程中，政府依据各利益相关方的意见作出决策，确保决策的科学性和有效性。为此，广东省建立了配额评审委员会制度，配额方案必须经评委会评审再报省政府批准方可实施，评委会由部门、专家、协会和企业代表组成，其中专家不得少于三分之二。依托行业协会、研究机构组建了四个行业配额技术评估小组，负责收集反馈企业意见，对配额管理工作提出意见建议。

七是注重外延发展，利用碳金融反哺实体经济。为了发挥碳市场的绿色融资和服务实体经济的作用，广东先后推出了配额抵押融资、配额回购融资、配额远期交易、碳交易法人账户透支、碳附加资产证券化、碳债券、碳租赁等多个碳金融相关业务产品；正在研究开发碳期权等更丰富的碳金融衍生产品，并大力支持和鼓励银行、保险公司、基金公司等发展碳金融服务业务，争取将碳资产打造成为企业的新型融资工具。此外，积极将碳交易理念延伸至低碳社会和消费领域，广州、东莞、中山、韶关、河源、惠州等六个碳普惠制试点工作全面铺开，在社区居民的节水、节气、节电以及低碳出行、林业碳汇、低碳产品等领域开展试点；成立了广东省碳普惠创新发展中心，搭建省级碳普惠推广平台，组建低碳商家联盟，今年还将首次尝试允许碳普惠核证减排量直接用于抵消碳市场控排企业的实际排放，实现碳普惠与碳市场的链接。

四、存在问题及下一步工作计划

广东省碳交易试点过程中也存在一些亟需解决的问题：一是碳交易法律层级不够，对企业不履约的处罚措施有限，形不成强有力的约束机制。二是企业减排责任意识和碳资产管理意识还有待提高，企业参与交易的积极性不高，对企业的能力培训工作有待加强。三是碳交易产品过于单一，市场交易不够活跃，市场培育有待加强。四是行政指标和市场机制存在不协调的地方，重点企业同时受到政府下达的减排行政指标和碳排放配额的双重限制，导致两种机制的功能不能达到有效发挥。五是有偿配额拍卖收入的预算管理和使用运行机制不够完善，财政资金注入基金缓慢，影响基金的设立和运作。另外，企业碳资产的会计核算准则问题，碳交易税收征收和优惠问题，这些都影响到广东省乃至全国碳市场的健康和可持续发展。

2016—2017 年，针对目前广东省碳市场配额流动的比例仍较低、全国碳市场与试点市场衔接方案仍未明确、全国碳交易平台竞争激烈等形势和挑战，广东省将进一步深化碳排放权交易试点工作，按照国家和省委、省政府的工作部署，重点推进以下工作：

一是继续提升碳交易管理水平。完善相关配套政策，发布并组织实施《广东省 2016 年度配额分配实施方案》，按照相关工作部署认真做好 2016 年度配额管理和履约工作。计划将航空、造纸等行业新纳入碳交易范围，逐步公开企业碳排放信息。加强市场交易监管，严格对未履约企业处罚。

二是继续推动碳金融体系创新。鼓励银行、金融机构建立绿色信贷机制，推动发展碳租赁、碳基金、碳债券等碳金融产品。支持银行把碳排放权、碳收益权纳入企业贷款、发债的增信条件。从拟设立的省级低碳发展基金中分设若干子基金投向碳金融相关领域。

三是继续促进碳市场健康发展。进一步完善交易机制，完善配额回购、托管、远期交易等业务流程，研究推出现货延期交易等交易产品。加强企业碳资产管理能力建设，提升企业碳减排责任意识。研究出台鼓励投资机构、金融机构参与碳交易的政策措施，吸引更多的社会资本参与碳市场。

四是着力打造国家级碳交易综合平台。加快推进广州碳排放权交易所增资扩股工作，积极引入国家、省级战略投资者，推动股权结构多元化。完善交易所管理架构，着力提升服务水平，打造国家级有偿配额竞价平台和碳交易综合性平台。加快筹建以 CCER 为首个品种的创新型期货交易所。

五是继续积极参与全国碳市场建设。按国家要求完成广东省纳入全国首批控排企业碳排放数据报送工作，配合做好全国碳排放配额初始分配。发挥试点辐射作用，开展全国碳市场泛珠三角区域“9 + 2”全方位合作，积极争取全国碳市场交易平台落户广东，协调广东与深圳省市两级试点，最大限度发挥合力争取全国碳交易平台。进一步推进与全国碳市场对接，制定试点配额和全国配额互换或补偿方案，确保广东省试点市场平稳过渡到全国市场。

六是继续加强对外宣传工作。系统梳理总结广东碳交易工作经验和做法，积极主动向国家发展改革委汇报工作成果。加强与省内外媒体合作，利用网络、报纸、微信、论坛等，多途径、多角度宣传广东碳市场的优点、特点和亮点。

（省发展改革委供稿）

第三节　碳普惠篇

【提要】

碳普惠制是对小微企业、社区家庭和个人的节能减碳行为进行具体量化和赋予一定价值，并建立起以商业激励、政策鼓励和核证减排量交易相结合的正向引导机制。2015 年，经省政府同意，省发展改革委决定在全省组织开展碳普惠制试点并印发《广东省碳普惠制试点工作实施方案》。这是全国首个促进小微企业、家庭和个人碳减排的创新性碳普惠制度。广州、中山、东莞、惠州、韶关、河源 6 市纳入首批试点。

广东碳普惠制将社会公众低碳行为产生的减碳量以碳币形式进行流通，从而塑造一种新型低碳发展共享业态：既促进公众低碳消费意识觉醒，又将商家与主要消费人群衔接，推动低碳生活，展示推介低碳产品，以“低碳 + 互联网”的创新模式从消费端促进生产端绿色转型升级。广东还创新地建立碳普惠发展中心，并以此通过众筹、普惠专项活动、公益低碳等形式去影响大众，普及低碳技术、低碳产品、低碳生活知识，推动可持续的绿色低碳发展。

广东省碳普惠制工作进展情况

一、碳普惠制试点工作依据

根据《广东省人民政府关于印发“十二五”控制温室气体排放工作实施方案的通知》(粤府〔2012〕96号)要求和广东省碳排放权交易试点工作部署，为深入贯彻落实党的十八大和十八届三中全会和省委十一届三次全会关于加快生态文明制度建设的精神，大力推进全社会低碳行动，探索鼓励绿色低碳生产生活方式的普惠性工作机制(以下简称碳普惠制)，经省政府领导同意，广东省决定在全省组织开展碳普惠制试点工作，并于2015年7月下发了《广东省发展改革委关于印发广东省碳普惠制试点工作实施方案的通知》(粤发改气候〔2015〕408号)，明确提出了试点工作意义、目标及任务，于2016年1月发布了《广东省发展改革委关于首批碳普惠制试点工作方案的批复》，同意广州、东莞、中山、惠州、韶关、河源6地市为首批试点，试点期为3年。

二、碳普惠制试点工作意义

巴黎气候大会的成果表明，低碳发展是社会发展的必然，是可持续发展的必然途径，是人类发展的必然选择。应对气候变化不仅仅是高能耗高排放企业的责任，也需要全社会行动起来共同应对，通过政策协同、产业协同、技术协同、区域协同、市场协同，创新适宜的低碳发展模式。当前的碳交易是基于总量控制的碳排放权交易，但由于只是针对高能耗高排放企业的交易机制，其社会影响及辐射程度都有一定的局限。

据测算，在能源结构没有显著变化的情况下，GDP每增长一个百分点，会带来0.4—0.5个百分点的碳排放增长；随着广东省城镇化快速发展和城乡居民生活水平的不断提高，对钢铁、建材、交通、消费等方面的需求不断提升，人均碳排放水平呈现快速增长态势。城市小微企业和社区居民的生活、消费领域逐步成为广东省能源消耗和碳排放(包括直接和间接排放)增长的重要领域之一。为此，国家发展改革委下发《关于开展低碳社区试点工作的通知》(发改气候

〔2014〕489号）要求各地积极探索有效控制城乡社区碳排放水平的途径，广东省也亟需探索建立政府引导、社会自觉和市场运作的低碳社会建设机制，合理控制人均碳排放水平的快速增长，确保实现国家下达广东省的控制温室气体排放约束性目标。

碳普惠制是指为小微企业、社区家庭和个人的节能减碳行为赋予一定价值，并建立起一套商业激励、政策鼓励和核证减排量交易相结合的正向引导机制。该机制不同于国内外类似的机制，首例系统地将公众和小微企业的低碳行为依托碳普惠信息服务平台，通过数据采集，记录并量化公众日常生活中节能低碳行为的减碳量，并将减碳量换算成一定量的“碳币”发放到相应公众账户中，公众可以用碳币换取优惠及服务等。碳普惠制的建立，是从低碳权益的角度出发，通过减碳量在个人、企业间的流通将低碳行为与生产、消费结合起来，形成以低碳为链接的业态，让更多的人认知低碳权益，了解获得低碳权益的途径、方法，提高整个社会低碳发展的水平。

推广碳普惠制，有利于落实国家、省委和省政府应对气候变化及低碳发展工作的部署要求，发挥政府引导和市场机制作用，调动全社会践行绿色低碳行为的积极性，树立低碳、节约、绿色、环保的消费观念和生活理念，推动建立低碳消费拉动低碳生产的经济发展新模式，形成“共建低碳社会，实现低碳发展”的共赢格局。

三、碳普惠制工作基础

政策基础。国家和省委、省政府高度重视低碳发展工作，中共中央、国务院《关于加快推进生态文明建设的意见》中明确指出，要提高全民生态文明意识、培育绿色生活方式、鼓励公众积极参与；广东省相继出台了《广东省开展国家低碳试点工作实施方案》《2014年广东国家低碳省试点工作要点》，扎实推进国家低碳省试点，探索低碳绿色发展市场化机制，提出“基本形成低碳发展占主导地位的经济发展方式，低碳生活方式和消费模式成为人们的自觉行为”的要求，对广东省低碳建设工作起到了重要的指导作用，为碳普惠制的建立推广奠定了政策基础。

群众基础。近年广东省加大力度普及气候变化知识，引导公众低碳生活、低碳消费，公众低碳意识得到了显著提升，对绿色低碳生活环境的需求日益增长，全社会有利于推广碳普惠制的绿色低碳氛围逐步形成。

推广渠道成熟。移动互联网的发展，对碳普惠制的建设起到了极大的推动作用。通过移动互联的手段整合利用公众低碳行为相关的数据，从经济上、政策上、商业上探索全社会低碳发展的新模式、新机制，降低全社会节能减碳的成本，也为碳普惠制的推广提供了便利的渠道。

四、碳普惠制工作总体进展

广东省碳普惠制工作以“低碳权益、惠及你我”为核心理念，以政府引导、市场主导、企业响应、公众参与、示范引领为原则，开展相关工作。

（一）平台系统建设方面

碳普惠平台系统包含碳普惠官网（WEB 端）、微信服务号及移动应用（APP）。

1. 微信服务号

目前已有线上微信服务号（低碳普惠，tanph_service），便于公众注册并进行兑换优惠，查看及参与活动，接收低碳信息，进行绑定关联项（羊城通卡号、水电费账单号等）、实名认证等用户信息维护。

2. 碳普惠官网

碳普惠官网（www. tanph. cn）即将对外公开。官网主要模块为碳币兑换、低碳活动、低碳资讯、减碳置换及低碳产品等。

同时，官网后台已完成领导视图设计，可以浏览全国碳普惠试点的分布、会员人数、减碳绩效等，同时可以查看各省及各地市的具体情况。

3. 碳普惠移动应用（APP）

已经完成对个人 APP 模块的规划，完成商户 APP 安卓版和 ios 版的开发及测试，正逐步将商户 APP 发布到各应用市场。商户通过可进行自主注册、实名认证、发布优惠、验证优惠、查看优惠统计等。

下一步，平台系统将逐步开放碳普惠平台 API 数据接口，提供标准化的 API 接口，为企业、商户系统平台或者是电商平台等接入碳普惠平台提供便利，同时通过相关优惠政策进一步鼓励商户接入碳普惠平台系统。最终实现商家系统和碳普惠平台会员信息互通，从而扩大碳普惠平台的影响力。

（二）碳普惠试推广方面

1. 碳普惠运营中心建设情况

2016 年，经广东省发展改革委同意，成立了广东省碳普惠创新发展中心。

目前，广东省碳普惠创新发展中心建设了东莞、中山、河源及广州 4 个运营中心。并已经在东莞、中山完成了碳普惠运营中心的挂牌。

2. 会员发展情况

（1）微信关注人数：912 人

（2）注册会员人数：739 人

（3）低碳联盟数量：11 家

3. 方法学开发情况

目前碳普惠支持 21 种低碳行为的减碳量量化核算。低碳行为减碳量量化方法学通则见附件，具体方法学开发情况及计划推广的地市如下：

		低碳行为名称	开发情况	地市
01	低碳出行	租用公共自行车	已完成评审稿	广州、惠州、中山
02		乘坐地铁系统出行	已完成评审稿	广州
03		乘坐公交系统出行	已完成评审稿	广州、中山
04		减少私车通勤	已完成评审稿	广州、东莞、中山
05	低碳消费	购买节能空调	已完成评审稿	
06		购买节能洗衣机	已完成评审稿	
07		购买节能冰箱	已完成评审稿	
08		购买 LED 灯具	已完成初稿	中山
09		购买便携式光伏产品	已完成初稿	河源
10		购买空气源热泵热水器	已完成初稿	河源
11		选购新能源汽车	已完成初稿	东莞
12		新购（租赁）绿色建筑	已完成评审稿	广州
13		选购电子门票	编制中	河源
14		酒店低碳住宿	已完成初稿	河源
15	低碳生活	节约用电	已完成评审稿	广州、惠州、东莞
16		节约用水	已完成评审稿	广州、东莞
17		节约用气	已完成评审稿	广州、中山、东莞、惠州
18		分布式光伏发电	已完成初稿	河源

		低碳行为名称	开发情况	地市
19	其他	ETC 快速过闸	已完成初稿	
20		塑料废弃物回收	已完成初稿	
21		造林碳汇	编制中	韶关

4. 主要合作推广单位

目前确认的碳普惠制主要合作推广单位如下：

单位名称	合作推广方向
羊城通、中山通	推广低碳出行
广州 BRT 公司	推广低碳出行
广州市/惠州市公共自行车公司	推广低碳出行
松山湖生态示范区	分布式光伏碳普惠示范
南岭国家森林公园管理处	低碳普惠景区
万绿湖景区管理处	低碳普惠景区
立冰节能空调有限公司	碳普惠专项产品示范推广
汉能控股集团华南区域广东公司	碳普惠专项产品示范、家庭分布式光伏碳普惠
广东拜登网络技术有限公司	推广垃圾分类
太古汇集团、摩登百货	示范低碳普惠购物中心
康莱德酒店集团、禾田居酒店	低碳普惠酒店，推广低碳住宿
赛宝物业、创辉煌物业	推广节约用电、节约用水、低碳出行

（省发展改革委供稿）

广州市碳普惠制试点情况

【提要】

为充分发挥公众在和谐绿色城市创建中的积极作用，体现低碳试点的创新示范作用，广州市申请成为了广东省碳普惠制首批试点。广州市以建筑领域和交通领域为试点领域，以购买（租赁）一星、二星、三星建筑，乘坐公交出行，乘坐地铁出行，节约用水，节约用电，节约用气等为试点低碳行为。除商业激励外，广州市拟加强交易激励，构建碳币回购体系，建立碳币回购基金，支持碳币的流通；同时开展政策激励，研究提供碳币兑换公共服务等优惠。

自试点至今，按《广州市碳普惠制试点工作方案》进行碳普惠制工作的推进，并已取得一定成效。

一、广州市碳普惠制试点建设成效

（一）起草《广州市碳普惠制管理暂行办法》

为突出广州市碳普惠制特色并指导碳普惠制工作的有序推进，广州市发展改革委先行牵头起草了《广州市碳普惠制管理暂行办法》，梳理了广州碳普惠制工作的总体框架及碳币生命周期的流通路径，提出了碳普惠行为及数据、碳币发放、碳币流通使用、碳币交易、碳币基金使用等管理条例，为广州市碳普惠制工作推进提供政策依据。

（二）配套资金支持，深化机制研究

为更好开展碳普惠制工作，广州市特立项 7 个项目，支持文件体系的编制、方法学的开发、碳币回购机制等的研究。

（三）开发完成低碳行为减碳量量化方法学

已完成《广州市低碳行为减碳量量化方法学通则》及《广州市低碳行为减碳量折算碳币规则》，以指导广州市碳普惠低碳行为的减碳量量化方法学开发。

目前已开发完成《广州市节约用水减碳量量化方法学》《广州市节约用电减碳量量化方法学》《广州市节约用气减碳量量化方法学》《广州市公交出行减碳量量化方法学》《广州市地铁出行减碳量量化方法学》《广州市购买绿色建筑减碳量量化方法学》;《广州市节约用水减碳量碳币兑换比率》《广州市节约用电减碳量碳币兑换比率》《广州市节约用气减碳量碳币兑换比率》《广州市公交出行减碳量碳币兑换比率》《广州市地铁出行减碳量碳币兑换比率》《广州市购买绿色建筑碳量碳币兑换比率》。为各低碳行为的减碳量量化以及碳币分配奠定了理论依据。

（四）积极协调碳普惠制数据对接工作

与交通部门、住建部门及社区街道沟通了在交通领域及建筑领域推行碳普惠所需数据的对接事宜。目前已确定与羊城通对接市民乘坐公交车出行及乘坐地铁出行数据的方式及周期。

（五）推进广州市碳普惠制的宣传工作

以 6 月 18 日广东省低碳日活动为契机，广州市开展了以碳普惠为主题的宣传活动，包含碳普惠微信平台发布、减碳量捐赠仪式暨碳币赠送以及碳币现场兑换优惠活动，当天碳普惠注册人数为 145 人。在建筑领域，已确认在北京街都府社区、洪桥街三眼井社区、电子五所社区等成熟社区推行碳普惠制，通过“北京街低碳商户推介”,“五所社区植物认养”等活动将碳普惠制引入到社区，鼓励社区居民参与广州市碳普惠建设。在交通领域，将在 BRT 公益广告位宣传广州市碳普惠制，引导市民低碳出行。目前，广州市碳普惠注册人数 400 余人。

（六）加强广州市碳普惠制的激励力度

广州市拟通过碳币回购、公共服务激励及商业优惠激励动员市民积极参与碳普惠制。在商业优惠激励方面，已初步组建低碳联盟，涵盖电影、餐饮及生活服务等行业，为市民提供碳币兑换服务。

二、下一步工作计划

（一）加快《广州市碳普惠制管理暂行办法》配套文件的制定

加强广州市碳普惠制工作的制度建设，推进管理办法的出台，保障广州市碳普惠制工作稳步有序推进。

（二）协调相关部门，推进数据获取及对接工作

继续协调相关部门及公共服务机构，按约定周期提供市民公交或地铁出行、用水、用电、用气等数据，作为基础低碳行为减碳量核算依据，为碳币的顺畅生成及发放提供数据基础。

（三）进一步加大广州市碳普惠制的宣传力度

以低碳交通、低碳社区、低碳校园、低碳景区等为切入点，以推广碳普惠行为为主题，开展形式多样的低碳推广活动。重点围绕广州市碳普惠试点低碳行为，结合目标用户群体行为特征、消费习惯、信息传播偏好等，深度挖掘低碳推广活动内容，以求达到最好的宣传效果。根据不同细分用户群体的活动范围，针对性的开展宣传推广活动。针对社区，结合社区低碳行为，如节约水、电、气等，开展低碳生活知识普及活动。同时联合社区附近商户，共同参与进来，用商户优惠促销等活动吸引社区居民加入碳普惠平台，养成绿色低碳的生活习惯。针对校园，结合校园低碳行为，如旧书回收、自行车出行等，联合各大高校，号召高校学生用实际行动参与到广州市碳普惠校园的建设中来。

（四）积极发展扩大低碳联盟

进一步动员商户加入广州市低碳联盟，拓展涵盖的行业类别，为市民提供更多碳币兑换优惠服务。借助行业协会等的力量，深度拓展各个商业领域的商户加入广州市碳普惠低碳联盟。为上游会员的发展提供形式多样的商家优惠和公共服务政策等，刺激广州市碳普惠会员活跃度。

（五）打造广州市碳普惠制专项示范

以太古汇或摩登百货为试点，将建筑减碳项目的减碳量普惠给市民，并提供碳币兑换商业优惠服务，打造广州市碳普惠低碳普惠购物中心。已选定的低碳社区为试点，动员社区居民参与碳普惠、周边商户加入低碳联盟，打造广州市低碳普惠社区示范。以 BRT 沿线为试点，以 BRT 公交站公益广告位作为宣传媒介，构建 BRT—碳普惠—沿线商场的“低碳普惠生态圈”，打造广州市低碳普惠示范交通线路。

韶关市碳普惠制试点情况

一、背景

根据《广东省人民政府关于印发“十二五”控制温室气体排放工作实施方案的通知》（粤府〔2012〕96 号）、《广东省发展改革委关于印发广东省碳普惠制试点工作实施方案的通知》（粤发改气候〔2015〕408 号）要求和广东省碳排放权交易试点工作部署，为着力解决韶关市生态文明建设水平滞后于经济社会发展突出问题，动员社会积极力量深入持久地推进生态文明建设，认真贯彻落实中共中央、国务院《关于加快推进生态文明建设的意见》（中发〔2015〕12 号）精神，韶关市积极组织开展林业碳普惠制试点工作。

韶关是生态资源丰富地区。作为全国重点林区、广东用材林、水源林、天然林基地及毛竹基地，森林资源独特，生物多样性丰富，生态战略地位重要，被誉为华南生物基因库和珠江三角洲的生态屏障。截至 2015 年底，韶关市林业用地面积 141.9 万公顷，其中森林面积 135.5 万公顷，森林覆盖率 74.95%，林地绿化率 94.77%，活立木总蓄积 8822.1 万立方米。全市现有省级以上自然保护区 13 个，总面积为 21.67 万公顷，其中国家级自然保护区 3 个。

同时，韶关也是粤北经济欠发达地区。全市 2014 年人均地区生产总值为 3.83 万元，仅为全省人均地区生产总值 6.37 万元的 60%；全市居民人均可支配收入 16523 元，仅为全省居民人均可支配收入 25685 元的 64%，经济发展水平远落后于全省平均水平。

根据《广东省主体功能区划》，韶关市除城区外，7 个县（市）均属于国家级重点生态功能区县（市）：乐昌市、南雄市、始兴县、仁化县、乳源县、翁源县、新丰县。生态功能区限制大规模工业化、城市化的发展，而将增强生态产品生产能力作为首要任务，韶关山区面临着加强生态环境保护和提高人民生活水平的双重压力。

政府出于加强生态保护的目的，将部分商品林划定为生态公益林并限制采伐，给林地经营者造成了一定经济损失。然而，现行生态公益林补偿标准偏低，与经营商品林收益或林地租金收入相距甚远。在韶关，扣除各级林业部门、乡镇政府和村委会管理经费后，2015 年林地经营者实际获取的损失性补偿基金为 18 元/亩·年，而农民经营杉木纯利润可达 180—400 元/亩·年。

我国自愿减排交易机制中的林业碳汇项目可以拓宽生态补偿资金来源渠道，但开发成本高、项目实施及获益周期长、审核流程和核算方法复杂等制约因素使其无法惠及广大基层林地经营者。截至 2015 年底，在国家自愿减排交易中心成功备案并能进行交易的林业碳汇项目中，广东仅有长隆一项。

基于上述问题，韶关市林业碳普惠制试点示范的建设，旨在探索森林资源生态效益的价值化、市场化，将发展林业碳汇作为实现生态效益救助机制的重要补充载体，创建具有韶关特色的碳普惠激励机制，并通过碳普惠制充分调动民众保护区域生态环境的积极性，自觉提高森林管护质量，为保障生态安全和人民保护健康，扩大绿色生态空间。

二、实施思路

韶关市碳普惠制试点紧紧围绕《广东省发展改革委关于印发广东省碳普惠制试点工作实施方案的通知》（粤发改气候〔2015〕408 号）的有关要求，积极探索具有韶关特色的林业碳普惠运行机制，开发适用于碳普惠制的流程简化、操作性强、且成本较低的林业碳汇核算与核证方法学，为实现林业碳汇作为“生态服务产品”进行市场化交易提供合理依据。通过方法学的科学、规范引导，提出林农在林地经营过程中可以实施的增加碳汇的具体措施，切实提高森林生态质量和生态服务功能。引导山区林农积极发展林下经济等生态发展模式，优化林地经营管理方式，减少对木材产品的依赖程度，帮助山区民众改善生计的同时保护森林资源不受破坏。

韶关市碳普惠制试点探索构建由政府引导、第三方机构技术支持、市场推动和公众参与的多元化林业碳普惠激励机制，调动山区基层民众参与的积极性并使更多低碳行为受益。通过搭建林业碳普惠制平台与碳排放权交易平台的对接，使林业碳普惠减排量可用于本省控排企业碳排放配额的抵消，形成高耗能、高排放地区对经济欠发达生态功能区的市场化长效补偿机制。同时，在省级碳普惠平台上探索建立非控排企业和个人购买林业碳汇的渠道，鼓励社会公众以认购碳汇或捐资造林的形式积极履行社会责任，实现山区贫困人群与社会大众的扶贫公益对接。

三、试点建设成效

（一）各方对建立林业碳普惠机制达成共识

通过开展座谈、实地调研，交流研讨等活动，借助项目启动会、新闻媒体报道等宣传契机，韶关试点在提高全社会对林业应对气候变化以及加强森林资源保护的认识方面成效显著。一方面，政府主管部门将发展林业碳普惠列为韶关市生态文明建设与低碳发展重点工作，对实现森林资源价值化、市场化和完善生态补偿机制等问题进行深入思考。另一方面，广大林地经营者积极参与林业碳普惠试点，认识到不依靠砍伐林木、出售木材产品而将森林加以保护同样可以获得效益，促进了传统粗放式森林经营模式向可持续森林经营模式的转变。

（二）完善和丰富广东省森林生态补偿机制

广东省现行生态公益林效益补偿制度存在补偿标准偏低、未考虑生态区位、林分类型、林分质量及地区经济发展水平、地方政府缺乏配套政策资金等问题，无法完全弥补划定生态公益林带来的经济损失，因此在实施过程中不能充分调动林地经营者管护公益林的积极性，导致部分林地退化严重。

韶关市碳普惠制试点创新性提出生态质量衡量体系，在现有生态补偿机制基础上将林业碳汇作为实现森林生态补偿的重要载体和量化指标，并在碳汇核算方法学开发中综合体现森林的固碳能力和生态效益，使得生态区位重要和林分质量优越的林地通过碳汇获得更多补偿，从而鼓励和引导林地经营者积极从低碳角度采取养护山林的措施。此外，通过对现有国内外林业碳汇方法学及开发流程的简化，大大降低了碳汇项目开发及交易的成本，使得基层民众能够广泛参与并从中获益。

（三）探索低碳精准扶贫的创新机制

发展林业碳普惠是将精准扶贫与生态文明建设、低碳发展相结合的有力切入点，是建立扶贫与低碳发展联动工作机制的创新型探索。建立林业碳普惠机制既符合生态功能区限制开发、保护生态的主体功能定位，也能为林业生产周期长、林农短期难有收益提供一条解决思路。林业碳普惠鼓励山区民众利用有关方法学，结合林地情况有效增加碳汇，开发林业碳减排项目，推动林业碳减排项目进入国内外碳排放权交易市场。同时，倡导企业与贫困村结对开展低碳扶贫活动，通过购买贫困地区林业碳普惠减排量，履行企业社会责任以及抵消企业自身的碳排放，贫困村从开发林业碳普惠减排项目中获得持续稳定收入，从而实现精准扶贫。

四、下阶段工作

（一）完善林业碳普惠制度体系

研究制定简单易行、成本较低的林业碳普惠制操作流程，明确林业碳普惠项目申请注册、资格审核、数据对接、碳汇量核算、核证、签发、交易等具体环节。起草林业碳普惠相关制度设计文件，包括《林业碳普惠制管理办法》《林业碳普惠项目审定与核证指南》《林业碳普惠减排量交易办法》等。建立林业碳普惠制与广东碳排放权交易体系的对接机制，促进林业碳普惠减排量进入广东省碳交易体系。建立林业碳普惠制与省级碳普惠平台的对接机制，鼓励个人、小微企业和非控排企业通过碳普惠平台购买林业碳普惠减排量抵消自身碳排放。

（二）开展基于低碳体系的森林生态补偿机制和精准扶贫试点

针对已确定的试点对象（车八岭自然保护区、刘张家山林场、联兴林场、翁源县翁城镇沾坑村），获取试点林地森林资源数据，应用林业碳普惠方法学进行试评价。推动首批林业碳普惠试点减排量进入广东省碳排放交易市场进行交易，或征求有意愿购买林业碳普惠减排量的企业开展线下认购活动，发挥试点示范作用。

（三）拓宽碳普惠制涵盖领域，扩大低碳扶贫效益

除林业外，积极探索农业、养殖业、新能源开发与利用、废弃物处理等农村地区生产生活领域的碳普惠减排机制，形成相关低碳行为减碳量核算与核证方法学，建立一套丰富完善的农林业碳普惠方法学体系，使农村地区更多的低碳行为在碳普惠平台上获益。优先帮扶贫困地区开发农林业碳普惠减排项目，通过改进扶贫资金使用方式和配置模式，以政府扶贫资金撬动社会资本，为贫困地区引入低碳发展资金，形成适用于不同地区的差异化低碳发展模式，避免重复以牺牲生态环境可持续性来换取经济增长的农村发展和脱贫模式。

（四）加强宣传与推广

利用低碳日、环保日、扶贫济困日等时机，积极开展林业碳普惠宣传与推广活动，将林业碳普惠的有关知识和理念介绍给民众，吸引更多林地经营者积极参与，鼓励城镇居民和企业认购林业碳普惠减排量，通过农林业碳普惠减排项目搭建扶贫企业与贫困地区对接合作的桥梁。总结试点过程中可推广、可复制的经验和模式，在全省乃至全国推行林业碳普惠机制，形成全社会自觉践行低碳绿色生活理念、重视生态环境保护的良好风尚。

（中国质量认证中心广州分中心供稿）

河源市碳普惠制试点情况

【提要】

河源市作为广东省首批碳普惠制试点城市，积极开展河源市景区和工业园区碳普惠试点工作，在河源市选取使用节能产品、低碳旅游、低碳住宿等低碳行为进行减碳量量化，探索实现通过碳普惠平台给予会员相应的激励，从意识、经济、生活等各个方面推动公众低碳意识的提升。同时，联合广东省碳普惠创新发展中心成立了河源市碳普惠运营中心，全面综合推进河源市碳普惠制试点建设工作。从开始实施碳普惠制试点工作至今，取得了一定的工作成效。

一、河源市碳普惠制试点建设成效

河源市碳普惠运营中心建设。由广东省碳普惠创新发展中心成立了“河源市碳普惠运营中心”，委派专门的技术及运营人员，在河源市发展改革委的指导及万绿湖景区、工业园区等其他相关部门的支持下，协调河源市碳普惠试点建设中各项工作，组织或承担具体的调研、研究、文件编制、河源市碳普惠运营等工具，包含选取试点低碳行为、开发低碳行为减碳量量化方法学、开展碳普惠数据收集、建设河源市碳普惠运营平台、发展建立低碳商家提供商业优惠、具体执行各项宣传引导工作，也将协助市发展改革委等部门、配合相关机构确定公共服务激励及交易激励体系。

碳普惠景区建设。为将碳普惠机制引入至万绿湖景区，创建首批碳普惠试点景区，河源市发改联合万绿湖旅游发展有限公司和广东省碳普惠创新发展中心，通过调研景区的电子门票、低碳科普馆建设、景区 LED 灯改造、森林碳汇等项目建设情况，选定景区低碳行为；开发完成《电子门票减碳量方法学》及《酒店低碳住宿减碳量方法学》初稿；借助省级碳普惠创新平台，将景区的森林碳汇量进行核算后，形成碳汇量赠送项目活动进行网页及微信公众号的推广和发布（图 1、2），游客在碳普惠平台注册会员之后，核证后的碳汇量通过碳普惠平台系统赠送到游客账户；联合景区内的低碳联盟商家（餐饮、酒店、特色纪念品等）给予游客一定的优惠，并开发万绿湖低碳旅游、饮食、住宿综合体验的商业模式，积极推进了低碳景区宣传和建设。

工业园区碳普惠建设。根据《河源市碳普惠制试点建设实施方案》中工业园区碳普惠建设的各项工作要求，已深入深圳南山（龙川）产业转移工业园区空气能热水器生产基地进行实地调研，选定空气能产品企业2家，分别是纽恩泰空气能热水器和聚腾空气能热水器。通过在企业内部交流并了解空气能产品的生产线、产品类型、节能机理、节能效果展示等基础情况，确定企业研发的空气能热水器作为试点碳普惠产品；已开发完成《购买及使用空气能热水器减碳量核算方法学》；实现了碳普惠平台空气能热水器试点产品的推广和宣传，碳普惠平台会员购买试点产品即可根据减碳量获取碳币奖励，通过碳币可换取周边商业优惠。

碳普惠推广活动。2016年5月28日，由汉能全球光伏应用集团广东公司联合广东省碳普惠创新发展中心在河源市汉能基地举办了“广东省汉能碳币卡首发仪式暨汉能薄膜发电产品特购会”，活动口号为“阳光共创财富，低碳你我先行”。活动参与方由来自粤东（河源、梅州），佛山（顺德、南海），广州（增城，花都），东莞，粤北（韶关、云浮、清远、肇庆），低碳环保人士（汉能户用系统潜在消费客户）及汉能经销商组成的客户群体约200人。通过本次活动的顺利召开，不仅实现了汉能3kW、5kW户用系统销售，树立汉能户用发电系统在广东的市场地位；同时，在本次活动中广东省碳普惠创新发展中心的低碳宣讲及新增广东首发汉能的碳普惠会员，有效的推广了低碳生活理念。根据开发的《分布式光伏发电系统减碳量核算方法学》，汉能与碳普惠中心共同设计了汉能碳币卡，确定碳币卡使用规则，并实现持卡人会员身份认可。本次活动的圆满成功为今后河源市碳普惠试点实施的推广起到了重要的宣传及促进作用，并积累了丰富的推广实践经验。

二、下一步工作计划

接下来的一年时间，是河源市碳普惠试点建设推广的关键时期，在2016年10月份碳普惠平台完成测试，正式规模推广后，将严格落实碳普惠试点建设方案的各项考核指标，确保河源市碳普惠试点工作的顺利完成。围绕河源市碳普惠建设实施的各项目标，河源市下一步将重点做好以下几个方面工作：

开展万绿湖碳普惠推广活动。初步拟定于2016年12月举办万绿湖碳普惠推广宣传活动，由广东省碳普惠创新发展中心确定活动方案，河源市发改局落实当地电视媒体、新闻媒体等现场报道及后续宣传等事宜，万绿湖旅游发展有限公司配合场地布置、预热宣传、主题资料宣传、游客引导等工作，共同推动万绿湖景区碳普惠景区建设工作的全面开展。活动前由广东省碳普惠创新发展中心委派技术人员核算万绿湖景区的森林碳汇量，通过平台进行数据发布及活动期间的碳币发放；落实景区内的低碳联盟商家（餐饮、酒店、特色农产品等商家），确定碳币兑换的具体优惠力度，提升游客对万绿湖碳普惠景区试点建设的直观感受，带动更多的公众游客们参与低碳旅游和践行低碳生活。

推进工业园区碳普惠建设。按照工业园区碳普惠试点实施的具体目标，在产品宣传的同时提高碳普惠的宣传影响，设计新产品外包装张贴碳普惠二维码，引导公众购买低碳试点产品并根据减碳量获取碳币奖励。动员周边1—2家大型超市支持居民购买产品的低碳行为，加入低碳联盟，为居民提供碳币兑换商品优惠、折扣等服务。实现低碳意识、低碳生活的深入推广，促进碳普惠在工业园区及居民中范围的扩大和发展。并总结低碳产品试点的实施经验，评估试点实施效果，改进碳普惠激励机制，逐步将碳普惠扩大到整个工业园区，并规划纳入更多的低碳产品和低碳生产企业参与。

加快低碳联盟酒店推广。重点选取河源市万绿湖景区附近1—2家酒店及河源市逸林希尔顿酒店作为碳普惠试点联盟商家，打造酒店的低碳特色，核算酒店建设、运营过程中的节能减排工程项目的减碳量，并将酒店的节能减排量赠送给入住的游客，给予相应的商业激励，带动河源市第三产业的低碳发展。组织酒店的工作人员进行碳普惠系统操作、低碳办公等专业培训（培训材料包括碳普惠平台、APP、微信公众号的操作培训材料及PPT等），提高整体从业人员的低碳意识。

加强河源市碳普惠宣传工作。建立河源市碳普惠的宣传机制，制定宣传材料［碳普惠宣传视频（争取）、景区及工业园区电子屏显示材料、宣传册、河源市电视台及广播宣传文案等］。定期在工业园区、万绿湖景区、低碳联盟酒店中的电子屏、宣传栏、入口等位置张贴碳普惠宣传海报，定期在举办碳普惠主题活动，增加碳普惠平台会员量，促进碳普惠在河源市的推广。

惠州市碳普惠制试点情况

【提要】

自2015年主动申请成为碳普惠制试点以来，惠州试点按照省委、省政府的要求，大力推进社会低碳行动、探索鼓励绿色低碳生产生活方式的碳普惠工作精神，遵循“政府引导、市场运作、社会参与、示范引领”的要求，充分结合“惠民之州”的城市建设理念与实际情况，积极推动碳普惠制试点在惠州试点的具体落实，探索建设具有可复制、可推广的普惠制模式。目前，惠州试点碳普惠制试点正在积极建设中，截至2016年11月，在以下几方面取得进展：

一、确定试点区域与低碳行为

惠州试点基于低碳社区、低碳交通、低碳景区的试点初步思路，组织了对惠州试点东湖社区、惠民自行车公司、罗浮山景区、巽寮湾景区等单位的实地调研；组织市发改局、住建局、公用事业局、交通局、统计局、水务局、供电局、燃气公司等进行了座谈，听取对试点工作的建议。经过调研，摸清了惠州社区、交通、景区层面的碳普惠制建设基础，同时考虑对低碳行为激励的实际意义，确定以“低碳社区”“低碳交通”为惠州碳普惠制试点重点建设领域。

低碳社区方面，选取惠城区东湖社区作为试点，并以“居民节约用电、节约用气”作为低碳行为激励重点，探索激励社区植物栽种、屋顶光伏、智能照明等低碳行为。东湖社区辖区面积100万平方米，现有住户8500户，总人口27000人，是一个由社区居委会和物业公司共同管理社区事务的规模较大的商务型社区，其中6号小区数据基础较好，居民构成较有代表性，选取作为重点试点小区。

低碳交通方面，选取了惠民自行车系统为试点，以“公共自行车出行”作为低碳出行激励重点行为。惠民自行车系统运营自行车约1万辆，设置近150个服务站点，采用先进的智能化中央集成式管理，数据基础条件良好，适合进行碳普惠制试点，同时也有利于自行车使用率的进一步提升，实现机制互相促进。

二、制定工作方案

为对惠州试点碳普惠工作进行总体安排部署，制定《惠州市碳普惠制试点工作实施方案》。工作方案确立了惠州碳普惠制的总体思路，围绕惠州市“惠民之州”的城市建设理念，以与市民生活密切相关的低碳社区与低碳交通为重点试点领域，因势利导、先简后繁、先易后难、重点突破，探索建设可推广的普惠制模式。考虑到碳普惠制工作属于起步阶段，在政府系统内部仍需要一定的宣传动员期，因此惠州试点制定工作方案简要版和详细版。简要版包括指导思想、工作目标、工作内容、保障措施，主要用于发文与征求意见；详细版在简要版的基础上，补充了试点意义、基础条件与挑战、可行性分析、初步机制设计、进度安排等内容，主要用于政府内部宣传，便于相关单位了解碳普惠制，有利于试点工作的推进。其中工作实施方案简版已通过省发展改革委组织的专家评审会。

三、设计核心机制

根据广东省碳普惠制试点建设指南，结合惠州试点具体的试点区域选取与本地实际情况，设计了惠州试点碳普惠制的核心机制（如图1）。对居民节电、节气、惠民自行车骑行等低碳行为进行减排量核证，通过政府监管的碳普惠平台对实施上述低碳行为的参与者进行碳币发放，并构建以政府、媒体、居委会和商家等作为激励机制的实施主体，通过实施荣誉激励、政策激励和商业激励等方式调动居民参与碳普惠的积极性和主动性，进而达到促进社会公众践行低碳行为的目的。此外，探索以碳普惠机制为核心驱动，以惠民自行车、政策激励方式为切入点，一方面实现低碳公共服务与市民低碳行为相互促进机制，另一方面实现自行车、公交出行等低碳行为的相互促进，提高惠州惠民自行车的使用率，培养市民低碳出行行为。

四、编制低碳行为量化方法学

根据广东省碳普惠制试点建设指南，参考现有低碳行为碳减排量核算方法学，结合惠州试点实际情况进行大胆创新，综合考虑可操作性、公平性以及科学性，制定了公共自行车出行、社区居民节约用电用气减排量核算监测方法学。公

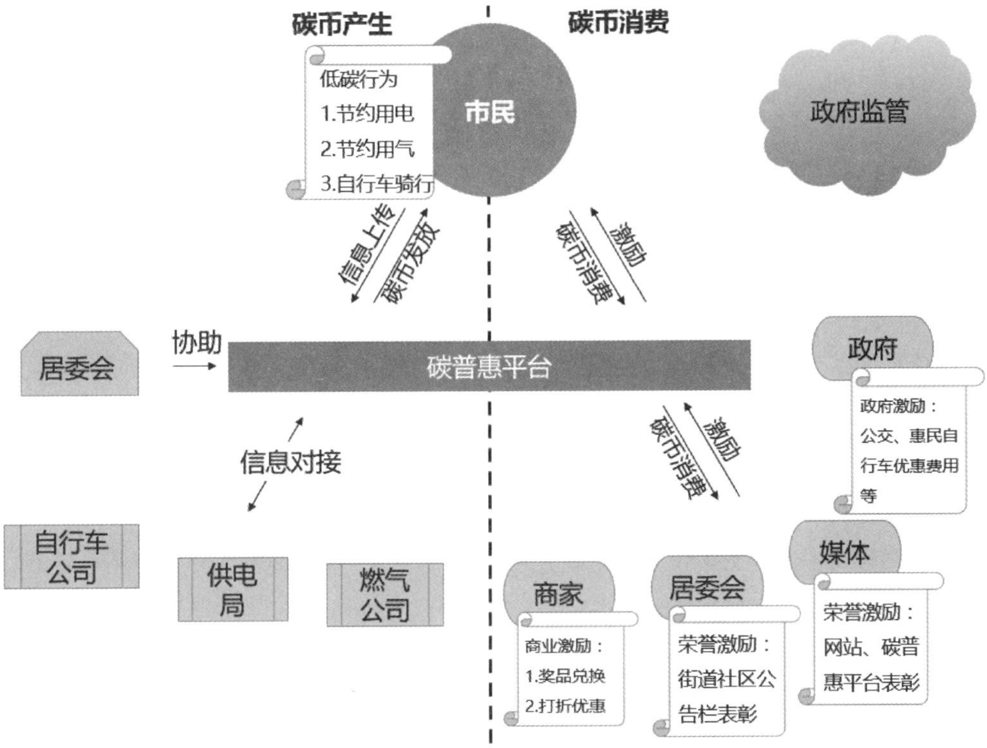

图 1　惠州试点碳普惠制试点机制示意图

共自行车出行方面，以鼓励居民进行长距离骑行为目标，以“骑行距离”为减排量核算的基本依据，采用根据“骑行距离”的增大而增大的“减碳系数”，骑行距离越远获得碳币越多。社区居民节约用电用气方面，同时兼顾效率和公平，居民排放需要比历史排放降低才能获得碳币，但采用分档激励理念，历史排放本来已较低的居民，单位减排量能获得较多碳币，反之则较少。同时，充分考虑实操层面的问题，划定用电、用气量的合理下限，避免房屋空置等情况导致过多碳币的产生。

目前惠州碳普惠试点已形成了《惠州碳普惠制试点低碳行为减排量量化方法学研究报告》《惠州碳普惠制试点公共自行车减排量核算监测方法学》《惠州碳普惠制试点居民节电节气减排量核算监测方法学》及《惠州碳普惠制试点低碳行为减排量碳币折算规则》等一套完整的方法学文件，对减排量计算公式、参数确定、数据来源、不确定性等方面进行了全面的规定与说明。此外，以 2015 运营数据为例进行了减排量及碳币计算效果模拟，提前评估了试点建设期间的运营规模及效果。据评估，惠州碳普惠制试点在实施的试点小区（东湖 6 号小区）和惠民自行车系统每年可产生减排量约为 300 吨，可折算碳币约 200 万个，预计在惠州试点全面铺开后，年减排量可达 10 万吨。

五、制定宣传、激励、运营等实施配套方案

为实现碳普惠制的根本目的，提高个人采取低碳行为的意识，有效地指导碳普惠试点的实施工作，做好试点实施过程的风险预估与控制，惠州试点对碳普惠制实施的重点环节制定了完善的计划，具体如下：

制定了《惠州市碳普惠试点宣传方案》。以惠州试点工作进度计划和阶段性成果为宣传推进依据，针对惠州试点范围内的目标群体，进行政策科普、辅助实施、商业推广等分阶段逐步深入的宣传。方案提出了 10 余项可行的细化宣传措施，包括碳币兑换主题活动、低碳达人评比活动等，并对宣传措施的实施单位、工作分工进行详细规划。

制定《惠州市碳普惠试点激励方案》。探索多元化的激励方式，促进居民实施低碳行为，同时促进绿色消费，形成碳币流通闭环。面向社区居民、低碳出行者以及入住商户等普惠制参与者，有针对性的提出荣誉激励、公共服务激励、商业激励等多种激励方式。方案总共提出 20 余项细化的激励措施，并对激励措施的实施单位进行详细规划，下一步将与商家等实施主体沟通进行优化与落实。

制定《惠州碳普惠制试点运营方案》。针对试点启动后的日常运营问题，制定管理方案，确保试点工作的可持续性和长期运行。方案对试点运营模式、运营机构、定期数据处理机制、帮助台、日常宣传推广等方面内容进行的计划安排。

六、构建数据收集体系并与省级平台对接

惠州试点已初步构建碳普惠试点数据收集体系，数据获取合作部门包括市供电局、市燃气公司、惠民自行车运营公司、东湖社区管委会等，将定期提供数据支撑碳普惠制试点的运营。

同时，惠州试点积极与省级碳普惠平台进行技术对接。惠州试点开发一款数据格式转换程序与省级碳普惠平台对接，实现原始数据按惠州试点的减排量量化方法学自动计算成减排量和碳币，为省级碳普惠平台与各碳普惠试点以及其它城市对接工作提供了实践经验参考。

东莞市碳普惠制试点情况

【提要】

东莞市紧紧围绕打造“国际制造名城，现代生态都市”这一总体目标，大力推动实施绿色低碳发展战略，积极开展碳普惠制试点建设工作，此举是东莞市生态文明先行示范区建设的具体延伸。自 2016 年 3 月开展此项工作以来，东莞市现已基本完成碳普惠制的各项理论基础研究工作，开发了涉及居民生活的各类方法学，并完成了硬件基础设施搭建工作。选取“公务员小区”为试点，秉承“试点示范，公职带头”的思想，积极推动碳普惠制的各项工作。

东莞市碳普惠制工作计划分为近期（2016—2017 年）、中期（2018 年）、远期（2019—2020 年）三个阶段。

近期安排。完善东莞市碳普惠体系建设，研究碳币流通机制，并首先在“公务员小区”试点，创建“低碳普惠小区”。逐步将碳普惠制惠及其他市民，打造一批低碳普惠社区，并向国家发展改革委申请国家级低碳示范社区。适时创建低碳普惠景区和低碳普惠学校。选取本市企业的研发节能低碳产品作为试点碳普惠产品，购买试点产品即可根据减碳量获取碳币奖励。逐步扩大试点碳普惠产品的范围，带动企业低碳生产。

中期安排。将碳普惠制推广至酒店及会展行业，选取低碳运营的酒店作为低碳普惠酒店试点，低碳住宿即可获得碳币。逐步增多低碳普惠酒店数量，降低东莞市酒店能耗及碳排放。同时将东莞典型年度性会展经由碳普惠性中和，打造为“零碳会展”。

远期安排。继续扩大碳普惠试点领域，探索碳普惠金融创新服务体系，开发碳普惠金融产品，建立碳普惠信用评级制度服务企业的节能低碳改造。

一、东莞市碳普惠制试点建设成效

多部门联动共同推进碳普惠制工作。东莞市发改局联合广州赛宝认证中心、公务员小区物业、市机关事务管理局四部门联动共同推进公务员小区的碳普惠制试点建设工作，组件“东莞市碳普惠制发展中心”并设立办公场所在公务员小区，组织或承担具体的调研、研究、文件编制、东莞市碳普惠运营等工作，保障碳普惠制日常运营工作的高效沟通；其次，制定《东莞市碳普惠制试点建设实施方案》与《东莞市碳普惠制试点建设实施计划》，明确各个阶段的工作任务，试点碳普惠制的工作推进严格按照计划实施；将东莞市正大力推进的新能源汽车各项工作与碳普惠制相结合，打造“碳普惠试点产品”，设计科学可行的“碳普惠制商业模式”，开发碳普惠模式下的新能源汽车的碳资产，并赠与使用者，助力新能源汽车的推广使用。

确定并探索符合东莞市实际的低碳行为。深入调研公务员小区居民“用水、用电、用气、私家车出行”情况，完成了《居民节约用电、节约用气、减少私家车出行、购买节能低碳产品减碳量量化方法学》，确定居民节约用水、节约用气、节约用电、减少私车通勤的低碳行为的减碳量与碳币折算规则，为东莞市水电气及私车通勤数据对接工作准备了理论基础。充分考虑碳普惠制低碳行为数据对接工作的可行性，从中选取数据获取较为可行的“减少私家车出行”先行进行数据对接。随着东莞市碳普惠试点区域的不断扩大，适时将“水、电、气”等公众数据进行对接；结合东莞市推进新能源汽车使用的各项政策，融入碳普惠制的商业模式，研究开发《使用新能源汽车减碳量量化方法学》，打造“碳普惠试点产品”，助力新能源汽车的推广使用。

搭建了东莞市碳普惠运营系统及数据库。依托省碳普惠平台，初步完成了东莞市碳普惠模块的搭建工作；完成了公务员小区私家车通勤数据的数据库及核证信息系统的建立。通过注册碳普惠平台，并绑定诸如“行驶证”等车辆信息，碳普惠平台会定期核算车主的通勤情况从而判定是否为低碳出行，居民可凭碳币在碳普惠平台兑换礼品等奖励。

将碳普惠机制引入松山湖（生态园）。根据松山湖生态产业园的发展方向，结合碳普惠机制，开发具有松山湖特色的碳普惠模式。经协调松山湖高新区管委会并深入调研相关情况后，确定先从园区的光伏项目着手，开发碳普惠模式下的碳资产，配套相应园区政策，鼓励园区企业及商业参与碳普惠机制。

节能宣传周和全国低碳日碳普惠举办碳普惠主题活动。东莞市发改局联合机关事务管理局和广州赛宝认证中心利用6月14日全国低碳日在市政府行政办事中心举办碳普惠制宣传活动；并于18日在试点小区举办碳普惠制主题推广活动，试点公务员小区以及公共机构的碳普惠制关注度及会员注册量显著提高。活动邀请了众多节能低碳产品企业如“北汽新能源汽车”“松下电器”“到到洗车”等和周边商场的各类商业优惠如“电影票、生活用品、餐饮娱乐”等，现场为居民展示各类节能低碳产品并为小区居民提供“碳币兑换”服务。活动现场居民踊跃参与注册，积极试用碳普惠微信平台。

二、下一步工作计划

加强公务员小区的碳普惠宣传工作。建立公务员小区碳普惠平台的宣传机制，定期在公务员小区宣传栏、电梯口等位置张贴宣传海报，定期在公务员小区举办碳普惠主题活动，促进碳普惠在小区的推广。

加强各类低碳行为数据的对接工作。针对居民生活息息相关的“衣食住行”低碳行为，加强在公共交通、水电气、节能低碳产品方面的调研工作，并选取切实可行的低碳行为数据协调相关对接工作。

逐步扩大碳普惠试点区域。将碳普惠模式引入校园。鼓励学生搭乘公交、地铁出行、参与垃圾分类、参与植树等一系列低碳行为，奖励学生碳币，并可兑换礼品。建立“以孩子引导家庭低碳氛围，引导学校低碳氛围”的长效机制。

中山市碳普惠制试点情况

【提要】

2016 年 1 月，中山市获批成为省级首批碳普惠制试点城市。按照省的工作要求，中山市高度重视，开展了制定实施方案、筹划成立中山市碳普惠运营中心，举办碳普惠宣传推广活动等系列工作，扎实推进碳普惠制试点建设工作。

一、主要举措和成效

制定实施方案。为落实《广东省发展改革委关于首批碳普惠制试点工作方案的批复》（粤发改〔2016〕86 号），加快推动中山市碳普惠制试点建设，中山市对《中山市碳普惠制试点实施方案》进行修改完善，明确以“低碳权益、惠及你我”为核心理念，以市场主导、政府引导、企业响应、社会参与、示范引领为原则，选取中心街道等试点社区和大型购物中心，从节电、节气、低碳出行等方面着手，开展中山市碳普惠制试点工作。形成以试点地区政府为责任主体、研究机构提供技术支撑的联动工作机制，为全省推广碳普惠制提供可复制、可推广的经验和模式。

成立中山市碳普惠运营中心。6 月 18 日，中山市碳普惠运营中心正式挂牌，该中心由市发展改革局支持，广州赛宝负责运营并实施《中山市碳普惠制试点实施方案》，选取并制定低碳行为量化方法学，制定碳币管理办法，建立碳普惠平台，组织实施碳普惠宣传策划工作，发展碳普惠会员，运行普惠机制，基本上建立中山碳普惠文化。

举办碳普惠宣传推广活动。6 月 18 号，中山市举行了 2016 年度全国低碳日宣传活动暨中山市碳普惠上线仪式，以“低碳普惠，惠及你我”为活动主题，举办形式多样的碳普惠宣传推广活动，向社会公众宣传低碳普惠机制，鼓励引导居民加入“碳普惠”，践行低碳行为。开发了“中山低碳”公众微信号，向社会普及低碳知识、倡导低碳生活、推广低碳先进适用技术。

选取纳入碳普惠制试点的低碳行为。依据先简后繁、先易后难、试点先行、逐步推广的原则，从企业及个人两个层面确定纳入碳普惠的低碳行为。一是企业层面：以大型购物中心为切入点，选择购物中心内的节能效果好、本市企业生产的、家庭应用广的1—2种产品开发为碳普惠低碳专项产品。以开发碳普惠低碳专项产品为企业产品层面的低碳行为，积极推进产业链的低碳发展，适时开展企业碳信用评估。二是个人层面：以试点社区作为切入点，通过与市供电、供水、供气及公交集团等相关部门进行调研，收集基础数据后，选取节气、节水、节电，购买使用节能/节水等碳普惠低碳专项产品等若干个行为纳入碳普惠制个人低碳行为。目前，中山市正在与公交集团等相关部门进行对接，研究纳入碳普惠制试点建设具体方案。

选取纳入碳普惠制试点的商场及社区。一是选取碳普惠制试点购物中心。通过实地调研，选取2家节能潜力较大或已开展减碳项目、排放较低、人流量大的购物中心作为碳普惠试点购物中心，并对试点购物中心已开展及拟开展的如电路优化、空调节能、照明系统能效提升等项目的减碳效果进行评估。二是选取碳普惠制试点居民社区。在中心城区、小榄镇各选取1个居民社区作为碳普惠制试点。目前，已确定中山小榄北区社区作为碳普惠制试点社区，中山碳普惠运营中心也正在积极进行试点商场及中心城区试点社区选点工作。

二、下一步工作计划

按照《中山市碳普惠制试点实施方案》，中山市发展改革局将重点推进选取碳普惠制试点社区和企业，发展低碳商家联盟，搭建碳普惠系统平台，运行碳普惠机制等工作，引导和鼓励公众践行低碳生活方式和消费模式。

（一）建立碳普惠制度体系

编制《中山市碳普惠实施管理办法》，建立碳普惠实施、监督、管理的相应措施，规范碳普惠实施流程，确定责任主体，保障措施等。结合选取的低碳行为，开发低碳行为量化方法学。编制《中山市碳币管理方案》，确定不同类型的低碳行为减碳量与碳币的兑换方法，规范碳币兑换、发放流程。

（二）建立碳普惠平台

依托省碳普惠平台，建立中山碳普惠PC及APP运营系统。开发试点购物中心碳排放统计计量系统。采集企业层面购物中心低碳项目及碳普惠低碳专项产品生产批次及编号数据。采集个人层面社区居民节气等数据。采集个人层面低碳出行（乘坐公共交通、乘坐轨道电车、使用公共自行车）、使用分布式太阳能光伏发电数据等。

（三）启动运行碳普惠机制

争取在 2016 年 9 月 30 日前与社区周边商家进行联系沟通，发展碳普惠商家会员，组建低碳商家联盟。组织开展一系列的宣传推广活动，引导广大市民加入到碳普惠，践行低碳行为，并利用获得碳币，促进低碳联盟商家的消费量。选取中山市公共服务政策纳入碳普惠制，鼓励引导各类会议主办方推行碳抵消/碳中和行动。

（四）建立碳普惠文化

鼓励碳普惠制试点购物中心举办普惠系列活动。鼓励消费者注册平台，获取购物中心赠送的相应碳币。鼓励试点居民社区物业使用平台发布公告、信息、组织活动，引导居民注册平台会员。开展低碳家庭评比活动。组织低碳文化交流分享会等活动。借助公交站台、出租车、公益宣传媒介等展开碳普惠宣传。从而，发展碳普惠低碳商家联盟会员、碳普惠公众会员，基本上建立中山低碳普惠机制和文化。

（中山市发展改革局供稿）

第四节 园区篇

【提要】

以产业集群为特征的产业园区已经成为我国经济发展的重要形式和主要力量，工业是我国控制温室气体排放的重要领域，以低碳园区建设为抓手，引领带动整个工业领域碳排放强度下降，对于实现碳排放目标具有战略性和全局性的意义。

截至“十二五”末，东莞市松山湖国家高新技术产业开发区列入首批国家低碳工业园区。广东省还选取广东状元谷电子商务产业园、广东乳源经济开发区、深圳南山（龙川）产业转移工业园为省内首批低碳园区改造试点，安排超过1500万元支持园区项目建设。

低碳园区建设将转变当前过多依赖能源资源物质投入、盲目追求规模的粗放发展模式，对于提升园区低碳发展水平、促进我国工业低碳转型、推进我国特色新型工业化进程有重要作用。

状元谷电商物流产业园

一、园区简介

广州状元谷电子商务产业园是由广东南方物流集团下属的广东南物国际商贸城有限公司投资兴建，是以“智慧、低碳、信息化”为主题的电子商务、现代物流企业聚集区。园区占地522亩，规划建筑面积70万平方米，总投资20多亿元人民币。园区是商务部首批认定的“国家电子商务示范基地”“智慧物流园区”，是国家级“物流示范园区”，“广东省低碳生态示范建设园区”。状元谷园区作为“广东省低碳生态示范建设园区”，从规划、建设、运营和管理全链条贯彻低碳发展的理念。

二、园区低碳发展成效

（一）集约用地与低碳建筑

1. 集约用地

在功能布局和空间利用上，贯穿“集约使用土地、综合使用空间的理念，以2.5—3.0的容积率建设多层仓库，建设立体货仓、仓库连桥、组合装卸位空中花园办公区等，有效利用空间，彻底改变物流园区单层仓库、大堆场、大停车场的浪费局面。加大仓库的基础设施投入，配套大容积货梯，提高仓库综合使用率，充分挖掘土地资源的使用效能。

2. 绿色建筑

采用华南理工建筑研究学院、深圳建筑科学研究院的绿色建筑技术，充分考虑生态、采光、通风、能耗、舒适度进行设计建设，在建筑的全寿命周期内，有效地节约资源、保护环境和减少污染，提供健康、适用和高效的使用空间，与自然和谐共生。

（二）主动减低碳排放

1. 综合优化运输，降低运输碳排放

园区地处综合运输网络节点，交通十分便利，货源地、目的地、集散地、综合运输各种方式的接驳等方面都体现出巨大的优势。可节省运输距离、优选运输方式、提高运输效率，因车辆周转率所带来的运输能耗降低 8% 以上，节能减排效果明显。园区建设重点考虑了与黄埔港、广州铁路货站、公路货运场站及珠三角机场的有效对接，开辟了专门的合作渠道，同时园区内部建设上也为了更有效地发挥综合运输的节点效应，专门设计了各类集装箱装卸位、跨境监管、代码与信息系统共享等功能，极大的发挥了物流节点在综合运输效率方面的作用，进而大幅度的实现了优化运输方式、减少运输距离和运输环节、各种运输方式一体化的联运目标，有效地降低运输过程碳排放。

2. 全面使用清洁能源

（1）光伏发电系统

园区建筑物屋顶安装了太阳能光伏发电系统，发电供园区运营和园区企业使用，该系统并入国家电网，可将多余电量出售，降低碳排放。

（2）太阳能路灯

园区主干道安装了太阳能路灯的，减少了照明产生的碳排放。

（3）新能源汽车充电桩

园区积极响应国家实施新能源战略，促进节能减排，有效落实节能优先方针，在园区三处停车场安装了新能源汽车充电桩，把节能贯穿于园区发展的全过程和各领域。

3. 绿色照明及设备节能

园区照明均使用无极灯、LED 灯等节能灯，均配有自动感应节能控制系统。引入自然光进站场建筑作为照明能源；仓库配备四标盘变频永磁同步牵引大型货梯，配备气感式高度调节台、电瓶叉车、全自动商品分拣系统、包装流水线，节能效果明显。园区配有先进的电子商务信息系统，全面实现了无纸化办公，成为节能环保的典范。

4. 自然降温、降雨循环系统

园区仓库运用蒸发冷却降温设施，采用水帘蒸发冷却新风设备和风压降温循环系统代替了传统的大型中央空调机组，仅使用传统中央空调设备 1/20 的电能使整幢库房在广东炎热夏天最高温度不超过 28 度，湿度控制在 25% 左右，大幅降低能耗并减少燥音；园区电商时光长廊（220 ×4. 5 ×3）仅用两台风机，达到 28 度以内。该项技术的采用实现了建筑降温节能率达 80% 。

园区建有无负压节能集中供水系统、水循环处理系统和雨水收集系统，可重复用于消防、灌溉、水流景观、库区降温、保温、防尘等。

5. 废弃物回收利用

园区生活垃圾实行定点分类回收；仓库运营中产生的纸箱、木箱、塑料等进行分类回收利用。

（三）碳补偿

园区占地 522 亩，状元山绿化面积占园区总面积的 10% 以上，园区还建有空中花园办公区、庭院式停车场、绿化防护林、景观瀑布、景观休闲区、园区绿道、屋顶绿化和阳台花木，有效保护生态环境；此外，为避免广州石化对园区影响，建设有 1000 米长，15 米宽的绿色防护林带，有效阻挡废气。

（四）能源监测

园区建立能源监测体系和碳排放统计体系，实现园区低碳运营。依托园区建设的企业能源管理中心和节能减排监测系统，制定能源监测和碳排放统计管理制度，设置能源监测和碳排放统计数据专人管理岗位，按期做好能源和碳排放相关台帐。利用园区的信息技术，做好仓储中心、商务办公中心、电商孵化中心、综合服务中心以及配送、运输等各个过程的能源和碳排放管理，通过系统对能耗、环境实时监控、数据分析、能耗预警、能效对标、能耗预测等功能，实现系统性节能降耗的管控一体化，实现园区的低碳运营。

（五）加大低碳宣传力度

利用公共服务平台、微信平台、电商时光长廊、低碳文明展厅、新闻媒体等多种手段在多个场合进行节能环保、废弃物回收利用、垃圾分类等低碳生产和低碳生活的宣传。配合全国节能周与低碳日的活动安排，积极在园区内组织企业开展有关低碳宣传活动，提高园区企业、人员的参与积极性，提高企业的绿色低碳意识，加强园区内企业交流和协作，借鉴实施低碳物流运作的成功经验，共同打造低碳示范园区。

深圳国际低碳城

一、园区简介

深圳国际低碳城位于龙岗区坪地街道，与惠州、东莞接壤，规划总面积53.14平方公里。规划建设低碳城是凸显深圳市绿色低碳发展理念，构建特区未来竞争优势，引领特区未来发展道路的重要实践，是加快特区一体化进程、打造宜居宜业的美丽深圳、建设现代化国际化城市的重要内容，也将为国家应对气候变化谈判和低碳发展国际合作提供样本、支撑和示范。两年多来，我们牢记使命，按照市委市政府的希冀和要求，坚持经济社会发展、绿色低碳转型和城区规划建设有机融合，探索相对落后区域高端低碳跨越式发展的有效路径。从“中欧可持续城镇化合作伙伴旗舰项目”到“国家节能减排财政政策综合示范奖励项目”和“国家低碳城（镇）试点项目”，从“全国十大新兴城镇化范例”到“2014年低碳中国行‘优秀低碳案例’暨年度低碳榜样”，从“APEC低碳城镇项目优秀规划奖”到中美“可持续发展规划项目奖”，一路走来，低碳城得到了社会各界的广泛关注，低碳城的发展经验和做法也得到了认可和肯定，正在逐步成为可复制、可推广的国际性低碳综合试验区，为其他地区低碳发展提供先行经验。

二、园区低碳发展成效

（一）以低碳绿色发展为牵引，推动后发地区跨越式发展

低碳城所在地龙岗区坪地街道发展相对滞后，发展方式较为粗放，产业结构相对低端，资源能源利用效率较低，能耗和碳排放强度是全市平均水平2倍左右，单位面积土地地区生产总值是全市平均水平的1/5。2012年低碳城项目启动后，开展全方位系统规划建设，大力发展低碳产业，成功引进了一批高端优质产业项目，着力改善片区的基础设施条件，推动形成绿色低碳的生产生活方式和城市建设运营模式，低碳转型效益初步显现，经济增长质量显著提升。地区生产总值从2011年42.81亿元增加到2013年的69.72亿元，年均增长27.62%；工业总产值从2011年的115亿元增加到2013年的182亿元，年均增长25.8%；万元

GDP 碳排放强度比 2011 年下降 22%。产业结构逐步优化，引进了一批代表未来产业发展方向的战略新兴产业，新引进的重点企业成长明显提速，成为当地经济增长的主力军，两年多来共引进规模以上高新企业 40 家，总产值达 96 亿元，占街道工业总产值的 35% 以上，其中亿元以上企业共 32 家，比 2012 年增加 8 家，实现工业总产值 118.2 亿元，同比增长 13.5%。

（二）紧抓低碳发展机遇，高标准开展规划布局

经过两年多的规划建设，低碳城逐步得到过国家部委的关注和社会各界的认可，成为中欧领导人见证签约的中欧城镇化合作伙伴关系项目和国家节能减排财政政策综合示范奖励项目，入选《国家应对气候变化规划（2014—2020 年）》低碳示范城（镇）项目和 APEC 第一批低碳城（镇）项目，并作为深圳市十三个重点发展区域之一加快推进。这些荣誉既是对低碳城现有探索的鼓励，也鞭策我们要坚持高起点高标准推进全方位规划布局。一是编制低碳城总体发展规划。确立了打造国家低碳发展的综合试验区、气候友好城市先行区、新兴低碳产业集聚区、低碳生活方式引领区、低碳国际合作示范区的战略定位，确立了培育具有国际竞争力的环保、新能源、生命健康、低碳服务业、高端装备制造、航空航天等六大新兴产业园区的发展思路。二是编制低碳城空间规划。优化空间布局，确立了“一轴一带、一核三心、十字拓展、组团布局”的总体空间结构。进一步强化产业规划和用地规划研究，搭建“产业、空间、用地相协调，宏观、中观、微观相统一，空间与时间相协同”的规划体系。三是加快基础能力建设。积极开展了低碳城生态本底诊断，对低碳城现有企业进行了摸底梳理，及时了解低碳城现有产业发展状况；探索明确建设模式、管理体制、工作流程；编制了产业导向目录，明确产业项目准入标准；制定建设项目碳排放评价办法，编制完成低碳城指标体系，对低碳城开发建设进行全过程、全方位的指导和控制；建立碳排放监测公共平台，对低碳城企业碳排放进行监测、管理、监督、考核。

（三）吸引多方主体参与，创新开发建设体制机制

两年多来，深圳市坚持“市区共建、合作开发”的原则，搭建了市区街各层级政府资源合力共进、政府社会市场共同参与的平台，大家分工协作，多元化推动低碳城建设。一是健全了多层次参与决策的开发建设机制。在市级层面，成立了深圳国际低碳城规划建设领导小组及其办公室，全面统筹决策国际低碳城规

划建设工作，对接国家相关部委及国际资源，协调市直相关部门，制定产业准入标准，组织实施项目碳排放评估，示范推广重点低碳技术；在区级层面，成立重点区域开发建设指挥部办公室，保障具体项目的落地和环境建设，负责土地整备、工程项目招投标、施工管理、招商引资、社会管理和园区服务等。同时，积极引入国内外各类企业、大学、研发机构、中介机构、非政府组织等，大家各展所长，有效推动了工作，取得了较好的实际效果。二是创新多方参与的投融资体制。打破以往“政府造城”的模式，充分发挥市场的决定性作用，广泛吸引各种社会主体、吸纳各类资金参与低碳城的投资建设。按照市政府的部署，市特区建发集团作为低碳城主要融资主体，创新性地采用了“市特区建发集团融资、龙岗区建设”的模式对1平方公里启动区进行综合开发，同时将土地出让收益市区分成部分全部用于低碳城建设，实现“封闭运作、自求平衡”。

（四）实施高效建设策略，追求包容性全面发展

随着我国城镇化步伐加快，近年各地“新城热”方兴未艾，伴随着一座座新城拨地而起，“空城”“睡城”“死城”等现象频现。在低碳城规划建设过程中，深圳市认真吸取这些经验和教训，摒弃整体开发、一步到位、大拆大建的思路，更加注重产城融合发展，更加注重采取切合实际的开发建设策略。一是采取了“三步走”的发展路径。以高桥丁山河片区约1平方公里作为启动区，以示范项目为重点，广泛集聚应用多种低碳技术，打造低碳发展试验田和示范区；以高桥、坪西及丁山河沿岸约5平方公里作为拓展区，复制和拓展启动区发展策略，在更大范围内推动城区转型升级、低碳发展；以坪地街道53平方公里作为全面建成目标区，形成低碳发展深圳模式，实现低碳城建设的整体战略规划，努力为国家新型城镇化和应对气候变化战略提供有益经验。二是加大了既有建筑绿色改造力度。改变传统大拆大建的模式，坚持新建与改造并重，对现有的27万平方米存量物业进行绿色低碳改造，缩减建设时间成本，使原有厂房重新焕发活力，成为集研发、商务、办公、公寓于一体的新型产业用房。三是实现当地居民利益共享。创建社区共享模式，探索开展社区、校区、园区共享公共设施，打造开放型的社区特色学校，为当地居民提供公共服务的载体和空间，以低碳城建设带动社区转型发展，获得当地居民的认同和支持。2014年，约有5万人次社区居民参加了低碳城举办的各类公益活动。

（五）着力基础设施建设，营造良好发展环境

环境建设是经济社会全面发展的基础保障和重要内容，是经济运行、社会发展的基础。低碳城现有基础环境相对较差，加快基础设施建设，改善区域经济社会发展环境成为低碳城建设之初的重要任务。一是土地整备工作取得积极成效。低碳城目前可建设的土地非常有限，大部分空间被低端落后产业或无序建设民房挤占，经过两年多来的土地整备，低碳城共完成土地整备面积约 125 万平方米，为高端低碳产业引进提供了空间保障。二是大力提升启动区环境水平。低碳城会展中心、丁山河改造（一期）等 4 大类 7 个项目已建成使用，丁山河及会展中心周边 8 万平方米国有储备地景观提升、“宜舍”“翠坊”、东城智居一期、龙腾路临时道路等项目基本完工，启动区人居环境大为改观，深受周边居民和企业赞誉。三是市政基础设施项目建设稳步推进。加快启动区 15 条市政道路的新建及改造工程、共同沟工程、地铁 3 号线东延工程等项目建设。积极推动深莞边界合作筹建碳汇森林公园，既提升区域的生态环境水平，也展示低碳城减排增汇的决心。

（六）狠抓产业集聚发展，促进经济转型升级

低碳产业的发展是低碳城规划建设的重点，深圳市按照增量优质、存量优化的理念，积极引进和布局一批高端产业。一是坚持创新引领产业发展的路径。围绕推进低碳技术的研发应用与产业化发展，引进了中国航天员科研训练中心、中国工程物理研究院、美国伯克利实验室、美国麻省大学、清华大学等知名研究机构，初步形成覆盖低碳产业研发、设计和技术平台支撑等多个环节，以“高端引领、创新驱动”为典型特征的低碳产业集聚发展格局。二是坚持低碳绿色的产业标准。以低碳、节能、环保为标准，选择性布局和引进未来高端产业。引进了太空科技南方中心、国际太空学院、中美低碳建筑与社区创新实验中心、维示泰克 3D 打印、中物功能材料研究院、繁兴智能饮食装备中心、节能环保产业园、生命健康产业园区等一批代表未来战略新兴产业和研究机构项目，总投资逾 300 亿元；与中建股份和万通公司沟通洽谈，达成了低碳“立体城”项目合作意向。三是坚持高端产业引进和现有产业转型并重发展。低碳城现有产业以五金、塑胶等为主，结构相对低端，资源能源利用率低，在引进高端产业的同时如何保障现有低碳产业顺利转型也是低碳城发展遇到的一个难题。在低碳城规划建设中，深

圳市坚持通过绿色低碳标准引导现有产业顺利转型。对启动区所有企业和拓展区规模以上工业企业实行碳排放管理，要求存量企业碳排放水平必须达到深圳市相应行业平均水平。盛隆兴项目（总投资4亿元）改造基本完成，明年3月投入使用；富泰和项目（总投资1.58亿元）正在进行主体结构施工，其余9宗产业改造项目正在积极推进。

（七）举办国际低碳论坛，打造国家级绿色低碳高端平台

按照市委市政府的部署，深圳市坚持把“深圳国际低碳城论坛”塑造成为国际一流的论坛品牌，努力打造低碳领域全球合作交流平台、宣传绿色低碳发展成效的国家窗口和服务深圳市绿色低碳发展的重要载体，成为国际化城市建设的新亮点。每年举办一届的低碳城论坛，广泛吸引国内外政府机构、国际组织和跨国企业参与，成为深圳绿色低碳发展的展示、交流对话和汇聚低碳国际资源的重要平台。连续两届论坛，近50个国家与地区的政府、国际组织、跨国公司、国际智库、国际金融机构和科研机构的2500名海内外专业人士，齐聚低碳城，围绕低碳发展主题，充分交流了经验做法，经过多家海内外媒体报道，引起社会各界的广泛关注和共鸣。通过论坛平台，深圳市广泛开展与发达国家和地区人员、技术、科研等互动交流，积极与知名低碳智库、国际机构、公益组织接洽，引进国外先进低碳技术和管理经验，开展技术转让、咨询服务、投资建设等多种形式的国际合作。通过这个平台，深圳市与世界银行、C40城市气候领导联盟、R20国际区域气候组织等机构签署了16项合作协议；与世界自然基金会（WWF）、全球环境基金等国际机构建立良好的合作关系；引进了美国劳伦斯伯克利实验室、美国低影响开发中心等国际知名研究机构落户低碳城。

低碳城的探索是在没有政策红利的情况下，通过模式创新、规划引导、环境营造，依靠内生动力提升，科技与市场融合，逐步探索一条适合后发地区跨越式可持续发展的新路。未来的道路，深圳市将进一步开动脑筋、解放思想、大胆探索、勇于创新，推动低碳城的规划建设迈上新台阶，用更少的资源能源，实现总量更多、质量更好的经济发展效益，努力顺应和引领绿色低碳发展新常态。

（深圳国际低碳城规划建设领导小组办公室供稿）

中国（三水）国际水都饮料食品基地

一、园区简介

中国（三水）国际水都饮料食品基地（以下简称“水都基地”）位于佛山市三水区西南街道金本片区，首期开发面积1.2万亩，先后引入百威、红牛、杨协成、可口可乐、亨氏、三全、石湾酒厂、巴克斯酒业等37家饮料食品优质项目及配套企业，项目总投资约118亿元，预计全部投产后总产值超430亿元，税收约30亿元，产能超516万吨。基地先后获得广东省产业集群升级示范区、省市共建循环经济产业基地等称号。2015年基地累计完成产值155.29亿元，同比增长14%，税金15.256亿元，同比增长6.9%。水都饮料基地作为饮料食品产业集群园区，根据行业特色，在产业在发展过程中，基于节能循环、低碳环保、绿色可持续原则，借助资源整合和科技运用，以绿色生产机制力求发展绿色产业。

二、园区低碳发展成效

（一）树立绿色发展理念

首先，树立绿色发展的生态理念，以优美的生态环境赢取发展的先机。对能源使用结构进行优化，大力推广利用清洁能源和可再生能源，对入园企业提出严格要求。针对饮料产业对水质的要求高，但生产饮料又难免产生废水、废气、废渣，如何在发展壮大饮料产业的同时保护好青山绿水的环境，水都基地从规划开始就遵循绿色、低碳、环保的理念，不断降低污染，不断节能减排，基地内积极开展资源综合利用，实现“资源化”“再利用”，创造绿色环保生态的产业环境。目前百威、红牛等企业使用园区市政管网统一供应的天然气；另外，可口可乐公司使用生物质燃料以及安装了太阳能热水系统、太阳能路灯，同时在厂区内设置太阳能发电装置（100kW）。

（二）实施统一集中供热

基地内统一实施集中供热（蒸汽），进一步提高能源利用效率，避免企业分散投资建设小锅炉，便于整治园区大气环境污染。目前园区内已有佛山市三水高顿泰新热能有限公司建成投产，产能为60T/H，可以满足园区投产企业使用。根据园区的中期用汽量预测及产业规划考虑，2020 年水都基地的用汽量将超过 400T/H，水都饮料基地又将规划新建分布式能源站一座，装机为 2×40MW 级燃气分布式蒸汽联合循环机组，以解决新增入园企业的热负荷需求。在分布式能源站建成投产前，计划从恒益发电厂向基地敷设供热蒸汽管道，通过对 2×600MW 机组级进行供热改造，实现发电废物深度利用向园区集中供热，新添一个供热源。根据集中热源规划，分布式能源站实现燃气热电联产，通过实现热电联产，能明显提高天燃气和煤的能源利用率，有效节约能源，同时大大减少二氧化硫、二氧化碳及氮氧化物的排放。改善园区环境，同时能保证更好的供热质量。

（三）推广节能节水设施

积极推广绿色照明，鼓励企业使用绿色、环保的照明工具。目前可口可乐公司建设项目率先在室外使用太阳能路灯、室内使用 LED 照明工具。同时红牛、百威啤酒等企业亦计划使用 LED 照明工具替代原来使用的普通节能灯。园区加强推广绿色照明应用的力度，争取所有入园企业全面使用高能效照明工具。坚持节水型产业发展政策，园区内主要消耗原材料为水资源。水都基地根据《饮料制造取水定额》（QB/T 2931—2008）及其附件《饮料制造企业节水规范》，要求入园企业取水定额指标要确保控制在二级（国内先进水平），并实施各种节水措施，力争达到一级水平（国际先进水平），节约水资源。

（四）实施污水集中处理

建设污水处理厂，实施污水集中处理。通过 BOT 模式引进马来西亚成功集团有限公司共建金本污水处理厂。污水处理厂将于今年上半年投入运营使用，届时将处理水都饮料基地区片区排放的工业污水和五顶岗行政村下辖的 6 个自然村的生活污水。污水处理厂初期将每日处理约 4 万吨污水，远期每日处理约 8 万吨污水，有效解决目前突出的污水排放问题，保护园区内河涌和北江等水域尽可能少受污染，改善园内环境卫生，提高了人民群众生活环境质量。园区污水处理将为二级处理机制，第一级为企业内部先进行处理，部分中水回用；第二级为集中污水处理，部分中水回用，作为园区景观池、浇灌绿地、清洁地面、消防用水。百威啤酒（佛山）投资 1200 万元的污水处理及中水回用项目已投入使用，分布式能源站和污水处理厂已达成污水处理及中水回用协议。

（五）加强固废资源的综合利用

引进专门的固废回收公司，对食品饮料行业的包装物，如废旧标签、玻璃瓶、碎玻璃、废铝罐以及生产包装物企业的边角料进行统一回收，分类后将固废送至具备资质的固废处理厂，如玻璃厂、铝罐厂、造纸厂等进行资源再生化。另外，对食品饮料行业污水处理后的污泥加工成化肥；对集中供热项目产生的炉渣、粉煤灰、符合条件的工业污泥干燥后作成新型环保建筑墙体材料。

（六）提升园区产业环境

园区的市政设施、公共服务设施、水轴景观、生态环境建设，成为饮料产业与绿色环保园区发展重要纽带。园区内特意保留了原有地貌和交错的河涌，同时进行大量的绿化改造，绿化面积超过 41. 35 万平方米，园区的道路、绿化、桥梁、路灯均按城市的标准设计和建造，并着力进行绿化提升和改造，聘请专业部门进行养护和管理。借助水景观，在基地的入口打造水都基地公园，与基地浑成一体，营造宜商宜居的生活环境。区域内 1. 2 公里河涌全部完成整治，全面改善和提升水环境。园区还将引入水体景观提升景观空间品质，其中，在基地保障性住房与红牛厂的南面均有水体连通的中心湖，该工程由水利、绿化、园建三部分组成，根据园区的景观定位与保护场地的自然肌理，保证自然资源的合理利用，中心湖区以“中心五彩环湖、生态湿地、云水荷香”为景观特色，呈现一幅水畅、水清、岸绿、景美的“水城”画卷。

中国三水（国际）水都饮料基地将打造节能循环、低碳环保、绿色可持续的产业环境，构建宜居宜业宜人的绿色产业园区，把绿色产业的发展观念融入发展的每一个角落。

华南现代中医药城

一、园区简介

华南现代中医药城坐落在伟人故里——孙中山先生的故乡中山市南朗镇。它是在广东省委、省政府建设中医药强省战略指导下，由中山市人民政府统筹协调、以中药企业和相关机构为主体，集政、产、学、研、贸“五位一体”，包括生产、研发、物流、种植、临床、教育、科普旅游共七个子项目的中医药发展体系。园区规划总投资 42. 5 亿元，总控规 16000 亩，其中一期建设 3500 亩。经过近几年的发展，截至 2015 年 7 月，园区已入户企业 52 家，建成投产企业 23 家。

园区经过这几年的发展，逐渐建成了生态效率高，经济效益、环境效益和社会效益良好的低碳示范园。

二、园区低碳发展成效

华南现代中医药城于2013年7月开始创建中山市低碳试点园区，园区在基础设施、建筑、交通、资源利用、入驻产业等方面，均按照相关的法律法规和制度，努力做到低碳化。目前，园区的低碳化建设取得了有效的成绩，单位工业增加值能耗为0.086吨标煤/万元，单位工业增加值碳排放量为0.182吨/万元。园区从机制建设、基础设施、新能源利用、循环经济、低碳产业、低碳交通、低碳建筑、低碳宣传与文化建设等八个方面开展低碳建设，具体如下：

（一）创建高效低碳机制，促进园区的产业低碳化

园区根据国家和中山市政策，结合自身特点、发展目标，在机制建设及机制创新方面进行了有意探索。一方面，从基础保障、鼓励先进、严格环保和清洁生产要求等制定了具体的管理制度，形成了《中山市华南现代中医药城基地入园规定》，明确了入园企业的环保要求。制定了《华南现代中医药城清洁生产管理制度》，规定入园企业必须采用行业鼓励的、先进的生产工艺及设备；要求使用园区配套的公用工程实施集中供热、集中供水和集中治污；并自愿开展清洁生产审核。另一方面，园区结合南朗镇政府出台的相关制度政策，补充制订了《华南现代中医药城循环经济管理办法》，利用奖励资金鼓励刺激园区的产业转型、产业低碳化以及资源循环利用，在提高已入驻企业产业低碳化和资源综合利用的积极性、吸引新的低碳产业入驻园区方面产生显著成效。同时，园区制定了专门的组织管理制度，规定了行政部、招商部、工程开发部、财务部各部门的详细职责，为低碳工业园区的低碳发展在组织机构管理上提供了有力的保证。

（二）基础设施低碳化建设，奠定园区低碳建设基础

一是三废处理上，通过建设中药材加工所产废弃物环保处理循环经济项目，促进了园区循环经济的发展。目前园区企业产生的废水、废气、废渣排放强度低，污染物经处理后均达标排放。二是电力、热力和燃气的供应方面，目前已采用了高效清洁的能源供应系统，利用电力和热力作为园区企业的生产动力。为降低输电线路损耗，提高用电效率，园区单独规划建设110kV变电站，并建设相应

的供配电系统。为减少园区企业采购热力导致的间接排放，园区开展集中供热项目建设。园区计划在中药材企业投产达到一定规模后建设生物质固体成型燃料项目，将药渣和中药材废弃物制成锅炉燃料，充分利用药材资源，减少生产废弃物的产生，提高生物质能源的使用率。三是公共照明方面，园区现有道路的路灯全部采用高效节能的发光二极管（LED）照明灯。对于已建成的15公里公共道路，园区已完成LED路灯改造；对于新建道路，园区计划全部安装LED路灯。按每日照明时间10小时计，采用LED路灯比常规路灯每年节电117.6千瓦时，约减少排放108千克二氧化碳/年。四是绿地覆盖方面，目前园区的绿化程度较高，绿地覆盖率为30%，人均公共绿化面积达到50m2。

（三）积极开展节能减排，探索新能源的开发和利用

除了使用常规能源外，园区也在积极探索新能源的开发和利用。园区内的三家企业已与新能源公司签订屋顶分布式光伏发电项目，安装地点分别位于园区的科技园、完美（中国）有限公司和中山名成塑料精工有限公司。其中，园区科技园和中山名成塑料精工有限公司的光伏发电项目装机容量分别为0.61MW和0.34MW，预计年发电量达100.4万千瓦时，每年约减少排放922吨二氧化碳。

（四）编制循环经济实施方案，推进资源综合利用

编制《华南现代中医药城循环经济工业园循环经济实施方案》，确立了循环经济发展的资源节约与综合利用、推行清洁生产、构建循环经济产业链等主要任务，并规划了一批循环经济示范项目。目前已实施生活污染源治理项目和中药材加工所产废弃物的综合利用技术开发项目。

（五）大力引进低碳产业，促进低碳产业规模化发展

华南现代中医药城在低碳产业发展方面已初步形成了以生物医药、现代中药、医疗器械等三大支柱低碳产业，并带动了园区现代物流、养生康复综合体项目等现代服务业发展，大力促进了医药城低碳产业规模化发展。目前，园区引入的生物医药产业主要为药品、药用辅料及医疗器械等战略新兴的低碳产业，已入园的企业投资额均在2000万元以上。截至2015年底，园区已引进企业超过50家，在园区内形成了生物医药的产业化、规模化、集群化发展。根据已投产企业的综合能耗统计，生物医药企业的年综合能耗均在1000吨标准煤以下、医疗器械生产企业年能耗均在300吨标准煤以下。

（六）实行公交电瓶车入园，降低交通系统碳排放

园区从选址到区内交通系统的规划设置、交通工具的选择，都遵从了低碳交通的理念，降低了园区交通的碳排放。为减少交通基础设施和公共运输系统的能源消耗，项目选址在交通便利的南朗镇。另外，园区已实现了公交入园，中山市公共汽车有两条路线可进入华南现代中医药城，极大地方便了园区内的职工上下班出行，有效降低了入园交通系统的碳排放。根据园区投产、在建企业等情况，园区规划了电瓶车项目，一期计划拟投入5—20辆观光电瓶车，建设一条全程15公里的交通路系统，将进一步降低园区内交通系统的碳排放量。

（七）提前介入规划布局，初步实现低碳建筑目标

园区建筑在规划、设计、施工、运营的过程中，通过减少碳源和增加碳汇的方法，实现了低碳建筑的目标。同时，在建筑墙体材料使用方面，入园企业新建建筑均强制要求采用蒸汽加压砖、节能轻质复合墙板、陶粒混凝土中空墙体砖、复合发泡水泥（PC）板、复合保温砌块砖、蒸压陶粒混凝土墙板等新型节能环保墙体材料，杜绝使用粘性烧结砖。对园区内企业，管理方引导、鼓励项目负责单位在设计阶段照明均采用LED高效照明灯具，并最大限度采用自然光设计。园区部分公共建筑及企业厂房屋顶利用太阳能建设光伏发电装置，有效降低建筑电耗。

（八）专人跟进宣传推广，营造园区低碳文化氛围

园区设有1名低碳文化宣传负责人，负责整个园区低碳文化建设及规划，基本满足产业园低碳文化建设需要。园区设有多处低碳文化宣传栏，分别位于园区各入口及部分厂房，覆盖面广。宣传栏上张贴低碳文化宣传海报及标语，并定期更新，园区宣传栏满足低碳文化宣传设施设备需求。此外，园区官方网站上挂有低碳文化新闻、低碳知识简介等文化宣传报道。

三、下一步工作思路

一是充分利用中医药产业集群的特点，集中引进现代中医药企业、中药种植，形成现代中药、生物医药、医疗器械三大板块低碳产业；同时，积极引导发展相关补链产业，促进低碳产业的延伸发展，形成产业集群效应。从而实现医药城产业规模化、集群化、延伸化、低碳化发展，实现产业和环境和谐、可持续

发展。

二是进一步挖掘新能源开发和利用潜力，加大清洁能源使用比例，减少生产过程的碳排放。有条件的企业可考虑采用地源热泵供暖制冷系统，充分利用浅层水源热泵等可再生能源，降低建筑物的综合能耗，进一步减少碳排放。中山市全年可利用光伏发电约为1100小时，且园区内外没有高层建筑等阻挡物，可充分鼓励引导企业利用厂房屋顶、面墙等，建设分布式光伏发电系统，有条件的企业可采用先进的太阳墙、被动式太阳能建筑技术等，充分利用可再生能源资源。

三是督促园区管理方加大力度推行厂房、办公室绿色照明改造，使园区内所有企业、公共建筑全部实现LED绿色照明，部分有条件的区域充分实现自然采光；鼓励员工园区内居住，设置自行车棚，提供一定数量的公共自行车租赁服务，进一步降低园区内交通系统的碳排放。

四是加强园区内的低碳宣传、培训等方面的工作，加强园区内员工对低碳工业园的认识和了解，鼓励园区内员工把低碳理念转化为工作和生活中的实际低碳行动，推进实现医药城产业规模化、集群化、延伸化、低碳化发展，实现产业和环境和谐、可持续发展。

肇庆市华南再生资源产业基地

再生资源产业是“二十一世纪”的朝阳产业，是循环经济的关键组成部分。再生资源与原生资源相比，可以大量节约能源、减少污染排放、有效保护环境，对我国全面建设小康社会，实现人均生产总值赶超世界同期水平，构建和谐社会具有重要意义。

肇庆市华南再生资源产业基地，是肇庆市人民政府和广东省环保厅批准建设的资源循环综合利用项目，是国家鼓励发展的城市矿产项目，连续5年被列为广东省重点建设项目，在2014年国务院批复的《珠江—西江经济带发展规划》中，被列为循环经济产业基地，并先后被评为广东省“城市矿产”示范基地、“省市共建循环经济产业基地”和“省小企业创业基地”，本年度又被列为“省循环化改造示范园区”。目前是华南地区最大的“圈区管理”的再生塑料产业基地，全省家电、家具、建材、汽车配件企业的主要原材料供应基地，也是世界500强企业再生塑料原料指定的采购基地。

基地一期位于广宁县五和镇，建设面积1200亩，共入驻30家省内再生塑料加工利用行业的龙头企业，总投资20多亿元，以发展塑料改性和混合再生塑料的高效加工为主，年加工利用再生塑料能力达91.17万吨。达产后，年销售收入可达85亿元，年创税约1.5亿元，同时可解决劳动就业约5000人，成为广宁县新兴的支柱产业和经济增长点。

基地一直注重环境保护，致力发展低碳产业。一方面，不断完善各项配套设施建设，建成了拆解加工区、物流仓储区、公共服务管理区、员工生活区和污水处理区等5大功能区，各区既相对独立，又共享给排水、供电、港口、物流、环保等各类设施，园内建有集中式污水处理厂，生产生活污水经处理达标后循环再用，全部回用于生产洗塑不外排，并实行集中治污，对生产中产生的危废和固废、生活垃圾均集中交由有资质的公司治理，实现土地集约利用、废物交换利用、能量梯级利用、废水循环利用和污染物集中处理，有效地防止了环境的二次污染，保护了周边的生态环境。另一方面，在准入企业的择取方面，优先考虑低能耗和可互为配套产业，形成相互关联、相互配套的产业链和产业集聚群体，构建起废塑料再生回用循环型产业链。第三方面，以推动清洁生产为“抓手”，引导企业通过不断技术改造和技术创新，引进先进的再生塑料加工利用设备和废气处理装置，使生产能力在土地面积不变的基础上，从21万吨提升到91.17万吨。按照国家发展改革委公布的数据计算，每生产1吨塑料，需消耗3吨石油，再利用91.17万吨再生塑料，相当于节约石油273.51万吨，节能折标煤390.85万吨（折标系数：1吨原油=1.429吨标煤），减排二氧化碳615.4万吨（1吨原油折算减排二氧化碳2.25吨），节能减排成效非常显著。

第五节　社区篇

【提要】

建设低碳广东，需要自上而下、自下而上的实践和探索。社区是城市的基本组成，是城市碳排放的主要来源之一，建设低碳社会，也离不开社区这个重要基础和载体。

推进低碳社区建设，一方面要引入低碳的规划设计和技术，构建气候友好的自然环境、房屋建筑、基础设施、生活方式和管理模式，降低能源资源消耗，实现低碳排放。另一方面，要以低碳可持续的理念改变人的行为模式，使低碳融入到人们的生活当中，促进全民低碳意识的提升，让低碳生活成为社会“自觉”。

“十二五”期间，广东省积极开展低碳社区示范项目建设，开展低碳示范社区评价指标体系研究。2014 年安排 1000 万元财政资金支持中山市小榄低碳社区、河源市和平县鹤市镇低碳社区等 5 个低碳社区示范项目。低碳社区示范建设为社会基层的低碳发展树立了标杆。

兴宁市永泰华庭低碳社区

广东省兴宁市方圆房地产开发有限公司在兴宁市“永泰华庭”低碳社区项目建设从2014年开展以来，经过近两年的建设，主要完成了以下内容：

一、推行低碳管理模式

在中国科学院广州能源研究所、梅州鸿宝节能技术服务有限公司的协助下，研究社区家庭碳足迹，制定低碳化管理体制，实现低碳能源职能检测及关系信息系统平台的建设。由于小区人数较多，收集信息难度较大，项目处于数据收集的阶段。计划在2016年8月前完成数据的收集，从而制定检测软件以及完成器具的购置，年底完成信息平台的施工。

二、建设高效低碳基础设施

1. 太阳能热泵热水系统项目。项目从2015年开始进行，通过询价分析，制定计划，选定供应商，然后进行施工安装调试，在社区E1和E2栋楼顶配套4台10匹空气源热泵机组的热水系统，日最大可供热水量40吨，以天然气热水器为比对基准，项目可减少CO2排放约110吨，已完成验收并交付使用。

2. 分布式太阳能光伏发电系统项目。项目从2015年初开始施工，安装10KW太阳能电板（250Wp多晶硅板40块）及镀锌角铁支架，光伏逆变器SUN2000（200V/8KW）2台；交流配电及防雷保护柜2套及相关街头；电缆及附件和直流汇流箱一批等，已于2015年4月竣工并交付使用。

3. 分布式社区厨余垃圾处理站项目。永泰华庭花园东南角有一处临时的天然气加气站，计划迁移后在此处放置厨余垃圾的设备，由于梅州燃气与华润公司处于产权移交阶段，但多次协商未果，以致项目暂时搁浅。与此同时，项目组也在进行设备的询价调查阶段。

4. 社区中水处理综合利用项目。已经完成了询价分析，签订合同，在社区内采用FMBR膜技术污水处理器收集社区污水进行处理，用于公共空间的清洁、浇灌和鱼池养鱼。项目未完成，处于计划施工阶段。

三、推行绿色低碳建筑改造

1. 社区路灯 LED 改造项目。社区内的 100 盏路灯以及公共空间的照明灯，已经全部更换为 LED 灯，但由于部分空间原有灯位安装较低，导致 LED 灯泡失窃的情况较为严重。

2. 园林生态景观优化项目。优化社区内原有的生态景观，从 2015 年开始陆续增加园林绿化树种，如非洲茉莉、凤凰木、桂花、亮叶朱蕉、琴丝竹等观花观叶植物，使得植物的群落更为丰富，增加了固碳率，使释氧量增大。

3. 社区地面多孔渗水砖改造项目。完善社区的排水系统，在 2015 年完成原有的人行道砖的更换，利用多孔渗水砖的特性保证土地和大气之间的水循环，有效地缓解社区的热岛效应。减轻了水排放的压力。

四、营造社区低碳文化氛围

1. 增设垃圾分类处理设备，宣传垃圾分类理念。从 2014 年开始，我们陆续增加了分类垃圾桶，并在小区的公众号等平台宣传垃圾分类理念，并有专人分类运输垃圾至垃圾站，但效果不显著，由于市政的垃圾站并无分类，所以显得徒劳无功。

2. 开展低碳社区系列宣传引导活动。2015 年 6 月 27 日在永泰华庭举行了“2015 年兴宁市节能宣传月和低碳日暨永泰华庭低碳社区宣传活动”，从生活意识、旧物回收、节能减排、用电知识等方面与居民互相推动，得到了各界的关注并取得了良好的效应。

五、试行低碳社区“碳交易普惠制”

目前，我们在社区内进行调查，通过激励的模式来鼓励居民的低碳行为，并研究居民以及小微企业的低碳意识和行为，对水电气的数据进行收集，通过专业的分析研究适合实际情况的“碳交易普惠制”。

“永泰华庭”社区进行低碳项目建设以来，取得了一定的成果，节约了能源资源，减少了 CO_2 排放和垃圾产生量。我们的目的是建成低碳的示范性社区，形成可智能量化、可持续发展和可推广的社区低碳管理机制，培养家庭和个人的低碳习惯，带动家庭和个人的节能节电节水，从而促进社区低碳文化的发展，并有效地促进社区实现节能减排和环境治理，产生明显的社会示范带动效应。

中山小榄北区社区

社区是城市的基本单元，在控制碳排放、宣扬低碳发展理念上发挥着至关重要的作用。近年来，国家和省发出各种低碳信号，要求各地市从微处着手，通过开展低碳社区试点，将低碳理念融入社区规划、建设、管理和居民生活之中，探索有效控制城乡社区碳排放水平的途径。中山市小榄镇北区社区作为省低碳示范社区，其项目建设于2015年4月启动，由广东省低碳发展专项资金及中山市低碳发展专项资金支持，作为城市既有社区试点开展低碳示范社区建设及低碳生活宣传及文化推广，以点带面，将低碳实践通过社区辐射到全社会。

一、主要措施及成效

中山市小榄镇北区社区建设工作主要从基础研究、低碳设施建设与推广、低碳生活宣传与教育等方面进行。一是编制低碳社区碳排放基准线设计，在了解社区碳排放情况的基础上，制定实施方案指导低碳社区建设，最终形成建设技术手册。二是通过研究筛选及引进适用于社区建设的低碳技术与设施设备，选取居民、学校等进行示范点建设，推进低碳设施设备的应用与推广。三是通过建设低碳宣传及教育阵地“低碳驿站”，搭建低碳家居产品推广及应用平台、旧物分类与交换平台、低碳有机农作物种植与分享平台及居民低碳素养培育四大平台，把低碳行为融入居民的日常活动中，充分运用社区居民力量，建立一种可复制、可推广、可持续发展的低碳社区教育模式。具体开展工作如下：

（一）多角度开展摸底调研，形成具体实施方案

2015年4月29日，项目开展了启动会议。会议邀请了南方电网综合能源有限公司、美国可持续发展社区协会等嘉宾参与，介绍低碳节能技术、分享国内外优秀案例。随后，通过划定调研区域、设计调研表格、实地考察及数据收集与分析，对社区主要企业、公共建筑、居民等碳排放情况进行调研摸底，并编制《低碳示范社区碳排放基准线设计》《北区社区低碳试点实施方案》。2015年10月14日，开展主题为“建美好家园”北区低碳社区建设开放空间讨论会，以开放空间技术，与社区居民代表进行互动交流，提高居民对低碳社区的工作认识和理解，了解其需求，并引导居民积极参与到低碳社区建设中。2015年12月12日，

在北区小学开展了主题为“小手牵大手，共创低碳校园”低碳学校建设开放空间讨论会。讨论会邀请了北区小学的部分师生、家长代表参加，运用开放空间的引导技术，形成低碳行动小组，引导师生、家长参与低碳学校的建设，并不断修改完善《低碳示范社区碳排放基准线设计》《小榄北区社区低碳试点实施方案》。

（二）多维度开展低碳设施建设，加快推广示范力度

一是积极推进可再生能源及清洁能源应用示范。一方面选取了5户家庭，完成了家庭光伏示范建设。通过示范点建设，完善了供电局报装及并网流程，解决政策落地问题。为进一步推广家庭新能源应用，与南方电网综合能源有限公司南电商城平台及中山小榄村镇银行共同开发了“光伏互联网+绿色金融模式”，搭建了市场监管平台，以绿色金融模式促进家庭光伏屋顶规模推广，同时解决后期监管问题。截至8月份，镇内意向安装户达15户，包括示范家庭户镇内安装家庭户达20户，装机容量共91千瓦，预计年发电量超过12万度，减少二氧化碳排放约118吨，直接经济效益约10.2万元。另一方面，已经完成太阳能充电桩建设，预计9月份投入使用。系统配备3kw的太阳能系统，1个电动小汽车充电口，3个电瓶车充电口。以光伏所发电支持小区电动汽车，每户居民将发放1个充电卡，享受免费充电。

二是积极开展低碳生活创新示范。（1）建设市民农园。目前正在建设约1200平方米的市民农园，配套餐厨堆肥系统、雨水回收系统等，划分32块种植区域，供社区居民认领，引导居民进行有机种植。目前已有11户居民认领了32块种植区，每个种植区将配置1个堆肥桶，用于餐厨的有机堆肥。同时，将编制种植园管理办法，以居民参与管理方式持续运营。同时编制有机种植指导手册、餐厨堆肥指引等，提高居民认知度，结合种植活动进行宣传推广，引导居民在家中开展。（2）引导旧物回收。建设低碳公益亭，收集废纸、旧衣物、铝罐、废电池等物件，定期开展回收活动，活动所得将形成公益基金，用于低碳社区中的设施设备维护等。同时，低碳驿站中还配套有旧物格子铺，鼓励居民把家庭中不需要的物品放于驿站中进行拍卖或交换，鼓励旧物再利用。（3）设立低碳骑行站。建设低碳骑行站（自行车租赁），骑行站预计配备10辆自行车（待安装），报名参与骑行的居民将能获得自行车的使用权。正在探讨如何骑行站未来的可持续运营方案。

（三）多方位进行发动宣传教育，形成高效常态机制

一是建设低碳驿站，打造“近零碳空间”。驿站将建设成低碳生活体验馆，配套家庭光伏系统、餐厨堆肥系统、雨水回收系统、绿色骑行站、有机农园种植系统等设施，居民能定期于驿站中获取相关低碳产品信息、体验低碳实施及低碳产品；同时，小区已建成太阳能碳足迹信息屏，信息屏配有太阳能系统及蓄电系统，其供电基本由光伏发电提供。信息屏将定期发布低碳小知识以及低碳活动。目前正在进行小区 LED 光源替换，并于灯柱上装饰低碳宣传小知识，形成低碳知识宣传廊，打造“近零碳空间”。

二是践行激励机制，形成低碳常态化。组织小区内居民开展低碳家庭评比，在社区居民中宣传低碳生活理念、推广低碳产品应用。后期，将对积极参与的家庭进行评比，并总结其实践经验，形成低碳家庭指导手册。同时，在校园开展低碳学校建设，从教育、生态、节能等方面，指导学校建立低碳管理制度、改造学校低碳设施设备、开发低碳环保课程教案、开展低碳实践活动等。定期在社区内举办中大型低碳教育宣传活动，配合线上微信平台推广，营造良好低碳生活氛围。2016 年 1 月 23 日，举办了中山家庭光伏行动——光伏互联网 + 绿色金融模式介绍会，宣传推动家庭光伏；4 月 9 日举办了“低碳生活，你我同行”低碳知识宣传活动，宣传推动有机种植、餐厨堆肥、环保酵素等；7 月 8 日，开展小榄镇学生暑期低碳教育活动——“我爱我家，画出彩虹，画出我的低碳家园”，邀请镇内各校美术老师及学术参与壁画创作，共完成壁画 32 幅；7 月 9 日，在北区小学开展“低碳生活，你我同行”校园宣传教育活动，活动以低碳知识游戏为主，包括“节能连连看”“我来算算碳排放”“垃圾当入樽”“低碳知多 D”等小游戏。活动共吸引来自校园、社会等 5000 多人次参与。

二、下一步工作思路

（一）借助碳普惠制试点契机，深化低碳社区建设

下一步将借中山市碳普惠制试点工作契机，在社区开展低碳建设的基础上，通过推进个人及家庭参与碳普惠，选取基础较好个人、家庭先行先试，通过搭建运营平台、组建及培训志愿团队、线上教育宣传、线下开展活动等方式，开展碳普惠宣传及推广。同时，充分利用省碳普惠 APP 系统及微信公众号，选取有居

民广泛参与基础的各类低碳行为，如家庭光伏、有机种植、餐厨堆肥、雨水回收、绿色出行等成熟的低碳行为模式，根据居民参与情况及碳普惠系统实际换取“碳币”，建立可复制、可持续的激励模式。

（二）结合实际工作开展情况，培育专业低碳团体

将结合低碳社区建设工作开展情况，努力发掘数个能推动社区低碳发展的社会团体，如商城及村镇银行等能协助推动家庭光伏、专业的志愿者服务团队等能发动并积极参与到低碳活动，等等。未来低碳社区的建设将进一步发动并联合甚至培养专业团队或者其他可协助开展建设的单位，创新发展模式。

（三）及时总结工作经验，形成可推广的发展模式

及时总结低碳社区工作经验，形成可复制、可持续、可推广的发展模式，以示范点为基础，选取中山市有意愿有基础的小区进行建设改造。未来力求在中山市各个镇区都有示范点，并建设低碳驿站作为宣传阵地，愿景是居民能熟知低碳社区概念，践行低碳模式，积极参与到各自的低碳社区建设中。

清远市阳山高村村低碳社区

一、社区简介

清远市阳山高村村低碳社区示范项目位于阳城镇高村村，该村由高村村委会直接管辖。

阳山县阳城镇高村村辖区总面积 15 平方公里，全村共辖 9 个自然村，18 个村民小组，总人口 601 户 3131 人，劳动力人数 1925 人，从事家庭经营者 619 人，外出务工劳动力 1215 人。耕地 3153 亩，2013 年全村农民人均纯收入 7713 元，经济水平处于阳城镇各村委前列。

近年来，高村村委会积极响应国家、省市和阳城镇各级政府的号召，动员全村村民参与，开展多项村庄建设活动，包括美化自然环境、改造旧房危房、建设道路、加强清洁卫生、推广节能减排、利用清洁新能源等。

在高村进一步开展低碳示范社区建设具有较好的基础。

二、项目建设内容与目标

内容包括主要可再生能源设施建设、农村低碳生活建设、公共绿道建设，各项目的建设目标如下表所示。

项目实施总体建设目标

序号	建设内容	建设目标
1	屋顶太阳能光伏发电	以高村村委会墩背村、龙颈村为启动试点开展农村屋顶太阳能光伏发电，项目总装机容量 100kW，年有效利用时间 1000 小时，年发电量十多万度。
2	小型低速风力发电	安装小型低速风力发电机组 5 台，总装机容量 50kW。年利用小时达 4500 时以上，年发电量 22. 5 万度。
3	农村低碳生活	①引导村民低碳消费行为，编制高村村社区低碳生活指南，让高村村成为低碳示范村； ②通过电视、广播、短信等现代科技方式宣传低碳生活、低碳科技，鼓励居民选用低碳产品；在学校开设低碳教育课堂，普及节水、节电、垃圾分类回收等低碳生活知识；让高村村 90% 以上村民了解低碳知识； ③为农村生物质能源的开发提供技术支持，降低农村家庭能耗达 30% 以上； ④组织评选低碳生活示范户，带动村民形成低碳消费行为习惯。
4	垃圾分类	①完成农村生活垃圾分类处理和减量化、资源化规范运作； ②开展清扫垃圾、清除杂物、清洁房屋等整治八种乱象； ③开展六项绿化美化行动；建立农村垃圾集运处理体系和农村卫生保洁长效机制； ④通过采取以上措施解决环境的脏、乱、差问题，实现垃圾分类、资源化利用和无害化处理，生活垃圾资源化利用率达 50% 以上。创造“天空更蓝、（空）气更清新、地更美丽、水更洁净”的居住环境，提高广大农民群众生活质量。

（续上表）

序号	建设内容	建设目标
5	低碳出行——公共绿道	建设公共绿道 5 公里，配备自行车 50 辆，驿站 5 处。公共绿道的建设能够串联阳山县乡村、公园广场、旅游景区等生活及休闲场地，培养村民低碳出行习惯。
6	低碳体系及低碳生活的建设	针对阳山县农村现状，定制完善的低碳管理制度，加强宣传教育，评选低碳生活示范户、发放《低碳生活手册》，让广大居民了解制度规定；加强执法监督，做到制度的彻底执行。

第六节　企业篇

【提要】

企业是国民经济的细胞，广东经济社会要实现低碳转型与发展，企业发挥的作用至关重要。

低碳发展对企业来说，不仅是压力更是商机。一方面通过降低自身碳排放，为企业的可持续发展提供有效途径，为低碳社会建设做出贡献。另一方面，通过生产的低碳化推动技术进步乃至产业升级，实现资源的高效配置，提升了企业的竞争力和经济效益。

“十二五”期间，广东积极推动低碳试点企业建设，如佛山市禅城区首批授予 23 家企业为禅城区低碳试点企业。广州快速公交运营管理有限公司建设的广州 BRT 项目荣获了 2011 年“国际可持续交通奖”，联合国“2012 年应对气候变化灯塔项目”和 2013 年国际 BRT 系统“金牌标准”奖。

企业低碳发展，迎接绿色春风，无论是传统产业，还是新兴产业，低碳发展的大潮已势不可挡。

佛山市三水新明珠建陶工业有限公司

佛山市三水新明珠建陶工业有限公司为“十二五”佛山市三水区万家企业，每年按照政府主管部门要求，制定节能工作和技术改造计划，通过实施节能项目确保实现节能目标。年底对本年度的节能工作完成情况开展节能自查考核，对节能目标完成情况进行计算和自评，每年均实现了单位产品综合能耗的下降，取得了一定的节能成绩。同时，对于新的环保标准，公司积极落实环保整治，确保排放标准达到政府要求。

企业“十二五”期间实施的主要节能项目如下：

1. 窑炉助燃风加热项目：通过对助燃风进行预热，提高助燃风的带入热量，且使燃料燃烧的更加充分，提高热效率，降低产品能耗。

2. 窑炉热风管保温项目：由于热风管管道较长，原热风管保温效果不好，导致大量的散失热量。对窑炉余热管道增加硅酸铝棉毯、抛光铝板等保温材料进行保温，节约能耗。

3. 窑炉改烧天然气项目：通过以天然气代替水煤气，提高燃烧率，减少煤转气过程中的能耗散失，以达到节约能耗。

4. 煤气发生炉改造：通过对煤气发生炉进行改造，更换新型铸钢炉栅及中心管和发生炉夹套板，规范化操作，提高产气率，降低煤耗。

5. 窑炉喷枪改造项目：采用新型的节能喷枪，助燃风实行分层喷射，水煤气喷射口处在中间，提高了预混效果；在保证充分燃烧的情况下空气系数得到合理下调、降低窑炉压力、减小排烟风机频率，从而达到节能效果。

目前已实施的环保项目如下：

废气治理：研发新型湿式脱硫除尘一体化设备，加装脱硝设施，用于治理喷雾塔、窑炉烟气，确保达到国标排放；对原料喷雾塔加装脱硝设备及布袋除尘器，使烟气污染物排放浓度得到进一步的下降。

废水治理：新建水处理厂，将渠道的污水进行统一处理后回用，同时各园区（分厂）都做到雨污分流，确保零排放，并且大幅减少自来水用量。

废渣治理：实现各园区固废的回收利用，废渣回收利用率超过 80%，既减少了固体废渣的产生、保护了环境。

对于未来，公司总结了前几年节能工作经验，将进一步挖掘节能潜力，定期外聘技术专家指导公司节能工作、对公司相关节能工作人员进行节能培训，参加上级主管部门组织的节能培训和节能新技术、产品的推广会，完善能源管理机构，确保节能工作有效开展打下良好的基础。

咀香园健康食品（中山）有限公司

在全球经济从“高碳”向“低碳”的转型过程中，企业必须把“低碳”作为经营战略制定的重要考虑因素。过去十年间，百年老字号咀香园已经抢先以高标准的环保降耗要求进行了探索和实践，在立志“做大、做强、做精”的同时，始终将“绿色、健康、节能、环保”的理念贯穿于整个企业的生产经营中，力求实现企业和社会的和谐发展。

一、主要措施

（一）高层提前谋划部署，积极响应政府号召

近年来，中山咀香园时时关注行业发展动态，积极探索转型升级道路，力求在烘焙行业内能真正起到领头羊的作用。2015 年，咀香园积极响应政府号召，申报了市低碳发展专项资金项目，并获得了 15 万元的扶持。

（二）打造绿色环保厂区，建立低碳规章制度

咀香园厂区按照“国家园林单位”的标准实施绿化，绿地覆盖率达 60% 以上，拥有数个先进生产车间，生产区域面积达数万平米，一线员工数百人，在节能降耗、低碳环保方面存在很大的改进空间。大力推行节能降耗、能源节约的规章制度，树立了以节约能源、降低能耗、减少污染、保护环境、低碳发展为企业的绿色发展目标，旨在打造中山市首批“低碳发展示范企业”，在行业内部做好低碳发展的示范作用，带动行业健康低碳发展。

（三）聘请专业低碳团队，创建低碳能源体系

咀香园健康食品（中山）有限公司积极配合国家十三五节能减排计划，努力做好企业低碳环保工作，深入分析企业能源使用情况，定制改善措施，努力达到企业既节能减排又经济高效的双目标。根据国家发展改革委公布的标准要求，

咀香园管理层高度重视，聘请了专业团队开展各项低碳发展工作，努力创建低碳能源体系，包括聘请专业的第三方机构开展企业碳盘查并形成温室气体排放报告、实施 ISO 50001 能源管理体系的运行管理和认证工作，与广东省低碳产业技术协会合作，引进和进行企业低碳管理培训与交流，对公司拳头产品（杏仁饼、月饼）进行碳足迹核算，并申报获得碳标签。

二、实践成效

咀香园大力实施低碳环保战略，将低碳环保管理理念融入到企业的实际生产操作中。

一是改进和完善了生产过程中“三废“的控制和处理。企业严格执行环保标准要求，专人专项针对生产中的“三废”管理流程进行持续的改进和完善，确保做到无渗漏和无污染排放，并对污水处理设施的污染物排放量、排放浓度等数据进行监控；强化相关岗位和部门的低碳环保责任。

二是对产品生产全过程实行低碳化设计。企业实施包装低碳化设计、原料低碳采购、低碳生产技术、清洁生产等作为企业的低碳运营策略。食品包装借助于技术，如真空技术、挤压技术、微波技术、无菌技术等，满足人们对环保、方便、低碳生活的追究，产品包装采用可回收的包装材质，以减少能源使用，拒绝不可回收垃圾生成。

三是发展商业模式低碳化，建立低碳物流体系。公司在原材料采购、商品销售及交易支付等方面积极探索改变传统商业管理模式，在采购管理、商品展示、业务洽谈、收付款等方面改变以前占用较多的人力、物力、财力，重点发展电子商务。企业通过发展电子商务平台，实现商品在线展示及说明、电子采购、网络贸易服务、商品物流配送管理、在线支付、采购信息发布等多项业务流程。

随着经济发展新态势，能源使用量逐年增长，树立企业低碳环保战略、积极开展低碳管理势在必行。咀香园将积极响应中山市低碳城市建设，逐步完善厂区低碳建设，从低碳走向零碳，甚至推动衍生出一个新的零碳产业集群，在低碳背景下带动行业走向绿色可持续发展之路！

关于肇庆乐华陶瓷洁具有限公司积极推动低碳发展的情况介绍

肇庆乐华陶瓷洁具有限公司（下文简称“乐华公司”），成立于2006年09月11日，座落于四会市下茆镇，注册资金为人民币壹亿元，社会统一信用代码为914412007929275916，实际总投资约60000万元，目前投入4条生产线，专业生产“箭牌ARROW”高档瓷砖，“箭牌ARROW”瓷砖于2015年08月被中华人民共和国工商行政管理总局商标局认定为“中国驰名商标”。2015年实现工业总产值29950万元，销售收入30857万元，创税1500万元。

一、乐华公司自成立以来一直重视环境保护，积极推动低碳发展，先后进行窑炉“煤改气”升级改造、污水池循环利用改造、喷雾塔烟气净化系统改造、节能电机升级改造等多项重大工程，“十二五”期间节约标煤3462吨。

二、乐华公司为了进一步提升企业的综合环境保护能力，积极响应使用清洁能源的政策，克服了地处偏僻、无天然气管道等诸多难题，2012年9月份正式进行“煤改气”升级的全面改造，先后投入资金2000万元，完成协助铺设近30公里的天然气管道、窑炉全部更换天然气燃烧器等关键技改，于2013年02月全面完成窑炉“煤改气”升级改造，清洁能源投入使用后，乐华公司煤气站彻底废除，不再产生酚水、焦油等危废品，完全实现酚水、焦油“零排放”，窑炉污染物排放减少近80%，2013年度通过国家环保部认可二氧化硫减排500多吨，也在一定程度上减少了碳排放。

三、乐华公司根据陶瓷行业发展趋势和自身工艺技术研发综合能力提升情况，自2013年开始探索原料污水池不加药直接全部回收利用的升级改造，先后购置五台板式压滤机直接将不加药的污水池泥水压榨成“泥饼”，全面实现了池内泥、水的100%循环使用，全年可回收利用原材料材料近26000吨、水资源近120000m^3。

四、乐华公司在“十二五”期间先后两次对原料车间喷雾塔脱硫、除尘系统进行升级改造，2014年底率先引进并升级了先进的原料车间烟气净化系统，投入高效的布袋除尘系统，并于2015年全面投入使用，效果良好，每年回收利用该布袋除尘系统收集的废粉近6000吨。

五、乐华公司为进一步推进节能工作，先后对原料车间 31 台球磨机的 132KW 电机、窑炉 1 台 160KW、窑炉 6 台 75KW、球釉车间 7 台 45KW 电机等大功率电机加装变频器，大大降低了生产电耗。同时，于 201 5 年对所有在用电机进行节能电机替换的升级改造，最后完成替换电机总计功率达到 7023KW 实现每年节约电能 85 万 KWH。

综上所述，乐华公司“十二五”期间积极推动低碳发展，取得了不菲的成果。在接下来的“十三五”，乐华公司将继续致力于环境保护、低碳发展的升级改造工作，通过生产工艺提升、节能降耗措施、污染物治理回收利用等措旋，进一步推动低碳发展，最终实现企业经济效益和社会效益的双丰收。

广东绿色创想节能服务有限公司

广东绿色创想节能服务有限公司于 2008 年成立。广东绿色创想节能服务有限公司是行业领先的节能服务与咨询解决方案提供商，为国家发展改革委第三批、广东省经信委第二批备案的节能服务公司，具有“省节能技术服务单位（甲级）”“国家合同能源管理备案单位”“省固定资产投资项目节能评估机构备案单位”“省清洁生产备案单位”等资质，同时是“广东省节能协会会员单位”“广东省清洁生产协会理事单位”。

作为肇庆市节能与循环经济协会会长单位，公司在广东省节能监察中心、广东省经信委、广东省发展改革委、肇庆市经信局等政府部门的关心与指导下，与中科院广州能源研究所、华南理工大学等国内知名科研机构紧密合作，围绕客户需求持续创新，引入节能环保新技术、新产品，并致力产学研一体化，提供节能咨询（节能评估、能源审计、节能规划、第三方节能量审核）、清洁生产、专项资金申报、技术改造、节能投资与融资、项目可行性研究及能源管理等一系列广泛而综合的节能服务。

公司秉承“诚实守信，精益求精”的理念，倡导“绿色节能，创想未来”，构建全链条的节能服务平台，为客户提供全面优质的节能减排服务，共同推进节能减排事业，为生态文明社会的发展做出贡献。

公司通过组织和参与低碳发展会议和活动，一方面使员工在低碳发展技术上有更深的理解，掌握低碳发展工作方向；另一方面，能够增加公司在本地社会的影响力，为更好的服务社会，承担企业社会责任，协助地方低碳经济发展。

公司通过组织社会各界参与各种低碳活动，把低碳发展知识传输到广大的市民、企业中，让社会了解到低碳工作的意义和内容。同时，协助企业开展低碳工作，研究有利于降低企业温室气体排放的技术、设备和制度建设，切实帮助企业履行社会义务。

肇庆新奥清洁能源公司

肇庆新奥清洁能源有限公司（以下简称“新奥公司”）是新奥集团成员企业，于 2013 年 10 月 21 日注册成立，公司注册资金人民币 3000 万元，其中新奥燃气发展有限公司出资 2100 万元持有该公司 70% 股权，肇庆新区投资发展有限公司出资 900 万元持有该公司 30% 股权。新区编制完成了《肇庆新区低碳发展规划（2012—2030）》和《肇庆新区能源发展规划（2012—2030）》，这两项规划合理安排能源基础设施建设，保证新区绿色低碳发展目标的顺利推进，肇庆新区于 2013 年入选“国家绿色生态示范城区”。

新奥公司主要经营业务包括：拥有在新区管辖范围内供热、制冷、电力及能源特许经营权，主营业务为肇庆新区范围内供应冷热电三联供分布式能源和开展售电业务。新奥集团与肇庆新区政府于 2012 年签订战略合作协议，在肇庆新区行政范围内提供供热、制冷、电力等能源供应服务。

新奥公司目前业务主要是肇庆新区范围的分布式能源项目投资、建设和运营。目前为止，已有建设投入运营的分布式能源站 1 座即 2 号分布式能源站，主要为北京师范大学肇庆附属学校提供集中供冷。另外 1 号、3 号、4 号、5 号分布式能源站均已根据项目进展逐步推进实施。

肇庆新区拟设置 23 个天然气分布式能源站，其中近期在重点规划区域建设 8 个，远期建设 15 个。新奥公司根据肇庆新区发展进度和负荷需求，正在建设和运行 5 个分布式能源站，总计投资约 110000 万元。

目前已运行和实施的 5 个分布式能源站为肇庆新区低碳发展、节能减排做出了突出贡献，5 个分布式能源站为肇庆新区每年节省共约 35763 吨标煤燃烧。

新奥公司规划在肇庆新区建设分布式能源站 23 个，规划装机规模 18 万千瓦，同时还有光伏发电、水力发电、水源热泵、冰蓄冷等能源设施，总投资约

77.8 亿元。

根据肇庆新区发展定位和能源发展目标，构建可再生能源与传统能源多元供应、分布式能源与集中供能相结合、能源与信息耦合现代能源供应体系，构建形成肇庆新区集冷、热、电等多能源互联互通的能源网络系统。能源网络系统，利用信息技术耦合能源技术构建能源控制网，建立能源运营中心，统一实时监管新区的能源使用情况、碳排放情况，可同步实现能源结构优化、能源效率提升、投资效率提升及减排。系统建成运行后，可实现年可节标煤 14.69 万吨，每年可减少 CO2 排放量为 36.62 万吨，减少 SO2 排放 1.1 万吨，减少 NOx 排放 0.55 万吨，减少粉尘排放 9.99 万吨。

肇庆新奥清洁能源有限公司，致力于肇庆新区清洁能源综合利用发展，为实现肇庆新区作为肇庆市实施新型城镇化战略引擎地区的低碳发展目标而努力，全力助推肇庆新区国家绿色生态示范城区的建设。

第三章 观点篇

第一节　权威访谈

广东正准备为碳交易立法

（广东省发展改革委应对气候变化处处长洪建武）

作为广东省碳排放权有偿使用与交易试点的牵头部门，省发展改革委近年来扎实有序、大胆探索开展广东省碳排放管理工作，当中取得了哪些成效？接下来又将有何创新举措？南方日报记者专访了省发展改革委应对气候变化处处长洪建武。

初步形成碳交易制度体系

南方日报：广东省碳排放交易能够顺利开展，有哪些经验与成效？

洪建武：一是建立广东碳排放管理和交易法规制度体系。今年1月，省政府颁布《广东省碳排放管理试行办法》作为全省碳排放管理和交易工作的纲领性文件。在此基础上，省发展改革委制定印发了《广东省碳排放配额管理实施细则（试行）》《广东省企业碳排放信息报告与核查实施细则（试行）》，同时公布了广东省企业碳排放信息报告指南与核查规范，连同之前出台的广东省碳排放交易规则，初步形成了具有广东特色的系统完备、科学规范、运行有效的碳排放管理和交易法规制度体系，为试点工作的顺利开展奠定了基础。

二是建立了排放配额总量控制和分配管理机制。根据国家下达的控制温室气体排放总体目标，结合广东省重点行业发展规划和合理控制能源消费总量目标，广东确定2013年度和2014年度碳排放配额总量分别约为3.88亿吨和4.08亿吨。广东也是试点中唯一一个提出碳配额总量目标的试点地区，这相当于企业和管理部门主动增加减排压力。

为了做好政府与企业的联系与沟通，省发展改革委支持成立了4个行业的配额技术评估小组，小组由行业协会牵头并负责挑选专家和企业作为小组成员共同组成。在配额分配过程中，省发展改革委建立了配额评审委员会审议制度，力求配额分配管理政策的公开、透明和可持续。委员会由政府、行业协会、专家、企业代表组成，专家成员不能少于2/3，该委员会对每一次配额分配进行评审，评审完后才能上报省政府批准实施。

三是建立碳排放信息报告核查和交易机制。碳排放管理制度建设要建立在企业碳排放信息能够获得的基础上，对所有控排企业的碳排放信息进行监测和报告。广东省积极推进碳排放信息报告核查系统、配额注册登记系统、配额交易系统和交易平台的建设，组织200多家控排企业报告历史碳排放信息，并公开遴选确定来自全国各地的16家第三方核查机构进行核查、复查和复核。

广东省还建立碳交易信息管理和风险管理制度，实时公布交易行情、交易价格、交易量等信息，对交易活动进行风险控制和监督管理，进一步增强碳排放相关数据的准确性、交易的公平性和管理的透明性。

配额竞拍八成收入将放入基金

南方日报：广东碳交易接下来有何计划与举措?

洪建武：接下来，我们首先要做好增加碳控排行业与领域的准备。省发展改革委已组织有关机构开展陶瓷、有色、纺织、造纸、化工等工业行业和交通、建筑领域碳排放报告与核算指南编制工作，之后，将组织企业历史盘查与配额分配等工作，根据国家的进度来安排，争取最快2015年纳入碳交易范围。原则上是成熟一个行业，纳入一个行业。

其次，我们正研究利用有偿配额收入设立低碳发展基金。2013年5次配额有偿竞价拍了6.67亿元，其中6亿元拿来做碳基金。目前正在制定方案，如果顺利的话，明年上半年应该可以运转。这个碳基金将吸引社会资本提高投资杠杆，创新绿色投融资模式，通过市场化独立运作，实现基金的良性循环和可持续发展。以后每年碳配额有偿拍卖，80%的收入都要进入基金，这个基金主要用于推动控排企业交易履约、支持企业节能减碳项目建设，并推进碳金融和低碳产业发展。

第三是推进碳金融产品的创新。碳配额其实是企业的资产，广碳所正与浦发银行联合开展碳交易法人账户透支和配额抵押融资等业务，让企业能够更好地把自己的配额用作资产来运营，通过配额抵押从银行获得资金，用于企业节能减排的经营；或者企业在流动资金不足的情况下通过法人透支获得额外资金购买配额。所谓法人透支，就是银行给企业一个授信的额度，企业像用信用卡一样，透支一定的资金来进行购买碳配额或用于碳交易。

未来汽车上牌或要先拿碳积分

南方日报：去年曾传出广东拟引入个人低碳的普惠制，即个人的低碳行为带来的碳减排量换算成“碳币”，兑换对应的商品或服务，甚至与碳交易对接。目前这项工作进展如何？

洪建武：广东探索推广碳排放交易普惠制也是全国首创。省发展改革委与广州赛宝认证服务有限公司、广碳所合作，已对此做了初步推广方案，拟选取部分社区家庭、小微企业作为试点，先从用水、用电、用气着手，激励和约束手段相结合，把碳排放权益分配给相关企业和个人并与碳交易市场进行链接，促进提高全社会的节能降碳意识，同时进一步活跃二级市场。另外，通过鼓励商业企业为公众的低碳行为兑换优惠服务，以商业激励机制来推动全社会低碳意识的建立。目前已完成碳普惠网络信息服务平台、手机 APP 等设计开发工作。

我们还研究在车牌拍卖中引入碳普惠制，大概的思路是：市民买了一部汽车，市民需要通过减碳行为，获得一定的碳积分，达到碳积分门槛之后，才可以拿到牌照。这要先算出汽车平均排放量，如果要买大于平均排放量的汽车，就要从有减碳行为的其他市民手中去买碳指标。

碳违约企业将纳入征信系统

南方日报：控排企业履约方面有何奖惩机制？

洪建武：广东碳交易试点工作是以省政府令的形式推动，并未真正立法。作为试点，其在机制设计、政策法规等各方面仍在不断完善，为下一步的立法打好基础。目前广东省在完善碳交易奖惩约束机制上相对薄弱，这也是其他试点普遍的问题。

目前，省发展改革委正加大对违约企业的处罚力度，除了向社会公布违约企业名单并按试行办法进行处罚外，目前，省发展改革委已与中国人民银行广州分行签署了《共建广东省碳排放信息共享机制协议》，违约企业相关信息将纳入人民银行征信系统和社会信用系统；研究将省属国有企业履约情况与企业负责人的考核挂钩；研究制定对履约企业的激励措施，优先安排履约企业技术改造项目和省级财政性资金补助，将履约企业纳入直供电试点范围，以此维护碳市场参与各方的正当权益。

专家建言——广深碳市场应探索对接

中山大学教授余志参与了广东碳交易制度设计，他见证并参与了广东碳市场从筹建一步步走向完善。近日，他向南方日报记者畅谈对广东碳交易试点多年实践的体会，并提出了建议。

建立新的生态补偿机制

南方日报：广东推行碳交易对创新生态文明机制有何积极作用?

余志：一是有利于形成资源合理配置的市场化机制。碳交易通过总量控制，促成减排成本不同的企业之间进行配额交易，通过市场配置达到整体减排成本最低的目的，实现了减排效益最大化。

同时，碳交易使企业树立资源有偿使用的意识，通过市场这只看不见的手，对能源、环境、生态资源等进行更合理、更有效的配置，这对促进节能减碳、产业结构调整和区域协调发展意义重大，也必将为生态文明建设探索有利于资源合理配置的市场化机制。

二是有利于探索市场化生态补偿机制。目前我国的生态补偿机制更多的是采用政府“输血型”的纵向补偿模式，区域间、流域上下游或不同社会群体之间市场化的补偿模式较少。

碳交易试点将有利于探索市场化的生态补偿机制。例如将林业碳汇纳入碳排放权交易体系，能够推动林业间接减排与产业直接减排有机结合，一方面缓解欠发达地区发展林业和生态建设的资金压力，另一方面缓解发达地区控制碳排放的压力，实质是建立了一种新的生态补偿机制，能够有效促使城乡区域协调发展。

行业差异考验碳交易制度设计

南方日报：广东进一步推进碳交易还面临哪些挑战?

余志：首先，广东经济行业门类齐全，行业间发展差异性大，区域发展不平衡是广东省经济发展中的突出特点，这对碳交易机制设计是很大的挑战。对此，广东要在企业碳排放信息报告方法学、报告核查制度、配额分配机制设计实施过程中，充分考虑地区间、行业间的差异性，在强化顶层设计同时，充分考虑、协调各方实际利益，确保不同行业间企业在公平的规则中进行碳排放控制工作。

第一个挑战是经济波动导致的不确定性。社会经济大环境或企业自身经营发展的不确定性和波动，将导致企业的年度排放量出现较大的变化，这对需要提前设定总量控制的碳交易是难题。

目前，广东的解决方案是体现在不同行业的配额分配上的。比如对电力行业，今年率先将有偿拍卖比例提升到5%，这考虑到行业发展的实际情况。在配额分配上，除了大部分企业采用历史法，对于易于测量、不同基准生产效率与碳排放差异较大的行业企业采用了基准法。

全国统一碳市场是发展趋势

南方日报：国家发展改革委官员此前透露，全国统一碳市场将在2016年试运行。广东和深圳作为国家碳交易试点省、市之一（广东省碳市场交易平台在广州），在统一碳市场方面将有何作为?

余志：建立全国统一碳市场是碳交易的发展趋势。广东目前有两个碳市场，可以对碳市场对接进行先行探索。这里面涉及到多方面的难题，最重要的挑战如配额的发放，各个地方的资源稀缺程度、企业经营情况不尽相同，导致价格不同、配额发放方式不同。交易系统怎么对接也需要探讨。作为制度设计者之一，我们现在想到的是先易后难——先从方法上相近的地方着手。省发展改革委正准备推动广东碳市场跟深圳碳市场互联互通，我们在做这一方面的研究。如果两个碳市场可以对接成功，对建设全国碳市场是有借鉴意义的。

（《南方日报》2014年12月11日　谢庆裕）

全国碳市场制度设计中有很多“广东影子”

（国家发展改革委应对气候变化司副司长蒋兆理）

8月3日，国家碳市场能力建设（广东）中心（以下简称广东中心）在广州正式揭牌。同时，广东中心还为广东省内新纳入全国碳交易体系的航空、造纸、化工、电力、平板玻璃、有色金属等行业企业举办了历史碳排放信息报告专题培训。

记者梳理发现，除去广东，目前首批“五市两省”碳交易试点中，还有深圳、湖北、北京、重庆、上海设立了全国性碳市场能力建设机构并举行了揭牌仪式。

昨日，在为广东中心揭牌并为在场企业做《国家碳交易市场相关政策解读》报告后，国家发展改革委应对气候变化司副司长蒋兆理接受了南方网记者的专访。披露了全国碳市场建设的最新动向，并指出广东等试点地区应在全国碳市场统一后继续发挥作用。

以下为采访实录：

南方网记者：全国碳市场将于 2017 年启动，接下来是否会出台建设的具体路径？目前最新的进展如何？

蒋兆理：实际上从去年开始，建设全国碳市场的各项工作就已经开始，所以对明年全国碳市场启动的概念或定义应该是“启动运行”，也就是说届时实现控排企业、投资机构等市场主体在全国碳交易市场上的自由交易。目前，我们预计首批纳入企业数量在七八千家，今年 10 月开始将大范围启动配额分配工作，明年一季度即可完成，然后展开交易。

南方网记者：各试点地区现在已经分配的配额如何衔接全国碳市场？

蒋兆理：目前试点地区已经分配的配额将根据实际情况有序的纳入全国碳市场交易体系。

南方网记者：我们知道目前试点的交易年度不是自然年，比如广东试点是把从第一年的 7 月到第二年的 6 月计为一个完整交易年度，那么全国碳市场明年的交易起始月份如何确定？

蒋兆理：我们正在探索一个全新的制度，有别于欧盟和美国碳市场一年发一次配额进行一次履约的模式，而是分行业、分批次进行配额分配和履约，也就是说可能每个月都有配额分配和企业履约，这也是全国碳市场的一项创新。

南方网记者：全国碳市场启动运行后中央和地方如何分工？

蒋兆理：全国碳市场采用两级分工的模式，也就是中央层面管方法、管标准，省一级层面管配额分配、管履约监管，两者之间互不干涉，但互为补充。

南方网记者：全国碳市场启动运行后还要建设新的交易机构吗？

蒋兆理：目前除了七大试点的交易机构外，还批准了福建和四川两省建设碳交易机构，选在四川主要考虑是要覆盖西南、西北等广大地区的碳交易和服务，而选在福建则是因促进海峡两岸的应对气候变化和碳市场合作的需要。对于全国碳市场高达50亿吨碳配额总量来说，9家的数量其实不算多，但目前暂未考虑增加新的交易机构。

南方网记者：您刚刚在为广东中心揭牌致辞时说，广东是中国碳市场制度建设的策源地，有许多首创的做法。全国碳市场启动运行后，广东这样的试点如何继续发挥作用？

蒋兆理：广东等试点地区的观念新、做法好，培养出的专业人才和示范企业等都是宝贵的资源，这些宝贵资源在全国碳市场建成运行之初都会得到广泛的应用。同时，我们也采取了一些列措施，比如把广东作为全国碳市场能力建设中心，将广东试点的经验、技术和典型做法扩散推广到全国，让其他的非试点地区，也包括试点地区，向广东学习。在全国碳市场建设的过程中，广东省发展改革委、中山大学、广东省应对气候变化研究中心、中科院广州能源所、广州碳排放权交易所等机构都发挥了重要的作用，积极参与了全国碳市场相关制度的设计。而全国碳市场也充分吸收了广东试点的体系设计和制度安排，可以说在全国碳市场制度设计中可以看到很多的“广东影子”。

南方网记者：目前，深圳、湖北、北京、重庆、上海等试点地区都陆续成立了全国性能力建设机构，广东中心在建设和培训中应该突出哪些特色？

蒋兆理：碳市场从根本上讲，就是帮助和鼓励企业改善内部管理，降低碳排放，调整自身产品结构来适应减碳降碳的大环境，因此企业参与碳交易的经验非常重要。广东经济发达，企业的意识和管理水平都比较高，所以广东中心应注重推广和传播企业参与碳交易的经验，在这方面发挥特色。此外，按照中改办的要求，全国碳市场启动运行后，在京津冀、长三角、珠三角等经济发达地区鼓励采用有偿配额拍卖的方式引导碳定价，广东是全国首个实施碳配额有偿拍卖的试点，在这方面总结、分析、归纳出的经验、做法也将发挥出巨大的作用。

南方网记者：目前试点碳市场出现了一些行政手段对市场干预过多的现象，比如对价格进行管控。在碳市场发展中如何正确处理好政府与市场之间的关系？

蒋兆理：可以说，我们在建设全国碳市场之初就非常重视这个议题，也不断探索着二者如何有机衔接。碳市场和其他市场的显著不同是其建立在政府的减排目标和监管之上，所以政府的作用是基础性的，比如在MRV、配额分配统一性、履约监管等工作上，必须要做好。同时，企业的自主权也应该在碳市场上得到充分的尊重，比如在碳配额管理上，企业可以自己管理，也可以委托第三方机构管理，在企业配额的处置上也是如此，只要完成履约，配额可以进行出售、抵押、置换。对于市场交易价格波动，我们认为是“应有之义”，但对出现的异常波动，也要分析原因，以引导的方式促进市场健康有序的发展。另外，这其中还有一个界限，就是如何区分异常波动和合理波动，为此我们也组织专家进行了研讨。而对于未来全国碳市场价格的平抑问题，目前有两种方法，一是政府预留配额，二是 CCER 等补偿机制。我们认为，健康的碳市场应该让企业有当家做主的感觉，这样才能良性发展。

（2016 年 8 月 4 日南方网 宗淼）

第二节　专家视角

以制度建设推进低碳发展

（国家气候变化专家委员会副主任何建坤）

党的十八大将生态文明建设纳入到“五位一体”的总体战略布局，提出“推动能源生产和消费革命”。十八届三中全会提出，建立系统完整的生态文明制度体系，用制度保护生态环境。面对日趋明显的资源环境约束以及经济发展的需求，我国如何在控制能源消费的同时，找到可持续发展的突破口？

在生态文明制度建设方面，各试点省市酝酿已久的市场化减排机制——碳排放权交易已进入冲刺阶段，深圳已于今年6月率先启动交易，上海于11月26日正式启动了碳交易，北京的碳交易将于本周启动。广东在11月25日公布首批配额分配方案后，将于本月启动交易。备受关注的碳排放权交易对各地实现低碳发展、绿色发展将有怎样的意义？

就上述热点问题，南方日报记者专访了国家气候变化专家委员会副主任、清华大学低碳经济研究院院长何建坤教授。

谈能源革命——建立以低碳排放为特征的产业体系和消费方式

南方日报：我国为什么要推动能源生产和消费革命，应如何推动？

何建坤：推动能源生产和消费革命是建设生态文明、实现低碳发展的根本途径和关键着力点，是我国突破资源环境瓶颈性制约，实现可持续发展的根本途径和战略选择。

加强转变经济发展方式，大幅度降低GDP的能源强度和二氧化碳强度，是当前实现低碳发展的核心和关键。

我们首先要改变过度依靠增加投资，以重化工业产能扩张为主要驱动的发展方式。研究表明，投资在GDP中比重下降1个百分点，相应消费增长1个百分点，GDP能源强度可下降0.45个百分点。第二产业在GDP中比重下降1个百分点，相应第三产业比重提高1个百分点，单位GDP能耗强度也将下降约1个百分点。

我国第二产业在GDP中比例（47%）以及重工业在工业中比例（71%）均已达到或超过发达国家工业化阶段的峰值，钢铁、水泥等高耗能产品产量已占世界的一半左右，具备了较大幅度调整产业结构的条件。此外，我国单位GDP的能耗强度和二氧化碳强度约为世界平均水平的2倍，降低GDP的能源强度和二氧化碳强度仍有较大潜力。

所以，加快发展方式的转变，要建立以低碳排放为特征的产业体系和消费方式。一方面，我们要调整产业结构，提高能效，促进节能可降低GDP的能源强度；另外，发展新能源和可再生能源，可降低能源构成中的含碳率。两者叠加，可促进GDP的二氧化碳强度显著下降。

谈能源消费控制目标——东部发达地区力争2015年煤炭消费达峰值

南方日报：您建议我国推动能源生产和消费革命应该制定怎样的目标？

何建坤：我国有必要逐步制定并实施煤炭消费和二氧化碳排放的总量控制目标，研究制定二氧化碳排放峰值目标，形成促进低碳发展的“倒逼”机制。“十二五”能源规划中制定了2015年能源消费总量控制在40亿吨标准煤的指导性目标。“十三五”开始将可能实施控制煤炭消费总量和二氧化碳排放总量的约束性目标。

2030年前后，我国基本完成工业化和城镇化阶段，其新增供应量可满足能源总需求的增长，化石能源消费不再增长，二氧化碳排放达到峰值。

目前，东部发达地区人均GDP大都达1万美元左右，人均二氧化碳排放已相当或超过欧盟、日本人均二氧化碳排放峰值时水平。

东部发达地区是能源资源短缺、环境污染严重地区，今年初严重雾霾天气，燃煤排放是其首要成因。如仍持续当前发展模式，2020年很多地区的人均二氧化碳排放将远超欧盟、日本的水平，而直逼美国的人均水平。

我认为，东部沿海发达地区要制定更为积极的低碳发展目标，在全国率先实现煤炭消费和二氧化碳排放峰值，东部发达地区要努力争取2015年煤炭消费达到峰值，2020年二氧化碳排放达到峰值。

谈生态文明制度建设——应加强低碳发展的规划与政策保障建设

南方日报：实现能源消费控制必须低碳发展，这在生态文明制度体系建设中如何体现？

何建坤：生态文明建设在“五位一体”的总体布局中占据突出地位，低碳发展在国家总体发展战略中应具有优先权重。十八届三中全会提出，建立系统完整的生态文明制度体系，用制度保护生态环境。我们应该明确低碳发展在国家和地区总体发展战略中的定位，制定相应战略规划，加强制度和政策保障体系的建设。

一是加快《应对气候变化法》和《低碳发展促进法》的立法进程，为低碳发展提供法律和政策保障。二是加强财税金融政策体系和低碳消费激励机制的建设，建立并完善碳排放权交易等市场机制，为低碳发展创造良好的制度环境、政策环境和市场环境。

目前我国正试点推进的碳排放权交易，是完成控制温室气体排放目标的市场化手段。

这种市场化手段在欧盟、日本、美国、澳大利亚等发达地区已普遍采用，全球建立了多个碳市场。其基本原理是，买方通过市场交易从卖方获得碳排放额度，以弥补自身排放额度的不足；而卖方从出售其剩余的排放配额获得收益。碳交易市场参与的主体是企业，其目标则是以全社会最低减排成本，实现国家或地区的减排目标。

谈国内与广东碳市场建设——碳排放交易市场建立有助于实现低碳发展转型

南方日报：能否结合试点的情况，介绍我国碳排放交易市场的建设思路？

何建坤：国内在碳排放交易市场方面展开了积极的建设，深圳市在2012年10月出台了《深圳经济特区碳排放管理若干规定》，已于今年6月18日启动交易。上海市发布了《关于本市开展碳排放交易试点工作的实施意见》，完成基础数据的核算工作，公布了配额分配方案，并于11月26日正式启动了碳交易。广东在11月25日公布首批配额分配方案后，将于年底前启动交易。其他试点省市的建设工作也正抓紧推进。

我国的碳交易市场建设实行“政府引导、企业主体、社会参与”的基本原则：以建立完善碳排放权交易政策法规和配额分配制度为先导；以健全温室气体排放统计、报告、核证体系为支撑；以强化监管和规范交易为保障，以培育公平、活跃的交易市场为手段。逐步形成“制度完善、交易活跃、监管严格、市场规范”的碳排放权交易市场体系。

广东省碳排放及节能减排相关指标虽较其他省市相比较低，但和发达国家相比，仍然比较高。今后随着经济和社会的持续发展，能源消费和碳排放仍会持续增长，但要努力提高能源消费和相应碳排放所产出的经济效益。

而碳市场建立有利于推进地区应对气候变化能力建设。一是促进企事业单位碳排放统计、核算、核查体系的建设。二是形成企业减排的市场激励机制和金融投资导向。三是提高企业和公众的低碳意识。总之，碳市场建立有助于实现地区低碳发展目标，促进产业升级和低碳发展转型。

（《南方日报》2013 年 12 月 01 日　谢庆裕）

附　录

广东省人民政府
印发广东省应对气候变化方案的通知

粤府〔2011〕5号

各地级以上市人民政府，各县（市、区）人民政府，省政府各部门、各直属机构：

现将《广东省应对气候变化方案》印发给你们，请认真贯彻执行。实施过程中遇到的问题，请径向省发展改革委反映。

2011年1月7日

广东省应对气候变化方案

气候变化是人类社会可持续发展面临的重大挑战。为贯彻落实党中央、国务院积极应对气候变化和推动低碳发展的决策部署，全面加强应对气候变化能力建设，努力当好推动科学发展、促进社会和谐的排头兵，制定本方案。

一、总体形势

（一）气候变化现状与趋势

与全球气候变暖趋势相一致，广东省气候也在逐年变暖。根据观测结果，近50年广东省气温增温速率为0.21℃/10年，与全国平均水平相当。珠江三角洲地区是增温最明显区域，增温速率为0.3℃/10年，其次是东南部沿海地区，增温速率为0.2℃－0.3℃/10年，粤北地区增温趋势较为缓慢，增温速率为0.15℃/10年。近50年来，广东省年平均、前汛期、后汛期降水量没有显著变化。据预测，与1961年—1990年的30年平均气温和降水量相比，到2020年全省年平均气温可能升高0.8℃，2050年可能升高1.7℃，2100年可能升高3.0℃；2020年、

2050 年、2100 年全省年平均降水量可能增加 3%、5% 和 8%。

（二）气候变化的影响

1. 极端气候事件频发，自然灾害损失加大。一是登陆广东省的热带气旋强度增大，移动路径复杂。2010 年 9 月下旬，受强台风“凡亚比”的影响，广东省自东向西相继遭受了历史罕见的特大暴雨袭击，造成 30 个县（市、区）186 个乡镇受灾，受灾人口超过 150 万人，直接经济损失超过 50 亿元。二是降水变动率加大，旱涝灾害频繁。2002 年，广东省遭遇 50 年一遇的严重干旱，造成直接经济损失 40 多亿元，720 多万人饮水困难。2005 年 6 月，广东省又遭遇了超百年一遇的一特大洪水，受灾人口 443 万人，直接经济损失 49.7 亿元。三是暖冬现象普遍，极端最低气温开始出现。2008 年初广东省韶关等地遭受了历史罕见的低温雨雪冰冻灾害，造成直接经济损失达 166 多亿元。未来气候的继续变暖，可能会使广东省极端气候事件出现更为频繁，引发的灾害损失更为严重。

2. 海平面上升加剧，危及沿海地区经济发展和生态环境。据观测，近 30 年来，南海海平面平均每年上升 2.7 毫米，已对沿海地区经济发展和生态环境带来一定危害。一是风暴潮灾害程度和发生几率增大。如 2008 年强台风“黑格比”登陆时正逢天文大潮，造成珠江口潮位站潮位达到或超过百年一遇，个别潮位站超过 300 年一遇，造成堤防决口 834 处，堤防毁坏 2118 处。二是城市内涝频发，河流入海口日益淤积，河床抬高，严重影响航道、港口正常运行。三是海岸侵蚀加剧。如近年来雷州市赤坎村岸段侵蚀长度约为 300 米，侵蚀总面积达 800 平方米。四是红树林和珊瑚礁生态系统退化。20 世纪 50 年代全省红树林面积曾超过 2 万公顷，目前已减少一半以上。预计未来 30 年，南海海平面比 2009 年将继续升高 73—127 毫米，由此引起的相关海洋灾害强度将进一步加剧，对沿海地区人们生产生活的影响将不断加大。

3. 水资源质量下降，威胁用水安全。受气候变暖及其引起的海平面上升、降水不均、流域干旱等问题的影响，广东尤其是珠三角地区咸潮活动越来越频繁、持续时间增加，上溯影响范围越来越大，强度趋于严重。近 20 年来珠三角地区曾发生过 5 次严重咸潮，其中 3 次发生在最近 8 年，严重影响珠三角地区及港澳用水安全。气候变暖也导致生产和生活用水增加，进一步加剧了全省水资源供需矛盾。

4. 农业生产条件改变，产量不稳定性风险增大。气候变化和极端气候灾害导致广东省粮食生产的自然波动从过去的10%增加到20%，极端年景甚至达到30%以上。气候变化使春季物候期提前，如果不采取适应性措施，双季稻（早稻、晚稻）的生育期将缩短，产量将下降。气候变化使农作物病源增加，导致农药、除草剂、化肥施用量增加，农业成本大幅度提高。

5. 人居环境改变，影响人类健康。气候变化使城市中心区热岛效应、高温热浪、灰霾等现象加剧。近年来，珠江三角洲城市每年超过35℃的高温日数均在30天以上。近50年来，广州市年灰霾日数以每10年16.4天的速率增加，每逢灰霾天气呼吸道疾病发病率比平时增加15%左右。气候变化还使一些病毒和病原体得以滋生和蔓延，疟疾、登革热等传染性疾病爆发的频率和范围有所加快和扩大。

（三）应对气候变化工作和成效

1. 完善体制机制，建立健全政策法规。

——加强组织领导。省政府于2007年成立省节能减排工作领导小组，并于2010年调整为省应对气候变化及节能减排工作领导小组，由黄华华省长任组长，切实加强对广东省应对气候变化和节能工作的协调领导。建立健全政府节能工作问责制，将节能目标完成情况纳入各地经济社会发展综合评价体系。

——完善法规和政策措施。“十一五”以来，广东省陆续出台了与应对气候变化相关的节能、产业结构调整、发展循环经济、保护生态环境等方面的一系列政策和法规，包括《关于建设节约型社会发展循环经济的若干意见》（粤府〔2005〕83号）、《印发广东省节能减排综合性工作方案的通知》（粤府〔2007〕66号）、《关于加快建设现代产业体系的决定》（粤发〔2008〕7号）等，制定、修订了《广东省节约能源条例》《广东省封山育林条例》《广东省湿地保护条例》等地方性法规和省政府规章。

2. 调整优化产业结构，提高经济发展质量效益。

——大力发展现代服务业、先进制造业和高新技术产业。推进重大项目建设，提出引领现代产业发展的500强项目。产业结构转型升级成效初显，三次产业比重由2005年6.3：50.4：43.3调整为2009年5.1：49.2：45.7。2009年，全省现代服务业占服务业增加值比重达到57.2%，先进制造业增加值占规模以上工业增加值的比重达到44.3%，高技术制造业增加值占规模以上工业增加值的比重达到21.1%。

——加快淘汰高耗能的落后产能。严格项目准入管理，加强新上项目的节能审查。实施财政补贴和严格的差别电价政策，至2009年底，省财政共下达淘汰落后钢铁补助资金8337万元，下达淘汰落后水泥补助资金1.085亿元；对落后水泥、钢铁企业在取消峰谷电价基础上每度电加价0.2元。至2009年底，关停淘汰落后钢铁产能1039万吨，淘汰落后水泥产能5184万吨，均提前超额完成国家下达的“十二五”目标任务。

——狠抓重点领域节能。实施“十大重点节能工程”，推进工业、建筑、交通运输等重点领域节能。“十一五”前四年，广东省单位生产总值（GDP）能耗从2005年的0.79吨标准煤/万元下降到2009年的0.684吨标准煤/万元，累计下降13.89%。

——大力发展循环经济。积极组织开展循环经济试点，建设了一批有典型示范意义的循环经济工业园区。全面推行清洁生产，从生产和服务的源头减少废弃物的产生。加强资源综合利用，大力回收和循环利用各口种废旧资源，不断完善废弃物回收、加工、利用体系。建设节水型社会，完善节水法规制度。

3. 优化能源结构，发展低碳能源。

——积极实施“上大压小”政策。至2009年底，关停小火电机组1096万千瓦，提前超额完成国家下达的“十一五”目标任务。2008—2009年，获国家核准新开工建设大型电源和清洁电源项目1626万千瓦。

——大力发展清洁能源、新能源和可再生能源。积极推进天然气开发利用，大力发展核能，加快水能、风能、太阳能、生物质能等可再生能源开发。至2009年底，全省核电装机395万千瓦、风电装机超过50万千瓦，水电、核电、风电等清洁电源约占省内电源装机总量的34%。

——做好节能发电调度试点。积极开展节能发电调度试点，通过将发电机组按能耗高低排序，确保高效环保机组多发，效率低、污染重的落后小机组少发或逐步退出发电市场，取得了显著的节能效果，2009年全省燃煤机组节约标准煤约90万吨。

4. 积极发展林业，加强生态环境保护。

——大力开展植树造林。抓好林分改造、东江流域水源涵养林、沿海防护林及红树林、绿色通道及农田林网、城市林业和水土流失治理等重点林业工程建设。开展义务植树活动，启动中国绿色碳基金碳汇造林项目。稳步开展林业生态县创建活动。至2009年底，全省森林面积达1.48亿亩，森林覆盖率达56.7%活立木蓄积量达4.18亿立方米。

——保护和培育自然生态系统。加强湿地保护，实施湿地保护与恢复工程，海丰湿地被列入国际重要湿地名录。完善自然保护区网络体系，至2009年，全省共有自然保护区373个，面积179.9万公顷，其中国家级自然保护区11个。保护海洋资源环境，至2009年，全省共建成20个人工鱼礁区，形成了沿海海洋牧场带雏形。

——加强城镇生活污水和垃圾处理。至2009年底，全省已建成城市生活污水处理厂239座，日处理能力达到1357万吨，污水处理率达60%；全省建成城市生活垃圾无害化处理厂39座，日处理能力达到3.7万吨，垃圾无害化处理率达到67%；各县（市、区）基本建成生活污水集中处理设施，各地级以上市基本建成生活垃圾无害化处理设施。

5. 严格实行计划生育，有效控制人口增长。

认真实施计划生育基本国策，千方百计稳定低生育水平，初步形成了“低出生、低死亡、低增长”的人口发展模式。全省政策生育率由2005年的85.5%提高到2009年的94.3%。2009年全省人口出生率为11.78‰，自然增长率为7.26‰，比2000年分别下降1.13和0.88个千分点。

（四）应对气候变化面临的挑战

1. 在减缓气候变化方面，广东省仍处于经济社会快速发展的阶段，温室气体排放仍将继续增加。

——能源资源缺乏，粗放式经济发展方式尚未得到根本转变。广东省经济发展仍然是主要依靠生产要素和资源投入的粗放式发展，造成了能源资源大量消耗。2009年全省一次能源消费量为1.97亿吨标煤，比2005年增长50.4%；其中原煤、原油、电力、天然气的比重分别为45.4：26.9：20.1：7.6，化石能源依然占主体。

——区域发展不平衡，改善民生和发展经济的任务依然艰巨。2009年，占全省土地面积30.4%的珠江三角洲地区GDP占全省比重达79.5%，而占全省面积69.6%的粤东西北地区GDP占全省比重仅为21.5%，珠江三角洲地区的人均GDP约为粤东西北地区的4倍。

——节能空间有限，成本压力加大。“十一五”时期，广东省已经关停淘汰了大部分钢铁、水泥、小火电等落后产能，再通过“上大压小”、淘汰落后产能实现节能，空间十分有限。目前，广东单位GDP能耗仅次于以城市经济为主的北京市，继续下降的难度非常大。“十二五”时期，预计广东省节能降耗将由主要依靠淘汰落后产能、技术改造转向依靠产业结构调整、技术创新与应用。但随着广东省经济发展适度重型化，技术创新与应用的成本将进一步增加。

2. 在适应气候变化方面，广东省属于自然生态约束较大和气象灾害频发的省份，缓解气候变化不利影响的难度大。

——自然生态约束成为经济快速发展的瓶颈。增强自然界对温室气体的吸收能力是适应气候变化的重要方面，但经济的快速发展不可避免地带来对自然生态的破坏。广东省植树造林、退耕还林和湿地恢复等保护培育自然生态工作的力度有待加强。

——对农业生产提出更高的要求。广东省人均耕地少，对农业的质量效益要求更高。气候变化要求农业发展必须合理调整生产布局和结构，改善生产条件，才能有效减少病虫害流行，防止潜在荒漠化趋势，确保生产持续稳定。

——气象防灾减灾难度不断加大。广东省易受台风等气象灾害影响，气候变化又增加了极端气候事件发生的频率。广东省沿海防护海潮工程建设标准较低，抵御海洋气象灾害能力较弱，对气象灾害的应急响应能力有待提高，必须进一步增强应对极端天气和气象灾害的综合监测、预警、防灾和减灾能力。

二、指导思想、基本原则与总体目标

（一）指导思想

全面贯彻落实科学发展观，按照《珠江三角洲地区改革发展规划纲要（2008—2020年）》和《中国应对气候变化国家方案》的要求，把应对气候变化与实施可持续发展战略、发展绿色经济结合起来，以转变经济发展方式为核心，以优化能源结构、提高能源利用效率、增加森林碳汇为突破口，以制度创新和科技创新为动力，积极控制温室气体排放，务实推动低碳发展，增强适应气候变化的能力，减缓气候变化的不利影响，促进经济发展与人口、资源、环境相协调，为国家顺利实现控制温室气体排放行动目标发挥应有的作用，为广东省科学发展提供保障。

（二）基本原则

1. 可持续发展原则。以科学发展观统领全省应对气候变化工作，逐步转变传统的生产模式和消费方式，推动经济社会全面转入可持续发展的轨道。

2. 减缓与适应并重原则。既要努力控制温室气体排放，又要采取有效措施缓解气候变化对生产、生活带来的不利影响，切实提高适应气候变化的能力。

3. 统筹协调原则。加强与广东省国民经济和社会发展总体规划、各专项规划和行业规划的衔接，统筹考虑、协调推进应对气候变化工作。

4. 科技支撑原则。大力发展和积极引进低碳技术，充分发挥企业作为低碳技术创新主体的积极性，积极运用高新技术改造传统产业。

（三）总体目标

控制温室气体排放取得明显成效，适应气候变化的能力不断增强，经济发展方式向低碳发展转型取得一定成效，生态环境得到明显改善，应对气候变化的体制机制得到不断完善。到 2015 年，力争单位 GDP 二氧化碳排放比 2005 年下降 35% 左右；到 2020 年，力争单位 GDP 二氧化碳排放比 2005 年下降 45% 以上。

三、重点任务

（一）减缓温室气体排放方面

1. 加快转变经济发展方式。

——建设现代产业体系。优先发展金融、物流、信息服务、科技服务、外包服务、总部经济、商务会展、文化创意以及旅游等现代服务业，加快发展装备、汽车、石化、钢铁、船舶等先进制造业，改造提升家用电器、食品、造纸、纺织服装、建材、有色金属及制品、家具等优势传统产业，积极发展现代农业。重点发展高端新型电子信息、半导体照明、电动汽车、太一阳能光伏、核电装备、风电、生物医药、新材料、节能环保、航空航天、海洋等战略性新兴产业。加快推进现代产业 500 强项目建设。到 2015 年，全省服务业增加值占 GDP 比重超过 50%，现代服务业、先进制造业、战略性新兴产业增加值占 GDP 比重分别达到 30%、22%、10%。

——加快淘汰落后生产能力。按照国家和省关于淘汰落后产能的工作部署和要求，对列入淘汰范围的落后产能，综合运用土地、环保、安全生产、市场准入等多种手段，促使其加快退出步伐。对电力、钢铁、水泥等行业积极实施“上大压小”等政策，完善财政补贴和差别电价政策。

——严格控制工农业生产温室气体排放量。尽量减少生产过程中产生大量温室气体的水泥、石灰、钢材、电石等产品的使用量，鼓励采用可再生替代材料，加快研究制啶相关技术标准，提升替代材料质量。进一步推广散装水泥，加快新型墙体材料的技术改造和新产品开发。进一步推动硝酸、已二酸等生产企业开展技术改造，实现有机肥与化肥配合施用，减少氧化亚氮排放。培育和推广甲烷排放量低且高产的水稻品种，推广有效抑制农业生产甲烷排放的先进技术。

——加强废弃物处理。加快制修订废弃物处理标准，进一步完善废弃物分类、收集和处理体系，严格执行废弃物强制回收制度，推动废弃物循环利用，提高工业废渣、废水、废气的综合利用率。鼓励发展符合国家政策的资源综合利用项目，推动垃圾发电、余热利用发电等工程建设，着力推进污泥资源化项目的产业化运作。加快污水处理配套管网的建设和改造，合理规划建设危险废物处理处置设施和城镇生活垃圾无害化处理设施。

2. 大力推进节能工作。

——加强节能制度创新和机制建设。不断完善节能目标责任评价考核制度和能耗信息发布制度，制定和实施长期性节能预警调控机制，推动地方政府和企业加强节能工作。推行合同能源管理，促进节能服务产业化，为企业实施节能改造提供诊断、设计、融资、改造、运行、管理一条龙服务。完善节能标准体系，大力推动节能产品认证和能效标识管理制度的实施。运用市场机制，大力推广新型节能产品、材料和技术。科学规划电力工业布局，统筹各类电源及电网规划建设，提高电网输、供电效率。继续做好节能发电调度试点工作。加强能源管理与能效分析研究，开发辅助能效监测、能效优化的数据库和仿真系统。

——抓好重点领域节能。在工业领域，实施重点耗能企业“双千节能行动”，落实企业节能目标责任制，突出抓好冶金、建材、石化、制浆和造纸等重点耗能行业和企业节能工作。在建筑领域，继续推广节能省地型建筑、绿色建筑和低能耗建筑，强化新建建筑执行建筑节能标准全过程的监督管理，积极推进可再生能源在建筑中的广泛应用，加强机关办公建筑和大型公共建筑的用能管理，逐步推进既有建筑节能改造。在交通运输领域，优先发展城市公共交通，加快推进珠江三角洲地区城际轨道交通网建设和内河联运，大力推广节能环保型汽车和新能源汽车。继续实施十大节能重点工程，发挥政府机构在节能中的表率作用。

3. 积极优化能源结构。

——规模化发展核电。加快推进岭澳核电二期工程（2×100 万千瓦）、阳江核电（6×108 万千瓦）、台山核电一期工程（2×175 万千瓦）建设，确保2010—2011 年建成投产岭澳核电二期工程，2017 年前建成阳江核电、台山核电一期工程。积极推进陆丰核电、韶关核电、台山核电二期项目建设前期工作，争取在“十二五”开工建设。有序推进惠来乌屿核电等后续核电项目前期准备工作。

——大力发展风电。近期重点发展沿海陆上风电，“十二五”期间基本完成省内陆上风能资源丰富地区的风电开发；加快推进海上风电开发建设。

——积极开发利用太阳能。加快推广光伏发电应用，实施太阳能屋顶计划，在条件较好的大中城市推进太阳能屋顶、光伏幕墙等光电建筑一体化工程。在农村及偏远地区逐步推广光伏、风光互补、水光互补发电。扩大太阳能热水器在医院、学校、宾馆、工厂宿舍等城镇集体用户的应用比例，提高农村地区太阳能热水器普及率。逐步推广太阳能光热系统在工业、农业等生产领域的应用。

——适度发展生物质能。结合畜禽养殖场、城市污水处理和工业有机废水处理，建设沼气利用工程，合理布局建设一批高环保标准的垃圾发电项目，在具备条件的大中型垃圾填埋场建设沼气利用工程和发电装置。在生物质燃料比较丰富的粤西、粤北地区，建设规模适度的生物质发电项目。加强海洋生物质能的研发利用。在湛江、肇庆建设利用当地木薯、甘蔗等资源为原料的生物燃料乙醇试点项目。在部分具备条件的粤东西北地区村镇建设小型生物质气化发电示范工程。

——因地制宜发展农村新能源。在具备条件的地区积极发展沼气、小水电等可再生能源，完善农村新能源技术服务体系，推进农村能源清洁化和现代化。在农村推广使用太阳灶、生物质能炉具等清洁能源设施。扶持山区种植生物质能源作物，培育生物柴油原料基地，推进广东省生物质液体燃料加工产业化发展。在具备条件的地区，开展绿色能源县、绿色能源乡建设。

——培育发展其他新兴能源。因地制宜，合理推广地源热泵技术，研究开发利用浅层地热资源供热、制冷，在地热资源条件较好的地区建设小型中低温地热发电站试验工程。加快开发利用海洋能，开展关键技术研究，在海洋能资源丰富地区建设海洋能大型并网电力系统示范项目。加强对广东省周边海域天然气水合物资源勘查，推进深海天然气水合物利用关键技术研究开发，力争早日实现规模化开采和商业利用。推进氢能开发利用研究。

——优化发展火电。继续实施“上大压小”政策，规划新建燃煤火电厂原则上采用大容量、高参数、低能耗发电机组。统筹推进全省热电冷联产和包括整体煤气化联合循环发电（IGCC）在内的清洁煤发电项目建设，除上述两类项目外，珠江三角洲地区不再规划布点新建燃煤燃油电厂。

4. 大力增加自然界的碳汇能力。

——加大植树造林力度。不断增加森林面积，大力保护、培育和合理利用森林资源，进一步完善现代林业产权制度。加快建设水源涵养林及水土保护林、沿海防护林及红树林、农田林网、城市林业及森林公园，推进森林生态监测及科技创新示范。

——大力发展海洋牧场模式的海洋碳汇经济。继续在沿海建设人工鱼礁，修复海洋生态环境，增加区域内浮游植物含量，为海洋生物繁殖、生长、栖息提供良好条件，有效增加海洋固碳能力。开展海洋生态固碳机理研究，建设重点海域固碳示范区。

5. 务实开展国家低碳省试点。

按照国家发展改革委关于开国家低碳省区试点工作的要求，紧紧围绕加快转变经济发展方式这一主线，不断完善控制温室气体排放的体制机制，加快形成以低碳产业为核心，以低碳技术为支撑，以低碳能源、低碳交通、低碳建筑和低碳生活为基础的低碳发展新格局，为全国低碳发展探索经验并发挥示范作用。

（二）适应气候变化方面

1. 发展高效现代农业。

——适时调整农作物布局。加强适应气候变化的农业发展战略研究，根据气候变化趋势，提出农业生产布局和结构调整方案。针对未来气候变化对农业的可能影响一，有计划地培育和选用具备抗旱、抗涝、抗高温等特性的农作物新品种，保障高产、优质、高效、生态、安全的农业产出。

——改善农业基础设施和条件。加强农业排灌工程设施更新改造，继续推进中小型灌区试点工作，大力发展节水农业。强化综合防治自然灾害工程设施建设，加强农田水利建设。建立健全现代农业生产综合保障体系，加快发展具有竞争优势和岭南特色的生态型效益农业。结合海洋能利用、防灾减灾体系建设，加快标准渔港建设。

2. 加强生态保护和建设。

——保护重要生态系统。保护森林、海洋、湿地三大典型生态系统，重点加强珊瑚礁、海草床等海洋生态系统和红树林湿地生态系统的保护和修复。加强重点湿地的资源调查，编制重点湿地保护规划和重点湿地名录。加强自然保护区建设。加强南海伏季休渔，积极开展放生节活动。

——积极推进绿道网建设。遵循生态化的要求，充分利用生态自然条件和要素，建设集生态、环保、教育和休闲等多种功能于一体的绿道网。在珠三角地区率先建成区域绿道，并将绿道网向省内东西北地区延伸，促进宜居城乡建设。

3. 优化和合理利用水资源。

——加强水资源保护。做好水土保持工作，预防和治理水土流失。制订水源地建设和保护规划，保护西江、北江、东江和韩江干流及其出海水道，保护大中型水库等重点水源地。强化水污染防治，严格控制工业污染源和农业面源污染。

——大力建设节水型社会。实行用水总量控制，制订主要江河水量分配方案，综合利用地表水、地下水、空中云水和再生水，优化水资源的流域、区域及行业配置。实行用水定额管理，确定各行政区、行业、部门和单位用水量指标。发展节水型农业、工业，推动公共建筑、生活小区、住宅节水和再生水利用设施建设。全面推进水价改革，加快推进超计划、超定额用 7 水累进加价机制。

——提高水资源利用效率。加强节水技术的研发与推广力度，挖掘节水潜力。加快发展海水利用产业，积极构建海水利用的技术支撑体系，实施一批产。学研示范工程，建设省海水利用工程综合示范区和国家级海水利用产业化南方基地。

4. 加强气象防灾减灾体系建设。

——提高气象灾害监测、预报、预警和防御能力。完善极端气象灾害的应急预案以及多灾种早期协调预警机制，完善部门联合、上下联动、区域联防的防灾机制，提高应对极端气象灾害的综合监测预警能力和抵御能力。进一步发展天气雷达、精细化数值预报以及地基自动观测的融合技术，建立各类气象灾害的中短期无缝预警和预报系统。加快建设极端气候事件预警信息发布系统，扩大公共预警信息服务覆盖面。建立完善海洋灾害风险评估系统、海洋环境立体观测网络和现代化海洋环境数值预报业务系统，做好海洋灾害区划工作。

——加强气象防灾减灾基础设施建设。大力推进城市防洪、江海堤围达标和大中型水库除险加固等城乡水利防灾减灾工程建设。以提高城市和主要江河堤围防洪标准为重点，加快完善地级以上市城区、县城城区防洪排涝工程。重新核定广东省沿海风暴潮防潮警戒潮位，修订现行海堤标准，逐步加固加高海堤，加强对现有海堤的管理与保护。建设近岸水下挡水坝、防冲丁坝、潜坝等工程，固滩保堤，防止海潮冲蚀海岸。在城市地面沉降地区建立高标准防洪、防潮墙和堤岸，完善城市排污系统，提高排水口高程。

5. 降低气候变化对人体健康的危害。

——完善气候变化与人体健康联动的监测系统。加强高温、低温、灰霾和酸雨等与人体健康相关的天气变化和极端气候事件的监测、预警，实时、详细、系统地预报其对人体健康的危害。及时分析、研究气候变化对人体健康的影响和危害，加强对气候变化引起的呼吸道疾病、肿瘤等疾病的监测工作。

——完善气候变化导致的突发卫生事件的应急处置。开展气候变化对人体健康的风险评估，制定气候变化对人体健康影响的风险级别。建立健全气候变化对人体健康危害的应急预案，提高抵御风险和应急处置突发卫生事件的能力。

三、保障措施

（一）加强组织领导，完善体制机制

充分发挥省应对气候变化工作领导小组的统筹协调作用，明确部门分工和工作责任，形成工作合力。把应对气候变化工作纳入省国民经济和社会发展“十二五”规划，并将控制温室气体排放目标列为广东省“十二五”时期约束性指标。编制产业发展、生态建设、水利、海洋经济、防灾减灾等专项规划要充分考虑气候变化的不利影响，提出有效应对措施。探索建立政府推动与市场运作相结合的控制温室气体排放体制机制，争取国家支持开展碳排放权交易试点，研究建立温室气体排放的统计、监测、考核体系和低碳产品标识、认证制度。

（二）加大资金投入，提高政策实施效果

逐步加大各级财政对应对气候变化的资金投入，建立健全稳定增长的资金投入机制，支持建立和完善应对气候变化的管理工作体系，加强相关基础性研究，加强气候变化观测、预报、预警和能力建设；支持低碳技术研发和产业化公共服务平台建设；支持低碳城市、社区、园区和企业等不同层次的示范项目建设。积极拓宽融资渠道，创新金融制度和金融工具，引导社会资金加大对应对气候变化领域的投资力度。

（三）强化科技支撑，推动低碳技术研发和产业化

加快技术创新步伐，重点支持节能和提高能效、新能源、储能、新能源汽车、轨道交通、天然气高效利用、煤清洁利用、碳捕捉与封存利用等低碳关键技术的研发与产业化。开展产学研合作，建设一批工程研究中心、技术中心、工程实验室、重点实验室。加强应对气候变化能力建设，不断完善气候观测系统以及农业、水资源、海平面和生态系统观测网络等科技基础设施，积极开展气候变化综合影响评估、观测事实分析和完善低碳发展体制机制的基础性研究。加强应对气候变化科研资源的整合与共享，建立应对气候变化战略和政策研究平台，推进各地和行业应对气候变化技术服务网络建设。

（四）加强高端人才培养引进，提供强大智力支持

加快造就与应对气候变化相适应的高素质人才队伍，积极创建有利于人才安居、创业、发展的外部环境。实施珠江人才引进计划，着力引进一批应对气候变化和低碳发展领域的创新科研团队和领军人才、高技能人才。大力支持高等教育、职业技术教育和继续教育设置应对气候变化和低碳发展相关专业，建设多层次人才培养和培训基地。

（五）加强对外交流，拓展合作领域

积极参与应对气候变化领域的国际交流合作，争取更多的低碳发展项目获得各类国外资金和先进技术支持。加强国际技术合作与转让，积极引进国外先进的节能、环保、新能源等先进技术。加强培育清洁发展机制（CDM）项目，推动企业参与清洁发展机制的国际互惠交易活动。充分利用外国政府，国际组织提供的资金，支持广东省应对气候变化领域的基础性研究与技术开发。

（六）加强宣传教育，营造良好氛围

通过举办节能宣传周、知识竞赛、电视公益宣传、能源紧缺体验活动等多种形式，深入持久地开展应对气候变化知识的宣传教育活动，提高全民应对气候变化的意识，使应对气候变化成为全社会的自觉行动。

广东省人民政府关于印发广东省碳排放权交易试点工作实施方案的通知

粤府函〔2012〕264号

各地级以上市人民政府，各县（市、区）人民政府，省政府各部门、各直属机构：

现将《广东省碳排放权交易试点工作实施方案》印发给你们，请认真贯彻执行。执行中遇到的问题，请径向省发展改革委反映。

2012年9月7日

广东省碳排放权交易试点工作实施方案

根据国务院《“十二五”控制温室气体排放工作方案》《广东省国民经济和社会发展第十二个五年规划纲要》的有关要求和国家发展改革委开展碳排放权交易试点的工作部署，为扎实做好广东省碳排放权交易试点工作，推动运用市场机制以较低成本完成控制温室气体排放目标，制定本方案。

一、指导思想和工作目标

（一）指导思想

围绕加快转型升级、建设幸福广东核心任务，加强政府引导和市场运作，进一步提高企业和社会各界控制温室气体排放的意识。充分发挥市场机制对完成“十二五”节能、减碳约束性指标和能源消费总量控制目标的重要作用，创新促进产业转型升级和区域协调发展的体制机制。借鉴国内外经验，结合广东省实际，完善制度设计，为国家建立碳排放权交易市场探索经验。

（二）工作目标

到 2015 年，基本建立碳排放权在市场主体之间和地区之间合理配置的管理工作体系，初步形成适应省情、制度健全、管理规范、运作良好的碳排放权交易机制和在全国有重要地位的区域碳排放权交易市场。

到 2020 年，省内碳排放权交易机制不断成熟完善，省际碳排放权交易机制基本建立。

二、总体安排

（一）交易产品

广东省碳排放权交易产品以碳排放权配额为主，即由政府发放给企业等市场主体量化的二氧化碳排放权益额度。经国家或广东省备案，基于项目的温室气体自愿减排量作为补充交易产品，并积极探索创新交易产品。

（二）交易主体

广东省碳排放权交易主体是政府纳入控制碳排放总量的企业（以下简称控排企业），积极探索引入投资机构和其他市场主体参与交易。政府向控排企业发放碳排放权配额，对控排企业碳排放进行监督管理。控排企业按照所获配额履行控制碳排放责任，并可通过配额交易获得经济收益或排放权益。

（三）交易平台

广东省碳排放权交易平台是广州碳排放权交易所，碳排放权交易活动通过交易平台进行。

（四）工作阶段

广东省碳排放权交易试点工作分三期安排，第一期（2012 年一 2015 年）为试点试验期，第二期（2016—2020 年）为试验完善期，第三期（2020 年后）为成熟运行期。

三、主要任务

逐步建立健全政府对企业等市场主体碳排放的监督管理机制，形成碳排放权交易促进节能、减碳约束性指标完成和产业结构调整的市场机制，保障碳排放权交易的顺利开展。

（一）建立碳排放信息报告和核证机制

1. 建立企业碳排放信息报告制度。参照重点用能单位范围，合理确定要求报告碳排放信息的重点企业（以下简称报告企业），并逐步扩大范围。所有控排企业均纳入实施碳排放信息报告的范围。

2. 建立控排企业碳排放信息核证制度。培育并委托具备相关资质的第三方专业机构，对控排企业报告的碳排放信息进行核证。

3. 建设碳排放信息报告核证系统。建设相应电子信息系统，为企业报告和第三方专业机构核证碳排放信息提供便利。

（二）建立碳排放权配额管理机制

1. 加强碳排放总量管理。按照碳排放强度逐年降低、碳排放总量增幅逐年降低和相关约束性指标的要求，结合经济社会发展实际，科学合理确定全省、各地市碳排放总量目标，为碳排放权配额管理提供依据。

2. 科学合理发放碳排放权配额。综合考虑经济社会发展趋势和重大项目建设情况，合理确定政府可监管的年度碳排放权配额总量指标。制定相应规则，向控排企业发放碳排放权配额，并将符合规模要求的有关新建固定资产投资项目纳入配额指标管理。推动相关企业建立碳资产管理制度。

3. 建设碳排放权配额注册登记系统。建设相应电子信息系统，用于注册配额账户和登记配额，详细记录配额发放、变更、注销等有关情况。

（三）建立碳排放权交易运作机制

1. 规范建设广州碳排放权交易所。按照国家有关规定，将广州碳排放权交易所建设成为广东省和全国的碳排放权交易平台，为广东省和全国碳排放权交易市场做好服务。

2. 制定碳排放权交易的业务规则。制定并不断完善碳排放权交易过程涉及的交易撮合、价格形成、配额交割、审查核证、资金清算、信息披露、风险控制、委托代理、争议调解等方面的业务规则，并按此开展交易活动。碳排放权交易活动应遵循公开、公平、公正的原则。

3. 建设碳排放权交易系统。建设相应电子信息系统，实现碳排放权配额网上竞价交易、交易账户注册、交易信息登记等功能，为碳排放权交易活动开展提供完备的硬件和软件环境。

4. 建立碳排放权交易监管机制。加强对碳排放权交易活动和碳排放权交易所运营的监督管理，碳排放权交易所要对交易过程进行监督管理。

（四）开展温室气体自愿减排交易

按照国家《温室气体自愿减排交易管理暂行办法》规定，积极推动省内机构、企业、团体和个人参与国家温室气体自愿减排交易。

（五）探索建立省际碳排放权交易机制

探索与其他省（市）建立省际碳排放权交易机制，争取国家支持，在条件成熟时启动实施。

四、保障措施

（一）加强组织领导

在省开展国家低碳省试点工作联席会议框架下建立省碳排放权交易试点专责协调领导小组，由省发展改革委主任担任组长，广州市政府和省发展改革委负责同志担任副组长，省经济和信息化委、财政厅、林业厅、国资委、统计局、物价局、质监局、法制办、金融办，广州市发展改革委、金融办、广州碳排放权交易所负责同志为成员，领导小组办公室设在省发展改革委。省发展改革委作为全省碳排放和碳排放权交易的主管部门，负责统筹协调碳排放权交易试点工作。成立省碳排放权交易机制研究设计工作小组，省内有关专家作为成员，邀请国家级专家担任顾问。省、市各有关单位要加强协调配合，细化工作任务，加快工作进度。

（二）加强相关法规制度建设

制定广东省碳排放权管理和交易暂行办法，明确碳排放权交易的主体范围、报告核证、配额发放、交易机构、监管责任等规定。根据试点情况，及时总结经验，提出应对气候变化或碳排放管理相关立法计划，适时启动立法程序。

（三）加强能力建设

加强碳排放权交易相关基础研究，不断完善工作思路和方法。务实开展对外交流合作，学习借鉴国内外先进经验。推动碳排放权交易相关咨询、核证等专业服务机构发展并加强管理。广泛开展碳排放权交易专题培训。

（四）加大资金支持力度

省低碳发展专项资金要按照有关规定，大力支持符合条件的碳排放权交易体制机制研究以及工作体系等项目建设。

（五）加强宣传引导

广泛宣传碳排放权交易的原理、规则和相关政策措施，引导企业等市场主体积极落实控制温室气体排放责任，参与碳排放权交易。

五、试点试验期（2012—2015年）主要安排

（一）实施碳排放信息报告的企业范围

报告企业范围是广东省行政区域内2011—2014年任一年排放1万吨二氧化碳（或综合能源消费量5000吨标准煤）及以上的工业企业，具体名单由省发展改革委会省有关部门研究确定，并根据工作进展情况和所属行业特点，分期、分步组织上述企业报告碳排放信息。研究将交通运输、建筑行业的重点企业纳入碳排放信息报告范围。

（二）实施碳排放总量控制和配额交易的企业范围

控排企业范围是广东省行政区域内电力、水泥、钢铁、陶瓷、石化、纺织、有色、塑料、造纸等工业行业中2011—2014年任一年排放2万吨二氧化碳（或综合能源消费量1万吨标准煤）及以上的企业，具体名单由省发展改革委会省有关部门研究确定，并根据工作进展情况和所属行业特点，分期、分步组织上述企业实施碳排放总量控制，开展配额交易。“十二五”期末力争将交通运输、建筑行业的相关企业纳入碳排放总量控制和配额交易范围。

（三）配额发放

省发展改革委要根据控排企业2010—2012年二氧化碳历史排放情况，结合所属行业特点，一次性向控排企业发放2013—2015年各年度碳排放权配额。根据宏观经济形势，参考企业报告的上一年度碳排放情况，适时对企业当年度碳排放权配额进行合理调整。实行碳排放权有偿使用制度，碳排放权配额初期采取免费为主、有偿为辅的方式发放。

省发展改革委要对节能审查结果为年综合能源消费量1万吨标准煤及以上的新建固定资产投资项目进行碳排放评估，并根据评估结果和全省年度碳排放总量目标，免费或部分有偿发放碳排放权配额。此类项目是否获得与碳排放评估结果等量的碳排放权配额，可作为各级投资主管部门履行审批手续的重要依据。

（四）配额使用

省发展改革委要在每年度规定时间内将控排企业配额账户中与上一年度实际

（经核证）碳排放量相等的碳排放权配额扣除，抵消企业上一年度实际碳排放量。控排企业年度配额剩余部分可出售或结转至下一年度（2015 年截止）使用，但配额不足部分应在规定时间内购买补足，以履行控制碳排放责任。综合运用经济、法律、技术和必要的行政手段，切实加强对相关企业履行控制碳排放责任的监督管理。新建项目业主所获碳排放权配额在项目建成投产前不得交易流通，待项目建成投产后可按照有关规定核转为可流通配额。

（五）补充机制

省发展改革委要会省有关部门结合广东省实际，参照国家有关要求，对林业碳汇等项目类型制定“广东省核证（温室气体）自愿减排量”备案规则和操作办法。省内项目经国家备案的“中国核证自愿减排量”或广东省备案的“广东省核证自愿减排量”可按规定纳入碳排放权交易体系。

（六）工作进度

广东省碳排放权交易试点第一期着重在部分重点行业开展建立碳排放权交易机制的试点试验，分为三个阶段开展。

1. 筹备阶段（2012—2013 年上半年）。启动基于项目的温室气体自愿减排交易。制定相关规范性文件和业务规则，建立碳排放信息报告核证、碳排放权配额注册登记、碳排放权交易监督管理等工作体系，正式挂牌成立碳排放权交易所。

2. 实施阶段（2013 年下半—2014 年）。启动基于配额的碳排放权交易，不断完善碳排放权管理和交易体系。开展建立省际碳排放权交易机制的前期研究，加强建立省际碳排放权交易机制的工作协调。

3. 深化阶段（2015 年）。推动温室气体自愿减排交易、省内碳排放权交易顺利开展，力争率先启动省际碳排放权交易试点工作。开展碳排放权交易试点工作总结评估，研究“十三五”碳排放权交易工作思路和实施方案。

附件：广东省碳排放权交易试点第一期（2012—2015 年）重点工作安排表

广东省“十二五”碳排放权交易试点第一期（2012—2015 年）重点工作安排表

序号	具体事项	主要内容	完成时间	主要负责单位
一、筹备阶段（2012—2013 年上半年）				
1	成立省碳排放权交易机制研究设计工作小组	省内有关专家作为成员，邀请国家级专家担任顾问。	2012 年 7 月（已完成）	省发展改革委
2	成立省碳排放权交易试点工作专责协调领导小组	由省发展改革委主任担任组长，广州市政府和省发展改革委负责同志担任副组长，省直和广州市有关部门、单位为成员，办公室设在省发展改革委，由省发展改革委承担日常工作。	2012 年 9 月	省发展改革委
3	启动温室气体自愿减排交易	按照国家《温室气体自愿减排交易管理暂行办法》要求，结合广东省实际开展工作，不断积累经验。	2012 年 9 月	省发展改革委、广州交易所集团
4	制定企业碳排放信息报告和核证暂行规定	明确建立企业碳排放信息报告和核证工作制度的要求。	2012 年 9 月	省发展改革委、经济和信息化委、统计局、质监局
5	制定企业碳排放信息报告指南	制定企业碳排放信息报告指南（通则）和重点行业企业碳排放信息报告指南，规范企业碳排放信息报告工作。	2012 年 9 月	省发展改革委、经济和信息化委、统计局、质监局
6	制定企业碳排放信息核证规范	明确对企业所报告年度碳排放信息进行核证的工作流程和操作规范。	2012 年 9 月	省发展改革委、经济和信息化委、统计局、质监局

（续上表）

序号	具体事项	主要内容	完成时间	主要负责单位
7	确定全省碳排放总量目标	按照碳排放强度逐年降低、碳排放总量增幅逐年降低和相关约束性指标的要求，结合经济社会发展实际，科学合理确定全省、各地市碳排放总量目标。	2012 年 9 月	省发展改革委、统计局、经济和信息化委
8	制定碳排放权管理和交易暂行办法	对碳排放权交易机制及监管作出具体规定。	2012 年 10 月	省发展改革委、法制办、经济和信息化委、统计局、林业厅、物价局、金融办
9	制定碳排放权配额管理暂行规定	在充分征求利益相关方意见的基础上，确定碳排放权配额发放、变更、注销等管理规定，以及碳排放权交易补充机制的管理办法。	2012 年 10 月	省发展改革委、统计局、经济和信息化委、林业厅、物价局、金融办
10	制定林业碳汇项目管理和交易实施办法	制定林业碳汇计量监测和核证指南，明确林业碳汇项目获得“广东省核证减排量”的程序，以及参与碳排放权交易的规则。	2012 年 10 月	省发展改革委、林业厅
11	制定碳排放权交易市场监督管理办法	明确政府部门、社会团体和碳排放权交易所相关监管职责，建立健全对碳排放权交易市场的监督管理和调控机制。	2012 年 11 月	省金融办、法制办、发展改革委
12	建设碳排放信息报告核证系统	根据企业碳排放信息报告和核证的有关要求，建立电子信息系统。	2012 年 12 月	省发展改革委、经济和信息化委、统计局、质监局

（续上表）

序号	具体事项	主要内容	完成时间	主要负责单位
13	建设碳排放权配额注册登记系统	建立电子信息系统，用于注册配额账户和登记配额，详细记录配额发放、变更、注销等有关情况。	2012 年 12 月	省发展改革委
14	建设碳排放权交易所及交易系统	完善人员配置和软硬件建设，制定碳排放权交易规则，建立功能完善的碳排放权交易系统，开展交易业务。	2012 年 12 月	广州市政府，省发展改革委、国资委、金融办，广州交易所集团
15	培育和管理碳排放权交易专业服务机构	根据国家有关规定，培育一批碳排放权交易专业服务（咨询、核证等）机构并加强管理。2012 年 12 月	省发展改革委	
16	组织重点企业历史碳排放信息的报告和核证	确定报告企业和控排企业名单，组织有关企业报告历史碳排放信息，并对其中控排企业报告的碳排放信息进行核证。	2012 年 12 月	省发展改革委、经济和信息化委、统计局
17	向控排企业发放碳排放权配额	根据碳排放权配额发放规则和经核证的控排企业历史碳排放情况，发放碳排放权配额。	2013 年 3 月	省发展改革委
二、实施阶段（2013 下半年—2014 年）				
18	启动开展建立省际碳排放权交易机制的前期研究	选择在资源禀赋、产业发展等方面与广东有互补性的其他省（市）联合开展建立省际碳排放权交易机制的研究，争取国家指导和支持。	2013 年 6 月	省发展改革委
19	启动开展基于配额的碳排放权交易	结合广东省实际，在科学合理发放碳排放权配额的基础上开展碳排放权交易，推动形成促进产业转型升级和区域协调发展新的体制机制。	2013 年 9 月	省发展改革委、广州市政府

（续上表）

序号	具体事项	主要内容	完成时间	主要负责单位
三、深化阶段（2015 年）				
20	力争率先启动省际碳排放权交易	加强衔接协调，在条件成熟时适时启动省际碳排放权交易。	2014—2015 年	省发展改革委
21	开展碳排放权交易试点工作总结评估	全面总结评估“十二五”碳排放权交易试点工作情况。	2014—2015 年	省发展改革委
22	研究“十三五”碳排放权交易工作思路	按照国家有关部署，研究“十三五”碳排放权交易工作思路。	2014—2015 年省发展改革委	

广东省人民政府关于印发《“十二五”控制温室气体排放工作实施方案》的通知

粤府〔2012〕96号

各地级以上市人民政府，各县（市、区）人民政府，省政府各部门、各直属机构：

现将《“十二五”控制温室气体排放工作实施方案》印发给你们，请认真贯彻执行。执行中遇到的问题，请径向省发展改革委反映。

2012年8月28日

“十二五”控制温室气体排放工作实施方案

为贯彻落实《国务院关于印发“十二五”控制温室气体排放工作方案的通知》（国发〔2011〕41号）精神，确保完成国家下达的控制温室气体排放约束性指标，制定本实施方案。

一、总体要求和主要目标

（一）总体要求。坚持以科学发展为主题，以加快转变经济发展方式为主线，围绕加快转型升级、建设幸福广东的核心任务，把控制温室气体排放作为保障经济社会绿色、低碳、可持续发展的重大战略，加快创新体制机制，积极发挥市场机制作用，综合运用产业结构调整和能源结构调整、节约能源和提高能效、增加碳汇和保护生态等多种有效手段，有效控制温室气体排放，缓解资源环境约束，提高可持续发展能力，扎实推进国家低碳省试点工作，为全国低碳发展探索经验并发挥示范作用。

（二）主要目标。大幅度降低单位生产总值二氧化碳排放，到2015年全省单位生产总值二氧化碳排放比2010年下降19.5%。控制甲烷、氧化亚氮、氢氟碳化物、全氟化碳、六氟化硫等温室气体排放取得成效。控制温室气体排放政策体系、体制机制进一步完善，温室气体排放统计核算体系基本建立，碳排放交易市场逐步形成。国家低碳省试点工作扎实推进，形成一批各具特色的低碳市、县（区），建成一批具有典型示范意义的低碳园区和低碳社区，推广一批具有良好减排效果的低碳技术和产品，控制温室气体排放能力得到全面提升。

二、重点工作部门分工

各级人民政府和省有关部门对本地区、本部门控制温室气体排放工作负总责。

（一）综合运用多种控制措施。

1. 抑制高耗能产业过快增长，进一步提高高耗能、高排放和产能过剩行业准入门槛，健全项目审批、核准和备案制度，严格控制新建项目。（省发展改革委、经济和信息化委、国土资源厅、环境保护厅负责。列第一位为牵头部门，下同）

2. 加快淘汰落后产能，完善落后产能退出机制，制定并落实重点行业"十二五"淘汰落后产能实施方案和年度计划。（省经济和信息化委、发展改革委、财政厅负责）

3. 严格落实《产业结构调整指导目录》，加快运用高新技术和先进实用技术改造提升传统产业。（省发展改革委、经济和信息化委、环境保护厅负责）

4. 大力发展服务业和战略性新兴产业。（省发展改革委、经济和信息化委、科技厅、财政厅负责）

5. 完善节能法规和标准，强化节能目标责任考核。（省经济和信息化委、质监局、法制办负责）

6. 加强固定资产投资项目节能评估和审查。（省发展改革委、经济和信息化委负责）

7. 合理控制能源消费总量，在珠江三角洲地区试行煤炭消费总量控制。（省发展改革委、经济和信息化委、环境保护厅负责）

8. 实施节能重点工程，加强重点用能单位节能管理，突出抓好工业、建筑、交通、公共机构等领域节能，加快节能技术开发和推广应用。（省经济和信息化

委、发展改革委、科技厅、财政厅、住房城乡建设厅、交通运输厅、省政府机关事务管理局，广铁集团、民航中南管理局负责）

9. 健全节能市场化机制，加快节能服务业发展。（省经济和信息化委、发展改革委、财政厅负责）

10. 大力发展循环经济。（省经济和信息化委、发展改革委、科技厅、财政厅、环境保护厅、农业厅负责）

11. 调整和优化能源结构，推进煤炭清洁利用，加快推进天然气利用，在保障安全和质量的前提下积极发展核电，因地制宜加强对风能、太阳能等新能源的开发利用。促进分布式能源系统的推广应用。（省发展改革委、经济和信息化委、财政厅、国土资源厅、水利厅、农业厅、林业厅，南方电监局负责）

12. 加强森林抚育经营和可持续管理，强化现有森林资源保护，改造低产低效林，开展碳汇造林项目，提高森林覆盖率和蓄积量。继续实施生态建设重点工程，深入开展城市绿化，加快城市公园绿地系统升级改造，完善社区绿地建设，抓好铁路、公路等通道绿化。（省林业厅、发展改革委、财政厅、住房城乡建设厅、交通运输厅，广铁集团负责）

13. 完善生态补偿机制。（省发展改革委、财政厅负责）

14. 积极增加农田、草地等生态系统碳汇。（省农业厅、环境保护厅负责）

15. 加强滨海湿地修复恢复，结合海洋经济发展和海岸带保护，积极探索利用藻类、贝类、珊瑚等海洋生物进行固碳，根据自然条件开展试点项目。（省海洋渔业局、发展改革委、环境保护厅、农业厅、水利厅、林业厅负责）

16. 在火电、水泥和钢铁等行业中开展碳捕集试验项目，建设二氧化碳捕集、驱油、封存一体化示范工程。（省发展改革委、经济和信息化委、科技厅、财政厅负责）

17. 控制工业生产过程温室气体排放。（省经济和信息化委、发展改革委、环境保护厅负责）

18. 控制农业领域温室气体排放。（省农业厅、发展改革委、环境保护厅负责）

19. 加强城市废弃物处理和综合利用，控制甲烷等温室气体排放。积极研发并推广应用控制氢氟碳化物、全氟化碳和六氟化硫等温室气体排放技术，提高排放控制水平。（省环境保护厅、发展改革委、科技厅、农业厅负责）

20. 加强需求引导，强化工程技术标准要求，提高建设工程质量，延长使用寿命。（省住房城乡建设厅、交通运输厅、水利厅负责）

21. 实施水泥、钢铁、石灰、电石等高耗能、高排放产品替代工程。选择具有重要推广价值的替代产品或工艺，进行推广示范。（省经济和信息化委、发展改革委、科技厅负责）

（二）开展低碳发展试验试点。

22. 扎实推进国家低碳省试点。（省发展改革委负责）

23. 扎实推进省低碳市和县（区）试点。（省发展改革委负责）

24. 开展低碳园区试点。（省发展改革委、经济和信息化委、科技厅、外经贸厅负责）

25. 开展低碳社区试点。（省发展改革委、科技厅、住房城乡建设厅负责）

26. 开展低碳商业试点。（省经济和信息化委、发展改革委、旅游局负责）

27. 开展低碳产品认证试点。按照国家有关部署，结合实际制定低碳产品认证实施细则，选取有代表性的工业产品类别制定相应的低碳产品标准，试点实施低碳产品认证制度。（省发展改革委、经济和信息化委、质监局负责）

28. 加强对试点工作的统筹协调和政策支持。充分发挥省开展国家低碳省试点工作联席会议作用，研究制定和落实支持试点的财税、金融、投资、价格、产业等方面的配套政策。按照国家对低碳城市、园区、社区、商业等试点建设规范、评价标准和考核办法要求，做好相关工作，并开展试验试点经验交流。（省发展改革委、经济和信息化委、财政厅、地税局、物价局、金融办，省国税局、广东银监局、人民银行广州分行负责）

（三）加快建立温室气体排放统计核算体系。

29. 按照国家有关部署和规范，将温室气体排放基础统计指标纳入政府统计指标体系，建立健全适应温室气体排放核算的统计体系；根据温室气体排放统计需要，扩大能源统计调查范围，细化能源统计分类标准。（省统计局、发展改革委负责）

30. 按照国家有关部署和规范，做好温室气体排放清单编制和年度温室气体排放核算工作，完善排放因子测算，加强排放监测，不断提高数据质量。研究制定重点行业、企业温室气体排放核算指南，建立温室气体排放数据信息系统。（省发展改革委、环境保护厅、统计局、质监局负责）

31. 按照国家构建国家、地方、企业三级温室气体排放基础统计和核算工作体系的要求，加强能力建设，建立负责温室气体排放统计核算的专职工作队伍。实行重点企业直接报送能源和温室气体排放数据制度。（省统计局、发展改革委、经济和信息化委负责）

（四）做好碳排放权交易试点工作。

32. 开展温室气体自愿减排交易活动。（省发展改革委负责）

33. 建立碳排放总量控制制度，制定碳排放权交易试点的管理办法。（省发展改革委负责）

34. 建设碳排放权交易所。（省发展改革委、金融办负责）

35. 做好碳排放核证第三方机构的资质审核、监督管理、能力建设等相关工作。（省发展改革委、质监局负责）

36. 建立碳排放权交易相关支撑系统和工作制度。（省发展改革委、质监局、金融办负责）

（五）大力推动全社会低碳行动。

37. 推进低碳理念进机关、校园、场馆和军营，各级政府机关、事业单位、团体组织等公共机构要加快设施低碳化改造。（省发展改革委、教育厅、省政府机关事务管理局负责）

38. 逐步建立低碳产品政府采购制度。（省财政厅、发展改革委、经济和信息化委、环境保护厅负责）

39. 钢铁、建材、电力、石油、化工、有色、纺织、食品、造纸、交通、铁路、建筑等重点行业的主管部门要制定本行业控制温室气体排放行动方案，对本行业重点企业要提出温室气体排放控制要求，研究确定本行业单位产品（服务量）温室气体排放标准。（有关行业主管部门负责）

40. 选择重点企业试行“碳披露”和“碳盘查”，按国家要求开展“低碳标兵活动”。（省发展改革委、经济和信息化委、国资委，南方电监局）

41. 利用多种形式和手段，全方位、多层次加强宣传引导。（省发展改革委负责）

42. 按照国家要求开展“全国低碳日”相关活动o（省发展改革委负责）

（六）广泛开展对外合作。

43. 配合国家推动清洁发展机制项目实施。（省发展改革委负责）

44. 在国家指导下，加强应对气候变化领域国际交流合作。（省发展改革委负责）

45. 在国家指导下，加强应对气候变化领域与港澳地区的交流合作。（省发展改革委负责）

（七）强化科技与人才支撑。

46. 加强控制温室气体排放基础研究。（省发展改革委、科技厅、环境保护厅、海洋渔业局、统计局、质监局、科学院，省气象局负责）

47. 在重点行业和重点领域实施低碳技术创新及产业化示范工程。（省科技厅、发展改革委、经济和信息化委负责）

48. 推动碳捕集、利用和封存等新技术的研究和应用。（省科技厅、发展改革委、国土资源厅负责）

49. 推进低碳技术国家重点实验室、国家工程中心、国家工程实验室和国家企业技术中心建设。（省科技厅、发展改革委、经济和信息化委、教育厅、科学院负责）

50. 编制低碳技术推广目录。（省科技厅、发展改革委、经济和信息化委负责）

51. 完善低碳技术成果转化机制，依托科研院所、高校和企业建立低碳技术孵化器、中介服务机构。（省科技厅、发展改革委、教育厅、科学院负责）

52. 加强应对气候变化教育培训，将其纳入国民教育和职业培训体系，完善相关学科体系。积极开展应对气候变化科学普及活动。（省教育厅、发展改革委、人力资源社会保障厅、环境保护厅，省气象局负责）

53. 加强应对气候变化基础研究和科技研发人才队伍、战略与政策专家队伍和低碳发展专业服务人才队伍建设。（省发展改革委、科技厅、人力资源社会保障厅负责）

54. 加大对 LED 照明产品的应用推广力度。（省科技厅负责）

（八）保障工作落实。

55. 加强对各地级以上市“十二五”单位生产总值二氧化碳排放下降目标完成情况的评价、考核。（省发展改革委负责）

56. 对控制温室气体排放工作实行问责和奖惩。（省监察厅、发展改革委、人力资源社会保障厅负责）

57. 加强应对气候变化工作机构建设，逐步健全省温室气体排放控制监管体制。(各相关部门负责)

58. 从低碳发展等省财政专项资金中安排资金，支持应对气候变化相关工作。(省财政厅负责)

59. 拓宽多元化投融资渠道，积极引导社会资金、外资投入低碳技术研发、低碳产业发展和控制温室气体排放重点工程。(省发展改革委、财政厅、金融办，人民银行广州分行负责)

三、加强对控制温室气体排放目标责任的评价考核

在综合考虑各地经济社会发展实际情况的基础上，将国家下达广东省的单位生产总值二氧化碳排放下降约束性指标分解落实到各地级以上市（具体分解方案见附件）。在国家正式建立温室气体排放统计核算体系并确定对各省控制温室气体排放目标责任评价考核的实施方案后，省政府将相应建立对各地级以上市政府控制温室气体排放目标责任评价考核制度。各地级以上市政府要明确任务，落实责任，确保实现“十二五”单位生产总值二氧化碳排放下降指标。

附件：广东省“十二五”各地级以上市单位生产总值二氧化碳排放下降指标

附件：

广东省“十二五”各地级以上市单位生产总值二氧化碳排放下降指标

地区	单位生产总值二氧化碳排放下降（%）
全省	19.5
广州	21.0
深圳	21.0
珠海	19.5
汕头	18.5
佛山	21.0
韶关	18.5
河源	18.5

（续上表）

地区	单位生产总值二氧化碳排放下降（%）
梅州	18.5
惠州	19.5
汕尾	18.5
东莞	21.0
中山	19.5
江门	19.5
阳江	18.5
湛江	18.5
茂名	19.5
肇庆	19.5
清迅	19.5
潮州	19.5
揭阳	19.5
云浮	18.5

广东省碳排放权交易管理试行办法

第一章 总则

第一条 为推进生态文明建设，加快经济发展方式转变，促进体制机制创新，充分发挥市场在温室气体排放资源配置中的决定性作用，加强对温室气体排放的控制和管理，规范碳排放权交易市场的建设和运行，制定本办法。

第二条 在中华人民共和国境内，对碳排放权交易活动的监督和管理，适用本办法。

第三条 本办法所称碳排放权交易，是指交易主体按照本办法开展的排放配额和国家核证自愿减排量的交易活动。

第四条 碳排放权交易坚持政府引导与市场运作相结合，遵循公开、公平、公正和诚信原则。

第五条 国家发展和改革委员会是碳排放权交易的国务院碳交易主管部门（以下称国务院碳交易主管部门），依据本办法负责碳排放权交易市场的建设，并对其运行进行管理、监督和指导。

各省、自治区、直辖市发展和改革委员会是碳排放权交易的省级碳交易主管部门（以下称省级碳交易主管部门），依据本办法对本行政区域内的碳排放权交易相关活动进行管理、监督和指导。

其他各有关部门应按照各自职责，协同做好与碳排放权交易相关的管理工作。

第六条 国务院碳交易主管部门应适时公布碳排放权交易纳入的温室气体种类、行业范围和重点排放单位确定标准。

第二章 配额管理

第七条 省级碳交易主管部门应根据国务院碳交易主管部门公布的重点排放单位确定标准，提出本行政区域内所有符合标准的重点排放单位名单并报国务院碳交易主管部门，国务院碳交易主管部门确认后向社会公布。

经国务院碳交易主管部门批准，省级碳交易主管部门可适当扩大碳排放权交易的行业覆盖范围，增加纳入碳排放权交易的重点排放单位。

第八条　国务院碳交易主管部门根据国家控制温室气体排放目标的要求，综合考虑国家和各省、自治区和直辖市温室气体排放、经济增长、产业结构、能源结构，以及重点排放单位纳入情况等因素，确定国家以及各省、自治区和直辖市的排放配额总量。

第九条　排放配额分配在初期以免费分配为主，适时引入有偿分配，并逐步提高有偿分配的比例。

第十条　国务院碳交易主管部门制定国家配额分配方案，明确各省、自治区、直辖市免费分配的排放配额数量、国家预留的排放配额数量等。

第十一条　国务院碳交易主管部门在排放配额总量中预留一定数量，用于有偿分配、市场调节、重大建设项目等。有偿分配所取得的收益，用于促进国家减碳以及相关的能力建设。

第十二条　国务院碳交易主管部门根据不同行业的具体情况，参考相关行业主管部门的意见，确定统一的配额免费分配方法和标准。

各省、自治区、直辖市结合本地实际，可制定并执行比全国统一的配额免费分配方法和标准更加严格的分配方法和标准。

第十三条　省级碳交易主管部门依据第十二条确定的配额免费分配方法和标准，提出本行政区域内重点排放单位的免费分配配额数量，报国务院碳交易主管部门确定后，向本行政区域内的重点排放单位免费分配排放配额。

第十四条　各省、自治区和直辖市的排放配额总量中，扣除向本行政区域内重点排放单位免费分配的配额量后剩余的配额，由省级碳交易主管部门用于有偿分配。有偿分配所取得的收益，用于促进地方减碳以及相关的能力建设。

第十五条　重点排放单位关闭、停产、合并、分立或者产能发生重大变化的，省级碳交易主管部门可根据实际情况，对其已获得的免费配额进行调整。

第十六条　国务院碳交易主管部门负责建立和管理碳排放权交易注册登记系统（以下称注册登记系统），用于记录排放配额的持有、转移、清缴、注销等相关信息。注册登记系统中的信息是判断排放配额归属的最终依据。

第十七条　注册登记系统为国务院碳交易主管部门和省级碳交易主管部门、重点排放单位、交易机构和其他市场参与方等设立具有不同功能的账户。参与方根据国务院碳交易主管部门的相应要求开立账户后，可在注册登记系统中进行配额管理的相关业务操作。

第三章　排放交易

第十八条　碳排放权交易市场初期的交易产品为排放配额和国家核证自愿减排量，适时增加其他交易产品。

第十九条　重点排放单位及符合交易规则规定的机构和个人（以下称交易主体），均可参与碳排放权交易。

第二十条　国务院碳交易主管部门负责确定碳排放权交易机构并对其业务实施监督。具体交易规则由交易机构负责制定，并报国务院碳交易主管部门备案。

第二十一条　第十八条规定的交易产品的交易原则上应在国务院碳交易主管部门确定的交易机构内进行。

第二十二条　出于公益等目的，交易主体可自愿注销其所持有的排放配额和国家核证自愿减排量。

第二十三条　国务院碳交易主管部门负责建立碳排放权交易市场调节机制，维护市场稳定。

第二十四条　国家确定的交易机构的交易系统应与注册登记系统连接，实现数据交换，确保交易信息能及时反映到注册登记系统中。

第四章　核查与配额清缴

第二十五条　重点排放单位应按照国家标准或国务院碳交易主管部门公布的企业温室气体排放核算与报告指南的要求，制定排放监测计划并报所在省、自治区、直辖市的省级碳交易主管部门备案。

重点排放单位应严格按照经备案的监测计划实施监测活动。监测计划发生重大变更的，应及时向所在省、自治区、直辖市的省级碳交易主管部门提交变更申请。

第二十六条　重点排放单位应根据国家标准或国务院碳交易主管部门公布的企业温室气体排放核算与报告指南，以及经备案的排放监测计划，每年编制其上一年度的温室气体排放报告，由核查机构进行核查并出具核查报告后，在规定时间内向所在省、自治区、直辖市的省级碳交易主管部门提交排放报告和核查报告。

第二十七条　国务院碳交易主管部门会同有关部门，对核查机构进行管理。

第二十八条　核查机构应按照国务院碳交易主管部门公布的核查指南开展碳

排放核查工作。重点排放单位对核查结果有异议的，可向省级碳交易主管部门提出申诉。

第二十九条　省级碳交易主管部门应当对以下重点排放单位的排放报告与核查报告进行复查，复查的相关费用由同级财政予以安排：

（一）国务院碳交易主管部门要求复查的重点排放单位；

（二）核查报告显示排放情况存在问题的重点排放单位；

（三）除（一）、（二）规定以外一定比例的重点排放单位。

第三十条　省级碳交易主管部门应每年对其行政区域内所有重点排放单位上年度的排放量予以确认，并将确认结果通知重点排放单位。经确认的排放量是重点排放单位履行配额清缴义务的依据。

第三十一条　重点排放单位每年应向所在省、自治区、直辖市的省级碳交易主管部门提交不少于其上年度经确认排放量的排放配额，履行上年度的配额清缴义务。

第三十二条　重点排放单位可按照有关规定，使用国家核证自愿减排量抵消其部分经确认的碳排放量。

第三十三条　省级碳交易主管部门每年应对其行政区域内重点排放单位上年度的配额清缴情况进行分析，并将配额清缴情况上报国务院碳交易主管部门。国务院碳交易主管部门应向社会公布所有重点排放单位上年度的配额清缴情况。

第五章　监督管理

第三十四条　国务院碳交易主管部门应及时向社会公布如下信息：纳入温室气体种类，纳入行业，纳入重点排放单位名单，排放配额分配方法，排放配额使用、存储和注销规则，各年度重点排放单位的配额清缴情况，推荐的核查机构名单，经确定的交易机构名单等。

第三十五条　交易机构应建立交易信息披露制度，公布交易行情、成交量、成交金额等交易信息，并及时披露可能影响市场重大变动的相关信息。

第三十六条　国务院碳交易主管部门对省级碳交易主管部门业务工作进行指导，并对下列活动进行监督和管理：

（一）核查机构的相关业务情况；

（二）交易机构的相关业务情况；

第三十七条　省级碳交易主管部门对碳排放权交易进行监督和管理的范围

包括：

（一）辖区内重点排放单位的排放报告、核查报告报送情况；

（二）辖区内重点排放单位的配额清缴情况；

（三）辖区内重点排放单位和其它市场参与者的交易情况。

第三十八条　国务院碳交易主管部门和省级碳交易主管部门应建立重点排放单位、核查机构、交易机构和其它从业单位和人员参加碳排放交易的相关行为信用记录，并纳入相关的信用管理体系。

第三十九条　对于严重违法失信的碳排放权交易的参与机构和人员，国务院碳交易主管部门建立“黑名单”并依法予以曝光。

第六章　法律责任

第四十条　重点排放单位有下列行为之一的，由所在省、自治区、直辖市的省级碳交易主管部门责令限期改正，逾期未改的，依法给予行政处罚。

（一）虚报、瞒报或者拒绝履行排放报告义务；

（二）不按规定提交核查报告。

逾期仍未改正的，由省级碳交易主管部门指派核查机构测算其排放量，并将该排放量作为其履行配额清缴义务的依据。

第四十一条　重点排放单位未按时履行配额清缴义务的，由所在省、自治区、直辖市的省级碳交易主管部门责令其履行配额清缴义务；逾期仍不履行配额清缴义务的，由所在省、自治区、直辖市的省级碳交易主管部门依法给予行政处罚。

第四十二条　核查机构有下列情形之一的，由其注册所在省、自治区、直辖市的省级碳交易主管部门依法给予行政处罚，并上报国务院碳交易主管部门；情节严重的，由国务院碳交易主管部门责令其暂停核查业务；给重点排放单位造成经济损失的，依法承担赔偿责任；构成犯罪的，依法追究刑事责任。

（一）出具虚假、不实核查报告；

（二）核查报告存在重大错误；

（三）未经许可擅自使用或者公布被核查单位的商业秘密；

（四）其他违法违规行为。

第四十三条　交易机构及其工作人员有下列情形之一的，由国务院碳交易主管部门责令限期改正；逾期未改正的，依法给予行政处罚；给交易主体造成经济损失的，依法承担赔偿责任；构成犯罪的，依法追究刑事责任。

（一）未按照规定公布交易信息；

（二）未建立并执行风险管理制度；

（三）未按照规定向国务院碳交易主管部门报送有关信息；

（四）开展违规的交易业务；

（五）泄露交易主体的商业秘密；

（六）其他违法违规行为。

第四十四条　对违反本办法第四十条至第四十一条规定而被处罚的重点排放单位，省级碳交易主管部门应向工商、税务、金融等部门通报有关情况，并予以公告。

第四十五条　国务院碳交易主管部门和省级碳交易主管部门及其工作人员，未履行本办法规定的职责，玩忽职守、滥用职权、利用职务便利牟取不正当利益或者泄露所知悉的有关单位和个人的商业秘密的，由其上级行政机关或者监察机关责令改正；情节严重的，依法给予行政处罚；构成犯罪的，依法追究刑事责任。

第四十六条　碳排放权交易各参与方在参与本办法规定的事务过程中，以不正当手段谋取利益并给他人造成经济损失的，依法承担赔偿责任；构成犯罪的，依法追究刑事责任。

第七章　附则

第四十七条　本办法中下列用语的含义：

温室气体：是指大气中吸收和重新放出红外辐射的自然和人为的气态成分，包括二氧化碳（CO_2）、甲烷（CH_4）、氧化亚氮（N_2O）、氢氟碳化物（HFCs）、全氟化碳（PFCs）、六氟化硫（SF_6）和三氟化氮（NF_3）。

碳排放：是指煤炭、天然气、石油等化石能源燃烧活动和工业生产过程以及土地利用、土地利用变化与林业活动产生的温室气体排放，以及因使用外购的电力和热力等所导致的温室气体排放。

碳排放权：是指依法取得的向大气排放温室气体的权利。

排放配额：是政府分配给重点排放单位指定时期内的碳排放额度，是碳排放权的凭证和载体。1 单位配额相当于 1 吨二氧化碳当量。

重点排放单位：是指满足国务院碳交易主管部门确定的纳入碳排放权交易标

准且具有独立法人资格的温室气体排放单位。

国家核证自愿减排量：是指依据国家发展和改革委员会发布施行的《温室气体自愿减排交易管理暂行办法》的规定，经其备案并在国家注册登记系统中登记的温室气体自愿减排量，简称 CCER。

第四十八条　本办法自公布之日起 30 日后施行。

广东省发展改革委关于印发广东省应对气候变化“十二五”规划的通知

粤发改资环〔2014〕54号

省应对气候变化领导小组成员单位，各地级以上市发展改革局（委）、顺德区发展规划和统计局：

《广东省应对气候变化“十二五”规划》已经国家发展改革委审核同意，现印发给你们，请结合工作实际认真组织实施。实施中遇到的问题，请径向省发展改革委反映。

附件：广东省应对气候变化“十二五”规划

广东省发展改革委

2014年1月26日

附件：

广东省应对气候变化“十二五”规划

目　录

应对气候变化是党中央、国务院从经济社会可持续发展全局作出的重要战略部署，也是推进生态文明建设的重要工作。为做好“十二五”应对气候变化工作，根据国务院印发的《“十二五”控制温室气体排放工作方案》《广东省国民经济和社会发展第十二个五年规划纲要》和《广东省应对气候变化方案》，制定本规划。

一、基础条件

（一）自然资源禀赋

广东省地处中国大陆最南部，陆地面积 17.98 万平方公里，海域面积 41.9 万平方公里。地貌类型复杂多样，山地、丘陵、台地和平原面积分别占全省土地总面积的33.7%、24.9%、14.2%和21.7%，河流和湖泊等只占5.5%。2010 年全省森林面积达到 1.55 亿亩，森里蓄积量达到 4.32 亿立方米，森林覆盖率达到57%。人多地少，人均耕地面积只有 0.03 公顷，仅相当于全国平均数的1/3。全省煤保有资源储量 5.98 亿吨，铁矿石保有资源储量 6.58 亿吨，硫铁矿保有资源储量 3.95 亿吨。年平均水资源总量 1830 亿立方米，水力资源理论蕴藏量 1137.2 万千瓦，可开发装机容量 824.5 万千瓦。一次能源资源匮乏，对外依存度高，能源供应易受运力紧张、价格波动和极端天气等因素影响。可再生能源储量比较丰富，陆上风电具有开发潜力的地区可开发量约 1900 万千瓦，近海 5—30 米水深区域风电可开发量约 1100 万千瓦。

（二）经济社会发展

广东省经济总量大，2010 年生产总值达到 4.6 万亿元，约占全国 11.6%，连续多年居全国首位，人均生产总值 44736 元（超过 7000 美元），已达到中等收入国家水平。产业结构逐步优化，2010 年三次产业比重为 5：50：45。能效水平全国领先，2010 年单位生产总值能耗 0.664 吨标准煤/万元。能源消费总量大，2010 年全省一次能源消费量达 2.23 亿吨标煤，约占全国 7%。能源结构不断优化，2010 年非化石能源占一次能源消费总量的比重达 16.1%，核电装机容量已达 500 万千瓦，居全国首位。区域发展还不平衡，粤东西北地区土地面积占全省 69.5%，2010 年生产总值仅占全省 21%，固定资产投资总额仅占全省 29.5%。常住人口数居全国首位，2010 年末全省常住人口 1.04 亿人，占全国 7.8%。城镇化步伐不断加快，2010 年全省城镇化率达 66.2%。

（三）气候变化影响

广东省属热带、亚热带季风气候，年平均气温 21.6℃，年平均降水量 1801.6 毫米，年平均日照时数 1745.8 小时。1961—2010 年，年平均气温上升速率为 0.20℃/10 年。气温变化不稳定性增加，低温灾害加重，高温热浪频发。登陆台风强度和破坏度增强，移动路径异常。近 30 年来，南海海平面上升速率为 2.7 毫米/年，海平面上升增加了沿海风暴潮的强度和频率，加剧了低地淹没和海岸侵蚀，破坏了红树林和珊瑚礁生态系统。降水年内年际变化加大，特大暴雨和局部干旱增多，旱涝灾害频繁。径流年内年际分配不均，丰枯比加大，洪水强度和频率增加，季节性缺水时有发生。咸潮出现频繁，持续时间增加，上溯范围增大，珠江三角洲河口地区供水受咸潮影响日趋严重。农业生产气候条件有所改变，导致病虫害加重，生产成本提高，产量不稳定性增加。热岛效应、高温热浪、灰霾等现象加剧，导致高温中暑、传染性疾病的患病风险增加，对人体健康的威胁加大。据预测，与 1961—1990 年的 30 年平均值相比，到 2020 年，全省年平均气温可能升高 0.8℃，2050 年可能升高 1.7℃，2100 年可能升高 3.0℃；2020 年、2050 年、2100 年全省年平均降水量可能增加 3%、5% 和 8%。

（四）温室气体排放

根据广东省温室气体清单编制成果，2010 年温室气体排放总量为 5.83 亿吨二氧化碳当量，2005 年温室气体排放总量为 4.39 亿吨二氧化碳当量，五年增长 32.8%，绝对量增长 1.44 亿吨。2010 年广东省温室气体排放总量中，二氧化碳占 89.6%、甲烷占 5.4%、氧化亚氮占 5%、六氟化硫占 0.02%，氢氟碳化物、全氟化碳基本没有排放。2010 年广东省温室气体排放总量中，能源活动排放占 85.4%、工业生产过程排放占 11%、农业活动排放占 7%、废弃物处理排放占

2.8%，土地利用变化与林业排放（碳汇）占 -6.1%。2005—2010 年，广东省二氧化碳排放累计增长了 38.3%，年均增长 6.7%。广东省二氧化碳排放的重点领域是能源活动、工业生产过程、土地利用变化与林业，2010 年排放占比分别为 94.3%、12.3%、-6.8%。

（五）主要工作进展

广东省委、省政府高度重视应对气候变化工作。一是初步建立工作体系。成立省应对气候变化及节能减排工作领导小组，设立省低碳发展专项资金。印发应对气候变化方案和“十二五”控制温室气体排放工作实施方案等政策文件，分解落实控制温室气体排放约束性指标和工作任务。二是创新低碳发展体制机制。启动了国家低碳试点和碳排放权交易试点，建立省低碳试点工作联席会议制度，印发了省低碳试点、碳排放权交易试点工作实施方案，确定了首批省低碳试点城市和县（区）。三是加快建设现代产业体系。制定实施现代产业体系建设总体规划，扎实推进 500 强项目建设，2010 年服务业增加值比重已比 2005 年上升了 1.7 个百分点，先进制造业增加值已占规模以上工业的 47.2%。四是大力推进节能降耗。实施节能重点工程，淘汰落后生产能力，全面完成国家下达的“十一五”节能约束性指标。加快发展新能源和可再生能源。五是开展适应气候变化工作。加强生态保护，推进新一轮绿化广东大行动和森林进城围城工程，各市全部建成国家或省级园林城市。推进海洋、水资源、气象、农业、公共卫生等领域适应工作，加强气候变化影响评估和适应对策研究。六是加强能力建设。坚持政产学研结合，推动重大低碳技术攻关示范。成立省低碳发展专家委员会，在低碳发展思路、温室气体清单编制、碳排放权交易机制等方面取得多项阶段性研究成果。务实开展对外交流合作，开展形式多样的宣传普及活动。

（六）未来工作形势

1. 面临的机遇

国际形势为广东应对气候变化工作提供了良好的外部环境。由于气候变化及能源安全等全球性问题日益突出，世界各国尤其是发达国家都把应对气候变化作为转变发展方式、争夺发展空间、获得竞争优势的重要途径。国际应对气候变化谈判进程虽然曲折反复，但总体仍向好并不断取得新的进展。发达国家对发展中国家和地区应对气候变化的技术、资金支持力度不断加大。广东作为中国政府与外国政府开展应对气候变化合作交流的重点地区，将获得更多国际资源支持。

国家的日益重视有利于广东应对气候变化工作进一步争取政策支持。党的十八大要求大力推进生态文明建设，积极应对全球气候变化。国家“十二五”规划纲要明确要求推进低碳试点示范，增强适应气候变化能力。国务院印发的《“十二五”控制温室气体排放工作方案》明确要求把积极应对气候变化作为经济社会发展的重大战略。中央要求广东努力成为发展中国特色社会主义的排头兵、深化改革开放的先行地、探索科学发展的试验区，率先全面建成小康社会、率先基本实现社会主义现代化。作为国家低碳试点省和碳排放权交易试点省，广东将获得国家更多体制机制创新和先行先试的政策支持。

广东的经济社会发展阶段对应对气候变化工作提出了更高要求。“十二五”时期，广东省处于人均生产总值向 1 万美元迈进的新阶段和深化改革开放、加快转变经济发展方式攻坚克难的关键时期。应对气候变化符合广东省保持经济社会又好又快发展，全面建设更高水平小康社会的实际需要。省委、省政府对应对气候变化的工作力度将不断加大，广东省应对气候变化体制机制正在逐步完善。

2. 面临的挑战

节能减碳压力大。“十二五”时期，广东省工业化、城镇化步伐还将进一步加快，发展经济、消除贫困、改善民生、促进区域协调发展的任务依然艰巨。产业结构重型化步伐仍在加速，居民用能的刚性需求也将不断增长。广东省已经关停淘汰了大部分钢铁、水泥、小火电等落后产能，再通过“上大压小”、淘汰落后产能实现节能减碳，空间十分有限。国家下达广东省的“十二五”碳强度和能源强度下降约束性指标均为全国最高，在碳强度和能源强度已经较低的前提下，完成目标的难度和成本很大。

体制机制尚不健全。保障和激励生产、生活方式向低碳模式转变的制度和政策还不完备，全社会尚未形成低碳发展的普遍意识。节能、减碳和控制能源消费总量的工作需要进一步加强统筹协调。长期以来，广东省推进节能、减碳等相关工作主要依靠行政手段，市场机制作用还没有得到充分发挥。

工作基础比较薄弱。应对气候变化是涉及经济社会发展理念深刻变革的一项系统工程，各项工作尚处于逐步深化阶段。目前，应对气候变化相关的法律法规制定、统计核算制度建设、机构设置和人才队伍培育等工作都需要进一步加强。尤其在适应气候变化方面，还没有形成针对性强、特色突出的工作举措。

二、总体要求

（一）指导思想

深入贯彻落实党的十八大精神，大力推进生态文明建设，实施主体功能区战略。以应对气候变化工作引领产业结构调整、节能减碳、可再生能源发展、生态保护建设等工作，将气候变化影响作为城乡建设、生产力和重大项目布局的重要考虑因素。积极减缓气候变化，着力推进绿色发展、循环发展、低碳发展。努力适应气候变化，降低气候变化对生存环境的不利影响。做好国家低碳试点工作，深化体制机制创新，完善基础工作制度。做好国家碳排放权交易试点工作，逐步建立政府对碳排放权的有效监督管理机制，建设适应省情并在全国有重要地位的碳排放权交易市场。

（二）基本原则

1. 服务于生态文明建设。尊重经济社会发展客观规律，把应对气候变化作为推进生态文明建设的重要抓手。坚持以发展为第一要务，建设资源节约型和环境友好型社会。落实好主体功能区规划，针对不同主体功能区，确定差别化的应对气候变化策略。

2. 减缓与适应并重。既要努力控制温室气体排放，完成节能减碳约束性指标，又要采取有效措施缓解气候变化对生产、生活的不利影响，切实提高适应气候变化水平。

3. 政府主导和市场运作紧密结合。充分发挥市场配置资源的基础性作用，促进以更低成本完成控制温室气体排放目标任务。加快政府职能转变，综合运用法律、经济、技术及必要的行政手段，推动全社会形成应对气候变化长效机制。

4. 统筹当前与长远。要立足当前，把应对气候变化纳入总体工作布局，扎实打好工作基础，切实加强能力建设。要着眼长远，紧密结合经济社会发展实际和温室气体排放趋势，确定中长期战略。

（三）主要目标

到 2015 年，单位生产总值二氧化碳排放比 2010 年降低 19.5%，非化石能源占一次性能源消费的比重达到 20%，森林面积达到 1.60 亿亩，森林蓄积量达到 5.51 亿立方米。初步建立应对气候变化的体制机制，应对气候变化理念成为全社会广泛共识，减缓和适应气候变化工作取得显著成效。

到2020年，努力实现全省单位生产总值二氧化碳排放比2005年降低45%以上。基本建立应对气候变化的体制机制，低碳生产、生活方式成为全社会的自觉行动，生态环境得到显著改善。

专栏1：

广东省“十二五”应对气候变化主要指标表

类别	指标		2010年	2015年
减缓气候变化	低碳约束	单位生产总值二氧化碳排放降低（%）		[19.5]
	结构调整	现代服务业增加值占服务业增加值比重（%）	54.8	60
		非化石能源占一次能源消费比重（%）	16.1	20
	节能降耗	单位生产总值能源消耗降低（%）	[16.4]	[18]
		能源消费总量（亿吨标准煤）	2.69	3.4
	低碳建筑	绿色建筑建成面积（万平方米）	326.6	4000
		既有建筑节能改造面积（万平方米）	532	1900
		可再生能源建筑应用面积（万平方米）	127.166	2000
	低碳交通	城际轨道交通营运里程（公里）		385
		新能源汽车推广应用规模（万辆）		5
	森林碳汇	森林面积（亿亩）	1.55	1.60
		森林蓄积量（亿立方米）	4.32	5.51
		森林覆盖率（%）	57	58
适应气候变化	海岸带	集中集约用海使用面积（公顷）		16360
		近岸海域环境功能区水质达标率（%）		90
	水资源	水功能区水质达标率（%）	45.8	71
		新增水土流失治理面积（平方公里）	934	1000
		万元GDP用水量（立方米）	103	64
	生态建设	自然保护区陆域面积占全省比重（%）	6.8	7
		城市人均公园绿地面积（平方米）	12.27	15
	防灾减灾	地级以上城市防洪（潮）标准		100年一遇
		气象预报警报公众覆盖率（%）		95
		大范围灾害性天气监测率（%）		98

注：[　] 内为五年累计数。

（四）区域定位

1. 优化开发区域。广东省优化开发区域是珠江三角洲核心区，地处广东省的中南部。优化开发区域要率先加快转变经济发展方式，着力优化空间结构、优化城镇布局、优化人口分布、优化产业结构、优化发展方式、优化基础设施布局、优化生态系统格局，提高科技创新能力，提升参与全球分工与竞争的层次。加强水生态综合治理和生态修复，严格控制珠江口围垦和山体开发，保护河口和海岸湿地，构建以山地丘陵、近海岛屿湿地和珠江水系为主体的生态格局。建设沿江、沿海、沿路生态景观林带，加强森林公园、湿地公园、自然保护区、生态廊道、城区绿地、环城防护林带、生态控制线等区域绿地建设，恢复和重建珠江口红树林湿地。把南部近海水域、珠江口、海岸带、近海岛屿作为近海生态控制区。优化能源布局和结构，推进能源基础设施一体化建设。适度建设骨干支撑电源和抽水蓄能等调峰电源。加强电网建设，完善网络结构，提升电网智能化水平，提高电网抗灾能力和应急能力。积极开发新能源和可再生能源，提升风能、太阳能等新能源利用水平。

2. 重点开发区域。广东省重点开发区域包括海峡西岸经济区粤东部分和北部湾地区湛江部分；粤西沿海片区、珠江三角洲外围片区和粤北山区点状片区三个区域。重点开发区域要在优化结构、提高效益、降低消耗、保护环境的基础上推动经济可持续发展。推进新型工业化进程，增强产业集聚能力，积极承接产业转移，形成分工协作的现代产业体系。加快推进城镇化，壮大城市综合实力，改善人居环境，促进人口加快集聚。确保发展质量和效益，大力提高清洁生产水平。建设沿江、沿海、沿路生态景观林带，保护近岸海域水环境质量。加快森林碳汇重点生态工程建设，切实保护湿地和红树林等资源，减少海洋开发建设过程中对陆域、海域生态环境的破坏和影响。加强流域与水资源保护，划定水源保护区。加强能源生产和供应保障能力建设，加快推进核电项目建设，有序推进沿海大型燃煤电厂建设。积极开发风电、太阳能、生物质能等新能源和可再生能源。

3. 重点生态功能区。广东省重点生态功能区以南岭山地为主体，包括南岭山地森林及生物多样性生态功能区粤北部分，北江上游、东江上游、韩江上游、西江流域、鉴江上游5个片区和分布在重点开发区域7个山区县的29个生态镇。重点生态功能区要以保护和修复生态环境、提供生态产品为首要任务。禁止非保护性采伐，保护和恢复植被，涵养水源，保护珍稀动物，维护生物多样性，保持生态系统的完整性，构建生态屏障。加快水土流失区林草植被建设和岩溶地区石漠化防治，加强重点生态敏感区域保护，加快森林碳汇和沿江、沿路生态景观林带等重点林业生态工程建设，推进矿区植被恢复，加强湿地保护和恢复。严格控制开发强度，限制城镇发展用地和农村居民点用地，保护现有耕地，控制林地转为建设用地。因地制宜发展资源环境可承载的特色产业，在不损害生态功能和严格控制开发强度的前提下，因地制宜适度发展资源开采、农林牧渔产品生产和加工、观光休闲农业、旅游等产业。在现有城镇布局基础上进一步集约开发、集中建设，重点规划和建设资源环境承载能力相对较强的县城镇。积极引导村镇第二产业向省级重点产业转移园集中，引导超载人口逐步向重点开发区域有序转移。

4. 农产品主产区。广东省农产品主产区包括22个县，其中粮食主产区16个县，甘蔗主产区3个县，水产品主产区3个县。农产品主产区要优化农业生产布局和品种结构，搞好农业布局规划，科学确定不同区域农业发展重点，形成优势突出和特色鲜明的产业带。积极推进农业的规模化、产业化，发展农产品深加工，拓展农村就业和增收空间。着力保护耕地，控制开发强度，优化开发方式，发展循环农业，促进农业资源的永续利用。加快农业科技进步和创新，加强现代农业重大实用技术成果的示范推广，提高农业物质技术装备水平。支持农产品主产区加强农产品加工、流通、储运设施建设，引导农产品加工、流通企业向主产区聚集。加强农业基础设施建设，改善农业生产条件。加强水利基础设施建设，加快大中型灌区、排灌泵站配套改造，鼓励和支持农民开展小型农田水利设施建设。强化渔业水域保护和基础设施建设。强化农业防灾减灾能力建设。

5. 禁止开发区域。广东省禁止开发区域包括依法设立的各级自然保护区、风景名胜区、森林公园、地质公园、重要水源地、湿地公园、重要湿地以及世界文化自然遗产等，呈点状分布于全省各地。禁止开发区域要依据法律法规规定和相关规划实施强制性保护，严格控制人为因素对自然生态和文化自然遗产原真性、完整性的干扰，严禁不符合主体功能区定位的各类开发活动，引导人口逐步有序转移，实现污染物“零排放”。坚持以物种就地保护为主，重点保护南亚热带季风常绿阔叶林、河口沿海红树林等生态系统。强化水资源及水生生物资源保护，重点保护海洋海岸生物多样性保护区域。禁止开发区域应根据自身特点和主次功能，以相关的法律法规规定为依据，按照严格的分类保护策略和管制要求，明确在区内允许存在的人为活动、工程设施以及相应的限定条件。

专栏2：广东省主体功能区规划配套应对气候变化政策制定总体要求

完善防灾减灾体系。开展气候变化对海平面、水资源、农业和生态环境等的影响评估，严格执行重大工程气象、海洋灾害风险评估和气候可行性论证制度。积极开展河道生态化治理，保持河流自然形态。探索控制城乡地面硬化比率，建立透水地面、绿地和湿地等相结合的城乡雨洪消纳体系。加强对台风、暴雨洪涝、雷电、干旱、寒冷、高温热浪、森林火灾等灾害的应急和防御能力建设。开展优化开发区域和重点开发区域的地震影响小区划工作，细化各地区的抗震设防要求。

加强生态保护和建设。大力开展植树造林，积极推进天然林和次生天然林资源保护、防护林体系建设、野生动植物保护、湿地保护和恢复等，强化修复治理生态脆弱区和退化生态系统，逐步增加森林比重，加大林地保护管理力度，强化陆地生态系统的固碳能力。

推动低碳发展。大力发展循环经济，积极发展和消费可再生能源，发展风能、太阳能，地热能、生物质能，充分利用清洁、低碳能源，降低温室气体排放强度。全面推进节能降耗。

三、控制温室气体排放

（一）调整产业结构

1. 推动服务业大发展。优先发展现代服务业。重点发展金融、现代物流、信息服务、科技服务、商务会展、文化创意、服务外包、现代旅游、健康服务等现代服务业，着力培育高技术服务产业，带动生产服务业和生活服务业全面发展。提升发展传统服务业，培育发展新兴服务业，强化基本公共服务。推进粤港澳服务业深度合作，完善服务业发展环境。到2015年，现代服务业增加值占服务业增加值比重提高到60%，基本建成100个现代服务业集聚区、10个年营业收入超千亿元的大型现代服务业产业基地。

2. 加快发展先进制造业。以装备制造、汽车、石化、船舶和钢铁五大产业领域为主体，重点发展智能制造装备、发电及输配电装备、轨道交通装备、工程装备、医疗器械、通用航空、节能环保和安全生产装备、电子电工装备、节能和新能源汽车、船舶修造、石化及化学工业、钢铁工业等12个产业。到2015年，先进制造业增加值占规模以上工业增加值比重达到50%以上，形成50个具有国际竞争力的先进制造业基地、5家左右产值超千亿元的大企业集团。

3. 培育壮大战略性新兴产业。大力发展高端新型电子信息、新能源汽车、半导体照明（LED）、生物、高端装备制造、节能环保、新能源和新材料等领域等新兴产业。立足自主创新，围绕战略性新兴产业发展的重大需求，整合国内外资源，集中力量突破一批支撑战略性新兴产业发展的关键共性技术。到2015年，战略性新兴产业增加值占生产总值比重达到10%左右，形成3—5个产业链较完整、配套体系较完善、产值超千亿元的新兴产业集群。

4. 推动传统产业改造升级。加快运用高新技术和先进适用技术改造提升家用电器、食品、造纸、纺织服装、建材、有色金属及制品、家具等传统产业，促进信息化和工业化深度融合。合理引导企业兼并重组，提高产业集中度。

5. 抑制高耗能、高排放行业过快增长。严格控制高耗能、高排放和产能过剩行业新上项目，严禁污染产业和落后产能转移。确保完成电力、钢铁、水泥、平板玻璃、造纸、制革、印染、铅蓄电池等行业落后产能淘汰任务。

（二）优化能源结构

1. 加快转变能源发展方式。增强能源科技创新能力，完善能源管理体制，构建安全、稳定、经济、清洁的现代能源供应保障体系。到2015年，全省一次能源消费结构中煤、油、气、其他能源（包括西电、水电、核电、风电、太阳能和生物质能等）的比重由2010年的42.2：30：8.6：19.2调整为36.2：24.4：13.2：26.2。

2. 进一步优化火电发展布局和结构。在珠江三角洲试点建立煤炭消费总量控制制度。珠江三角洲新建项目禁止配套建设自备燃煤电站，耗煤项目要实行煤炭减量替代；除热电联产外，禁止审批新建燃煤发电项目；现有多台燃煤机组装机容量合计达到30万千瓦以上的，可按照煤炭等量替代的原则建设为大容量燃煤机组。粤东西北地区适当建设大型环保型燃煤电厂，热负荷集中的工（产）业园区适度建设热电联产电厂，推进煤气化整体联合循环（IGCC）洁净煤发电试点项目建设。

3. 建设天然气利用工程。加快推进陆上长输管线、沿海LNG接收站和海上天然气接收工程建设。加快完善珠江三角洲天然气输送主干管网，推进粤东、粤西、粤北天然气主干管网建设，逐步完善全省天然气输送管网。建设一批大中城市天然气储备设施，完善天然气储备和应急体系。“十二五”期间，新增天然气供应能力约340亿立方米/年，天然气输送主干管道里程达到3300千米。

4. 开发利用非化石能源。在保障安全和质量的前提下稳步发展核电。积极开发风电，推动风能与其他能源互补发电及储能系统示范应用。推进太阳能应用。在具备条件的城市积极推进垃圾焚烧发电厂建设。推进已落实资源的农林生物质发电项目。到2015年，非化石能源消费占一次能源消费总量比重达到20%；新增核电装机容量约880万千瓦、风电装机容量275万千瓦、太阳能光伏发电装机容量约100万千瓦。

专栏3：广东省“十二五”低碳能源重点项目
核电：岭澳核电站二期2#机、阳江核电站、台山核电站一期工程、汕尾陆丰核电站。 天然气利用：珠海LNG、西气东输二线广东段、西气东输三线工程、省天然气主干管网一期工程、粤东LNG、深圳迭福LNG接收站、中石油深圳LNG调峰站、大鹏LNG接收站扩建、粤西LNG、南海天然气陆上终端、省天然气主干管网后续工程、省天然气应急储备与调峰接收站等项目。 风电：茂名中坳、潮州饶平大埕、阳江新洲、阳西龙高山、湛江徐闻、江门台山、潮州饶平海山、汕尾陆丰成美、河源东源蝉子顶、阳江海陵东岛、湛江徐闻和安、珠海桂山、珠海金湾、湛江外罗、惠州惠东等项目。 太阳能发电：粤电大学城光伏发电并网电站、华为松山湖南方工厂光伏发电示范等项目。 生物质发电：粤电湛江生物质发电、广州兴丰生活垃圾发电厂等垃圾焚烧发电、沼气发电项目。

（三）节约能源和提高能效

1. 加强节能管理。按照国家的总体要求，建立能源消费总量控制目标分解指标体系和落实机制。严格实行固定资产投资项目节能评估和审查制度，建立新上项目与能源消费增量挂钩机制。推进能源管理体系试点，建设省、市、企业三级能源管理中心建设，逐步推进重点行业能效对标活动。完善省重点用能单位能源信息管理平台和各地市能源信息管理平台建设，加快实施能耗实时监测。到2015年，能源消费总量控制在3.59亿吨标准煤以内，全社会用电量控制在6300

亿千瓦时以内。

2. 实施节能重点工程。实施万家企业节能低碳工程，按照分级管理、分类指导的原则，加强对全省重点高耗能企业和单位的监管，引导开展能量系统优化、余热余压利用、窑炉改造、电机系统优化、工艺节能等技术改造，加快淘汰落后工艺和设备，力争形成1700万吨标准煤节能量。按照国家要求组织实施节能产品惠民工程，大力推广使用绿色照明、空调、汽车、机电等领域的节能产品，进一步提高节能产品普及率。推进电机能效提升计划和万台注塑机节能改造试点示范工程。加强节能发电调度和电力需求侧管理。着力推进能效电厂试点，稳妥推进大用户直购电扩大试点。发展分布式能源，建立以天然气和光伏发电为主体的分布式能源格局。

3. 抓好重点领域节能。推进电力、石化、钢铁、水泥、陶瓷、玻璃、造纸、纺织等行业节能，明确目标任务，加强行业指导，推动技术进步。推动商业和民用设施节能，在酒店、商场、超市等场所开展节能行动和节能改造，建立商贸酒店能耗统计平台。加强公共机构节能，开展节约型公共机构示范单位创建活动。建立完善公共机构能源审计、能效公示和能耗定额管理制度，加强能耗监测平台和节能监管体系建设。

4. 推广节能减排市场化机制。加快推行合同能源管理，落实财税、金融等扶持政策，鼓励采用合同能源管理方式开展工业、建筑、交通、商贸酒店、公共机构等领域节能技术改造。扶持壮大节能服务产业，鼓励大型重点用能单位利用自身技术优势和管理经验，组建专业化节能服务公司。

专栏4：广东省“十二五”期间行业节能目标任务分解

工业：单位增加值能耗比2010年下降21%，实现3000万吨标准煤节能量。

建筑业：单位增加值能耗比2010年下降15%，实现1500万吨标准煤节能量。

交通运输及邮政仓储业：单位增加值能耗比2010年下降18%。

农业：单位增加值能耗比2010年下降18%。

公共机构：单位建筑面积年用电量、人均年综合能耗量在2010年的基础上分别下降13%和11%。

（四）发展低碳建筑

1. 城市建筑规划建设要体现低碳生态理念。构建与低碳生态相适应的土地利用模式及城市空间格局，优化城市形态结构和用地功能分区。引导土地利用疏密有致，加强公共设施综合配套完善和周边用地的高效利用。推行以紧凑集中为导向的建筑混合布局模式。

2. 抓好新建建筑节能工作。全省新建大型公共建筑（建筑面积2万平方米以上）、政府投资新建的国家机关办公建筑、学校、医院、博物馆、体育馆等建筑或以政府投资为主的其他公益性建筑，要全面实施绿色建筑标准；全省保障性住房建设要逐步执行绿色建筑标准。严格执行国家和省的建筑节能标准，强化规划、设计、审查、施工、监理、检测、质量监督等环节的制度建设和监管力度。到2015年，全省建筑设计和施工节能标准执行率达到100%，城镇新型墙体材料使用率达98%以上，建成绿色建筑4000万平方米。

3. 加快推进既有建筑节能改造。制定既有建筑节能改造计划，明确节能改造的目标、范围和要求。开展大型公共建筑和公共机构办公建筑空调、采暖、通风、照明、热水等用能系统的节能改造，提高用能效率和管理水平。合理制定绿色低碳建筑发展规划和技术路线，建立健全绿色低碳建筑评价标准体系，开展绿色建筑评价标识工作。到2015年，力争按建筑节能标准改造的公共机构建筑比例达30%以上，累计完成既有建筑节能改造面积1900万平方米以上。

4. 推进可再生能源建筑规模化应用。研究制订对可再生能源建筑应用的激励措施，积极推动太阳能、浅层地能等可再生能源在建筑中的应用。到2015年，实现30%的新建建筑中利用可再生能源，可再生能源建筑应用面积累计超过2000万平方米。

（五）发展低碳交通

1. 推进交通运输可持续发展。优化交通运输结构，大力发展轨道和水运等运量大、能耗低的运输方式，注重综合枢纽建设。加强各种运输方式的有效衔接，构建便捷、安全、高效、绿色的综合交通运输体系。到2015年，铁路总里程达4300公里左右，城际轨道交通里程达385公里，内河高等级航道里程超过900公里。

2. 优先发展公共交通。提升公共交通出行分担率，确立公共交通在城市和城际交通中的主体地位。发展多种形式的大容量公共交通工具，优化布设公交线网，提高公交线网密度和站点覆盖率，大力发展公交无缝换乘系统，实现与城际（市）轨道交通便捷换乘。协调推进城市公共汽（电）车专用道建设，统筹规划、科学配置城市道路资源，积极探索发展新型城市公交系统。合理配建停车设施，加强城市近郊的机动车驻车换乘枢纽及其配套设施建设。树立行人优先的理念，突出步行及自行车交通系统建设。统筹城乡公共交通资源，建立农村客运体系，使农村客运与城市公交便利衔接，实现全省公交“一卡通”。

3. 提升运输服务现代化水平。推进公路货运车辆大型化和专业化，逐步淘汰敞式货运车辆，促进车型标准化。发展大型散货船、大型油轮、集装箱船、滚装船和液化气船，提升远洋、沿海和内河运输船舶整体装备水平。加强绿色货运、甩挂运输和物流信息交易平台的示范推广，广泛采用信息化、智能化和物联网等现代化科学技术，促进各种运输方式间信息共享。完善高速公路通信、电子监控、联网收费和不停车收费系统。推进珠江三角洲港口群信息一体化建设。

4. 推广应用新能源汽车。实施广东省新能源汽车推广应用示范工程，支持建设一批国家、省新能源汽车推广应用示范城市。以新能源汽车在城市公共服务领域的应用为突破口，引导和带动私人购买新能源汽车，推动各级政府及公共机构逐年加大新能源汽车采购规模。探索电池租赁、整车租赁、充换电服务等多种市场推广模式。适度超前建设新能源汽车充电设施。到 2015 年，争取全省新能源汽车推广应用规模达到 5 万辆。鼓励营运企业使用液化天然气（LNG）车辆。

（六）增强碳汇能力

1. 增加森林碳汇。加大植树造林和低产低效林改造力度，加强林相改造和林种结构调整，扩大森林面积，强化森林管理，提高森林质量。建设林业生态省，全面推进生态景观林带、森林碳汇、森林进城围城、乡村绿化美化等重点生态工程，加强生态公益林保护管理，引领新一轮绿化广东大行动。建设全省绿道网络。到 2015 年，新增森林面积 800 万亩，其中碳汇示范林 300 万亩以上；森林覆盖率达到 58%。

2. 开展城市增绿工作。优化城市绿地系统，全方位建设社区公园、街头绿地、街心花园，提高公共绿地分布的均衡性，完善配套设施。积极探索立体绿化和垂直绿化新模式，提高城市空间绿色浓度。按照“见缝插绿”的原则，实施城市出入口、边角地、道路沿线、河道两侧以及主要公共服务空间等绿化提升工程。

3. 增加海洋碳汇。积极开展贝类增殖、海藻底播增殖、海草床种植等，建立海洋生物固碳模式。建立一批重点海域“蓝色碳汇示范区”，开展海洋生物固碳机理研究，建立海洋碳汇产业评价体系。

4. 增加农业碳汇。加强农田保育，继续实施沃土工程，推广秸秆还田、粮草轮作、农林复合、冬种绿肥、增施有机肥等措施，提升土壤有机碳储量。推广精准耕作技术和少免耕等保护性耕作措施，减少土壤中碳的流失。因地制宜发展特色种植，提高植被覆盖度。

（七）控制工业生产过程排放

1. 改进生产工艺。推广利用造纸污泥、脱硫石膏、粉煤灰、矿渣等固体工业废渣和非碳酸盐原料生产水泥，加快发展新型低碳水泥。鼓励采用电炉炼钢—热轧短流程生产工艺。推广有色金属冶炼短流程生产工艺技术，减少六氟化硫排放。改进硝酸生产工艺，减少氧化亚氮排放。

2. 加强碳捕集、利用和封存试验示范。推动火电、钢铁、水泥、油气等重点行业和企业根据自身实际情况，加大对碳捕集、利用和封存试验示范项目的投入，积累项目建设、运行和管理经验。支持研究机构积极参与解决试验示范过程中有关技术问题以及制定相关标准、政策。加强对碳捕集、利用和封存的人才培养、项目管理等方面的能力建设，深化对外技术交流与合作。做好富氧燃烧等相关技术的研发和示范。

（八）控制农业活动排放

1. 改善农业生产过程。改良作物品种，改进种植技术，减少稻田甲烷排放和农用地氧化亚氮排放。加强禽畜养殖管理，减少动物肠道发酵甲烷排放和动物粪便甲烷、氧化亚氮排放。

2. 加强农村能源建设。加快推进农村可再生能源开发利用，积极建设农村户用沼气项目和大中型沼气工程，加快推进太阳能利用。到 2015 年，新建农户使用沼气项目 10 万个，扶持养殖场建设大中型沼气工程 750 个，推广农村经济适用型太阳能热水器 15 万台。

四、努力适应气候变化

（一）加强海岸带综合管理

1. 推行集中集约用海。严格执行国务院批复的《广东省海洋功能区划（2011—2020 年）》，按照海陆统筹规划、科学适度用海、维护海洋生态环境的要求，大胆创新海域使用模式。着力提升海洋空间资源优化利用和生态环境保护水平，推进建设重点突出、特色鲜明、功能明晰、优势互补的集中集约用海区域。以科学规划、保护优先、合理开发、永续利用为原则推进海岛保护与开发。推动制定和完善海岛保护与开发的地方性法规，制订海岛保护与利用规划，建立海岛综合管理协调机制。加强海岛资源、环境的综合调查和海岛生态环境保护，建立海岛及其周边海域生态系统监控网络，定期开展生态评估。到 2015 年，全省集中集约用海使用面积达 16360 公顷。

2. 构建沿海蓝色景观带。按照整体协调、生态环保、统一规划、分步实施的要求，打造景观优美、设施先进、生态平衡的滨海景观体系。加快滨海绿带建设，形成布局合理、环境优美的生态景观体系。构筑滨海观光长廊，打造具有休闲、观光、运动等多种功能的旅游新空间。开发各具特色的海岛观光旅游产品，建设国际性旅游度假区，推进海岛组团式开发。加强海岸生态景观保护，对破损岸线进行修复，加大海岸综合整治力度。

3. 保护与修复海洋生态。加强对珊瑚礁、红树林、海草场等典型海洋生态系统的调查、监测和研究。逐步实施红树林栽种计划，恢复红树林生态系统的功能。严格执行禁渔区、禁渔期、伏季休渔制度以及珠江禁渔制度，加强对重要海洋生物繁殖场、索饵场、越冬场、洄游通道和栖息地的保护。建立较为完善的海洋保护区网络，建立一批海岸、海湾及近海海洋环境整治与生态修复示范区。积极推动海洋牧场建设，继续开展人工鱼礁建设。加大海洋生物资源养护力度，规划建设一批海洋生物增殖放流基地。到 2015 年，近岸海域环境功能区水质达标率达到 90% 以上。

4. 建立健全海洋防灾减灾支撑体系。规范应急反应流程，逐步形成反应灵敏、行为规范、运转高效的海洋灾害应急管理机制。构建海洋环境实时立体监测观测网，加快实现全省海洋灾害过程的动态预报和预警。重点提高沿海重点区域的风暴潮灾害预报预警能力，探索开发风暴潮漫滩预报预警系统。开展沿海警戒潮位核定、海洋灾害风险排查与区划、重点海洋工程项目风险评价工作。建设赤潮灾害预警系统、全省海洋灾害风险评估系统等海上突发事件应急响应决策系统。实行预警报动态会商和信息发布制度，建设和完善海洋预警报远程视频会商系统。建立预防与应急相结合的海洋灾害防治长效机制，实现预案的动态管理，及时准确发布海洋灾害预警报，提升对各类海洋灾害的趋势性预测和预报能力。

（二）加强城市建设和基础设施管理

1. 统筹考虑气候变化影响进行城市规划建设。新城建设、城区扩建等重大工程与基础设施规划布局要考虑气候变化因素，城市建筑、公共设施、道路、绿地、水体等功能区要考虑气候条件合理布局。加强对城市规划、重大基础设施建设、重大区域性经济开发项目和重大生态项目的气候可行性论证。

2. 完善基础设施运行管理。根据气候变化特征，提升城市供电、供热、供水、排水、燃气、通信等基础设施建造、运行和维护技术标准，减少因极端天气引发的事故，保障设施平稳安全运行。完善交通道路、市政市容、电力、水务等城市运行部门的气象灾害应急响应联动机制，做好城市气象预报预警服务。加强市政公用设施气候灾害监控和应急处置能力建设。

3. 提高城市气候防灾减灾能力。建立健全城市应对台风、雨雪冰冻、暴雨等自然灾害的工作机制。推进社区防灾工作的开展，确保社区防灾设施齐全和有足够的避难疏散空间。合理规划建设城市防灾避难场所，确保满足应急避难需要。

（三）加强水资源管理

1. 实行最严格的水资源管理制度。确立水资源开发利用控制、用水效率控制、水功能区限制纳污管理“三条红线”，并建立重点流域和区域“三条红线”监测评价和考核监督体系。完善用水总量控制与定额管理相结合的管理制度，制订主要江河流域水量分配方案和市、县（市、区）取水总量控制指标。完善饮用水水源隔离防护和应急监管体系，加强应急备用水源工程建设。严格执行水资源论证、取水许可和水资源有偿使用制度，积极推进水价改革。优化水资源配置，加快建设河库水系连通工程、调引提蓄水工程、应急备用水源及非常规水源。

2. 加强水生态治理和水环境保护。强化水功能区管理，严格控制入河排污量，保障供水安全。加强地下水管理，实施地下水取水总量和水位控制。加强重要水源涵养区、江河源头区和湿地的生态保护，推进重点河流和地区水生态修复。加大水土流失治理力度，推进坡度大于 25 度的地区退耕还林还草。加快实施南粤水更清行动计划，提高河湖水环境承载能力。到 2015 年，水功能区水质达标率提高到 71% 以上，新增水土流失治理面积达到 1000 平方公里。

3. 全面推进节水型社会建设。加快制订区域、行业和用水产品的用水效率指标体系，坚决遏制用水浪费。大力发展节水农业，加快灌区节水改造，因地制宜推广节水灌溉模式。对用水达到一定规模的用水户实行重点监控，严格限制水源不足地区建设高耗水型工业项目。加快实施节水技术改造，推广节水技术和节水工艺，建设节水技改示范工程，提高用水效率。强化公共用水管理，加大城镇污水集中处理与回用力度，促进城乡居民生活节水。到2015年，万元生产总值用水量控制在64立方米以下，万元工业增加值用水量控制在45立方米以下。

4. 加强水利枢纽和防洪工程建设。加强农田水利建设，开展农村重点易涝区整治。进一步完善农村饮水安全工程，推进村村通自来水工程建设。对重要的江海堤围、小型病险水库、大中型病险水闸进行达标加固。开展珠江三角洲河道及河口、干流河道和其他入海水道的综合治理。加强乡镇“三防”能力建设，进一步完善“三防”责任人体系、应急预案体系、抢险救援队伍和物资保障体系建设。加快洪涝、台风、干旱、冰冻灾害监测预警体系建设，将“三防”视频会商系统延伸至镇村，对全省大中小型水库、重要堤围、渔港以及“三防”设施的重要部位进行全程实时监控。加强城市内涝整治。到2015年，防洪（潮）标准地级以上城市基本达到100年一遇，县级城市基本达到50年一遇，中心镇达到20年一遇。

（四）提高农业适应气候变化水平

1. 推进农业结构和种植制度调整。根据气候变化趋势，加强适应气候变化的农业发展战略研究，科学规划全省农业生产布局。明确各地农业功能定位和发展方向，形成因地制宜、结构合理、特色鲜明、协调互补的现代农业发展新格局。充分利用冬季变暖显著的气候资源，大力发展冬季农业。适当提前早稻播期，提高复种指数。推广保护性耕作，改造中低产田，控制坡耕地水土流失。

2. 培育和选择抗逆品种。集中力量突破农作物新品种培育重大技术，有计划地培育和选用具备抗旱、抗涝、抗高温、抗病虫害等特性的农作物新品种。加快完善优良新品种创新和推广体系，继续实施“种子工程”“畜禽水产良种工程”，做好大宗农作物、畜禽良种繁育基地建设。

3. 强化农业灾害风险防控。建设农业、林业病虫害监测预警体系，建立生物灾害数据库，发布疫情预警信息。建立水稻病虫害综合防治、果树病虫害综合防治和蔬菜病虫害综合防治示范区。重点防控松材线虫病和薇甘菊等重大林业有害生物，积极推行无公害防治技术措施。开展精细化农业气候区划和农业气象灾害风险区划，提高人工影响天气作业的水平和效益。到2015年，粮食作物病虫损失率控制在5%以内，经济作物病虫损失率控制在10%以内。

（五）加强生态保护与修复

1. 强化自然生态建设。依托自然山体、河流、农田湿地等绿色区域，规划建设大型区域绿地，保留绿色开敞空间，通过河网水系、道路防护林带和农田林网相互连接，形成科学合理的生态空间格局。建设北部连绵山体森林生态屏障体系、珠江水系等主要水源地森林生态安全体系、珠江三角洲城市群森林绿地体系、道路林带与绿道网生态体系、沿海防护林生态安全体系等五大森林生态体系。

构建城镇绿色生态屏障。抓好城市森林生态系统、城镇景观林带和环城防护林建设。根据自然生态格局和城乡发展状况，以山、林、江、海、田为要素，构建全省区域绿地体系。加快绿道网建设，建立绿道网运营、管理的长效机制。强化绿道功能综合开发，着力打造“旅游服务、体育健身、科普教育、文化服务”四大绿道活动品牌。到2015年，城市人均公园绿地面积达15平方米以上。

提升自然保护区建设水平和质量。优化自然保护区结构和空间布局，加强红树林湿地、河口、三角洲湿地、国际候鸟迁徙停歇越冬栖息地、地质遗迹自然保护区的建设。完善自然保护区管理体系和省级自然保护区信息管理系统。加强自然保护区基础设施和管护队伍建设，提高自然保护区管理能力。到2015年，新建或升级国家级自然保护区8个，自然保护区陆域面积占全省陆域面积的比例达7%。

加强生物多样性保护。编制实施《广东省生物多样性保护战略与行动计划》，重点保护南亚热带季风常绿阔叶林、河口沿海红树林等生态系统，以及珠江口中华白海豚分布区、惠东港口海龟分布区等海洋海岸生物多样性保护区域。完善广东省地方物种本底资源编目数据库，完善濒危动物繁育保护机制。加强重要生态系统、生物物种及遗传资源的有效保护，积极防治外来物种入侵。

（六）提高气象服务水平

1. 构建民生优先的公共气象服务体系。建立决策服务、公众服务和专业服务为一体的公共气象服务平台。加强面向海洋等重点行业的气象服务能力建设，提升气象服务的科技含量。建成功能齐全、科学高效、覆盖城乡和沿海的气象灾害预警信息发布系统。完善广播电台、手机短信、热线电话、网站、公共视频媒体、农村有线广播、电子显示屏等气象灾害信息发布手段，及时、准确地将气象灾害预警信息传播给各级政府、社会公众以及高影响行业。加强气象科普教育，提高群众气象灾害防御意识和防灾、避险、自救、互救能力。到2015年，气象预报警报公众覆盖率达到95%以上，气象服务公众满意度稳定在80%以上。

2. 提升气象预报预测的精准高效水平。提高精细化气象预报准确率，建设珠江三角洲中小尺度气象数值预报研究发展中心。完善以雷达、自动站等监测为基础的短时临近预报系统，提高突发性天气预报时效。建立专业化的天气预报业务体系，形成省级、地级和县级上下互动的强天气短时、短期预报业务流程。针对洪涝、干旱、高温、低温（冷害）、寒潮（冰冻）、森林火灾以及关键农事季节的灾害等加强气象数据资源共享，开展年度气象灾害展望和年景预评估业务。到2015年，大范围灾害性天气监测率达98%以上，中小尺度突发灾害性天气监测率达85%以上。

3. 健全立体综合的气象观测网络系统。优化气象观测站点建设，在现有立体综合气象观测网的基础上，布设风廓线雷达观测网和大气电场监测网，并针对区域观测站网设备老化和安装环境不标准问题进行改造。加快海洋气象观测系统建设，初步建成由岸基气象观测站网、近海气象观测站网及遥感探测相互补充的沿海海域立体气象监测站网，提高南海海域海洋气象立体观测能力。完善气象卫星观测系统。加强专业气象观测网建设，提高综合气象信息处理能力。

4. 增强应对气候变化的综合业务能力。依托全省天气监测站网，建设由重点区域中心站、本底背景站、地市级子站、初级站组成的温室气体监测网络。引进或开发适合省情的气候变化影响定量评估方法和模型，开展气候变化对高影响行业的影响评估，划分气候变化的敏感区和脆弱区。开展精细气候资源区划，制订气候资源开发利用和保护规划，建立气候资源咨询决策服务系统。

（七）降低气候变化对人体健康的影响

建立气候变化与人体健康联动的监测系统。加强高温、低温、灰霾和酸雨等与人体健康相关的天气变化和极端气候事件的监测、预警，实时、详细、系统地预报其对人体健康的危害。及时分析、研究气候变化对人体健康的影响和危害，加强对气候变化引起的呼吸道疾病、肿瘤等疾病的监测工作，完善气候变化脆弱地区公共卫生设施。

完善气候变化导致突发卫生事件的应急处置。开展气候变化对人体健康的风险评估，制定气候变化对人体健康影响的风险级别。建立健全气候变化对人体健康危害的应急预案，确定季节性、区域性防治重点，及时高效向公众发布信息，提高抵御风险和应急处置突发卫生事件的能力。

提高公众健康适应气候变化能力。根据不同区域的气候变化特征，修订室内环境调控标准以及高温酷暑等劳动防护标准，提高人体舒适度和工作效率，有效保护劳动者权益。加强公众自我保护意识与健康教育，掌握适应气候变化的卫生保健、营养知识。

五、积极创新体制机制

（一）建立碳排放权管理和交易制度

建立企业碳排放信息报告核查机制。对重点企业碳排放进行有效监督管理，合理确定要求报告碳排放信息的重点企业，并逐步扩大范围。培育并委托具备相关资质的第三方专业机构，对重点企业报告的碳排放信息进行核查。

建立碳排放权配额管理机制。综合考虑经济社会发展趋势和重大项目建设情况，合理确定政府监管的年度碳排放权配额总量。向有关重点企业发放碳排放权配额，并将符合规模要求的有关新建固定资产投资项目纳入配额管理，推动企业切实履行控制碳排放责任。推动相关企业建立碳资产管理制度。做好碳排放权配额管理机制与现有节能减排等相关政策的衔接。

建立碳排放权交易机制。推动广州碳排放权交易所建设成为广东省和全国的碳排放权交易平台。科学合理制定碳排放权交易业务规则，引入投资机构、社会组织和公众参与交易，推动交易活动有序开展。加强对碳排放权交易过程的监督管理和调控，积极探索碳排放权交易的金融服务功能。按照国家有关规定积极推动温室气体自愿减排交易开展。

（二）建立健全工作管理制度

建立低碳产品认证制度。按照国家低碳产品认证管理的要求，制定广东省低碳产品认证的实施细则。选取有代表性的工业产品类别，制定低碳产品评价技术规范和认证规则。开展低碳产品认证能力建设，培育低碳产品认证机构，建设低碳产品认证检测实验室，培养低碳产品认证核查专业人员。加强政策宣贯，推动产品生产者或销售者进行低碳产品认证，倡导消费者使用获得低碳认证的产品。

加强应对气候变化统计工作。结合省情和现有统计基础，科学设置应对气候变化统计指标体系。在现有统计制度基础上，建立健全覆盖能源活动、工业生产过程、农业、林业、废弃物处理等领域的温室气体基础统计和调查制度，为温室气体清单编制和排放核算提供统计支撑。根据国家总体要求和工作基础，适时按年度编制全省温室气体排放清单。健全省、地级以上市和重点企业的温室气体排放基础统计报表制度，加快构建省、地级以上市和重点企业的温室气体排放统计与核算体系。加强应对气候变化统计业务能力建设，建立专职工作队伍和相关统计数据信息系统。

建立健全气候变化监测评估体系。有机整合气象、水文、农业、环境、海洋、林业等部门观测网络，构建多圈层、多变量、跨部门的综合性气候变化观测体系，实现由单一大气圈气候要素观测拓展到多圈层、多气候变量的观测。建立气候变化基础信息资料库和数据共享平台，开展全球气候变化的区域响应研究。开发区域气候变化监测分析技术，加强对区域气候变化事实、规律和机理的研究。引进、开发适合广东省的气候变化影响评估模型，定量评估气候变化对海岸带、水资源、城市群、农业、森林、生态系统、人类健康等方面的影响，划分广东气候变化的敏感区和脆弱区。

（三）开展重点领域试点示范

开展省低碳城市、县（区）试点。在已确定首批省低碳试点城市、县（区）的基础上，根据实际情况和工作需要，适时扩大试点范围。省直有关部门要支持和指导试点城市、县（区）开展相关工作。试点城市、县（区）要建立由政府主要领导负责抓总的工作机制，因地制宜、体现重点、突出特色、务实有序推动低碳发展，重点要编制低碳发展规划、探索创新体制机制、建立健全工作体系、制定完善配套政策、倡导低碳生产和生活方式。做好国家绿色低碳重点小城镇试点示范工作，积极研究推动小城镇低碳发展的思路。

专栏5：广东省低碳试点城市、县（区）、城镇

国家低碳试点城市：广州市、深圳市

国家试点示范绿色低碳重点小城镇：佛山市南海区西樵镇

广东省低碳试点城市：广州市、珠海市、河源市、江门市

广东省低碳试点县（区）：珠海市横琴新区、佛山市禅城区、佛山市顺德区、韶关市乳源县、河源市和平县、梅州市兴宁市、梅州市大埔县、云浮市云安县

建设低碳示范园区。在现有的产业转移工业园区、高新技术产业园区、经济

技术开发区等各类园区中选择发展水平高、制造业发达、有代表性的产业园区，推动利用低碳理念改造园区基础设施和生产组织模式，开展园区节能、能源资源梯级利用、可再生能源利用等低碳技术应用示范，开展低碳综合标准化试点工作。培育低碳产业集群，加快低碳产业集聚发展。

建设低碳示范社区。重点选取城市中人口较密集、环境承载量大、有利于开展更新改造工程的社区，开展建筑节能改造、可再生能源利用、社区绿化、垃圾分类与回收、雨水回收与中水利用等示范活动。结合岭南亚热带地区气候特征，推动新建社区在规划设计、建材选择、通风采光、照明、交通、施工等方面实现绿色低碳化。

培育低碳示范企业。支持工农业生产企业改进生产工艺和设备，淘汰落后生产能力，落实相关行业低碳标准，促进低碳生产。支持商贸、宾馆、餐饮、旅游、交通运输等服务业企业改进营销理念和管理模式，加强低碳、新能源等技术和产品的应用，强化资源节约和综合利用，合理引导顾客消费行为，促进低碳经营。

六、加强基础能力建设

（一）加强应对气候变化基础研究

紧紧围绕生态文明建设，结合经济社会发展实际，充分发挥省低碳发展专家委员会和高校、科研院所作用，开展应对气候变化专项基础研究。加强应对气候变化总体战略研究，明确阶段目标、实现路径和主要任务，测算广东省碳排放达到峰值的时间表，提出低碳发展路线图，细化适应气候变化行动。

（二）强化科技支撑

结合产业发展重大技术需求，构建与国际接轨的应对气候变化科技支撑体系。加快研发能源、工业、建筑、交通等重点领域低碳共性技术和海岸带、水资源、农业、人体健康、防灾减灾等重点领域适应气候变化技术。加强政产学研有效结合，支持企业、高校、科研院所建立应对气候变化技术创新平台，推进重要关键技术的示范应用。

（三）深化对外交流合作

在国家总体部署和具体指导下，深化应对气候变化领域对外交流合作，学习借鉴国外先进经验，争取更多资金、技术支持。与欧洲、北美等发达国家、地区加强碳排放权交易制度建设、碳捕集利用和封存试验示范等领域合作。与西门子公司、美国能源基金会等大企业和国际非政府组织开展相关重点领域的务实合作。在粤港合作联席会议框架下，加强粤港应对气候变化合作。

（四）加强人才队伍和专业机构建设

将气候变化相关内容纳入国民教育和培训体系，支持高校和科研院所设立应对气候变化相关专业。加强温室气体统计核算、碳排放权管理工作队伍和应对气候变化基础研究专家队伍建设。培育一批业务过硬、管理规范、诚实守信的专业服务机构，通过引入优胜劣汰竞争机制加强管理。开展面向政府部门、重点企业、专业服务机构等的专题培训，提升管理能力和业务水平。

（五）广泛宣传引导

依托“全国低碳日”活动，广泛开展应对气候变化理念、知识和行动的宣传，形成全社会共同关注、参与和支持应对气候变化工作的良好氛围。发挥公共机构率先垂范作用，推进低碳理念进机关、校园、公共场所和军营，切实执行好夏冬季空调温度控制、无纸化办公、节水、节电等相关规定。积极发挥社会团体和非政府组织的作用，推动企业履行社会责任。倡导低碳的生活方式和消费模式，鼓励绿色出行，抵制奢侈浪费。

七、保障规划实施

（一）加强统筹协调

在省应对气候变化领导小组的领导下，省发展改革委要统筹组织做好规划的实施工作。各地、各部门要充分认识应对气候变化工作的重要性、紧迫性和艰巨性，结合工作实际，推动农业、工业、林业、水利、能源、环保、科技等相关领域工作与应对气候变化衔接，加强协调配合和资源共享，落实好规划各项目标任务。发挥省低碳发展专项资金的作用，支持应对气候变化基础性、示范性工作。加快推进应对气候变化立法工作。

（二）强化监督评估

按照国家和省对落实控制温室气体排放约束性指标的要求，加强对各地级以上市单位生产总值二氧化碳排放下降指标的跟踪评估，并纳入各地级以上市落实科学发展观实绩考核指标体系。省发展改革委要及时跟进，总结各地、各部门应对气候变化进展情况，形成专题报告上报省政府和国家发展改革委。

广东省发展改革委关于印发《广东省碳普惠制试点工作实施方案》的通知

粤发改气候〔2015〕408号

各地级以上市人民政府，顺德区人民政府，省直有关部门：

为大力推进全社会低碳行动，探索鼓励绿色低碳生产生活方式的体制机制，根据《广东省人民政府关于印发“十二五”控制温室气体排放工作实施方案的通知》（粤府〔2012〕96号）要求和广东省碳排放权交易试点工作部署，省发展改革委研究制定了《广东省碳普惠制试点工作实施方案》，经省政府领导批准，现印发给你们，请参照组织实施。

请已申报省碳普惠制试点的市人民政府于2015年7月31日前将试点实施方案报送省发展改革委（应对气候变化处）。

附件：1. 广东省碳普惠制试点工作实施方案

2. 广东省碳普惠制试点建设指南

广东省发展改革委

2015年7月17日

附件1：

广东省碳普惠制试点工作实施方案

根据《广东省人民政府关于印发“十二五”控制温室气体排放工作实施方案的通知》（粤府〔2012〕96号）要求和广东省碳排放权交易试点工作部署，为大力推进全社会低碳行动，探索鼓励绿色低碳生产生活方式的普惠性工作机制

（以下简称碳普惠制），经省政府领导同意，决定在全省组织开展碳普惠制试点工作，并制定本方案。

一、充分认识开展碳普惠制试点工作的重要意义

2013 年底广东省正式启动碳排放权交易市场，首批纳入碳排放管理和交易范围的控排企业 200 余家，占全社会碳排放量的 60% 左右。经过一年多的实践，碳交易市场机制减排作用初步显现，大部分控排行业企业主要产品单位碳排放出现不同程度下降，为实现全省单位生产总值二氧化碳排放下降约束性目标作出了重要贡献。但是，随着广东省城镇化快速发展和城乡居民生活水平的不断提高，人均碳排放水平呈现快速增长态势，城市小微企业和社区居民的生活、消费领域逐步成为广东省能源消耗和碳排放（包括直接和间接排放）增长的重要领域之一。为此，国家发展改革委下发《关于开展低碳社区试点工作的通知》（发改气候〔2014〕489 号），要求各地积极探索有效控制城乡社区碳排放水平的途径。广东省也亟需探索建立政府引导、社会自觉和市场运作的低碳社会建设机制，合理控制人均碳排放水平的快速增长，确保实现国家下达广东省的控制温室气体排放约束性目标。

碳普惠制是指为小微企业、社区家庭和个人的节能减碳行为进行具体量化和赋予一定价值，并建立起以商业激励、政策鼓励和核证减排量交易相结合的正向引导机制。推广碳普惠制，有利于落实国家、省委和省政府应对气候变化及低碳发展工作的部署要求，调动全社会践行绿色低碳行为的积极性，树立低碳、节约、绿色、环保的消费观念和生活理念，扩大低碳产品生产和消费，拉动低碳经济和产业发展，加快形成政府引导、市场主导、全社会共同参与的低碳社会建设新格局。

二、指导思想和工作目标

（一）指导思想。以科学发展观为指导，深入贯彻落实党的十八大和十八届三中全会和省委十一届三次全会关于加快生态文明制度建设的精神，围绕主题主线和“三个定位、两个率先”的目标任务，以“低碳权益、惠及你我”为核心理念，以“自主自愿、鼓励创新”为原则，按照“政府引导、市场运作、社会参与、示范引领”的要求，鼓励各地开展碳普惠制试点示范；可选取部分行业企

业、社区家庭、个人群体，也可从用电、用水、用气、低碳出行、推广新能源汽车、废弃物回收处理和增加碳汇等方面着手试点，形成以试点地区政府为责任主体、省直相关部门支持和督促、研究机构提供技术支撑的联动工作机制，为全省推广碳普惠制提供可复制、可推广的经验和模式。

（二）工作目标。到2015年，选择并推动若干地市、县（市、区）启动首批碳普惠制试点，及时总结试点地区经验，初步搭建全省碳普惠制推广平台。到2018年，根据试点地区经验和模式，以社会自觉为基础、以商业激励为手段，并与碳排放权交易及低碳政策有机结合，在全省初步建立制度健全、管理规范、运作良好的碳普惠制。到2020年，碳普惠制不断完善，推动全社会绿色低碳意识得到强化，企业和公众自觉践行低碳行为和弘扬节约、健康的低碳生活方式，为全国低碳发展和自愿减排交易工作提供有益经验。

三、主要任务

（一）省直部门工作任务

省发展改革委会同其他省直部门制定碳普惠制试点总体方案，搭建省级碳普惠制推广平台，建立基于碳普惠制的省内核证减排量交易及补充机制，指导各试点地区开展碳普惠制试点工作。

1. 建设全省统一的碳普惠制推广平台。按照“统一规范、省市链接、资源共享”的原则，搭建包括试点城市在内的省级碳普惠制推广平台，以及汇集低碳知识、资讯、产品和技术等内容的碳普惠宣传推广专业网站、APP程序、微信公众号等。分行业、分领域建立低碳行为相关数据收集分析平台。指导试点地区建设企业、个人减碳行为量化核证电子信息系统并与省碳普惠制推广平台链接。（省发展改革委。列在首位的为牵头单位，其他单位按职责分工负责，下同）

2. 建立省级碳普惠制减碳行为量化核证体系。制定小微企业、公众自愿减碳行为量化核查指南，组织开发和审定省级碳普惠制量化核算办法和核证方法学。指导和支持各试点地区开发具有地方特色的减碳行为量化核算办法和核证方法学，由省里统一组织论证和审定后在全省组织推广。通过报纸、网络、微信等平台集思广益，鼓励企业、公众提出既有创新意义又具备可操作性的自愿减碳行为量化核算方法或意见建议，研究论证后予以推广。（省发展改革委、省经济和信息化委、省教育厅、省环境保护厅、省住房城乡建设厅、省交通运输厅、省林

业厅、省旅游局）

3. 建立基于碳普惠制的核证减排量交易机制。建立基于碳普惠制的省级核证减排量管理和交易系统，制定广东省碳普惠制核证减排量交易管理办法等制度文件。按照“成熟一个，纳入一个”的原则，探索将基于碳普惠制的省级核证减排量纳入广东省自愿减排交易产品，并与碳排放权交易市场进行链接，逐步建立基于碳普惠制的核证减排量对控排企业碳排放配额的抵消补充机制。（省发展改革委、省林业厅）

4. 建立基于碳普惠制的商业激励机制。联合试点地区建立省低碳企业商业联盟，制定支持碳普惠制推广的金融和财税政策。鼓励金融机构、商业联盟开发碳信用卡、碳积分、碳币等创新性碳普惠金融产品，便于公众享受低碳权益、兑换优惠。支持金融机构建立绿色信贷、绿色证券、绿色保险、绿色信托，拓宽低碳企业的融资渠道。（省发展改革委、省财政厅、省商务厅、省金融办）

（二）各试点地区工作任务

各地区根据省碳普惠制试点总体思路，结合本地实际，选择具有减碳潜力、可复制推广的碳普惠制试点领域，制定碳普惠制试点工作实施方案，明确总体思路、工作目标、主要任务、保障措施及进度安排。

1. 开展本地区的碳普惠制试点。结合本地实际，组织开展低碳社区、低碳园区、低碳交通、低碳校园、低碳酒店、低碳景区的创建活动，选择部分行业领域和潜力较大的减碳行为开展碳普惠制试点，组织本地区企业、社会团体、居民家庭和个人参与试点。依托全省碳普惠制推广平台，建立本地区的低碳企业商业联盟，动员本地相关企业、商家为公众的低碳行为提供消费优惠或服务。制定出台相应的碳普惠制推广鼓励政策，将减碳量与减免公共服务费用（如小汽车限牌、停车费减免、公交优惠等）的优惠政策相结合，优先采购低碳认证产品，推广大型公益活动或会议“碳中和”制度等。

2. 开展本地区减碳行为的量化核证工作。根据省级碳普惠制减碳行为量化核查指南，组织开发本地区碳普惠制减碳行为量化核算办法和核证方法学，并报省发展改革委审定。建立本地区碳普惠试点数据库和核证信息系统，并逐步与省碳普惠制推广平台链接。配合省主管部门和有关研究机构工作，提供本地区居民及小微企业的用电、用水、用气等相关数据。

3. 加强本地区碳普惠制试点的宣传推广。试点实施方案报省发展改革委批复后，利用全国低碳日、节能宣传周等重要时间节点，在试点地区组织开展具有特色的主题宣传活动，广泛宣传碳普惠制原理、规则和相关政策措施，倡导公众践行低碳生活和低碳消费，引导公众和相关企业积极参与碳普惠制。

四、组织实施

（一）加强对试点工作的指导。省发展改革委会同省有关部门组织对各地区申报的试点工作方案进行综合评审，确定试点地区，并会同有关部门指导和监督各地区碳普惠制试点工作开展。

（二）抓好试点工作组织落实。各地人民政府按照本方案的要求，积极组织开展试点申报工作，编制试点实施方案。拟申请列入首批试点的地区，请各地级以上市人民政府于 2015 年 7 月 31 日前试点实施方案报送省发展改革委。

（三）制定试点配套支持政策。将碳普惠制试点工作纳入各地市温室气体排放控制目标责任考核内容，鼓励各地申报试点。试点地区申报的碳普惠制试点项目，符合省级低碳发展专项资金支持范围及条件的，将按规定给予一定支持。鼓励各试点地区在财力允许的前提下，对碳普惠制试点项目给予支持。

（四）加强经验总结及示范推广。加强系统培训、能力建设和宣传推广工作，省发展改革委会同各地、各部门定期召开全省碳普惠制试点工作经验交流会，及时总结推广经验，充分发挥示范带动作用，积极推进广东省低碳社会建设。

附件 2：

广东省碳普惠制试点建设指南

各地区根据省碳普惠制试点总体思路，结合本地实际，选择具有减碳潜力、可复制推广的碳普惠制试点领域，制定本地区碳普惠制试点工作实施方案。现以社区（小区）、公共交通、旅游景区、节能低碳产品为例，介绍上述领域开展碳普惠制试点的建设指南。鼓励各地区选取不同行业领域，探索不同的建设方法，积极开展尝试。

一、以社区（小区）为试点建设碳普惠制

（一）建设思路

以每户居民为普惠对象，根据数据可获取情况，可选择节约用电、节约用水、节约用气、减少私家车出行、垃圾分类回收等为低碳行为试点，制定各低碳行为减碳量核算规则，并制定相关激励政策。试点成熟后可在其他社区进行推广，并统计试点社区的居民减碳总量，探索社区整体碳减排量与碳交易进行对接。

（二）建议指引

1. 选取试点社区

优先考虑选取低碳示范社区等基础较好的社区为试点。

2. 选择低碳行为

根据数据可获取情况及社区实际情况，可在节约用电、节约用水、节约用气、减少私家车出行、垃圾分类回收中选择适合的低碳行为作为试点。其中，垃圾分类需在社区（小区）按户数配置垃圾分类回收装置，根据社区（小区）实际情况，确定试点回收的垃圾类别，并为居民发放垃圾回收积分卡及餐厨垃圾专用可降解垃圾袋。先期可选择餐厨垃圾定点投放为试点。

3. 量化居民低碳行为减碳量

（1）节水、节电、节气行为的减碳量量化。对市民或社区业主的户均用量进行调研，参考已经实施的阶梯标准，制定水、电、气用量标准，实际用量与用量标准的差即为节约量。节约量与减碳量的兑换因子由碳普惠平台后台统一配置。

（2）减少私家车出行减碳量量化。由居民自行在个人信息中填写出行日均里程。从物业处获取每个车牌号每月出行日数，对比上个月减少的日数即为减少出行日。根据减少出行日、居民的日均里程及百公里油耗（用平台内置缺省值）计算出该行为的减碳量。减碳量与“碳币”的折算系数由碳普惠平台后台统一配置。

（3）垃圾分类减碳量量化。根据垃圾处理方式确定每个塑料瓶、每公斤纸板、每公斤纸张及每公斤餐厨垃圾等各类垃圾回收利用的减碳量，并提供给平台运营方。减碳量与“碳币”的折算系数由碳普惠平台后台统一配置。

4. 获取低碳行为相关数据

各类行为数据可通过以下方式获取，同时协调数据来源单位将数据按期（如每两个月）导入到碳普惠平台或直接将数据系统与省统一的碳普惠平台对接。导入模版及接口设计可由技术服务机构进行协助开发。居民在碳普惠平台上注册后可完善个人信息。

（1）用电信息：从社区所属区供电局处获取。居民需在个人信息中绑定户号（户号在电费单上有显示）

（2）用水信息：从自来水公司获取。居民需在个人信息中绑定户号（户号在水费单上有显示）

（3）用气信息：从燃气公司获取。居民需在个人信息中绑定户号（户号在燃气费单上有显示）

（4）减少私家车出行：从物业管理处获取车辆进出的记录（建议每月获取一次）。根据物业管理的数据采集方式，确定用户需绑定的类别（如车牌号、户主名等）

（5）垃圾分类信息：为社区（小区）居民发放垃圾分类积分卡。居民每次投放垃圾前刷卡，由垃圾分类回收装置系统记录居民的投放行为并与碳普惠平台系统进行对接。居民需在个人信息中绑定垃圾积分卡号。

5. 确定低碳行为激励办法

（1）商业激励。动员周边商户及商圈商户对居民的低碳行为给予认同和支持，组建成为低碳联盟，提供“碳币”换取产品/服务优惠，且优惠幅度大于团购等常规促销。

（2）政策激励。选择可用“碳币”换取优惠的公共服务，如公交费减免、“碳币”换乘车卡等，并制定“碳币”优惠办法。研究出台政府回购“碳币”政策，回购居民未消费的“碳币”。

6. “碳币”发放及“碳币”兑换

参与碳普惠的公众可到省统一的碳普惠平台注册为会员，并填写相关信息（见第4点），由平台统一为公众发放“碳币”。各市的低碳联盟及政策优惠统一到平台上发布，在平台上实现公众的“碳币”兑换优惠。

7. 举办宣传活动，普及碳普惠理念及普惠方式

在小区举办以“普惠介绍”“注册动员”“个人信息完善”等为主题的系列

宣传活动，充分利用低碳日、节能周、环境日等大型低碳环保主题节日进行宣传。

8. 汇总减碳总量，与碳交易体系对接

统计试点内居民的减碳总量，将未消费的减碳量流入碳交易市场，获取收益用作社区建设或按比例返利于居民。

二、以公共交通为试点建设碳普惠制

（一）建设思路

以公交出行的市民为普惠对象，根据地市实际情况，以先易后难为原则，选择BRT、公共自行车、用清洁能源的公交（LNG、LPG、混合动力等）、轨道交通等作为低碳交通试点，确定乘坐各类低碳出行行为的减碳量核算规则，并制定相关激励政策。试点成熟后可逐步扩大低碳交通范围。

（二）建议指引

1. 选取低碳行为

根据地市实际情况，以先易后难为原则，选择BRT、公共自行车、用清洁能源的公交（LNG、LPG、混合动力等）、轨道交通等作为低碳出行试点。也可以选取几条覆盖面积及人群较多的公交线路为试点。

2. 量化低碳行为减碳量

优先鼓励公交通勤的市民，根据城市公交乘坐规律，确定公交出行次数基准线。乘坐试点公交（总和）高于基准线（如16次/月）的予以鼓励。

统计本地各类交通工具的能耗及碳排放情况，调研公众单次出行的交通选择及里程数，确定人均单次出行的碳排放和试点普惠交通的单次减碳量。减碳量与“碳币”的折算系数由碳普惠平台后台统一配置。

3. 获取乘客出行信息

通过公交公司、交通卡发行公司、交通运营公司或者交通数据中心获取乘客出行信息（主要为每月出行次数及乘坐公交种类）。同时协调信息来源单位将数据按期（如每个月）导入到碳普惠平台或直接将数据系统与平台对接。导入模版及接口设计可由技术服务机构进行协助开发。

乘客需在碳普惠平台注册后，在个人信息中绑定“公交卡”号。

4. 确定低碳行为激励办法

（1）商业激励。动员商圈商户对居民的低碳出行行为给予认同和支持，组建成为低碳联盟，提供“碳币”换取产品/服务优惠，且优惠幅度大于团购等常规促销。

（2）政策激励。选择可用“碳币”换取优惠的公共服务（如公交费减免、“碳币”换乘车卡等），并制定“碳币”优惠办法。研究出台政府回购“碳币”政策，回购居民未消费的“碳币”。

5. “碳币”发放及“碳币”兑换

参与碳普惠的乘客要到省统一的碳普惠平台注册为会员，并绑定公交卡号（见第3点），由平台统一为乘客发放“碳币”。各市的低碳联盟及政策优惠统一到平台上发布，在平台上实现公众的“碳币”兑换优惠。

6. 举办宣传活动，普及碳普惠理念及普惠方式

在广场以“碳普惠激励低碳出行”“注册动员”“个人信息完善”等为主题的系列宣传活动，充分利用低碳日、节能周、环境日等大型低碳环保主题节日进行宣传。在各类公交站点设置宣传海报，也可选取公交车身及公交座椅作为宣传载体。

7. 汇总减碳总量，与碳交易体系对接

统计公交企业（也可以考虑其他低碳联盟商户）提供优惠所收集的碳币，将碳币量折回减碳量，参与碳交易，获取的收益用于低碳改造或返利于低碳出行居民。

三、以旅游景区为试点建设碳普惠制

（一）建设思路

以游客为普惠对象，根据景区实际情况，可选择乘坐环保车（船）、购买非一次性门票等为低碳行为试点，确定各行为的减碳量核算规则，并制定相关激励政策。试点成熟后可在其他景区进行推广。

（二）建议指引

1. 选取试点景区

选取以自然风光为主、具有较多森林资源的景区为试点。

2. 选择低碳行为

根据景区实际情况，可在购买非一次性门票、乘坐环保车（船）、植物认

养、景区周边酒店低碳住宿等中选取低碳行为试点。

3. 量化低碳行为减碳量

（1）植物认养、景区周边酒店低碳住宿减碳量及“碳币”发放。此两种行为的减碳量及“碳币”发放由碳普惠平台后台统一配置（如低碳住宿 1 夜发 2“碳币”）。

（2）购买非一次性门票减碳量及“碳币”发放。考虑非一次门票的碳排放及可使用次数，与传统纸质门票的碳排放进行对比，得出购买非一次性门票的减碳量，减碳量与“碳币”的折算系数由碳普惠平台后台统一配置。

（3）乘坐环保车（船）减碳量及“碳币”发放。根据环保车（船）与传统燃油车船的人均能耗对比，得出乘坐环保车（船）的减碳量，减碳量与“碳币”的折算系数由碳普惠平台后台统一配置。

4. 获取游客行为信息

购买非一次性门票：在合适的位置摆放二维码，购买非一次性门票扫码可得相应“碳币”奖励。

乘坐环保车（船）：在环保车（船）内或其他合适的位置张贴相应二维码，扫码可得相应“碳币”奖励。

植物认养：由景区管理处提供认养人姓名、碳普惠账户、认养植物种类、树龄、高度等信息，定期交给平台运营方录入信息。

景区周边酒店低碳住宿：在酒店中选留几间普惠专房，该专房不提供一次性物品，同人住几日不更换床单。在专房内张贴二维码及宣传材料，扫码可得相应“碳币”奖励。

5. 确定低碳行为激励办法

（1）商业激励。动员旅行社及景区周边酒店、餐饮店及纪念品店对游客的低碳行为给予认同和支持，组建成为低碳联盟，提供“碳币”换取产品/服务优惠，且优惠幅度大于团购等常规促销。

（2）政策激励。选择可用“碳币”换取优惠的公共服务（如公交费减免、“碳币”换乘车卡等），并制定“碳币”优惠办法。研究出台政府回购“碳币”政策，回购居民未消费的“碳币”。

6. “碳币”发放及“碳币”兑换

参与碳普惠的游客要到省统一的碳普惠平台注册为会员，由平台统一为公众发放“碳币”。各市的低碳联盟及政策优惠统一到平台上发布，在平台上实现公众的“碳币”兑换优惠。

7. 举办宣传活动，普及碳普惠理念及普惠方式

在景区举办以“低碳普惠伴你游”的系列宣传活动，设点专门宣传低碳理念及碳普惠原则，充分利用低碳日、节能周、环境日等大型低碳环保主题节日进行宣传。

8. 汇总减碳总量，与碳交易体系对接

统计景区边界内游客低碳行为的减碳总量，由景区管理处或景区运营中心等将减碳量汇总流入碳交易市场，获取收益用作景区低碳建设或按比例返利于游客。

四、以推行节能低碳产品为试点建设碳普惠制

（一）建设思路

以低碳产品消费者为普惠对象，根据本地区实际情况，低碳行为可选择购买节能冰箱、节能空调等节能电器或者购买低碳认证产品，试行“碳币＋现金＝产品十返碳币”的模式。确定购买各类节能产品、低碳认证产品的减碳量核算规则，并制定相关激励政策。试点成熟后可扩大产品范围。

（二）建议指引

1. 选取试点节能低碳产品

（1）采用企业自愿上报的形式，选择3—5种居民生活用的节能产品。

（2）采用企业自愿上报的形式，选择2—3种比同类产品的全生命周期碳排放量低且做了低碳认证的产品。

2. 量化购买试点产品的减碳量

（1）购买节能产品减碳量。核算试点节能产品与同类产品在使用过程中的年减碳量，减碳量与“碳币”的折算系数由碳普惠平台后台统一配置。

（2）购买低碳认证产品减碳量。核算低碳认证产品对比同类产品的生命周期减碳量，减碳量与“碳币”的折算系数由碳普惠平台后台统一配置。

3. 获取消费者购买产品信息

可以选择以下方式作为获取消费者购买行为。也可根据实际情况，选用其他方式将消费者的购买行为反馈到碳普惠平台上。

在试点低碳节能产品的包装上张贴相应二维码，扫码即承认购买行为。

由销售员记录消费者的购买行为，包括购置的产品、消费者碳普惠账户及联系电话等，并定期反馈给平台运营方。

4. 确定购买低碳产品的激励办法

（1）商业激励。动员试点产品厂商等与居民生活相关的企业对消费者的低碳行为给予认同和支持，组建成为低碳联盟，提供“碳币”换取产品/服务优惠，且优惠幅度大于团购等常规促销。

（2）政策激励。选择可用“碳币”换取优惠的公共服务（如公交费减免、“碳币”换乘车卡等），并制定“碳币”优惠办法。研究出台政府回购“碳币”政策，回购居民未消费的“碳币”。

5. “碳币”发放及“碳币”兑换

参与碳普惠的消费者要到省统一的碳普惠平台注册为会员，由平台统一为公众发放“碳币”。各市的低碳联盟及政策优惠统一到平台上发布，在平台上实现公众的“碳币”兑换优惠。

6. 举办宣传活动，普及碳普惠理念及普惠方式

在试点产品的各个销售处设点宣传碳普惠原则。充分利用低碳日、节能周、环境日等大型低碳环保主题节日对碳普惠进行宣传。

7. 汇总减碳总量，与碳交易体系对接

统计试点产品厂商等提供优惠所收集的碳币，将碳币量折回减碳量。减碳量可参与碳交易，获取的收益用于产品低碳升级或返利于购买低碳产品的消费者。